大学生心理健康素养提升工程系列丛书

温暖你的大学时光

丁闽江 著

华夏出版社
HUAXIA PUBLISHING HOUSE

图书在版编目（CIP）数据

温暖你的大学时光 / 丁闽江著 . -- 北京：华夏出版社有限公司，2022.12
（大学生心理健康素养提升工程系列丛书）
ISBN 978-7-5222-0423-9

Ⅰ.①温… Ⅱ.①丁… Ⅲ.①大学生—心理健康—健康教育 Ⅳ.① G444

中国版本图书馆 CIP 数据核字（2022）第 192738 号

温暖你的大学时光

作　　者	丁闽江
责任编辑	赵　楠

出版发行	华夏出版社有限公司
经　　销	新华书店
印　　装	三河市万龙印装有限公司
版　　次	2022 年 12 月北京第 1 版　2022 年 12 月北京第 1 次印刷
开　　本	710×1000　1/16
印　　张	27.5
字　　数	516 千字
定　　价	69.00 元

华夏出版社有限公司　　地址：北京市东直门外香河园北里 4 号　　邮编：100028
网址：www.hxph.com.cn　　电话：（010）64663331（转）
若发现本版图书有印装质量问题，请与我社营销中心联系调换。

温暖你的大学时光

我偷偷瞒着时光
携带温暖走来
斑驳的老照片指着时间的方向
叫我们朝前看,和过去和解

拥抱凛冬的一座城
称赞最美的一群人
故事很长,足以温柔一生

碌碌无为也好
勤奋自律也好
积极开朗也好
那都是最好的自己

接纳自己,爱自己
自己给自己一束光
照亮青春的迷茫之路

而我
静静地站在那个路口
为你指路

序

2018年7月,教育部印发的《高等学校学生心理健康教育指导纲要》提出:"把立德树人的成效作为检验学校一切工作的根本标准,着力培养德智体美全面发展的社会主义建设者和接班人。坚持育心与育德相统一,加强人文关怀和心理疏导,规范发展心理健康教育与咨询服务,更好地适应和满足学生心理健康教育服务需求。"党的十九大报告提出,要培养担当民族复兴大任的时代新人,这样的时代新人是有理想、有本领、有担当的,这是学校教育的目标,是思想政治教育的目标,也是心理健康教育的目标。心理育人工作不仅仅是提高大学生心理健康素养、促进其身心健康的教育,也是提升大学生思想道德素质、促进全面发展的教育,是高校人才培养体系的重要组成部分,也是高校思想政治工作的重要内容,是立德树人的一个重要环节。

应福建中医药大学心理健康教育指导中心主任丁闽江老师的邀请,我认真阅读了他即将出版的《温暖你的大学时光》一书,心中充满了喜悦、感动和钦佩。

认识丁闽江老师是从高校心理中心主任微信群开始的,经常能看到他推送各种心理育人的原创文章,文章结合学生日常最关心的、最容易遇到的困惑开展心理分析和实践,通俗易懂,获得了高校同行们的广泛赞誉和转发。我相信这样的文章也一定会受学生们喜爱的。

丁闽江老师能写出这样受欢迎的文章,与他的工作经历有关。他当过7年辅导员,即使后来担任了学校心理中心主任,他还有4年时间兼做学生管理、就业创业等工作。他长期坚持在学生工作一线,对大学生的心理特点和心理需求了如指掌,也正是因为他有这样的经历,他了解学生,了解思想教育,了解心理工作,所以才能更好地把心理工作和思想政治工作融合在一起,才能把心理育人工作做到位。

能写出这样的好文章,与丁老师是一个很有爱心的人密切相关。他在担任辅导员期间自费走访了 130 余名学生的家庭，担任心理咨询老师后经常用心、用情陪伴、支持、温暖学生，正是因为他的这份爱，他的文章读起来总是让人感觉温暖。

《温暖你的大学时光》一书是心理健康教育与思想政治教育融合的佳作，是育心与育德结合的佳作。本书内容涵盖了如何过好大学生活、如何提升自身的心理健康素养、如何化解自身的心理困惑、如何更好地择业就业、如何面对重大事件、如何做好家校沟通、如何开展心理育人工作等内容。本书文字通俗易懂，操作性强，很接地气，不仅适合辅导员、心理工作者和学生家长等阅读，而且也适合大学生阅读，他们可以从中看到自己，获得启发，找到前进的目标和力量。

浙江大学二级教授，博士，博士生导师
国家万人计划领军人才
国务院政府特殊津贴专家
教育部高校心理健康教育专家指导委员会委员
中国心理卫生协会大学生心理咨询专业委员会副主任

前 言

进入新时代，随着社会发展，大学生心理健康问题受到党和国家的高度重视。习近平总书记在十九大报告中提到，要加强社会心理服务体系建设，培育自尊自信、理性平和、积极向上的社会心态；在全国高校思想政治工作会议上强调，要坚持不懈促进高校和谐稳定，培育理性平和的健康心态，加强人文关怀和心理疏导；在二十大报告中指出要重视心理健康与精神卫生。

2018年，教育部印发了《高等学校学生心理健康教育指导纲要》，纲要的发布进一步表明了党和国家对大学生心理健康教育工作的重视，为高校心理育人工作指明了方向；2020年，教育部等八部门印发了《关于加快构建高校思想政治工作体系的意见》，该意见的主导思想是要发挥各育人体系的融合作用。

心理育人是提高大学生心理健康素养、促进其身心健康和谐发展的教育，是高校人才培养体系的重要组成部分，也是高校思想政治工作的重要内容，是立德树人的一个重要环节。心理工作者要根据新时代大学生的心理特点，准确把握大学生的心理需求，了解大学生的实际困难，研究和关注大学生的情绪发展方式，确实从解决大学生的实际困难入手，加强对大学生的人文关怀，帮助疏导大学生的情绪，帮助大学生获得自尊自信、理性平和、积极向上的社会心态，培养大学生良好的心理素质和意志品质，促进大学生身心和谐发展。

心理育人是落实立德树人的重要抓手，高校心理育人工作的根本目标是提升全体学生的心理健康素养，让每一个学生拥有正确的心理健康理念、拥有基本的心理健康知识、拥有促进心理健康的技能、拥有对待心理疾病患者的正确观念、拥有助人的基本知识和技能，从而帮助大学生全面了解自己，接纳自己，发现自己的潜能，增强应对困难和挫折的能力，提升大学生的心理健康素养和自愈水平，帮助大学生培育理性平和的健康心态，塑造健全人格，使其能够运用自己应有的心理健康知识帮助和服务身边需要帮助的人，促进高校及整个社会的和谐稳定。心理育人让思想政治教育更有温度、更有成效。

　　大学生心理健康素养提升工程系列丛书的出版就是为了更好地普及心理健康知识，提升大学生的心理健康素养。《温暖你的大学时光》这本书讲述了大学生从入学到毕业可能会遇见的各种困惑及解决方案，可谓"一书在手，大学无忧"。本书内容包含：大学心理适应、大学生活规划、成长困惑化解、心理素质提升、心理疾病康复、考研及就业帮扶、重大事件应对、家校积极合作、心理教育感悟等内容。本书文字通俗易懂，很接地气，对大学生自我成长、辅导员指导学生、心理工作者帮扶学生、家长陪伴孩子成长都有很强的指导意义。为了达到更好的传播效果，本书的内容大部分都有音频资源，读者在阅读过程中可以通过扫描本书提供的二维码获得。另外，为丰富著作内容，本书还吸收了作者近些年来发表的优秀网络文化作品。在从不同角度进行阐释和论述的时候，为了达到一致性效果，有些章节的内容难免有重复之处，请大家谅解。

　　本书的顺利出版要感谢学校党政领导对心理育人工作的大力支持，感谢杨筱蓁、穆然等朋辈学生的核稿，感谢教育部高校思想政治工作精品项目、高校思想政治工作中青年骨干队伍建设项目提供经费支持！本书于2021年7月正式出版后，经过一段时间的推广，受到广大读者的喜爱和欢迎。为进一步优化内容，2022年11月，本书进行了修订，增加了19篇作者最新创作的网文，删减了6篇相对过时的文章，大大提升了本书的可读性及社会价值。

丁闽江

2022年11月

目 录

第一章　心赋青春
在最美好的时光里，让青春陪伴你前行 ······ 001

一名资深心理咨询师给大学新生的36个锦囊妙计 ······ 003
大学四年应该怎样度过，这样的规划要先知 ······ 013
写给上大学"迷茫"的你 ······ 020
大学宿舍：一个有伤心、有温暖的地方 ······ 026
美好大学生活需要积极心理品质助力 ······ 034
换一种想法，贫困也是一种财富 ······ 040
我真的需要担任学生干部吗？ ······ 044
这不是"心灵鸡汤"，这是你上大学必须知道的15件事 ······ 050
面对压力，我们有更好的选择吗？ ······ 057
同学，你还在减肥吗？ ······ 064
同学，你也"社恐"吗？ ······ 070

第二章　心映自律
在最迷茫的时候，让自律帮助你成长 ······ 077

文章不长，事情很大，我们被手机给玩弄了 ······ 079
又要做"早八人"了 ······ 086
写给在寒假期间没有回家过年的你 ······ 090
暑期攻略：做个乘风破浪的少年 ······ 093
愿你寒假有序，华丽归来 ······ 098
听说最近大学生"卷"得厉害，来听听心理老师的分析 ······ 101
大学生过年的五味杂陈，攻略来了 ······ 106

新学期，心理咨询师给你的几条建议·· 112

拖延，你怎么看？·· 114

期末到了，你紧张吗？我来帮你·· 118

期末，写给有心理困扰的同学们·· 124

第三章　心解困惑

在最困惑的当下，让阳光滋养你的心灵·· 127

心理咨询师告诉你大学生恋爱的正确"姿势"···································· 129

心理咨询师告诉你大学生恋爱心理常识·· 134

心理咨询师写给失恋的你··· 138

童年创伤给我们带来的伤痛要怎么抚平？·· 142

与其努力想摆脱孤独，不如幸福地享受孤独······································ 147

有人用一生去治愈童年，有人早已与父母和解··································· 152

"5·25 我爱我"，写给心灵受过伤的你··· 159

世界精神卫生日，致不快乐的你·· 164

你为什么恋爱总是不顺？原生家庭在作怪·· 170

当我收到第 1000 封信的时候，我想和同学们聊聊"心事"··················· 176

亲密关系与原生家庭千丝万缕的联系··· 180

清明节，可以是一次心灵疗愈·· 182

第四章　心有攻略

在最青春的年华，让心理知识提升你的素养·· 189

"听说读写、琴棋书画、动静自然、笑口常开"情绪宣泄法····················· 191

心理咨询师教你几个舒缓压力的小方法·· 198

心理咨询师教你保持心理健康的"妙方"··· 204

生活中的心理学小技巧，学一点赚一点··· 209

如果你感到迷茫，那我们一起读书吧，让阅读照亮心灵······················· 215

运动是保持和促进心理健康的法宝，你知道吗？······························· 220

中医的智慧，中医"养心"方法请您收好··· 226

春季心理"感冒"，你中招了吗？养心方法送给你······························· 234

季节转换，情绪失调，你还好吗？ ……………………………………… 239
从温州农民夫妇跳曳步舞看走出心理困扰的几个方法 ……………… 241

第五章　心秉智慧
在最无助的时刻，让智慧协助你走出困境 ……………………… 245

你真的了解心理咨询吗？ ………………………………………………… 247
如果觉得自己有心理问题，你可以这样做 ……………………………… 256
我们一直对心理学有很多误解，心理健康知识科普任重道远 ………… 263
关于心理健康，我们一起来学习这 25 句话 …………………………… 272
关于抑郁，你要知道的都在这里 ………………………………………… 275
我想和焦虑症来一次亲密的对话 ………………………………………… 284
心身疾病的识别与康复 …………………………………………………… 294
养身、养心、养性、养德：中医心理智慧对现代心理健康的贡献 …… 301
心理咨询案例示范：她在朋友身上找妈妈的感觉 ……………………… 306

第六章　心铸未来
在最焦虑的未来，让考研、就业更有目标 ……………………… 313

你为什么要考研？做好心理准备了吗？ ………………………………… 315
写给正在考研的你，为你点亮心灯 ……………………………………… 321
写给即将奔赴考研战场的你 ……………………………………………… 324
考研成绩出来，你该如何安慰自己的心灵？ …………………………… 326
致毕业生，你必须懂的就业心理常识 …………………………………… 332
毕业生，你的担忧我知道 ………………………………………………… 336
今朝惜别，未来可期——心理咨询师写给毕业生的一封信 …………… 343
"理想很丰满，现实很骨感"——大学生实习心态调节 ………………… 348
毕业生就业面试需要知道的 9 件事 ……………………………………… 352

第七章　心蓄稳态
在最艰难的时期，让积极心态帮助你应对 ……………………… 357

疫情之下，积极心理，自我调适，弥足珍贵 …………………………… 359
疫情给我们的 25 个生活启示，个个都很扎心 ………………………… 365

疫情背景下大学生积极心理品质的培育方法……370
面对一场突如其来的疫情，我们学会了什么？……375
疫情再掀波澜，我们应该如何做好心理防护……381

第八章　心建家校
在最和谐的环境中，让家校合作更愉快……385

孩子上大学，家长的为与不为……387
致新生家长的一封信……394

第九章　心有温度
在最温暖的时代，让心理育人更有温度……397

写给高校心理育人工作者——顶层设计……399
写给高校辅导员——精准帮扶……407
写给高校辅导员——家访的意义……414
写给高校心理委员——支持陪伴……418

心赋青春

第一章

在最美好的时光里，让青春陪伴你前行

青春是大学生亮丽生活的底色，是韶华岁月的见证。它在我们成长的轨迹中印下烦恼，印下伤感；印下喜悦，印下美好。莎士比亚在《暴风雨》中写的这段话，值得每个青春期的人细细品味："凡是过去，皆为序章。爱所有人，信任少数人，不负任何人。我荒废了时间，时间便把我荒废了。"星河滚烫，愿皓月长恒，愿青春永不被辜负。

一名资深心理咨询师给大学新生的
36个锦囊妙计

> **引言**
>
> 高考落下帷幕，我们都在成长的人潮中拼命奔赴下一场山海。我们各自怀揣兴奋、激动或者不安的情绪踏入理想的大学校园，在真正意义上触碰到光怪陆离的小型社会，路遇形形色色的人，体会大学的缤纷色彩。经此一役，一切重新开始，一切整装待发。一同跟随本文的36条建议，在大学中找寻到更好的自己吧！

经过高考奋力拼搏的你，怀揣理想、希望与信念来到大学。但是，面对新的生活环境、新的教学风格、新的学习方式、新的人际关系、新的人生挑战，有人能轻松应对，收获自己的美好大学时光；有人颓废、懒散、拖延、空虚、纠结、茫然，感到极度的不适应。那么应如何正确对待即将到来的大学生活呢？丁闽江老师根据自己十几年的学生工作经验和心理咨询经验，为大学新生整理了36条锦囊妙计，每一条的背后都藏着一个鲜活的故事，每一条都值得你细细品味。

第一条：把过去归零。不管你以前多么优秀，抑或你之前能力不足，那都是过去，上大学后把过去归零，一切重新开始。要知道，这里的每个人都不知道过去的你怎样，或许他们都比你优秀，或许他们都比你差。老师也希望你把过去的不愉快归零。进入大学，就是迈入一个新的环境，接触新的人，你的所有过去对于他们来说都是一张白纸，这是你最好的重新塑造自己形象的时候，改掉以前的缺点，收敛你的锋芒，悄悄拔尖。每进入一个新的环境，都应该以全新的、你更想变成的形象出现。

第二条：那些话是假的。在高中漫长而艰苦的复习过程中，你们无数次听到老师与家长对你说："这段时间努力一把，上大学就好了""大学生活很轻松，你想做什么就做什么""上大学了，你就可以彻底解放了""上大学了就不用那么拼命了"。刚上大学时还会有学长跟你说："60分万岁""期末考试都有重点，准备几天就过了""某某专业没前途，赶快转专业或者准备考研""大学知识没有用，毕业都用不上"等等。千万别信这些话，这些都是假的！在大学里，轻松的是你有了更多可以自由支配的时间，但是大学的学习内容只会比高中要更深奥、更晦涩，你要做的是学会成熟合理地安排自己的时间并且永不止息地奔跑。高中的努力是为了争取好大学，而正式走进大学，你的努力可以为你带来很多意想不到的惊喜与机遇。

第三条：学着独立生活。或许你第一次住集体宿舍，或许你一直在父母的庇护下生活。来到大学，请你尽快熟悉大学生活的作息，独立整理自己的内务，独立照顾自己，独立完成大学生活中的各项事务，这与父母围绕身边的生活有很大不同，不可再期待事事都有人帮你。刚开始有些不适应，没关系，重要的不是你自己能处理得多完美，而是你通过各种锻炼，学会了自理、自立，这会成为你长大成人、面对社会的必备技能。

第四条：接纳比拒绝有益。你可能是经专业调剂入学的；或是根本不了解情况，专业全权交由父母填报的；又或是高考失意被迫选择了这所学校。这时候的你可能心里是"不接纳"的，甚至是"拒绝"的，可如果你一直处在这种状态下，大学也将"拒绝"你。因此，如果你不打算复读，就用心去接纳现状。每个专业都有它存在的必然性，现在冷门，过几年也可能是热门呢！有句话说得好：如果你不喜欢现在所处的环境，要么去改变它，要么去接受它。况且，任何专业如果学好、学精，都会使你在未来社会上拥有立足之地，或许等你接纳后你会爱上它，行动方见真章。确实不喜欢，你也可以通过自己的努力试着去转专业，或者尽快准备考研。但不管你喜不喜欢学校或专业，你都要认真学。如果你放弃，即使有转专业的机会，也轮不到你。抱怨是没有用的，你说对吗？

第五条：大学不是你之前想象的那样。收到大学录取通知书后，很多学子都会展望自己未来的大学生活，怀抱憧憬，怀抱理想，甚至提前安排各种攻略。转眼步入大学才发现，理想终究是丰满的。有些人开始怀疑自己是不是上了一个"假大学"，学习再度深入，课业压力增大了，同学竞争更激烈了，人际关系更复杂了，凡事都要自己操劳，一切的一切似乎都不是之前想象中的那样轻松有趣。这只是我们走出了高中阶段，看到这个世界的复杂罢了。这就是常态，大学不比高中更轻松，你需要给自己一个机会，重新认识大学，重新规划大学生活。

第六条：身体健康是其他一切的基础。首次离家，身边不再出现父母的唠叨和监督，你可能会疯狂熬夜打游戏、刷剧等，做一切你想做之事。自由虽好，但请不要过了度。不要总是点外卖，也不要循着香味让身体跟着嗅觉跑，路边摊的东西不一定好。尽量规范作息时间，按时吃饭，按时睡觉，每天抽出一点时间运动，身体出现异样要重视起来，保持一个好的心情，让病菌与你主动说再见。

第七条：军训的苦你该吃。军训是你们入学的第一课，是你们接受国防教育的一课，也是提升你们身体素质的一课，更是磨炼你们意志的一课。其中的苦与乐，需要你亲历方可体味。等你挨过军训这段时光，再次捡拾起它，一定是美好的、值得镌刻在记忆里一生的。所以，希望大家都能好好珍惜军训的机会，不要以各种理由申请免训，或总是寻找借口躲在一旁观看，抑或是遇到一点点小困难就无法坚持。将来，你会感谢那时不言放弃的你。

第八条：你要好好认识下你自己。"我是谁"，这是一个角色定位和角色认同问题。对"大学生"这一角色如果认识模糊不清，很可能造成大学时光的虚度，不仅得不到充分的锻炼与提升，反倒会消耗你的时间和精力。对于自我认识，要做到"自我把脉"，认清自身的优缺点，要清楚哪些方面需要在大学里得到锻炼和加强，也要明确如何让自己的综合能力得到提升。"我来做什么""该怎么做"，这是主题定位和态度问题。大学的主题是什么？不是单纯的求学，而是综合素质的提升，是主动奋斗的过程。将来的定位是什么？将来是尽快毕业觅得一份工作，还是考研究生继续深造？将来是进入蓝领、白领还是金领的职业层次？不管怎样选择，改变命运的钥匙都掌握在自己手里，成功的机遇总是偏爱有准备的人。

第九条：你的目标很重要。可能有人认为"目标"很虚、很空，但一个人有目标和没目标，对待生活的态度是截然不同的。若说高考是以考上大学为目标，那么读大学就应以今后的职业生涯为目标。职业生涯规划要尽早做，要预估自己未来的职业定向，知晓这个职业所需的文凭条件和专业能力。有了基础认知后，你就可以在大学里根据职业规划有的放矢地做好准备。请记得，把目标进行分解，越细越好，从小目标开始，一步一步踏踏实实往前走，慢慢向似锦前程靠拢。

第十条：大学学习与中学截然不同。在学习目标上，大学生已从考上大学转变为如何使自己成为综合素质优秀的高级人才；在学习要求上，大学生不再局限于高分，考虑更多的是掌握专业知识与能力，培养综合素质；在学习自主性上，中学生主要依靠教师安排学习活动，自主性少，大学生则主要靠自己安排学习活动，自主学习范围大；从所学内容看，中学少而浅，大学多而深。对于大学的学习你至少要记得几点：学习是自主自觉的，没有人会赶着你；图书馆资源一定要好好利用，课堂上的知识只是皮毛，你要有计划、有系统地广泛阅读课外专业书；富有创造性思维，能提出自己的观点和主张，学会撰写论文，甚至在高年级形成一定的研究方向；对于各种提升职业技能的学习和实践应该多参与。

第十一条：学会积累人脉资源。大学是一个小型社会，你要学会与不同人交往，积累自己的人脉资源。你在大学里碰到的每一位老师都可以成为你的学习榜样；你身边的每一位同学都可能成为你的朋友，必要时为你提供帮助；你实习及社会实践过程中接触的那些人，可能会成为你的同事或帮助你找到工作的引路人。更重要的是，记得处理好与舍友之间的关系，他们会是你今后最好的朋友和贵人；也要记得与自己的亲戚朋友多多联系，我知道你们不喜欢，但不期而来的援助中或许也会出现他们的身影；还要记得既与高中同学保持联系，又积极结交新朋友。多样的人脉会成为日后你行走社会的利器。

第十二条：一定要处理好宿舍关系。大学里的宿舍关系会影响你的学习、生活、心态等各个方面。融洽的宿舍关系会增加你的幸福感和成功的可能性。相反，如果宿舍关系紧张，可以想象到那是多么痛苦，你的学习、生活各个方面都会被影响，甚至成为你人生的至暗时刻。这里请同学们记住几点：你们来自不同城市，拥有不同的家庭背景，存在不同的性格，因此处事方式、生活方式也一定不一样，不要试图说服他人适应你，你没有权利要求别人，你只能试着去适应整个集体；如果适应不了宿舍里统一的睡眠模式、学习习惯以及卫生要求，请包容彼此。我希望你们能在日渐磨合中收获终生挚友。

第十三条：学会人际交往技巧。良好的人际关系能提高学习效率，完善自我意识，促进心理健康。因此，大学生应学会与人交往。坚持真诚待人、宽容待人、平等待人原则，交往中不要总是批评、指责别人，而应真诚地赞扬和欣赏别人。与人交谈时，要善于倾听，用行动告诉对方：你是一个值得尊敬的人，我能感同身受。给他人以尊重，无形中就会满足对方自尊心的需求，赢得对方的好感，加深彼此的感情。不过需要谨记：近朱者赤，近墨者黑。交友一定要有原则，谁该深交，谁该浅交，谁该拒交，要做到心中有数，尽量找些优秀的人做你的朋友，你会受益匪浅。当然，交友范围也应适当，圈子狭窄，疏远了可交的益友，有碍正常交往；圈子宽泛，必将分散自己的精力，影响学习。

第十四条：请安全地恋爱。离家走向大学，你的父母不再限制你谈恋爱了，于是你总是抱着急切的心态想去尝试。这里老师想和大家聊聊，千万不要急于恋爱，在说"我爱你"之前，一定要认真考察对方。众所周知，这些年陆续出现了许多因恋爱失去生命的例子，在没有了解对方之前不要"轻易恋爱"，更不要把自己"轻易交出去"。当然，如果你很了解他（她），也热烈地喜欢，就请勇敢地告诉他（她）。追求你真正爱的人，只要自己认为值得，那便是值得的。"我爱你"这句话也别对很多人说，希望你可以把这句话说给你心中真正最爱也最值得的人，它的分量很重，不仅是尊重了你爱的人，更是尊重了你自己的感情。爱你的人向你表白时，不管你接不接受，都应感谢对方，这是对彼此的尊重；如果你不爱他，他又向你表白了，一定要作明确回答，是就是，不是就不是，不可以模棱两可，给人以盲目的希望。如果在恋爱过程中你看清了一个人，请你学会及时止损，勇敢地说再见。

　　第十五条：正确对待失恋。经历失恋后，每个人都会产生一系列的消极情绪和反应，这是正常的心理表现，也说明你们真心爱过。那么失恋了到底应该怎么办呢？你应该充分感受和体会失恋带来的痛苦，懂得宣泄自己的痛苦情绪，扩大交往面，转移注意力，去散心、旅行，或者把能量放到其他事情上，强迫自己开阔视野。时间是治愈失恋的良药，等自己稍微清醒之后，重新去认知你们的感情。不要总觉得自己付出很多，得到很少；不要总觉得别人对你不忠诚，其实他离开是对你最大的忠诚，你应该感到高兴。也请记得，失恋后千万不能继续做朋友，保持来往会附带更多情愫，恋爱就会分得不彻底，痛苦就会被延长。更不能自暴自弃，甚至伤害自己，不能报复和伤害别人，也不能马上找个替代的人来安慰自己受伤的心灵。

　　第十六条：自律的你很赞。大学生活，自由时间较多，也没有太多约束，做到自律，是你与其他人拉开差距的最直接体现。所以，你需要给自己制定一份每日作息安排时间表，分配好每天要完成的事情。当然，不只是学习，还需包括运动、阅读、休闲、交往、社团活动、兼职等。自律最好的表现是：能按照时间表完成每天要完成的事情；能控制自己的欲望，能延迟满足；不沉溺于游戏或刷手机，做任何事情都能把握尺度；能控制自己的体重，能照顾自己的身体；有再多的干扰，仍能心无旁骛。优秀是一种习惯，希望能从大家身上看到这种习惯。要知道，自律的你很赞。

　　第十七条：不要被手机玩弄。手机是把利器，没有父母的束缚和学业的压力，你可能会被不自律的自己打败，上课玩手机、在宿舍休息玩手机、吃饭玩手机、走路玩手机、在图书馆自习玩手机。你在玩手机的同时正被手机"玩弄"！手机将会过多地影响你的生活、学习甚至影响你的心理健康，一旦手机脱手或一段时间无信息提示就会引起你的情绪波动，如焦虑、烦躁、暴躁不安，严重者可能会形成"手机焦虑症"；过度沉迷于网络世界也会影响你的价值取向，尤其处于大数据时代，你无力应对手机的诱惑，甚至还会陷入自我迷失的深渊，从而偏离正常的价值取向；沉迷手机还会影响你的人际交往，使你沉浸于虚拟世界，越来越脱离正常的交往圈子，使人际关系日渐恶化；受到影响的还有你的学业及身体健康，花费过多的精力专注于手机，会导致你上课分神，课后不专心，另外，长时间使用手机会造成你出现视力下降、手指抽筋、颈椎劳损等症状，严重者导致猝死。

　　第十八条：电脑不是拿来玩游戏的。上大学了，90%以上的学生都会带电脑来学校,你当初的设想总是美好的,电脑可以更好地帮助你学习、查资料,可是,万万想不到,有部分同学把电脑当成游戏工具或者看剧的工具。部分同学迷恋网络游戏,有的不去上课,有的作息黑白颠倒,有的干脆不出门,也有的彻底毁了自己,挂科、旷课、退学等现象层出不穷,身体也因此受到严重伤害。凡事都有一个度,电脑也得用在对的地方。

第十九条:上课睡觉的你很难看。初入大学,你可能失落,可能迷茫,可能对专业课程失去兴趣,也可能不喜欢老师的上课方式,可能夜晚把精力悉数放在游戏和刷剧上,白天没精神上课。这并非个别现象,你将会很快经历。我希望你能锻炼自控力,上课不睡觉,尊重每一位老师,他们在各自专业领域里的知识、思维等方面都是有一番研究的。永远不要嘲笑你的老师无知或者单调,当你某天在社会上四处碰壁时,再回首,你会发现当初用瞌睡嘲弄老师的举动实际上很愚蠢。再者,如果你实在听不下去,可以做自己的事情,甚至翻开课外书来读。总之,大好时光,不要浪费。

第二十条:大学的学习成绩很重要。身边、网络上存在很多"大学60分万岁"的呼声,如果你听进去了,我想你日后定会吃大亏。我认同大学是培养人才的蓄水池,成绩好坏不是衡量优秀与否的唯一标准。但你要知道,你的成绩会直接影响你的评优评先、奖学金、入党、保研、公派出国、转专业等诸多机会。如果你的成绩不好,可以想象你之后的履历将会逊色于其他同学,用人单位多少会将成绩纳入考量标准,这对你的就业也会产生影响;如果你参加研究生考试,复试时你的本科成绩会成为一个重要参考;更严重的是,如果你不重视学习成绩,就可能会挂科,可能会无法正常毕业,拿不到学位证。那么,白读几年大学,进来只是虚度时光,你将悔恨终身。

第二十一条:学习各种技能非常必要。进入大一后,同学们除了要尽快熟悉本专业的课程,建立对本专业的兴趣外,也可根据自己的专业发展前景,充分利用各种有利条件来发展自己、提高自己。例如,可以有选择地考取一些含金量高的证书,夯实专业基础的同时为自己以后从事相关工作打下基础。另外,也要掌握一些必要的技能,如学会操作PowerPoint、Excel、Word等软件,适当补充一点新媒体操作技能,如:微信公众号排版设计、图文设计、影音视频剪辑等等。

第二十二条:英语是绕不过的伤痛。如今的英语不与毕业证、学位证挂钩,但是它的作用无处不在。大部分同学会选择走上考研的漫漫征途,如果英语成绩不好,考研成功的概率将大大降低;考研面试过程中也十分注重英语的深度阅读能力和口语能力;你的未来就业、职称评审、晋升职务、在职考研、出国深造等申报项目都将与英语接触。因此，我诚挚地建议大家在繁忙学业中注意提升自己的英语水平，认真对待大学英语四级、六级或专业英语等级考试，尽可能让自己通过，不要让英语水平仅仅止于高考。也可以每日腾出几分钟练习口语，试想一下，出口便是地道英语的人很有魅力，不是吗？

第二十三条：担任一次学生干部。处于大一的新生们，请不要放弃每一个竞选班委或者学生会干部的机会，这会成为锻炼你综合能力的良机。如果有幸竞选上，不管任职哪个岗位，都请用心地、负责任地去做，这样才对得起你自己，对得起选择你的同学；如果仅仅缺了点运气竞选失败了，没关系，大二还可以继续竞选。在这里，我也需要提醒你们，请不要过分热衷于当学生干部，把大量时间花在课外，影响学习，这是得不偿失的。

第二十四条：参加几次学生活动。初来乍到，很多同学会跃跃欲试，希望自己的能力可以有展示的机会，这是值得肯定的。大学期间，我希望同学们积极参加几次学生活动或者比赛，通过这些课外活动提升自己的能力，同时收获几位良师益友和个人成就感。参加社团活动，两种情况需要注意：一是担心影响学习拒绝参与任何社团活动，这是不可取的想法；二是不加筛选、盲目参与各类活动，最后落得身心俱疲，这也是不可取的。对于社团活动，要有选择地参加，参加后再投入、做精，拓展自己。

第二十五条：希望占座的你能坚持。开学初，你们会有很高的期待，也会严格要求自己，甚至会出现上课提早"霸位"的现象，上课时认真听讲，课后也会坚持完成作业，并做好复习、预习的工作。教室或图书馆的座位也会被占得满满当当，这是值得肯定的。但是，希望你们能坚持下去，真正把"抢到"的位置用起来，不让它空着成为摆设。如果无法按时去自习，要自觉把书本等占位的物品带走，给别人留点机会。

第二十六条：大学期间做做兼职。上大学的你是否也有做一份兼职的打算？兼职的种类颇多，你要有所选择，如：校外的兼职——家教、服务员、送快递等；校内兼职——勤工助学岗位、科研助手、创业、校内送餐等等。兼职确实能有效提升自己的能力，获得一定的收益，能减轻家庭负担，还能提前接触社会。不过，做兼职一定要留心眼，不要被骗了，安全永远要放在第一位，因此，建议大家最好在校内做兼职，通常情况下，校内勤工助学岗位是比较多的，但机会只留给有准备的人，你需要主动、大方地去推荐自己。

第二十七条：家庭经济困难让你更优秀。家庭经济困难也许在当下给你的学业和生活带来了一些困扰，但是，不用怕，丰富的咨询经验告诉我，家庭经济困难的孩子往往有着坚强的意志，懂得知足常乐，渴望美好生活，努力上进，早早就学会了担当与责任。看到这里，若你恰好是在贫困家庭中长大的孩子，正因自己的出身而苦恼，甚至产生不良的情绪，老师希望你能改变一些观念，换种心态看待自己，有困难可以积极想办法解决。这是你成长的机会，不要妄自菲薄，自信一些，要有自己的目标与梦想，并且要求自己不断为之努力。切忌给自己太多的框架，我们身处一个百花齐放的时代，不要吝啬于展现你的闪光点，不要惧怕未来，有梦就去追吧！当然，如果你的家庭经济条件一般，永远不要乱花钱。

第二十八条：有空常打电话回家。这句建议或许早已成为陈词滥调，但你要知道，你从上大学开始，与父母见面的机会将逐渐减少。未来你工作、成家后，和父母的生活也会渐行渐远。因此，大学时期是一个开始，父母、子女双方都应该学习如何维持亲子关系。我理解有些同学恨不得早早离开父母的"唠叨"，也有些同学记恨父母的不公，但是，请记住，"儿行千里母担忧"，等你慢慢长大，再多的不满与幽怨也终会随着时间而释怀。大学期间，你的父母依然是你感情的寄托人，是你心灵受伤时的抚慰者，是你永远坚强的后盾。放假了不妨常回家看看，外面的世界纵然精彩，但别忘了，还有人始终为你留着一盏灯，留着一桌热腾腾的饭菜，等着你携带一身荣誉归来。

第二十九条：让运动和阅读始终陪伴你。运动可以改善、调节情绪，还能促进人体的血液循环，让身心和谐。运动的过程也是情绪宣泄的过程。运动的方式多种多样，你可以根据自己的日常爱好及擅长的运动来选择，只要动起来就行，每天半小时足矣，坚持一段时间，它将改变你的人生。当我们情绪不佳的时候，阅读可以说是最简单、消费最低、效果最突出的一种排解方式，它不仅有助于缓解情绪，使你获得处理问题的智慧，还可以扩展你的知识面，增加乐趣和阅历。闲暇时间，不妨远离尘世的喧嚣，捧一本书，与文字贴近，与书中世界亲近。

第三十条：学习专业之前先学会做人。对于经历了大浪淘沙而走出高中生活的大学生来说，掌握一定的专业知识已然成为首要任务，但良好的习惯、优秀的品质、高尚的品德却不是朝夕可就的。只有把求知与做人完美地结合起来，才能成长为一个对社会有用的人，才能真正实现自己的价值。希望同学们记住这六条：一要有高尚纯洁的品行；二要有积极健康的身心；三要有吃苦耐劳的品质；四要有团结协作的精神；五要有公平竞争的意识；六要懂得爱与尊重。学会做人，就是要从以上六个方面不断完善自己，努力把自己培养成能适应不同社会角色、能承担相应社会责任的人。

第三十一条：大学新生会有适应困惑，这是正常的。很多人都会问我，为什么多数大学生都会有新生适应的困惑。实际上，在心理咨询过程中，新生的适应性咨询也存在较大的比例。随着生活环境转换、理想与现实的差距、人际关系重塑、学习生活方式的变化等问题的出现，人的心理会呈现一段时间的适应困难，这是非常正常的现象，所以，大家也不必担忧。人的适应能力是很强的，只要你积极去应对，用正确的方式对待，这种适应困惑很快就会消失。你将会借此找到适合自己的节奏与方式，开启你美好的大学生活。如果你实在难以适应，并出现了一系列的心理反应，可以寻求学长、辅导员、心理咨询师等人的帮助，和他们聊聊天，或许他们的经验能够很快帮助你走出困惑。

第三十二条：你需要良好的心态。大学就是一个小型社会，偶尔你会发现一些不公平的现象，也会发现不少讨厌的东西，人生不如意十之八九，这很正常。面对不公平的事情，不要抱怨，你所认为的不公平可能恰恰是别人的公平，因此，你不如去努力奋斗，争取属于你的公平。永远别渴望做个任何人都不得罪的人，事物都有两面性，同样的一件事有人反对，也有人支持，这是不可能十全十美的。走出了高中时代，踏进大学校园，你的尊严可能会被打碎，这不重要，重要的是你要磨炼巨大的承受力去应对类似情况，你要相信在大学里你的"丢脸"也许换来的是一次教训、一次激励，大家不会去记忆这些细节，你需要做的是重整旗鼓，不怨声载道，你要清楚，等进入社会之后再发生"丢脸"的事情，可能就真的是"丢不起"了！请你相信这个世界是公平的，上帝给谁的都不会太多。一个人在一些地方获取了什么，注定要在另一些地方失去些什么，这只是时间的问题。当然，任何时候都要学会一分为二地看待问题，不要钻牛角尖，记住该记住的，忘记该忘记的，改变能改变的，接受不能改变的，不拘泥于过去发生的事情，用智慧去分辨是非。可以的话请时刻保持微笑，它会给你带来幸运。

第三十三条：有些事一定不能做。第一，一定不能考试作弊。任何高校在这一方面的惩处都是十分严厉的，你肯定不希望自己因为一次考试作弊，污点被终生写进档案，甚至是被退学。诚实守信是做人的根本。第二，一定不要轻视自己的身体健康，要珍惜自己的生命。爱护自己，珍惜自己，没有什么比生命健康更重要，无论何时都不要自暴自弃。第三，不要去破坏别人的家庭，无论出于何种动机。第四，不做违法的事情。一旦你触犯了法律，学校一定会给予你严厉的处分，甚至直接开除学籍。第五，即使"吃土"也不要涉足校园贷，这个"无底洞"你惹不起，一旦掉进去，后患无穷。第六，有再多的怨气，也请控制住自己的情绪，不可伤害别人，更不能使用暴力。情绪失控时，请先停下来，冷静思考是非对错，再采取合适的行动。

第三十四条：你要学会塑造自己的形象。在不影响别人的前提下，你要有自己的个性，能坚持自己的价值观，同时保持开放接纳的心态。重视自己的仪容和形象是十分重要的，没有人能透过你邋遢的外表去发现你美好的心灵。我们崇尚的美是外表干净、整洁，有自己的风格，是纯粹的美。男生，你可以长得不帅，但你这个人可以帅。你需要有风度，女生总是有各种各样的问题需要男生来解决，这个时候男生要积极主动去帮助，乐于助人会让你的形象更高大伟岸。女生，你可以长得不美，但你这个人可以美，对自己好一点，自信一点，张扬自信的你真的很美。当然，请尽量少说脏话，你应该知道习惯的力量，与别人接触时，你随便吐露的一个字或者几个字会让你在别人心中的形象大打折扣。最后，我想说，自律的你、保持运动习惯的你、身材始终保持良好的你、爱学习的你会让很多人爱上你。

第三十五条：感恩生活中的每次遇见。学会感恩生活中的每次遇见，你遇见的舍友、同学、社团伙伴、老师都值得你去感恩，感恩他们出现在你的世界里，感恩他们对你的帮助；感恩你的父母、帮助过你的亲戚朋友或者是帮助过你的陌生人。带着感恩之心生活，你的心灵会更纯净、更有力量！这里我还想给同学们一些建议：逢年过节不妨给帮助过你的人打个电话或者发条微信，送一句最真切的祝福；假期回家的时候去看看你的高中老师；抽个时间做一做公益活动。在帮助他人的时候，你也会获得心灵的宁静。感恩与回报是你我都应该做的。

第三十六条：心理困惑不可怕。国家卫健委发布的《心理健康素养十条》中，有一条明确说明，懂得求助是一个人有智慧的表现。如果你有心理困惑，要根据自己的情绪表现和症状特点，适时适当地求助，不要隐瞒疾病，放任疾病的发展，应及时寻求专业帮助。求助的方法多种多样，你们可以求助学校设立的心理中心、心理健康辅导站，也可以寻找专业的咨询机构或者医院的精神科。当然，如果问题较轻，求助你身边可信赖的人也是一种有效的方式，但如果问题偏重，建议你们一定要求助专业人员，以免造成更加严重的后果。

36个妙计到这里便结束了，你是否对某一条有着特殊的感触？又是否从中得到了什么启发？从现在开始，希望你们都能够心怀梦想，辛勤耕耘，翘首以待下一个丰收的黎明！

大学四年应该怎样度过,这样的规划要先知

> **引言**
>
> 很多大学生刚刚步入大学会陷入迷茫之中,大学应该怎么度过他们不知道,我想通过一名心理咨询师的视角来和大学生们规划一下大学生活,希望大学生们能尽快适应大学生活,把大学过得充实有意义。

同学们,你们想象的大学生活是怎样的呢?步入大学,带着憧憬和希望,带着迷茫和担心,你们即将翻开人生中新的一页。可是,你们一定要知道哦,有人在大学收获了美好人生,也有人在大学彻底沉沦。如何让自己的大学四年收获满满,过得有意义,需要你提前思考,做好打算。今天,心理老师来给你做做规划,看看对你是否有用。

一、大一的你:适应新生活

1. 上大学了,你要先明白几个道理:上大学后一切都是新的开始,不念及过去的荣耀,不悔恨过去的失败;大学不是你想象中的那样,上大学不轻松,要学习的东西更多了,要面对的问题更多了,要处理的人际关系更复杂了;你要学着独立生活,学着与不同个性的人相处。

2. 一定要与宿舍同学愉快相处,学着理解和包容每个同学的个性,不以自己的价值观来要求和评价别人。宿舍关系处理好了,你才有心思认真学习和锻炼,这点非常重要哦。另外,往后舍友就如你的兄弟姐妹,很可能要陪伴你四年,处得好,大家可以是一生的朋友。

3. 要重新认识你自己。你要知道自己的优缺点,要知道哪里还需要继续锻炼和加强,也要知道如何让自己的综合能力得到提升,在明确自己的需要后才会有规划、有行动。

4. 希望你们从上大学第一天开始就能养成良好的生活作息习惯和坚持运动。身体健康是第一位的,记得早睡早起,合理饮食,该睡觉时就及时放下手机,该起床

时别被床铺束缚。每天运动一小时，健康生活一辈子！运动带给你的将会是整个人生的不一样。

5. 上了大学了，有空多走出去看看外面的世界，开阔自己的眼界。和同学们外出游玩的机会增多，你们很多都会自行结伴出游，但一定要时刻注意安全，提前规划好路线，最好能告知几个同学或是自己的父母自己准备去哪。

6. 坚持曾经的兴趣爱好，或是尝试培养一两个新的兴趣爱好，勇敢尝试，多试试看，说不定你会发现一片新天地。

7. 尽早知道自己的职业目标。大一开始你就要慢慢去探索自己的职业兴趣，要尽早知道自己所学专业的职业方向，自己适不适合这样的职业，你将来的职业定位是什么。

8. 初步确定未来要保研、考研、留学还是四年后马上求职，如果求职的话要知道未来可能从事哪些行业哪些工作，并对未来工作内容及能力要求有个初步了解。

9. 读大一时，你要深入了解自己的专业，看自己是否喜欢，如果不喜欢就要尽早考虑，转专业或者选修第二专业。或者下决心回去复读，千万不要自暴自弃。

10. 大一期间的学习也很重要，你要知道，你的成绩会直接影响你的评优评先、奖学金、入党、保研、转专业等诸多方面。努力争取不挂科，尤其是想要转专业的同学们，大一期间的成绩很重要。

11. 军训是你们入学的第一课，是你们接受国防教育的一课，也是提升你们身体素质的一课，更是磨炼你们意志的一课。至于苦与乐，只有经历过的人才知道其中的感受。所以，希望大家好好珍惜，不要以各种理由申请免训，或者总是找借口坐在旁边观看，抑或是遇到一点点小困难就坚持不了。

12. 积极努力去争取参加一些班委、学生会、社团工作，当然不要太多，不要把自己搞得太累，甚至没时间学习，建议参加 2~3 个，但千万不要一个都不参加。这是你锻炼能力的最好机会，也是你扩展社交的最佳途径。

13. 如果你在大一时可以考英语四级的话一定要考，争取早点儿通过四、六级考试，因为再过一些时间你忘得更多了，更难考过。

14. 开学后学校各单位会举办各种各样的活动和比赛，如果有时间建议同学们去参加几次，体验参加活动和比赛带来的感受，锻炼能力的同时收获奖励，还能获得更多学分，也会给你以后的简历增色。

15. 想要转专业的孩子记得查看学校转专业的规则，并随时关注转专业的相关通知，通知一般会在大一下学期的四五月份公布。想要转专业，你一定要保证大一期间的学习成绩合格，要考虑清楚，慎重做出选择。

16. 根据未来规划和自己的专业特点，看看需要考取哪些资格证书，可以从大一就开始准备。当然，你要考取的资格证书一定要有含金量。

17. 有的学校可以申请辅修学士学位。如果你对其他专业有兴趣，可以申请辅修，多关注学校的相关政策或者多和学长交流获取信息。一般是在大一下学期期末开始报名，从大二开始正式修读，各个学校对于报名要求的标准不一，但是大同小异，一般要求本专业成绩良好又有充分的时间和精力。

18. 如果你有志于加入中国共产党，建议你一入学就向党组织提交入党申请书，并积极向党组织靠拢，用心服务同学。经常向党组织写思想汇报。

19. 如果有空，你在大一时就可以试着去做些兼职或者学校的勤工俭学工作，锻炼自己的同时，你也能获得一定的经济收益。当然兼职一定要注意防骗和安全。

20. 不要急着谈恋爱，好好考察考察再说"我爱你"。已经在高中谈了恋爱的同学也有可能会因为异地恋产生烦恼，也有可能会面临分手，记得好聚好散。

二、大二的你：乘风破浪

1. 大学二年级开始，专业课逐渐增多，这时候你一定要认真听课，好好学习，即使老师上课只是对着PPT念，你也要想方设法将它学好，这对于你今后考研的专业课复习大有帮助。当然，认真学习才会考出好成绩，才能拿到奖学金哦。

2. 这时候需要你真正学会自主学习。大学的学习是自主自觉的，没有人会赶着你。图书馆资源一定要好好利用，课堂上的书本知识只是皮毛，你要有计划、有系统地广泛阅读课外专业书。

3. 大二开始，你可以主动找专业老师，参与老师的科研项目，学着做做实验、写写论文，还可以给老师担任科研助手，哪怕打打杂，你也能学到不少东西。

4. 大二开始，你可以积极参与各种提升职业技能的学习和实践，比如：参加与专业相关的社团活动、社会实践活动、志愿服务活动，以此来提升自己的专业水平。

5. 大二开始，你可以积极参加学校的创新创业大赛或者专业性的学科竞赛了，这是一个非常好的提升综合素质的方式。累并快乐着，如果获奖不但能收获一定的奖金，还可以加很多学分，对你今后的职业发展非常有帮助。

6. 大二了，对于做学生干部和参加社团活动你要有所选择。如果你的个人能力已经锻炼得差不多了，可以选择把更多时间花在其他事情上。当然，有些同学可以继续努力，当更高一级的学生组织负责人，这取决于大家的选择和职业规划。

7. 大学二年级了，想必很多同学已有自己心仪的对象，如果有喜欢的人就大胆去追。当然，千万不要太随意，等待观察也是必不可少的，这能给自己冷静考虑的时间。如果失恋了，要学会处理自己的情绪，都会过去的，要对自己有信心。

8. 如果有些空余时间，要努力增强英语口语能力，增强计算机应用能力，尤其是可以多学习一些新媒体相关的知识，学会公众号编辑、图文设计、视频音频剪辑等等。这些对你今后的职业发展大有帮助。

9. 英语四、六级考试有机会考就持续考，通过考试让自己对英语的记忆始终都在，这对你到大四时的考研、就业都很有用处。如果准备留学的话，有时间有精力可以考虑考个雅思或托福，分数还是越高越好。

10. 图书馆要多去哦，图书馆方便查阅各种资料，你可以广泛阅读与专业相关的书籍，利用好图书馆的论文资源，多看看专业相关文献，加强专业知识的深度和广度，也能知道专业发展前沿，而且图书馆是学校里自习的极佳场所。

11. 如果你在大一递交了入党申请书，那么在大二一定要记得经常写思想汇报，可以主动向党组织表达你要入党的意愿；如果你已经是积极分子，那一定要讲党性，多为同学服务。

三、大三的你：明确方向

1. 进入大三，这一年，你要从真正意义上定下自己的未来目标了。要直接就业，保研，考研，还是留学？甚至你要考虑清楚自己未来较为精准的职业了，还要考虑就业地、考研地等问题，这是你在大四顺利成长的最佳时间。

2. 这一年你要多参加招聘会，要知道自己的专业可能的就业方向和就业单位，这些单位和岗位都有哪些要求，你与这些岗位的差距在哪里。不懂不怕，多问问老师，多问问学长。这个时候你还有进步的空间和努力的时间。

3. 大三的假期如果有机会，可以试着去相关单位实习或者见习，听得再多不如去尝试做一下。选择实力较强的单位去实习见习，这样你写简历时也拿得出手。

4. 如果你确定要考研，就要从大三开始准备。先要选好自己的目标学校和目标专业，按照目标学校和目标专业要求去准备。如果有能力最好能认识一下已经"上岸"的学长。剩下的，就只有埋头苦学了。

5. 走上考研这条路，你有将近一年的时间需要比别人付出多倍的努力，这时候的坚持很重要、心态很重要、自律很重要。"没有痛苦，就没有收获"这句话在考研途中展现得淋漓尽致。

6. 以为考研做准备的目的去学习英语。这个时候还要多关注考研英语的要求和专业英语，还要锻炼英语听力和口语表达，提升英语的综合水平，为后期的考研英语面试做准备。

7. 认真梳理一下自己还有什么资格证书应该考，抓住读大三时的最后机会，努力去考取。资格证书对于今后工作和职业发展是有一定意义的。

8. 想要出国留学的，一定要在大三做好最后的决定和准备。主动寻找各种出国资源，尽早与父母沟通好。尤其是要确定目标院校，可以提前联系并获得一些该校学长的联系方式，提前做好攻略。如果家里提供不了帮助，多和学校老师沟通，可能学校会有一些出国的资助项目。

9. 想要保研的同学要特别注意了，你读大三时的成绩是你能最后努力的，一定要认真学习确保成绩优异。你要在大三下学期提前确定学校、专业和导师，主动做些准备，比如：简历、自荐信、推荐信等各种申请材料。还要主动了解导师的研究方向是否与你的兴趣相投，未来的社会需求如何等。

10. 继续争取做些科研，参与学科竞赛或者创新创业大赛。继续准备论文发表，可以多联系本专业老师进行修改，听听老师的意见，提升论文质量，能发表最好，这对于同学们的保研、考研、留学、就业等很有帮助。

11. 准备考公、考事业单位的同学们，这个阶段就要开始全力备考了，有条件的还可以参加一些考公、考事业单位的培训，提升自己的应考能力。

12. 准备找工作的同学们要确定好要进入的行业和岗位，不断完善简历，学习面试等相关技巧。准备好前期的材料，比如：个人陈述、成绩单、获奖证书、简历等。

13. 大三暑假，可以参加暑期夏令营，或是进行全面考研学习，或是找一份实习，为未来的工作做好职业规划等。

14. 读大三时的学习任务较多，但是休息也是必不可少的，学习之余也可抽出些空闲时间，到学校周边还没去过的景点散散心，或是就在校园里散散步，也许你到了大三也没有把校园的每一个角落逛遍，光阴似箭，日月如梭，很快你就要离开这陪伴你三年的校园了，再仔细看看她，将这些回忆好好珍藏。

四、大四的你：有所收获

1. 同学们读大四时一般都要进行专业实习，有的半年，有的一年，实习期间一定要好好表现，至少要顺利完成学校规定的实习要求。实习期间要进行论文撰写和找工作，要合理安排好时间。

2. 临近毕业，你在大四的目标应锁定在提高求职技能、考研冲刺上。这时候的你一定要制作好针对不同岗位的简历，学会从不同渠道获取招聘信息，学习笔试面试技巧。

3. 准备考研的孩子开始考研冲刺。考研的确是一件充满未知且需要付出巨大努力的事情，越是临近考试时间，越是有人担心害怕，越是有人坚持不住，越是有人想放弃。这时候坚持就是胜利。

4. 保研一般在大四上学期开学初9月份进行，考研一般在大四上学期末12月底进行。大家要关注学校的保研通知，关注研究生招生简章、研究生考试报名、现场确认等信息。

5. 从大四上学期开始，各种校招就陆续开始了，同学们要开始参加校招、实习。这个阶段是校园招聘高峰期，关注企业校园宣讲、招聘会及网申信息，搜索、查询专业相关单位的信息，做到心中有数。

6. 确认自己的所有科目是否已经修完并拿到学分，如果还有科目需要补考一定要认真对待，这可能会直接影响你毕业。四、六级还没过的同学可以抓住最后的机会继续考四、六级。

7. 同学们在大四还有一个重要任务是撰写毕业论文、进行毕业设计，通过毕业论文答辩。过了考研初试分数线的同学们参加考研复试、考研调剂。准备考公考事业单位的同学们参加公务员考试、事业单位考试。

8. 锁定3到5家具体的就业单位。了解具体的工作环境、福利待遇、发展空间以及业务经营情况。积极参加招聘活动，在实践中检验自己的积累和准备，并了解实际的人才市场情况，通过非目标性公司的面试，预习或模拟面试。最后，为参加锁定目标企业的面试做好准备，包括简历、着装，以及一些技巧。

9. 如果恋爱了，一定好好商量你们的未来，分手也要愉快！

10. 参加毕业典礼，正式毕业，告别校园生活。

11. 送给自己一个告别大学生活的礼物，可以和同学来一场说走就走的旅行，往后的你们就会步入社会，大学生活的美好时光就要真正告一段落，但这并不意味着结束，而是更好的开始，记得以后常回来看看。

五、大一到大四你都要做的

1. 抓住一切机会自主学习，千万不要把大把时间浪费在玩手机、玩游戏上。

2. 抓住一切机会锻炼自己，提升自己的综合素质，这是今后发展的基础。

3. 为自己制定目标，明确了目标，就有了前进的方向和前进的动力。

4. 如果你谈恋爱了,一定要真心实意对待对方。

5. 珍惜大学结识的好友们,他们或许会与你成为一辈子的好友。

6. 任何时候都要记得身心健康是最重要的,多锻炼身体,关注自己的心理健康。

7. 任何时候都要记得感恩,感恩父母、老师及帮助过你的人。

8. 任何时候都要有积极心态,心态决定命运,遇到困难别害怕,勇敢面对吧。

当然啦,如果你的大学学制是五年的,可以把第二、四年合并起来看。

大学时期是最惬意、最无忧无虑的时期,毕业后再也享受不到这种生活。同学们一定要珍惜大学生活,不要在大学虚度光阴。好好规划自己的大学生活,自律、自主,在大学里做一些有意义、有价值、可回忆的事情。

写给上大学"迷茫"的你

> **引言**
>
> 什么是大学生迷茫？大学生为什么会迷茫？迷茫的大学生该怎么做？同学们进入大学后，陆续都会遇到这些问题，我以自己的教学经历和心理实践经验告诉大学生为什么会出现这些问题。文章全面地分析了当代大学生走进大学时的迷茫心理，希望每个同学都能勇敢地重拾初心，整装待发。

我是一名心理咨询师，曾经是一名辅导员。在担任辅导员的时候，我就一直有个疑问，为什么我每次走进宿舍，会看到那么多同学在"欢天喜地"地玩游戏，他们通宵达旦，甚至夜以继日，完全不顾周遭的环境，也不理睬到底谁出现在了宿舍。而现在，我看到的是多少大学生天天捧着手机，上课、吃饭、走路、活动，好像他们时刻都在与手机为伴。我经常会想，这到底是为什么？现在的大学生都怎么了？我有什么样的办法让他们过上更有意义的大学生活？后来，我专职做了心理咨询师，于是，我接触到更多迷茫的大学生，他们很多人其实并不是真的那么喜欢玩游戏，也并不是真的没有理想，只是因为，他们有时候找不到自己的位置，找不回当时的初心。

2016年11月，北京大学心理健康教育中心总督导徐凯文在做《时代空心病与焦虑经济学》主题演讲时就提出"空心病现象"，甚至把这种价值观缺失所致的"空心病现象"界定为心理障碍；那段时间，一篇名为《北大四成新生认为活着没有意义，甚至已放弃自己！》的文章在朋友圈被广为转发，该文引发舆论发酵，探讨的中心点在于对教育的指责，"空心病"也迅速成为短期内一个社会热点词语；2017年7月，《致还在沉睡的大学生：你不失业，天理难容！》在官媒微信公众号刊出。上述话题因刷新了人们对大学生群体的社会认知而曾经一度引爆网络。事实上，"空心病现象"就是当前迷茫大学生的真实写照。

人生总是痛苦与快乐并存，生活总有喜怒哀乐，每个人的成长都会遇到这样那样的困难，这是生活的常态。11月，一个特殊的月份，秋天来了，心情随之变换，作为新生，你刚上大学不到两个月，你一定有很多的不适应；作为老生，你开学立下的目标可能已忘记，或者你开始迷茫。以下是我整理的迷茫的表现，看看有没有在说你，如果没有，那么恭喜你，你是一个非常积极向上的孩子；如果有，就让我们一同来体验迷茫，然后我们找找方向。

这段时间你是不是经常这样想：

我很难适应现在的大学生活，与我当初的想象完全不一样！

我想要好好学习，但是真不知道怎么学，觉得没有动力，没有方向，玩玩游戏、玩玩手机、看看剧一天就过了，可是我很不开心！

我真不懂得如何处理舍友关系，怎么那么难调和，每个人都那么有个性，好像自己很难融入！

我怎么没有人爱，我要恋爱。（可是有可能你们吵得不要不要的，或者你已经失恋好几次了。）为什么被抛弃的又是我！

我面试又失败了，为什么？难道我就那么差吗？我太失败了！

我又没拿到奖学金，我很努力了，我伤心死了！

我想学习，又想参加社团，社团事情又多，如何处理呢？好烦啊！

我明明付出了很多，为什么就没有得到回报呢！

我在大学校园里学习普通、工作能力平平、无特长，觉得自己平庸无能！

我讨厌现在的自己，却没有勇气和毅力去改变，对目前生活状态感到沮丧！

我没有可深交的朋友，也没人陪伴我，看似一个人很自律，其实内心很空虚，很衰！

我难以控制下午睡太多，晚上睡不着，丧气！

我又听到父母在吵架了，家里总是让我担心，总是让我难过！

这类所谓"迷茫"的大学生主要有以下一些表现形式：

一是没有目标。没有学习目标、生活目标、职业目标，对学习不感兴趣，甚至对任何事情都没有兴趣，也不清楚将来要干什么，于是天天玩游戏、玩手机、看剧，喜欢待在宿舍，过着孤独无助的生活。

二是没有学习动力。不想学习，甚至厌恶学习，觉得上课没有意义，上课经常睡觉，或者干脆翘课，更不用说主动学习、主动参加社会实践等等。

三是没有自律性。没有自我管理能力，自制力差，做好的计划难以执行，或者坚持几天就放弃了，离开了手机和电脑什么都不想做。

四是没有自我提升意识。不愿意参加任何活动，不愿意担任班干部，不愿意参加比赛，对学生工作没有任何兴趣，对提升自己的能力也没有任何动力，就希望什么都不要打扰自己，整天待在宿舍就好，过一天是一天。

五是与社会脱节。不少迷茫的大学生不愿意参与社会活动，不愿意进行更多的人际交往，甚至宿舍聚餐都懒得去，与家人、亲戚、老师、同学、朋友等都比较少交流。

六是对生命过度思考。不少迷茫的大学生出现生命困顿现象，表现为陷入严重的郁闷、无聊、纠结，觉得人生没有意义，活得很累。不能面对困难和挫折，不敢正视自己的缺点，不敢面对未来的挑战。认为整个生命无价值，人生无意义。

当然，我这里要说明的是，不是所有大学生都会迷茫，也有很多大学生很积极，有规划、有目标、有动力、自律，这类大学生值得我们大家学习。

大学生产生迷茫的主要原因，我认为有以下几点：

一是目标不明确导致的迷茫。初中、高中的学习有明确的目标，就是要考上好大学，上了大学后突然之间没有了目标，不知道自己到底要怎样度过大学生活，不知道如何学习专业，不知道自己要做点什么，不知道自己的未来职业情况，父母也不知道孩子上大学的目标是什么。当一个人没有了清晰的目标之后，难免会被社会的各种诱惑所侵扰，于是产生了迷茫现象。

二是环境改变导致的迷茫。上初中、高中时，很多学生都住在家里，每天的生活都有家人照顾，自己只管读书就行，其他的事情不需要操心。上大学后要面对新的宿舍关系、新的老师、新的同学、新的大学校园、新的人际关系，很多事情都要自己操持，甚至很多事情需要自己做决定，这些改变都会让人不知所措，尤其是独立生活能力比较差的学生，面对这样的情况则会更加迷茫。

三是自我定位不清晰导致的迷茫。上大学后，你不知道自己要做些什么，自己的优势、劣势在哪里，自己喜欢什么，追求什么，想要成为什么样的人，未来的职业规划是什么，这些都不知道，于是就不知道要不要担任学生干部，要不要参加活动，要不要兼职，要不要创业，要不要找实践机会等，出现了选择困难，索性放弃，什么也不做。

四是太过自由导致的迷茫。上大学时的自由时间比较多，自由选择也比较多，自由的生活反而导致很多大学生不知道如何分配自己的时间，看着身边的同学玩游戏、看剧、刷手机，也跟着凑热闹，慢慢地，一天天过去，不知道自己做了些什么。有时候夜里偶尔伤感下，发现时间飞逝，励志第二天好好努力，结果三分钟热度过后，重复着昨日的生活。因为没有好好利用时间，一方面觉得自由，另一方面又觉得空虚，自由与自责交替呈现。于是，大学生迷茫了。

五是选择过多导致的迷茫。大学生的迷茫还有一个非常重要的原因是因为可选择的太多，大学生活是多元的，选择也是多元的。可以选择要不要考研，要不要参加学生工作，要不要创业。从大一到大四的每一年、每一天怎样度过充满选择，你可以热衷于学生工作、社团工作，奔波于各种活动中，体验忙碌的快乐；你也可以选择在知识的海洋里遨游，专心学习，全力提升专业技能，奖学金拿到手软；你也可以选择去兼职，或者干脆去创业，通过自己的努力过小康生活甚至经济独立；你也可以选择碌碌无为，每天在宿舍沉迷游戏或者睡觉；你还可以选择与恋人长相厮守，过起二人世界。总之，因为选择太多，反而不知道如何选择，迷失了自己。

六是评价多元导致的迷茫。很多大学生在大一时非常努力，一心只读书，专业成绩非常好，可是奖学金并不一定给他，而那些成绩一般，但是经常参加各种活动，热衷于学生工作或者做了很多其他事情的大学生因为加分比较多，反而获得了奖学金。另外，各种评先评优也非常看重综合素质。大学重视德智体美劳的全面发展，评价大学生优秀与否不是单纯看学习成绩，而是综合考评。面对这种综合考评时，很多认真读书的大学生产生了自我挫败感，于是，经常问自己，要去参加活动吗？还是一心读书就好？经常处于迷茫之中。

七是过度对比导致的迷茫。上大学后，之前上初中、高中时的优越感一下子全没了，经过第一轮的学生干部纳新、面试，很多人被淘汰。这时候的大学生会逐渐发现自己怎么变得这么差，看到其他同学风风火火，参加各种丰富多彩的活动，并且表现那么优秀，自己好像什么都不行。看到这种强烈的对比，容易产生自己什么都不行的自卑感，导致"破罐子破摔"的不良行为。于是，迷茫的自己真的不知道该怎么办。

八是浮躁心态导致的迷茫。大学其实就是一个小社会，社会浮躁的心态也会对大学生产生重要影响。看到有钱人过着奢靡的生活，再想想自己的处境，内心就会不由自主地产生不平衡感。一方面可能会激励自己努力向上，另一方面也可能产生认知扭曲，甚至开始变得功利化，这种理想和现实的差距，会让人迷茫；再者，大学教育是一个持续的过程，很多大学生比较功利化，希望能尽快毕业，尽快走上社会，想要得到的东西太多，身体和精神都开始变得劳累，不知道何去何从。

九是缺乏自律导致的迷茫。大学生离开父母、老师的监督，缺乏必要的约束，自我管理能力变差，出现作息时间紊乱、熬夜、饮食不规律等等，引发了自我放纵感，沉浸在这种即时快乐中，慢慢丢失了自我，甚至放弃对自我的追求。这也是导致大学生迷茫的重要原因之一。

"迷茫"的你该怎么办呢?

一是认识自己、了解自己、规划自己。首先是要认识你自己,你是一个什么样的人?要对自己有个全面的了解。你想要什么?这是目标展望的过程。你要知道自己的学习目标、职业目标、生活目标等,特别要注意的是学习目标,只有不断确立学习目标,才能不被激烈的竞争淘汰,才能不断超越自我,获得更好的动力。你能做什么?自己的专业技能如何?如何学好专业技能?最好能学以致用,发挥自己的专长,在学习过程中积累和自己专业相关的知识技能。什么是你的职业支撑点?你具有哪些职业竞争能力,以及你的各种资源和社会关系,个人、家庭、学校等等。行业和职位众多,哪个才是适合你的呢?你了解多少?你能够选择什么?通过前面的过程,你就能够做出一个简单的规划了,这样你接下来要做什么就很明确了。

二是正确认识和对待迷茫。如果这段时间有点迷茫,那就让自己迷茫一段时间,充分体验这种迷茫的感觉,让身体和心灵彻底休息一段时间,玩一玩、睡睡觉都是可以的,怎么舒服就怎么做;充分理解这种迷茫对我们成长的意义,每个人都会有这样的经历,这种迷茫或许也可以滋养我们的生命,它会让我们重新思考人生,重新定位自己,重新出发,找到方向。拿出一张纸来,把你最近的迷茫一件一件地写出来,在纸的另一边写出可能的处理方法,看看有哪些是可以尽快处理的,哪些是难以处理的,那些难以处理的可以到哪里寻求帮助,当你自己无法处理时,可以到心理中心约老师协助你处理。

三是做个自律的少年。休息一段时间后,我们就来找找自己的方向,看看我们的目标在哪里,怎么分解目标,怎么把目标分解到每月、每周、每天,然后按照分解任务一个一个去完成。自律是处理迷茫的最佳方式,所以,你要给自己一个暗示,并开始行动,关键是要坚持行动,能坚持的时候要适当给予自己奖励,不能坚持的时候要适当地给予自己惩罚。当你这样做之后,你就会有自己的目标了,有了目标就可以按照自己可以实现的方式进行规划,有规划才会有行动。机会是留给有准备的人的,当自律变成一种习惯,你将遇见不一样的自己。这里要强调的一点是,我希望你们"遇见不一样的自己",因为优秀与否因人而异,而能够在努力拼搏的过程中发现那个有潜在能量的自己,一个有别于现有认知中的自己,从而让你更加了解你自己,这才是关键。从进入大学的第一天开始,你们就需要从被动转向主动,成为自己未来的主人,积极地管理自己的学业和时间。建议大家使用"21天养成计划",给自己找个可以执行的事情,然后坚持下来,用自律来让自己养成某种习惯。行动起来,你就会收获不一样的大学生活,迷茫也就会离你而去。

四是明白几个非常重要的道理。进入大学,就是进入一个新的环境,接触新的人,你的所有过去对于他们来说都是一张白纸,这是你最好的重新塑造自己形象的时候,改掉以前的缺点,每进入一个新的环境,都应该以全新的形象出现。千万别迷恋网络游戏,不要被手机绑架;千万记住,每天都要抽点时间锻炼身体,每天30分钟足够了,坚持最重要,要知道运动最有利于身心健康,还能提升你的自我效能感,有利于你面对挫折和困难。如果你上大学期间很少去图书馆的话,你就等于浪费了一大笔财富,所以,即使不去学习或者没有什么想看的书,也可以经常去那里,随意翻翻都有收获,也可以看看本学科的一些杂志,掌握本学科前沿的动态,不要都已经成为大学生了还死读书,不要单纯为考试而学习。大学英语四级、六级之类的证书,那是证明你能力的很好的东西。考研,早点准备比晚点准备肯定好。爱护自己,珍惜自己,是很重要的,因为没有什么比失去健康、失去生命更重要,所以无论何时都不要自暴自弃。经常给家里打个电话,始终要记住:儿行千里母担忧。面对不公平的事情,不要抱怨,你的不公平可能恰恰是别人的公平,所以,你不如去努力奋斗,争取你自己的公平。

如果你是认真的,大学生活必然很艰辛,甚至远超以后的职场,要学的内容真的很多。真正避免迷茫和空虚的最有效办法,就是做好眼前的事,并不断去尝试,直到尝试出自己感兴趣并愿意为之努力的新技能。从现在开始,让运动和阅读始终陪伴着你,天道酬勤,一分耕耘孕育一分收获,一分汗水浇灌一分成功。让我们共同播撒希望的种子,辛勤耕耘,翘首以待下一个丰收的秋天!最后,衷心祝愿你们能在自己的大学里度过快乐而又充实的几年,在这里实现你的人生理想与远大目标!

大学宿舍：一个有伤心、有温暖的地方

> **引言**
>
> 宿舍在我们的大学生活中扮演着不可或缺的角色。谈起宿舍生活，有人满目温情，有人双眼冰冷。不管宿舍在我们心中的印象如何，它总是支持着我们在大学中不断前行，因此，我们也应该理智地、正确地对待宿舍，去了解宿舍，从而让我们的大学生活更加丰富多彩，更加晴空万里。

提到大学宿舍，上过大学的人一定能回忆起很多很多或是伤心或是温暖的事情。大家肯定记得与你们朝夕相处的舍友，他们在你的大学生涯里扮演着不可或缺的角色。可是，就是这样一个亲密而真实的群体，当你谈论起与他们一起生活的点滴时，却如人饮水，冷暖自知。有人说大学舍友是我一生的痛，甚至那段时间是我人生的至暗时刻，也有人说大学舍友是我一生的财富，他们的温暖陪我走过了一个又一个春夏秋冬。

在这里我想说的是，大学宿舍关系会对你的人生产生重要影响，不良宿舍关系会影响你的学习、生活，会直接关系到你的生活状态和生活质量；良好的宿舍关系会助力你完成学业，助力你面对任何困难和挫折，提高生活满意度和幸福指数。那么，今天，我想和同学们聊聊该怎样处理好宿舍关系，希望你的大学有更多的欢声笑语，有更多的奇迹发生。

一、大学宿舍关系都有哪些众生相呢？

第一种：其中一个同学与另外一个同学关系不和，互相猜疑对方，互不相让，甚至互相伤害，于是，其他舍友可能就会选边站队，最终导致整个宿舍气氛紧张。

第二种：根据地域或者性格形成小团体，表现为宿舍关系的多元化结构，出现三对一、二对二、五对一、四对二、三对三等几种情形，这个时候，宿舍的关系就出现了问题。

第三种：形成了多个人针对某个人的情况，其中一个人被完全孤立了，这个时候,这个同学是很痛苦的,对他来说,大学时期在宿舍的这段时间或许就是人生至暗时刻。

第四种:有几个"公主型"舍友,什么都不做,经常指挥别人,有各种意见,还觉得自己做得很对,不知悔改,于是,宿舍内就起了冲突。

第五种:有几个总是让你帮忙做这做那的舍友。比如:打饭、拿快递、打水、买东西、抄作业、点名等等,一开始都可以做好,时间久了就会产生问题,一方会觉得我为什么要为你做这些,另一方会觉得你怎么那么不情愿,于是,双方就有了心理"疙瘩"。

第六种:各自的作息时间或者生活习惯不一样,关键是还互不相让,互相指责,都希望别人迁就自己,时间长了,必然要产生矛盾。

第七种:有些人性格内向,不善于表达,而有些人天生就比较外向,可能还很优秀,有丰富的知识储备、良好的文化素养,见多识广。内向的舍友久而久之就会产生自卑感,觉得自己不如别人,难以融入宿舍圈子。

第八种:因为对其中某个人的妒忌,产生对某个人各种行为的偏见,有时候还在其他舍友面前说这个人的不是,于是,不良关系影响到整个宿舍。

第九种:有些舍友喜欢默默学习,默默自律,而有些舍友喜欢各种活动,自由自在,随心所欲。因为追求不同,在宿舍谈论的话题也基本不同,于是,宿舍关系自然变得有些疏远。

第十种:学霸宿舍的烦恼,宿舍只有一人不想考研,整天玩游戏、看剧或者做其他的事,与其他人格格不入,宿舍关系难以调和。

二、处理好宿舍关系为什么那么重要?

1.大学生学习生活的主要场所在宿舍。调查发现,大学生每天除去睡觉时间外,平均仍有三分之一的时间在宿舍中度过,而且女生比男生待在宿舍的时间更长。宿舍承载的功能不仅仅是学习、生活,还是同学们放松身心、培养感情和建立心理认同的重要场所,可以说是大学生的另一个家。大学生在宿舍的生活方式最真实、最能流露他们的心声,也是他们思想、情感等动态的集中体现地。

2.宿舍之间的人际互动最紧密。大学生来自五湖四海,具有不同的家庭教育背景,更具有不同的个性特点。他们背井离乡,离开熟悉的朋友、家人和生活环境,开始独立自主的生活。由于环境的变化和人际关系的变化,他们的心理上难免会有不适感,甚至产生焦虑、抑郁等情绪。在这个转变期内,最先认识和熟悉的就是宿舍的同学,朝夕相处会让他们的关系变得更加亲密,并获得情感上的支持,稳定不良情绪,缓解心理上的焦虑,增加宿舍同学之间的归属感。作为"第二个家",宿舍中同学之间的人际互动也是最紧密、最频繁的。

  3.宿舍为大学生的心理成长提供了一个重要的空间。来自五湖四海的学生们带着各自不同的个性、文化和处事方式聚居在一起,在心理断乳的年龄,在自我成长的矛盾中,如何相互调和是同学们成长的必经之路;大家来自不同的家庭,有着不同的个性和文化,也有不同的烦恼,甚至是带着困扰和问题来到学校,在心理成长的过程中面临诸多困境,从不成熟走向成熟,从依赖走向独立,这种成长困境需要宿舍成员的理解、包容和支持;大家带着不同的心理困惑在宿舍里交往、生活,互相之间可能产生矛盾冲突,而解决矛盾冲突的过程,就是大家心理成长的过程。

  4.成长环境的独特性和差异性需要被接纳和融合。对某班级生源的调查显示,有来自16个省市的生源,农村生源占比65%,女生占68%,其中单亲家庭占12%,贫困生占32%。大学生源复杂,宿舍成员来自五湖四海,各自的家庭结构、家庭教育方式、成长环境和文化认同等不一样,这就必然出现各式各样的交往模式和各种各样的心理冲突。这种矛盾和冲突是必然现象,要想营造一种良好的心理氛围来融合各自的文化和交往模式,来调和、包容和接纳每个人的个性,就需要有一定的技巧和一些特定的人来引导。

  5.大学学习、生活环境的独特性和差异性需要被认知和适应。对于大学生来说,大学期间的学习和以往的学习有着本质的不同,大学的学习时间灵活多样,大部分时间由自己支配,学校的老师不再像高中老师那样督促,家里的父母也不像以前一样关注孩子的学习成绩,学生的课余时间增加了,班级的概念也淡化了,同学们的活动范围也不断扩大,因此,宿舍成为他们最重要的聚居地。大学里的师生关系相对疏远,老师对学生的评价标准日益多元,考试成绩优异的学生并不一定会得到老师关注,大学生需要的心理支持很难在老师身上获得,随之出现的失落和迷茫需要宿舍成员共同去认同和适应,这也使得宿舍在大学生活中的地位日益突出,宿舍带来的安全感显得格外重要。

  6.大学生成长中的困难和挫折需要被关心和理解。进入大学,学习、生活环境的突然改变,尤其是各种人际关系的巨大变化,导致有些学生在学习、生活环境以及心理适应方面显得懵懵懂懂和措手不及,他们不得不面临来自学习、生活和人际关系等多方面的心理压力,这必然导致他们要在短时间内面对各种困难,例如:性格差异经常导致人际关系不和谐；专业学习不适应、目标迷茫导致一些大学生出现厌学、学习焦虑或困难；同学们远离家庭、亲人，一旦出现生理、心理疾病时无人诉说，也得不到他人及时的关心和照顾，特别是家庭突然出现变故等重大事件常常会给个别大学生造成心理创伤与打击，但他大多会选择自己默默承受，因无人能够理解而得不到有效的心理疏导或支持；每到大学毕业季节，都有一些大学生面对就业压力一筹莫展而无法释怀；面对青春期莫名的生理躁动和感情变故，一些大学生往往出现生理、心理方面的问题……大学宿舍里的每个人都可能是自己的心灵支持者，宿舍集体的和谐、温暖程度直接关系到彼此之间的心理安全感和归属感。宿舍成员之间互相学习、共同成长、互相需要，彼此获得心理的支持，在成长中遇到的困难和挫折能够在这个集体里被理解、关心和消解。

三、宿舍关系紧张的原因

1. 宿舍成员个体的差异性。大家来自五湖四海，会有不同成长背景、文化差异、生活习惯冲突、性格与兴趣的多样化等等，如果成员之间无法理解和宽容，这些因素会导致宿舍关系紧张。

2. 自我中心主义。相信有不少大学生都是独生子女，在家有爷爷奶奶宠着、爸爸妈妈爱着，人人都视你为掌上明珠，事事都以你为中心。但你要想到，你是你家里的宝，宿舍同学又何尝不是？所以你不能要求别人事事迁就你。自我中心主义是集体生活的大忌，必须坚决摒弃。

3. 第一次过集体生活，难免不适应。很多大学生在上大学之前从未有过集体生活，集体意识缺乏，生活作息时间紊乱，常常深夜聊天、玩游戏、看剧，不注意个人卫生，乱扔脏衣服、脏袜子。不懂得尊重规则、体谅其他人的感受。

4. 独立意识增强。现在的学生们，与同学之间的交往问题变得比较突出，尤其到了"00后"这样很多都是独生子女的一代人，其独立意识和权利意识会更强，难免会在处理人际关系时出现一些问题。

5. 原生家庭形成的交往模式不适合当下状况。因为过往经历、原生家庭、自己性情的原因，有的人拥有好人缘，有的人却不懂得如何处理关系。

6. 不懂得理解和尊重别人。总是以自己的价值标准来看待别人、要求别人，轻易给别人贴标签，喜欢按照自己的个性行事，喜欢按照自己的方式过宿舍生活，不懂得考虑别人的感受，不懂得如何谦让，等等。

四、应该如何处理好宿舍关系呢？

1. 理解宿舍关系的发展过程。与舍友相处的过程，通常会经历三个时期。初识期：几个人刚刚组合到一起，彼此的陌生感会让人行为谨慎，自觉收敛起坏习惯，意在给舍友留下好的第一印象。初识期，宿舍成员相处"相敬如宾"，是蜜月期。相熟期：俗话说"日久见人心"，随着时间的推移，宿舍成员交往变得深入，最初的陌生感渐渐消失，一个个都慢慢"原形毕露"，很多问题都会浮出水面，矛盾重重，一不小心就会爆发"世界大战"。经过前一段时间的相处，每个人都在自己心中给其他舍友打出了分数，不少宿舍开始出现分化，形成两人或三人的小团体，小团体内会互诉心事、互通有无，而对于小团体之外的宿舍成员，态度就明显冷淡。相熟期是一个真正"坦诚相见"的过程，部分宿舍会出现关系紧张的情况，这些都很正常，其实也算一个适应调整期。平稳期：宿舍内的冷战和暗战，或最后不了了之，或升级为明战，个别极端的例子中，有人会选择另觅宿舍，无论如何，一切最终都会归于平静。经过生活的洗礼，每个人都在成长和成熟，慢慢地悟出相处之道，不再那么事事较真。宿舍聚餐、卧谈会等集体活动又"重出江湖"，只是大家谈话的内容会更感性，加入回忆、祝福之类的内容。不难看出，舍友关系是一个先热后冷，最后再回温的变化过程。

2. 巧用人际关系"黄金法则"。首先，要尊重别人。其实，心理学中有一条人际法则称为"黄金法则"：像你希望别人如何对待你那样去对待别人。这条法则是不可逆的，但在现实生活中很多人是反黄金法则的，认为："我对别人怎样，别人就必须对我怎样。"其次，及时沟通，换位思考。每个人都有权坚持自己的生活方式，但是应以不妨碍他人为前提。"金无足赤，人无完人"，要尊重个体间的差别，宽容彼此的缺陷与不足，在日常生活中求同存异、取长补短，共同营造和谐的宿舍人际关系。最后，学会忍受，学会尊重。我们是在不同的环境下生活的，突然到了一个新环境，或多或少会带有各自不同的习惯，我们不能只按照自己的性格行事，要学会包容别人。其他人身上的你觉得不好的习惯，你可以委婉地提建议，前提是采取友善的态度，这样你才能和舍友相处好。有能力去尊重别人的感受，少去评判别人，内心能从多元的视角来理解事情，外在的表现就显示出来一种对别人的接纳和理解。你不能要求别人事事迁就你，要学会尊重、宽容、忍让和关心他人，这是你成长必经的一课。

3. 倾听与赞美会让你获得好人缘。善于聆听别人或者倾听别人，就能够跟别人建立一种情感连接。倾听是互动性的，带有关怀和反馈的。"良言一句三冬暖，恶语伤人六月寒"。同样的目的，不同的说法，往往会产生不同的效果。在宿舍的时候，注意说话的对象、场合和分寸，不可言语过激，伤害他人自尊心而导致矛盾激化，尽量冷静、委婉地利用一些人际交往技巧和人际冲突处理技巧来表达自己的想法。老师最希望你们做的是赞美，每个人都有值得我们肯定的地方，如果你总是能看到别人的闪光点，并对别人的闪光点予以肯定，那么你将收获好的人缘。因为道理非常简单，每个人都希望自己是被认可的，你也是，对吧？当然，赞美的时候一定要有事实依据，不可随意赞美，不然别人会觉得你假哦。

4. 修炼自己的强大内心非常重要。一是强大自己，修炼自己的内心。这点从我们国家的发展现状上可以深刻体会到。如今中国可以与世界各国平等对话，柔性处理各种纷争，获得世界的认同和尊重，都源于日益强大的实力、自信和责任意识。所以，在人际交往中，想要获得别人的尊重，就需要你们先强大自己，树立信心。和谐的宿舍关系主要取决于宿舍个体的内在素质，建立和谐的宿舍关系需要大家共同努力、相互让步、相互尊重、相互帮助，求同存异。做到不讹传别人的短处，不凌辱他人，不刺探别人的隐私（不好奇），不抹杀别人的实力（不妒忌），不疏忽别人的小事（细心），不记恨别人的过错（心胸宽阔）。二是改进自己。学会改变自己，随着环境不断地改进，这本来就是大自然的法则。我们所要做的就是在和室友相处的时候，改掉我们的一些不好的习惯，这样不仅能改进舍友之间的关系，也会提高我们的个人素质。大学生要学会自我成长，培养自我独立人格，并学会放弃和付出。

5. 注重细节，体现你的素质和温度。日常生活中一定要注意一些小事情，比如没有人打扫卫生就自己来打扫；比如上床时不要穿鞋子或者湿脚踩爬梯；比如不要把自己的脚对准别人的头睡；比如晚上宿舍熄灯后不要再开台灯自习；平时经常关心你的同学，在他病了时给他端一杯水，或者帮助打饭。尽管这是举手之劳，但是它特别能够展示一个人是否在牵挂着身边人，而且会让别人感到特别温暖。一起去吃饭、一起参观校园、一起逛街、一起运动等都能增进彼此的感情。可以与宿舍的其他同学商议，制定一个寝室作息时间表等，用规则管理宿舍。如果矛盾实在无法调和，可以寻求帮助。

6. 建立你自己的人际关系边界。一是理解什么是人际边界。在人际关系中，个人边界是指我们建起来的关于身体、情感、精神的界限，以保护我们不受别人的操纵、利用和侵犯。边界其实就是底线或原则，它能够帮助我们在生活中形成建立良好人际关系的条件，即平等、理解、互助。二是处理好边界和情感的关系，理清边界与情感的距离。只有边界没有情感，这样的关系就疏离了；只有情感没有边界，这样的关系就共生了。疏离和共生都容易促发人际冲突。所以当你感觉自己和别人不亲近或者太亲近了，这就是一种信号，告诉你需要重新设置一下边界或者较少情感的卷入了。三是如何处理边界。这首先需要每个人有清楚的自我定位，了解自己的底线和承受能力，这样建立的边界才能明确，然后要坚定立场，对自己承担不了的东西大声说NO。当然，这可能需要分一下类，对于讲道理的人，我们要做到"不含敌意的坚决"，对于不讲道理的人，我们可能需要适当的防范哦。

五、分享一个处理宿舍关系的团体辅导方法

这是我校心理中心兼职咨询师李恭园老师的一套简单的心理团体辅导方法，对应对宿舍关系问题挺有帮助的。我们一起来学习下。

第一步：根据宿舍问题的结构特点，把宿舍同学分成背靠背的两组或三组，分别提供纸和笔，并鼓励他们开放自我，做好充分表达的准备，并事先约定，无论对方指出什么样的缺点，都要先接受再沟通、交流。在这里，我以A、B两组为例做介绍。

第二步：引导A\B组的同学，分别写出来另一组全体或者个别同学在宿舍中最让人不能容忍的五个具体事项，并按照影响程度从高到低进行排序。

第三步：在第二步的基础上，写出来自己可能影响别人的5种行为，按照影响程度从高到低进行排序，同时写出对方5个优点，按照欣赏程度从高到低排序。

第四步：进行组内讨论，找出A\B组内大家共同认可的5个最不能容忍的事项和5个最可能影响他人的事项，列出来另一组人中5个明显的优点，都按照从高到低排序，选出组员代表，作为沟通的代言人，并承诺，代言人严格按照组内讨论结果代言，代言人的意见充分代表小组意见，在代言人沟通期间，其他组员耐心倾听，不打断，不发表意见。

第五步：意见面对面。这是最重要的环节，双方代言人把组内最不能忍受的5个事项逐个抛出来，并对可能影响别人的5个事项逐个道歉并取得谅解，同时列出欣赏别人的5个优点，并诚恳表示向对方学习。这样一轮下来，我们会惊喜地发现，A组最不能容忍的5个事项和B组认为最可能影响别人的5个事项具有高度的重合性，对方的5个优点成为化解矛盾的润滑剂。再引导大家换位思考，两组人充分暴露讨论，最后所有人言和、握手、拥抱，共同写下宿舍集体的奋斗目标，留影并写上时间、事项，留作纪念。

借此机会，希望同学们遇到宿舍关系问题时，不要着急，学会主动放低姿态，换位思考，积极寻求朋辈、舍长或者好朋友的帮助，先尝试着沟通、解决，这对人际交往的能力提升很有帮助。当然，如果这样还不能解决问题，记得求助辅导员或者心理中心的老师。同窗共读的美好情谊自古传诵，愿大家能够共同经营、一起维护，把宿舍打造成温馨的家，留下人生最美好的回忆。

美好大学生活需要积极心理品质助力

> **引言**
>
> 近年来,心理健康问题是困扰大学生学习生活的消极因素,心理困惑导致大学生失意或行为过激等负面事件逐年增多。本文介绍了这些心理问题产生的根源以及大学生该怎样培养积极的心理品质。我们改变不了外界条件,但是能改变自己,调整自己的心态。在大学生活中学会接纳消极,享受积极,以真诚、热情、自信、乐观等积极心态面对一切困难。就让过去归零吧,积极去迎接美好的大学生活!

你改变不了环境,但可以改变自己;你改变不了事实,但可以接纳结果;你改变不了容貌,但可以提升内在;你改变不了结果,但可以改变态度;你不能控制他人,但可以掌握自己;你不能样样顺利,但可以事事尽心。事物都有两面性,换种想法自然通。

一种心态决定一种人生。生活就像一面镜子,你对它微笑它就会对你微笑,你对它哭泣它就会对你哭泣。痛苦和欢乐本就是生活的常态,我们都要在成长中接纳自我,在逆境中提升自我,在平淡中绽放自我,用一种积极乐观的心态去面对生活的困境,把握自己的人生方向,美好大学生活需要积极心理品质助力!

一、当前大学生存在的主要消极观念及消极状态

1. 存在明显的认知偏差。认知偏差是指人们根据自己已有的经验图式对自己、他人或者事件作出的与事实不相符的判断。它有几个典型特点。一是绝对化的要求。所谓绝对化的要求是指人们以自己的意愿为出发点对事物怀有必定发生或不会发生的信念。如:我肯定不行;这次我肯定考不及格;这绝对是有人在害我;这肯定是因为自己的能力太差了;等等。二是过分概括化。过分概括化是一种以偏概全的不合理思维方式的表现。如:我觉得自己好失败,是一个废人,这么简单的事情都处理不好。他肯定人品很差,你看他乱丢垃圾。三是糟糕至极。所谓

糟糕至极就是总是往最坏的方向想，看不到自己的优势，总是提心吊胆，担心未来。如：因为一件小事就开始否定自己，总认为自己什么都不如别人，自我评价过低，看不到自己的优势。

2.存在一定的消极负面情绪。大学生的理想信念受到一定的冲击，不能正确对待义和利，所谓的理想带有明显的"功利"和"实用"色彩。从追求理想和知识转向追求金钱和物质享受，从团结互助的良好人际关系转向互惠互利的人际关系，等等。在人际关系上，把"主观为自己，客观为别人"作为处理人际关系的原则，不能从别人的角度出发，不能接纳他人、欣赏他人，妒忌心比较重。缺乏团结协作观念，凡事从"我"出发，以"我"为中心，崇尚"追求自我实现，完善自我价值"。缺乏责任感。在大学里，不少大学生不去珍惜现有的美好时光，只图安逸，不求上进，只求享受，不思进取。一些学生通宵上网，看电影、打游戏、看B站、聊天等等，不顾个人健康，荒废学业，对个人前途不负责任，消极对待自己面临的困难和挫折。面对大学生活的不适应造成的各种困难与挫折，很多大学生消极对待，甚至出现各种心理问题，有个别同学还采取极端行为来面对自己的人生境遇。一些学生是"手机控""电脑控"，一刻也离不开网络，因迷恋网络而缺少集体活动，于是学习以及个人身体健康都受到极大影响。更有甚者，出现了"空心病"，觉得生活没有目标，没有意义，没有什么可以追求和为之努力的事情。

3.不能正确处理当下的困难。不少大学生的眼光总是盯着消极的事物看，看不到积极的东西，总爱否定自己，遇到困难总是用很消极的想法来应对。有很多问题其实都不算问题，只需要一个小小的转变就能解决，但是那些缺乏执行力和坚持精神的人却总是不愿意付出努力。有很多同学喜欢比较，更确切地说是喜欢和那些比自己优秀的人比较，只看到自己的不足，不能看到自己的优势。还有不少的同学喜欢抱怨，总是认为这不公平那不公平，总觉得自己的生活、工作不如意，总觉得身边的人对自己不友好，总觉得自己所拥有的还不够。还有些同学不懂得感恩，总觉得自己现在所拥有的东西是理所当然的，是自己应该获得的，对待别人的帮助也觉得是别人应该做的，而自己却很少去帮助别人。

4.不良个性特点影响你面对生活困境的态度。当遇到突发事件时，由于自身阅历不够及不良个性特点，容易冲动而且易作出错误判断，欠缺情绪调节能力。面对矛盾冲突时，容易出现各种不良反应，容易形成灾难性思维。积极乐观、勇敢担当、自律自强的大学生面对困境仍然能够情绪稳定，按部就班地做好每天该做的事情。相反，缺乏良好个性品质，自身性格具有一定缺陷的大学生，如偏执、抱怨、心理扭曲、攻击性强、缺乏执行能力，他们思考问题多从自身出发，多疑敏感，容易出现破坏行为，通常对于该做的事情动力不足，自觉性不高。自己所遇到的问题与自身的性格缺陷成为一种恶性循环，使自己在颓废与消极中越陷越深。

二、什么是积极心理品质？

积极心理学从关注人类的疾病和弱点转向关注人类的优秀品质，它有三个层面的含义：第一，从主观体验上看，它关心人的积极的主观体验，主要探讨人类的幸福感、满意感、快乐感，建构未来的乐观主义态度和对生活的忠诚。第二，对个人成长而言，积极心理学主要提供积极的心理特征，如爱的能力、工作的能力、积极地看待世界的方法、创造的勇气、积极的人际关系、审美体验、宽容和智慧灵性等等。第三，积极的心理品质包括一个人的社会性、作为公民的美德、利他行为、对待别人的宽容和职业道德、社会责任感，以及可以成为一个健康的家庭成员。积极心理学主张研究人类积极的品质，充分挖掘人固有的潜在的具有建设性的力量，促进个人和社会的发展，使人类走向幸福。那么，积极的心理品质包括哪些方面呢？1.智慧与知识，包括：好奇心、爱学习、判断、灵活性或独创性、社会智力、观察。2.勇气，包括：英勇、坚韧性、正直。3.人性和爱，包括：仁慈、爱。4.正义，包括：公民的职责和权利、公平、领导能力。5.节制，包括：自控、审慎、谦卑。6.灵性超越，包括：美的欣赏、感谢的心情、希望、灵性、宽恕、幽默、风趣。积极的心理品质具有稳定性、可塑性、建设性、潜在性、独特性等特征。

大学生的积极心理品质主要表现在以下几个方面：能够主动学习，乐于学习，能通过学习获得智慧，能正确判断问题，灵活地处理问题；能勇敢面对生活困境，在面对危机时有韧性，能感受到社会的正义并做出正直的行为；有爱心，善良，仁慈，并主动做出富含爱的行为；能自觉遵守社会规则，主动配合，履行公民责任，行使公民权利；能学会自我控制，学会延迟满足，对人对己谦卑；能从困难和挫折中看到美好，能从自我成长中调节心情，能理解社会的不公和不完美，有时候还能保持风趣幽默、豁达开朗的高姿态。

拥有积极的心理品质，可以让你的思维更开阔、记忆力更好、语言表达更流畅、更善于接受、更富创造性、有更好的解决问题的能力；积极的心理品质能给你带来更多的心理资源，比如，你会有更多的办法、有更好的人际关系；积极心理的作用是非线性的，类似于蝴蝶效应，就是说，如果你能随时把握零散的、微小的积极心态，那么这些点滴的积极情绪累积起来，就会让你的生活发生巨大改变。

三、应该如何获得积极心理品质？

1. 快乐和幸福是由我们内在的心境决定的。林肯先生曾说过，对于大部分的人来说，只要下定决心幸福和快乐，就能变得幸福快乐。本质上幸福和快乐来源于我们对内心的塑造，来源于对生活的审美与发现。幸福和快乐与财富没有多大关系，有些人即使没钱，也会很快乐；有些人即使有钱，也依然每天闷闷不乐。一个人若内心是灰色的，无论有多么美好的景色，在他的眼中也都是黯淡的，他依然是不快乐的。因此，想要获得积极的心理品质，你首先要有一个基本的认知——幸福和快乐来源于你的心态。

2. 乐观及感恩是塑造积极心理品质的关键。快乐的本质来源于我们乐观的心态，来源于我们对生活的感恩，更来源于我们对现在所拥有的珍惜。那么，我们该怎样去寻找快乐呢？心理学发现，如果一个人每天坚持写下值得感恩的三件事，那么他将变得快乐。我们想要快乐，不是把精力聚焦在外面，也不是拿自己去跟别人比较。快乐是回归自己，找到自己所拥有的东西，其实快乐就在那里，只要你去发现。学会换个思维想问题，你会突然觉得自己其实过得挺不错，比如：虽然你的工作压力大，但是你有支持你的爱人，还有可爱的孩子。这些都是我们快乐的一部分。学会放弃与别人比较，你才会用心去找到属于自己的快乐源泉，才会重新感恩生命与万物的可贵。一个人只有懂得去感恩、去发现生活中的美好之处，并且持续储蓄，才会变得越来越快乐，积极的心理品质自然就会生成。

3. 想要获得积极心理品质，还应该这么做：一是乐于学习。积极心理学认为个体积极心理品质的内涵首先就是智慧，即获得知识并运用知识。乐于学习是大学生获得积极心理品质极其重要的条件。要充分激发学习动力，调动学习的积极性，培养良好的学习习惯，灵活运用所学的知识解决现实问题，提升实践能力，当自己面临问题时也可以更加有想法。而且学习不光是要把自己课内的应该掌握的知识学好学扎实，当代的大学生还要懂得顺应社会节奏与潮流，不断开拓自己的知识面，学习新技能，让自己的生活更加多姿多彩。二是心境良好。大学生要善于感知与识别自己与他人的情绪，学会适度表达情绪，善于调控和管理情绪，合理宣泄不良情绪。积累积极的情绪体验，更多地体验正面情绪，保持快乐、愉悦、开心的情绪状态，就会体验更多的幸福感与获得感。三是交往主动。善于主动交往，具备良好的人际关系是大学生积极心理品质的必要内容。大学生应充分认识人际关系的重要性，增强人际交往的意识。做到主动热情、真诚守信、敢于担当、勤勉踏实、有责任心等，能够妥善处理自己的人际关系。四是善于自控。个体积极心理品质的培养需要较强的自我调控能力。大学生要善于自控，包括懂得如何规划大学生活、制定合理目标与计划、严格执行计划、及时修订目标以及不断实现预期目标。积极进取。大学生要满怀信心、热情执着，坚定理想与信念，不断努力进取，用积极的心态、辛勤的劳动，不断提升并完善自己。

4. 学会关注、觉察、理解和应对。"生活中并不缺少美，只是缺少发现美的眼睛"，说的就是关注和觉察。你能多大程度地关注到身边发生的美好事情，你的内心就会获得多少的积极感受。"悲观的人看到只剩半杯水，乐观的人看到还剩半杯水"，这种积极和建设性并不是否认客观的痛苦，反而恰恰是看到客观的现实以后的一种积极的理解和应对。懂得接纳现实，并面对现实，做出适当的应对。既然事已至此，与其去抱怨、去懊悔，不如继续走脚下的路，开始一些改变，多一些坚持，带着多一份的快乐向困难发起挑战。这是积极心理品质的体现。

5. 拥有目标、习惯、美德和良好关系。专注于重要事情，设定目标，考虑优先权。用视觉演练计划，制定应对问题的策略。专注于需要认真对待的事情，确保梦想和目标现实可行，但也确保能拿出时间放松和享受。用这种方法，更可能得到积极结果；养成良好学习生活习惯，让自己更加自律起来，或许你会获得更多的积极心理能量；心中有爱，眼里有光，学会感受别人对你的爱，也学会把爱奉献给别人，有空的时候、有能力的时候去做做公益事业，你的爱将会让你快乐；拥有积极健康的人际关系是你获得积极能量的一种重要社会支持，尊重、温暖、理解、互助、关心、帮助，这些积极行为会带给你更多的正能量与温暖，使你的内心更加积极。

6. 还有一些获得积极心理品质的小技巧你要知道。醒来，微笑。早上如何开始决定了你的一整天。如果用积极心态和正能量欢迎它，就会走在正确轨道上。提前准备好一天。提前做好计划，然后依照计划行事，这能帮助你专注于目标，避免被眼前的琐碎事情干扰。不要执着于结果。专注于过程，而不是过度执着于可能的结果。过分在乎结果不仅容易导致挫败感和烦恼，还会造成注意力不集中。尝试新东西，勇于挑战，不断成长。把学习和改变当作提升自己的好机会，不把学习当作一件痛苦的、被动的事情，而是一个主动提升自我的过程，让自己不断在学习中开启新世界，展开新视野。控制愿望。不给生活下定义，生活不会一帆风顺也不会一落到底，痛苦和快乐都是生活的常态，接纳痛苦，相信痛苦即将过去，有哭有笑才是生活。爱自己。在对自己感到满意和自信的情况下，自然会有积极情绪和感觉，自己在做任何事时不要怀疑自己，要告诉自己："我可以的！""我能做到！"只有自己可以给自己动力与安全感，所以请不要否定自己。与心态积极的人在一起。寻找积极的人，他们能帮助你建立自信和自尊，他们的积极态度和结果会感染你。开放心态。接受自己不是什么都懂的事实，敞开心扉，敢于分享，同时懂得不耻下问。学会放下所有内心的痛苦、焦虑和害怕，原谅自己和其他人所犯的错误，并迅速忘记。做好吻别烦恼的准备。在每天晚上睡觉前，不要保留一天中不好的经历和失望。排除它们，从记忆中消除。睡一个好觉，明天有新的一天在等待你。就像文学著作《飘》中女主斯嘉丽每逢窘境时都会说"明天又是全新的一天"，把所有不开心留在过去，整理一下自己，继续勇敢又积极地出发吧。

当然，积极心理品质并不是要求你每天都要积极，积极情绪和消极情绪都是生活的一部分，接纳消极，享受积极！

看完这篇文章，你是不是可以说：

"其实，我觉得自己过得真的挺幸福的！"

"我其实挺优秀的，没有那么差！"

换一种想法，贫困也是一种财富

> **引言**
>
> 步入大学后，我们会发现周围的同学家庭情况不一，有的富裕，有的贫困。面对不一样的生活，我们或许会因为原生家庭贫困而自卑敏感，做事畏手畏脚。不要担心，不要害怕。要相信人生而平等，虽然我们不能决定出身，但是我们可以把握未来。让我们跟从下文的建议，换一种想法，也许，你为之努力的明天，就在下一个拐角！

我是一名心理咨询老师，在咨询工作中总能碰到因为家庭贫困而产生心理问题的学生，这些学生有很多相似之处：因为家庭条件不好，普遍比较自卑；因为自卑，普遍人际关系不是很好；因为总是担心自己的表现不够好，心里存在自责，过得不踏实，限制了很多自己最初的梦想……

一、一名贫困生的成长经历

2007—2008年，那时候我是一名辅导员，为了了解贫困生的情况，我走访了一百多个学生家庭，有个孩子让我至今难忘。他家在一个非常偏僻的小山村，我花了将近两个小时步行到他家。看到他家破旧的房子，还有都是残疾人的年迈父母，我很难形容当时的心情！那天中午，我看到他把一个大铁锅架在石头堆砌的炉子上，准备为我做饭，我说要走，他说："我就说嘛，老师怎么会看得起我们这样的家庭，怎么吃得下我们做的饭。"我留下了，吃了他用大锅煮的面条和鸡蛋，上面还漂浮着很多稻草烧过后的灰。回到学校后，我和他成为朋友。他每个节日都会回家看看父母，在大学里，他和其他贫困生有很多相似之处，但是又有不同，他的乐观心态连我都很难企及。

他没有生活费，就在外面的饭店打工，他说，这样不仅可以挣钱，还有饭吃。可当老板发现他食量很大时，竟然将他辞退，但他没有感到气馁，继续换一家做。在大学里，他做过各种兼职，累并快乐着；他觉得自己能力差，就主动竞选班委，通过多次的竞选和努力，他当上了团支书，还在学生会担任了部长；他觉得自己学习不够好，所以有空就泡图书馆，从来不玩电脑游戏，最后拿到了励志奖学金；大四那年，他还找了女朋友，这让大家都感到不可思议，可女孩说，我就是喜欢他的上进；毕业季时，贫困毕业生都在抱怨自己没有好的家境，没有社会关系，只有他在默默地寻找工作。毕业前，他收到了三家医院的入职邀请，在最后的选择中，他找到了我，问我如何选择。我再三考虑了一下，觉得他需要照顾家中的父母，因此建议他去离家最近的那家医院，以后买就近的房子之类的事情也会容易一些。但是，最后他并没有采纳我的建议，而是选择了最有发展前景的医院，我不解地问："你不是很担心父母吗？不是很想照顾他们吗？为什么没有选最近的医院？"他说："虽然我家境不好，但是，我有我的志向，大学的我那么努力，不都是为了自己的梦想吗？我相信，我的梦想会让我更好地照顾我的父母！"这样的话，深深地刺痛了我，我无言以对，觉得自己的格局和眼光是那么地狭隘，也因为他说的这样的话，在日后的心理咨询工作中，碰到贫困生咨询，我总能较好地为他们提供帮助。因为，我会发现他们的独特优势：贫困让他们更懂得珍惜生活，贫困让他们更早地学会独立，贫困让他们学会了感恩，贫困让他们学会了自立自强……

这个学生的成长故事告诉我一个简单的道理：换一种想法，贫困也是一种财富。

二、我无法选择出身，但我可以选择未来

我们没有办法选择我们的起点，但是我们却可以选择努力，选择未来。是的，我们要承认并接受我们确实没有办法选择我们的出身，转念一想，那又能怎么样呢？我们不能因为自己的家庭不如别人便远离自己的家庭！我们不能因为自己的父母没有别人的父母富裕便抛弃自己的父母！我们不能因为自己条件不好便整日抱怨命运、抱怨生活的不公！与其抱怨，不如努力！

三、我们可以选择努力，因为这个社会需要努力的你

我们可能出生在一个不幸的家庭，但是我们却成长在一个伟大的时代。我们因为家庭的原因确实要承担更多，比如：我们要利用寒暑假时间去兼职，赚取生活费；我们要在学校勤工俭学；我们要花更多的时间去赶落下的功课；我们要更加节俭，过着更加艰苦的生活。但是，同学们，你们想过吗？正是因为你们的贫困，你们早

早地就长大了，你们有了更多的人生经历和人生历练的机会，也学会了更多技能。这些辛苦绝对会是另外一种财富、一种养料，滋养着你更坚强地成长，换一个角度想想，是不是也非常不错呢？另外，国家及学校都给了贫困生很多机会，只要你去努力，你的生活不会有困难，更不会因为贫困上不起学。我们成长在一个如此伟大的新时代里，还有什么可担忧的呢？只要努力便会有收获，只要肯付出便会有收获。

无论你富有或贫穷，无论你青春或年迈，无论你来自哪里、要去往何方，生命应在奋斗中绽放光彩。正确地看待物质差异，努力实现自我人生价值。真正的快乐，来源于内心的满足，而这种满足来源于通过脚踏实地的努力，一步一步实现自己的小目标。每天都以崭新的精神状态迎接朝阳，每天都以沉甸甸的收获致敬落日，珍惜美好时光，在不断前进中收获一个越来越优秀的自己。

最近，在网络上一直流传一篇名为《把亲人看太重，是穷人都有的病》的文章。作者刘娜是一个 80 后，我把她的部分观点分享给大家。她说："穷人家孩子共同的病，是容易陷入愧疚和自责中，进而把父母处境看得太重。穷人家孩子最容易犯的错，就是因为穷，所以看得不够远，总怕自己给家人添乱。"

她还给贫困的孩子这样的建议：

不要因为穷，就看不见身上的光。

穷不是你的错，不夸大困难，别逃避问题。

如果有机会搏一次，那就去试一试，当你的光芒照亮余生，你也有机会跳出固有的阶层。不要因为穷，就屏蔽未来的无限可能。

一时的穷不可怕，可怕的是一生都跳不出穷人思维。

你只有跳出阴暗潮湿的井底，才会发现广阔的天地其实一直都花红灯明。

不要因为穷，就潦草结束此生。

正是因为咱家穷，所以你更要撑得久一些。

只有你活成一棵不怕风雪的树，你的后代才有机会在前方开出芳香扑鼻的花。

不要因为穷，就把家人的想法看得太重。

最好的孩子，是懂得自我努力，然后带动一个家风生水起。

你只有活成渴望的模样，才有能力带领家人走出贫困的冰霜。

最后，她给所有正遭遇贫穷、正经历不公的人，写下这么一段话：

如果能有依靠

谁愿忍受穷困潦倒

既然无人可靠

那就学会含泪奔跑

如果不幸摔倒
拍拍身上的灰
对自己笑一笑
你要的明天
就在下一站拐角

我真的需要担任学生干部吗?

> **引言**
>
> 在大学中担任学生干部是锻炼自己、提升自己的良好途径。大学中,各类学生组织数不胜数,让人眼花缭乱。担任学生干部,统筹全局并组织各种活动是许多同学长久以来的梦想。但是,大家是否问过自己:"我真的需要担任学生干部吗?我要怎样才能竞选成功呢?成功担任之后我又该怎么做呢?"让我们跟随本文,做出最适合自己的选择吧!

新一届学生已经陆续入学,进入大学之后,很多同学都想好好地展示自己,担任学生干部是不少同学的必备选择。当然,在日常心理咨询工作中,我的解忧信箱里,经常会有学生提出这样的疑问:我真的要去担任学生干部吗?担任学生干部有什么好处?担任学生干部会不会杂事很多,影响学习?我要选事情多的职位还是选一个"闲职"?我在大一时担任了一年学生干部,到大二、大三、大四时还需要继续吗?这些问题我想通过今天的文章来给大家一个解答,希望会给同学们带来一些启示。

一、大学生里的学生干部有哪些类型?

校级团委学生会:新生报到之初,校级团委、学生会各部门就会进行纳新,招收新干事。包含:办公室、宣传部、组织部、学习部、文艺部、体育部、生活部、女生部、外联部、社团联合会等,随着时代发展,现在的学生会可能还加入了创新创业实践部、新媒体宣传中心等。校级学生组织中还有一大部分是各个社团,各社团也需要有学生干部,这部分的比例是比较大的。学院及团委学生会:基本与校级团委学生会的组织架构一致,只是社团可能会少很多,纳新时间也基本与校级组织一致。班级学生干部:团支书、副团支书、班长、副班长、学习委员、宣传委员、组织委员、生活委员、劳动委员、文艺委员、体育委员、心理委员等等。新生刚入学都还不太熟悉，一般会等熟悉一段时间后再进行班委竞选。其实这里有个信息要告诉大家，如果你想在大一的班级里担任班干部，你需要一上大学就积极主动地帮助班级做事，主动承担临时班委的角色，主动找辅导员告知自己有空可以协助做一些工作。在开学之初和军训阶段表现出你的能力和品行，可以让老师和同学更加熟悉你、欣赏你，放心把职务交给你，这样一来，在军训结束后的竞选中，你的胜算会比较大。其他学生组织：还有一些是学校其他部门设置的一些学生组织，如：校电台、国旗班、自律部、易班发展中心、学生服务中心、朋辈心理服务中心、新媒体服务中心、纪律监察中心等。这些专门组织也需要大量的学生干部，这些组织一般与校级学生组织同级别。

二、担任与不担任学生干部的心理动机

如果你很积极地想担任学生干部，甚至热衷于担任学生干部，大概有以下几个方面的心理动机：1.想通过担任学生干部提升自己的综合素质；2.想通过担任学生干部来提升或者改善自己某一方面的能力；3.想通过担任学生干部来展示自己，获得成就感和满足感；4.想通过担任学生干部获得一定的利益，如加分、评优评先、入党、拿奖学金等；5.想通过担任学生干部扩展自己的人际关系，结交更多朋友；6.想通过担任学生干部打发大量无聊的时间；7.想通过担任学生干部展示特权，满足权力欲望，满足虚荣心；8.发自内心地想去服务同学，帮助同学。当然这只是普遍的情况，也许还有其他更多个人动机。

不管你带着什么动机，我希望你们都能够真心实意地服务同学，以提升自己的综合素质为目标，带着责任去工作。如果你带着利益、虚荣、权力欲望等不良动机去工作，你最终难以收获同学们的拥护，你想要的最终也将难以实现。

如果你不想担任学生干部，甚至不屑于担任学生干部，大概有以下几个方面的心理动机：1.我的目标很明确，我要读书，考研，拿奖学金，担任学生干部对自己没什么益处；2.我不想把时间浪费在各种开会、活动中，那不是我想要的生活；3.我不想被人管，也不想管理别人，没那个心思，我只想做自己；4.那些学生工作婆婆妈妈，还要看同学们的脸色，吃力不讨好，何必为难自己；5.觉得自己能力不足，不自信，不敢竞选，担心自己做不好，害怕面对各种问题；6.看不惯那些所谓的学生干部；7.对学生干部存在较大的偏见；8.竞选过一次落选了，从此就觉得丢人，再也不敢竞选了。

当然，原因可能不止这些，如果你有自己的规划，自己的能力也不错，你确实

可以选择不担任学生干部。但是，如果你的综合素质不够强，不够自信，为了你的未来，老师希望你担任一次学生干部，以此来锻炼自己，让自己在各方面都有所进步。

三、担任学生干部可以给你带来什么

1. 担任学生干部能够提高你的综合素质。通过担任学生干部，你的综合素质会得到很大提升，比如：你的组织管理能力、团队协作能力、突发事件处理能力、人际沟通协调能力、表达能力等等。要知道这些能力都是你在以后的工作中必备的重要素质，如果在大学期间就培养了这些能力，你在找工作的时候会受到用人单位的青睐，工作后更容易受到领导的赏识，工作起来更加得心应手。

2. 担任学生干部能够更好地遇见自己。通过担任学生干部，你可以很快发现自己的优缺点，发现自己的不足和需要努力进步的地方；通过与不同的人交往，能发现自己的性格弱项，以此不断完善个人的人格；担任学生干部可以培养自己的责任心和服务意识；能够从容地改进与完善自己，使自己更加适应社会。这些都是今后社会工作中非常需要的素质。能够认真为同学服务的人，将来在社会上也会热心为他人服务，这就是为什么现在单位在招收应届毕业生的时候要看其是否担任过学生干部、是否做过学生工作的原因之一。

3. 担任学生干部能够扩展你的视野，获得人脉资源。担任学生干部可以获得更多接触社会的机会、接受新鲜事物的机会、与老师接触的机会、与不同文化不同成长背景的人相处的机会，这可以很好地扩展你的视野，扩大你的格局；担任学生干部的同学在工作中难免要与其他的学生干部接触，与其他学校接触，与其他社会机构接触，这样就会有很多机会结交不同专业不同地方的朋友，拓展自己的朋友圈，获取更多人脉资源。

4. 担任学生干部能够让你的大学生活更精彩。你应该想过，你的舍友在玩游戏的时候，在刷剧的时候，在沉迷于短视频的时候，在整天抱着手机逛淘宝的时候，你在组织各种活动，在进行各种创业设计，在协调各种人际关系，在安排活动现场，这时候的你已经远远优秀于他们；担任学生干部可以丰富你的大学生活，可以使你充分地利用课余时间做些有意义的事情，使你的大学生活更加合理、更加有序。慢慢地，你会发现，舍友在游戏中获得短暂快乐之后毫无收获，抱着只学习的想法而不参加学生工作的同学思想逐渐单一，而你的眼界逐渐开阔，你知道怎么把一个活动办得令老师满意，让同学开心，并广受好评，你的成就感会增加你的自信。

5. 担任学生干部能够让你的心理更强大。担任学生干部意味着选择一种经历。在这种经历中，会有因工作不利、考虑不周招致的批评；会有因学习和工作冲突导致的纠结；会吃力不讨好，或是受到同学的指责；会因能力有限而力不从心，甚至想要中途放弃；会因为工作而与同伴争执，导致矛盾丛生；会有忙碌之后的一无所获，会有很多很多你想不到的意外。但是，这些正是你成长的机会，它锻炼了你的心智，让你的内心更加强大，你也会因此更加成熟稳重。

6. 担任学生干部，你确实可以获得应该有的"福利"。只要你真心为同学们服务，做出自己的贡献，受到同学们的拥护，担任学生干部可以获得综合考评加分，离奖学金更进一步。在同等条件下，可以优先推优，优先评先，优先发展为党员，这种优秀不是特权，而是你的工作受到同学们的认可，他们愿意给你投票。另外，担任学生干部可以在找工作时、考研面试时更有优势，这也是巨大的"福利"哦。

四、想担任学生干部，我得给大家提几个醒

1. 一定要处理好学习与学生工作的关系。有些学生干部过分热衷于学生工作，把大量的时间和精力花在学生工作上，导致学业荒废，甚至挂科，最后不能毕业，这是得不偿失的做法。如果你的学习成绩较差，建议你不要担任学生干部；如果你无法处理好学习与学生工作的关系，建议你不要担任学生干部；如果你的综合素质已经很好了，建议你不要担任学生干部；如果你已经是高年级学生了，专业学习进入关键期，或者准备考研，建议你不要担任学生干部；所以，这里建议大家尽量在大一、大二期间担任学生干部。

2. 担任学生干部没有特权，只有真心实意地为同学服务。少数同学加入学生会、社团的动机不纯，将其作为追逐自身利益的地方，不关心同学，不维护他们的合法权益，只想借学生干部这个职位让自己不断往上爬，骗取老师的欢心，为自己的评优、就业、发展铺路，变得越来越功利，沦为精致的利己主义者。请同学们务必记住，担任学生干部绝不允许以权谋私、弄虚作假、徇私舞弊，一定要做公平正义的表率。你们没有特权，只有真心实意地为同学服务。只有这样，你才能成长，才能真正让同学们对你心服口服。

3. 学生干部也是普通同学，不要打官腔。学生干部一般都有较强的组织能力和管理能力，但随着时间的推移和自身思想修为不够，很可能会滋生一部分打官腔的学生。作为学生干部，首先应该牢记自己是学生的理念，恪守本分、努力学习，在学习知识充实自身的同时，还要服务同学、帮助同学，做到一视同仁，从而达到锻

炼、提升自己的目的。"端架子""耍威风",开口"应该"、闭口"必须",不深入实际,不注重调查研究,工作简单化、表面化,绝对要不得。你要明白,学校给了你一个平台,一个可以让你提升自己、了解并享受大学生活的平台,你并不是"官",甚至都不是"组织者",你只是一个"服务员",一个默默付出、希望得到别人认可的服务员而已。永远不要忘了这一点。

4. 请对得起学生干部的身份。有些同学担任学生干部没几天就没有了热情,工作不安心、不尽责,拖拖拉拉,得过且过,不思进取,这样叫在其位不谋其政,很不负责任;还有一些学生干部工作作风飘浮不踏实,贪图安逸,没有真正深入同学,对同学的困难和要求关心不多,对同学们的合法权益维护不够。希望你们以学业为主,服务同学、辅助教学的同时,能够利用这一职务进行自我管理、自我教育,锻炼自己、提升自己。另外,记得你是学生干部,同学们对你的要求可能会高一点。所以,要时刻记住自己的身份,做人、做事都要求真务实,做好表率。

5. 学生干部之间一定要团结协作。工作中,不准拉帮结派,不准说不利于团结的话,更不准做不利于团结的事。对待工作,开展活动,大家都要互帮互助,互相商量,相互扶持。如果你是一个负责任的人,对待刚当学生干部的同学要讲求工作方法,不能简单粗暴。要用感情凝聚人,用制度约束人,用务实的工作作风、良好的人格魅力影响人。这对于你今后的工作而言是非常重要的能力锻炼,也是你今后能否团结同事、精诚合作的预演。

五、竞选学生干部的技巧及注意事项

1. 要了解学生干部选拔面试可能会问到的问题。你对大学有什么样的认识?对学生干部有什么认识?为什么进学生会?为什么要担任这个职务?如果你被录取了你有什么规划?竞选这个职务你有什么优势?是否领导过团队?过去是否担任过一些职务,对此有何认识?在活动中遇到了什么困难,你又是如何解决的?如何处理学习和学生工作的时间冲突?怎么协调各个部门(委员)之间的关系?如果学长们让其他人做事而总不叫你,你有什么想法?怎么做?有时候会让你做苦力类的工作,你有什么想法? 部门中有你不喜欢的人怎么办?学生干部需要具备哪些素质?对你影响最大的一句话是什么?对你影响最大的一个人是谁?这些问题希望你心中有数,或者提前思考一下该怎么回答。

2. 竞选或者面试的讲稿应该怎么写。这里有个通用的模式,同时也是最有效的模式来和大家分享。竞选或者面试的讲稿分四个部分或者四个段落。第一部分:个人基本信息，如姓名、专业、家乡等基本信息，如果有什么专长或者获得了什么重要奖励可以在这里注明。第二部分：我为什么要竞选这个职位，我的优势在哪里。这个时候你要找到自己的优势与职业的匹配点，展现出你可以胜任的理由。同时，列出你的优势点，这时候可以把你之前担任的学生干部职务或者开展活动的相关经历及经验表达出来。第三部分：我的未来规划或者未来打算有哪些，如何实施。应该明确自己的想法和规划，让大家看到你有所准备，也是有想法的人。第四部分：表决心。说出你对学生干部的认识，说出你服务同学的决心，说出你乐于助人的态度，让同学们看到你的亲和力和做人、做事的态度。你把这四点按照罗列的方式清晰明了地讲出来，我想你应该会获得大家的喜爱。这里特别提醒，不要说一大堆套话、官话，或者类似成功学之类的没有实质意义的话，没人会喜欢。

3. 注意竞选或者面试礼仪。个人形象气质非常重要。衣着须大方得体，以显示自己对竞选或者面试的尊重与重视，不要刻意穿正装，只要看上去舒服就行，千万不能穿背心、拖鞋，要把自己整理得清爽一些，尤其是头发、面容，使自己的形象整洁大方，女生要适当化淡妆或者不化妆，千万不要浓妆艳抹；提前做准备，试着模拟练习，说话时保持适当的语调、语速及音量，懂得运用眼神与台下同学交流、互动，显示你的认真态度。在面试时，要主动沟通，比平常更热情一些，营造愉快积极的面试氛围，结束的时候要懂得感谢。

4. 如果你紧张，你可以这样做。如果你是一个缺乏自信的人，竞选或者面试时你会紧张，你可以这么做。先准备好稿子并熟悉它，但是，熟悉并不等同于背，要自然地表达出来，死板地背出来就没人喜欢了；如果你紧张，要明白不是只有你会紧张，大家都会紧张，而且适度的紧张对你的发挥是非常有用的，这种紧张是一过性的，要上台时最为明显，上台后紧张度会迅速降低，所以不用担心；如果你的紧张超过了一定限度，你可以坐好，闭上眼睛，深呼吸 5 组，这样可以很快把紧张度降低；如果上台后紧张导致忘词，你可以先让自己停下 10 秒钟，或者开开玩笑、讲些其他内容来调节现场氛围。总之，如果你不够自信，没有良好的表达能力，就用你的微笑、亲和力、谦虚的态度、真诚的语言来赢得大家的支持。

你想成为什么样的人，想过怎样的大学生活，你有自己的选择，担任学生干部是你锻炼自己、提升自己的一种途径，希望大家可以竞选成功适合自己的学生干部职务，在岗位上发光发亮。

这不是"心灵鸡汤",这是你上大学必须知道的 15 件事

> **引言**
>
> 哇!美好的大学生活就要开始啦!大学生活如同色彩斑斓的画幅,等着你去尽情领略!大学生活又如同一张白纸,等着你自己来为它填上色彩,绘制出属于你自己的独一无二的美丽画卷!大家是不是迫不及待了呢?关于大学生活,我们应该注意些什么呢?让我们跟随本文的 15 条建议,去创造五彩缤纷的美好大学生活吧!

新生陆续入学,在面对大学生活时有人激情澎湃,有人惴惴不安,有人满怀憧憬,有人失落遗憾。不管你是哪种,或许你都需要了解一下什么是大学生活,以及怎么过好大学生活。我是一名心理老师,以下是我根据十几年的咨询工作经验整理出来的"智慧",这不是"心灵鸡汤",这是你上大学必须要知道的 15 件事情,看上去有点长,请慢慢地、细心地看下去,或许对你有用!

第一件事:改变你对大学的观念。可能你还沉浸在别人对你说的那些话:高中辛苦几年,上大学就轻松了;上大学就可以经常玩游戏、看剧了;上大学就可以自由了,想睡就睡,想上课就上课,不想上课就不去上课;上大学随便混混就能毕业;上大学 60 分万岁;上大学期末都有重点,到时候背一背就过了;上大学一定要谈恋爱;上大学一定要……你知道吗?这些都是假的!如果你这么过,你可能无法毕业,可能一事无成,可能念了一次假大学!

第二件事:关于大学里的学习。关于大学里的学习,你一定很关注,请同学们务必知道在大学学习与在高中学习的差别,大学里的学习有更多的自主性,上课时老师不会一遍又一遍地讲解知识点,老师也不可能随时在你的身边,你需要更多的自觉,学会自主学习,根据自己的专业或者兴趣,利用好学校的图书馆资源,你想要的知识在图书馆里基本上都能获取;学会利用课余时间学习自己想要学习的知识,利用自己没课的间隙去旁听其他老师的课程,也可以到其他学校学习你想要的课程;在课程实践方面,可以主动与老师联系,获得跟随老师学习的机会,或者成为老师

的科研助手，与老师一起做科研，给自己找些实践机会，提前适应社会；利用好你的手机和电脑，多听些网络课程，也是非常重要的学习方式。当然，大学课程不一定都能让你满意，但是，建议大家上课时不要玩手机，不要睡觉，你可以利用这个时间自学其他知识。另外，我还建议大家多阅读，不管什么书籍，多阅读能开阔眼界，阅读照亮心灵！

第三件事：关于对大学的规划。从你开始上大学的第一天起，就应该对自己有个规划，知道自己想要什么，想怎么做。规划主要包括两种：1.生活规划；2.职业生涯规划。对于生活规划，你要给自己定目标，目标可以分为长期目标和短期目标，目标定好后，你一定要对自己每年、每月、每周甚至每天要做什么非常清楚，这样你的大学生活就会过得很充实，不然，你会发现上大学很无趣、很茫然。对于职业生涯规划，你要对自己有充分的了解，所学习的专业是不是自己喜欢的，你是否愿意从事基于本专业的工作，是否要考取研究生。如果不喜欢自己的专业，你要尽早了解是否可以转专业，自己能否达到转专业的条件，该怎么努力，也可以想想如何通过考取研究生来更换专业和职业，也可以向辅导员、学长了解，你们这个专业的毕业生主要去哪里就业了，大学毕业后，你有哪些选择，这些都要做到心中有数。当然，也有不少同学学习这个专业，但是未来并不一定从事该专业相关的工作，在大学学习培养的是一种能力，只要能力在，很多职业你都可以胜任。因此，尽早做好职业生涯规划，你就会有目标和动力。

第四件事：关于认识你自己、接纳你自己。每个人都有不同的成长环境，这也造就了我们不同的性格和处世方式，我们没有必要总是否认自己，没有必要总是喜欢把别人当作镜子来和自己对照，拿别人的长处比自己的短处，觉得自己一无是处，对自我形象不认同，或者对自己的能力产生怀疑。我们也不要总是要求自己一味地去迎合别人，做最好的自己不好吗？学会接纳自己的不完美，看到自己不完美的一面，按照自己的方式来，接纳自己的容貌、性格、能力、处世方式，那才是独一无二的你，当你认同和接纳了自己时，你就会表现出自信，快乐也就随之而来。

第五件事：关于宿舍关系。首先，我想要说的是，大学里的宿舍关系是你们人际关系中最重要的关系之一，宿舍关系好坏直接影响到你们的生活幸福感、学习成效、未来发展、身心健康。与大学舍友的交际是你以后最美好的回忆，舍友是最能帮助你的人，他们是你最温暖的家人。同学们来自五湖四海，有着不同的成长环境、文化背景、生活习惯、个性特点、兴趣爱好，如何互相融入又保持合适距离的确是一门大学问。现在的很多大学生在上大学之前从未体验过集体生活，因而在集体生活中尊重他人的意识不强，常常深夜聊天、玩游戏、看剧，不注意个人卫生，乱扔脏衣服、脏袜子，还有个别的人比较自我，爱以自己为中心，习惯以自己的方式生活，听不进意见和建议等，这些不恰当的行为常常干扰了舍友的生活与休息，时常成为舍友间的矛盾触点。是的，大学的宿舍关系的确有点复杂，但是，如果你能做好这几点，我相信你会获得好人缘的：1. 尊重你的舍友，我们没有权利要求别人按照自己的意愿行事，要尊重个体间的差异，宽容彼此的缺陷与不足，在日常生活中求同存异，取长补短，共同营造和谐的宿舍人际关系；2. 把关心和赞美时常放在嘴边，"良言一句三冬暖，恶语伤人六月寒"，注意说话的对象、场合、分寸，不可言语过激，伤害他人自尊心而导致矛盾激化，尽量冷静、委婉地利用一些人际交往技巧和人际冲突沟通技巧来表达自己的想法，另外，在生活中多赞美别人，美了别人更美了自己；3. 多开展一些宿舍活动，一起去撸串，一起去旅游，一起参加比赛等，营造爱的氛围；4. 当你发现自己确实存在一些不好的生活习惯时，要学会适当地收敛个性，积极改正，哪怕一下子改不了，也要虚心地向舍友表达歉意。

第六件事：关于恋爱。很多同学都非常关心这个话题，大学到底要不要恋爱呢？我的答案是：如果他（她）来了，为何要拒绝呢？如果他（她）还没有来，那就耐心等待。如果你高中就有恋爱对象了，可能你将要面临异地恋的考验，请同学们注意，并不是异地恋就一定会分开，有时候距离产生的美，或许会让爱情更持久，如果真分开，说明你们爱得不够真，分开不也是件好事吗？如果你还没恋爱，打算在大学开始恋爱，希望你们记住几点：

1. 不要盲目跟风，觉得别人都在谈恋爱了，就随意地开始一段恋爱关系；

2. 如果确实有你喜欢的对象，请大胆去追，如果对方没那个意思，请自觉收回你的爱，尊重对方，不要死缠烂打；

3. 如果你恋爱了，一定要懂得一些恋爱的规律，互相尊重和包容是前提，你们都是独立的个体，谁也不是谁的谁，给对方更多的时间和空间，不要天天腻在一起，那不是秀恩爱，而是在慢慢削弱你的人际关系；

4. 如果你被表白了，千万记得，喜欢就是喜欢，不喜欢就是不喜欢，千万不要因碍于面子，或者怕伤害对方，故意留有余地，这是很不负责任的表现；

5. 如果你一不小心失恋了，你应该充分地感受和体会失恋带来的痛苦，这种体验是人生中的一种美好记忆，充分感受它，让它滋养我们成长，一定要宣泄出来，可以好好哭一场，找朋友哭，或者到心理咨询中心哭，或者自己哭，宣泄自己的痛苦情绪；

6. 扩大交往面，不能眼中只有你的恋人，虽然失去恋人，但你得到了整个世界；

7. 等自己稍微清醒之后，重新去认知你们的感情，不要总觉得自己付出很多，得到很少；

8. 不要总觉得别人对你不忠诚，其实离开你是最大的忠诚；

9. 转移注意力，去散心，旅行，或者把能量升华到其他事情上，强迫自己开阔视野，一个小小的失恋其实不算什么，要懂得时间是治疗失恋的最好良药；

10. 最傻的方式是，失恋后自暴自弃。

第七件事：关于运动。我们都知道运动对身心健康的意义，这里我主要从运动对心理健康的作用来说一下：第一，运动有利于改善情绪。有大量的研究显示，运动给人带来的好处不仅仅是生理上的，适当且规律性的运动还能促进大脑分泌内啡肽，而在内啡肽的作用下，人的身心可以变得轻松愉悦。因此内啡肽也被称为"快乐激素"或"年轻激素"，它可让人缓解紧张、排遣压力，从而提升情绪的生理基础条件，保持健康的情绪状态。对于已有心理问题的同学，长期坚持规律运动具有很好的治疗作用；对于心理健康的同学来说，长期规律运动可以缓解心理压力，提升心理素质，为未来的学习和工作打下良好的基础。第二，运动可以提高自我效能感，运动可以促进人际关系的发展，运动对很多心理疾病有很好的改善和治疗作用。应该如何科学运动呢？选择有氧运动，如：跑步、登山、游泳、骑自行车、做健身操等。每周应锻炼3~5天，每天不少于40分钟。运动要循序渐进，贵在坚持。最好运动时有个伴儿，这样会起到互相督促和互相影响的作用。让我们一起运动吧！

第八件事：关于积极心态。良好的心态是我们大学生学习、生活快乐的关键。导致不良心态的原因有很多，如个人比较自卑、总是喜欢比较、眼睛总是盯着消极的事情看、不懂得感恩、总是抱怨等等。引起你目前的不良情绪和行为的原因不是诱发事件本身，而是你对这件事的信念、看法和评价，也就是说人的许多不良情绪与行为，往往都源于错误的认知，而起因并不是事件本身。因此，保持良好心态有以下几个办法。

第一，改变不了事情，我们就改变对这件事情的看法。第二，学会接纳，接受现实，正视现实。包括：正视现实和环境的改变，接受自己，允许自己不是最优秀的，适当调整自己的目标和期望值。第三，乐观比较。要多一些积极的比较，如生活过得比我糟糕的人还有很多，我还是挺幸福的，虽然不是最好，但是我也不错，而且我在不断进步。少一些消极的比较，比如：我以前是怎样的，现在怎么会这样；他们过得多好啊，都那么有钱，那么幸福，我什么都很差，什么都不如别人。第四，学会感恩。感恩社会，是社会给了你生存和发展的空间。感恩父母，是他们给了你生命，抚养你长大成人。感恩学校、老师，是他们在关心、培养你。感恩伤害你的人，因为他磨炼了你的心志。感恩绊倒你的人，因为他强化了你的双腿。当我们时刻心存感恩，我们就没有了那么多抱怨，没有了抱怨，我们的心态自然就会好很多。

第九件事：关于学生工作和第二课堂。大学除了学习之外，还有一个非常重要的事情，那就是能力锻炼，特别是表达能力、组织管理能力、应对挫折的能力、就业能力、创新能力等等。所以我建议大家积极参加学生会、班级、社团的干部竞选，通过担任干部来提升自己的能力和素养，充实大学生活，也为将来的工作做准备；也建议大家多参加学校、学院举办的各种比赛，去做几次兼职，参加几次社会实践，参加勤工俭学，等等；对于学校的各种社团，建议大家根据自己的兴趣选择一两个参加，不要选太多，这样会导致你顾不过来，参与效果也不佳；同学们千万不要觉得做这些会浪费时间，这是你成长的必然选择，当然了，如果你觉得自己哪方面的能力已经很好了，就不用在这个方面花费更多时间了。当然，如果你一直想担任学生干部，但面试总是失败，不要气馁，没有关系，还有大二、大三、大四呢，机会总是会有的，延迟满足也是可以的，不是吗？最后，我想说，如果你获得了某个职位，参与了某种活动，一定要记得自己的职责，做一个负责任的人。

第十件事：关于遇到困难懂得求助。每个人在不同阶段或许都会遇到一些困难和挫折，能够主动求助是有智慧的表现。如果你有心理问题，一定要大胆求助，可以到心理中心求助，也可以让父母陪同到正规的医疗机构求助，平时在校多与辅导员、舍友和父母沟通自己的病情，获得更多的支持和帮助；如果你确实是贫困生，你应该大胆地向学校申请补助，也可以想办法主动获得学校的勤工俭学岗位；如果你无法适应大学生活、无法适应人际关系、家里遇到困难了，都要大胆寻求帮助，这是你有智慧的表现。当然，在你获得帮助后，希望你能懂得感恩，对帮助你的人说声感谢！

第十一件事：关于大学里的老师。大学老师绝大部分都有自己的专业技能和学术专长，他们都希望为同学们提供最好的教学，大学老师与高中老师最大的区别就是他们不会每天跟在你后面，督促你学习，都要靠你自觉，所以，你要发挥主动性，主动与老师接触，主动请教老师，你会收获很多意想不到的东西。大学里还有一个重要的人，那就是你们的辅导员，辅导员可能伴随着你的整个大学生活，他能为你提供各种帮助，不管你遇到任何困难，最先出现的一定是他们，最能为你提供帮助的也是他们，可以说他们是你在大学校园里的家长。所以，在大学里，你要学会与辅导员相处，尊重、理解、包容、接纳和感恩你的辅导员。

第十二件事：关于你的父母。他们把你培养成大学生后，在你身上寄托了太多的希望，不管你的父母以前怎么对你，用什么方式对你，也不管有没有给你带来伤害，现在我都要说，你已经长大成人，你有责任对自己负责，也有义务为他们分忧。有空时，一定记得给父母打打电话，一句问候，一声谢谢，他们都会快乐好几天。在学校遇到什么困难，遇到什么挫折，也要及时与父母沟通，这不会让他们担心，这会让他们心里更有底，因为，无论何时，你的父母都是最能给予你安心和帮助的人。另外我还想说，如果你受到了原生家庭的伤害，我希望你与自己的父母达成和解，和自己的原生家庭和解，让自己在成长道路上更加理性、通达、包容，不断接近自己的理想状态。父母是我们生活中最亲密的人、最值得信赖的朋友，尽管他们不那么完美，抑或是给我们带来过伤害，但我们应该主动增进与父母的沟通，超越这种模式和局限，学会理解父母，理解他们的爱意与不足；学会尊重父母，感恩他们的养育和奉献；学会向父母表达，勇敢倾吐内心想法，温柔地坚持，坚定地成长。

第十三件事：关于自律。"人一切的痛苦，本质上都是对自己无能的愤怒。而自律，恰恰是解决人生痛苦的根本途径。"环境的改变让很多大学生处于迷茫状态，目标的不切实际，让自律难以坚持，自我要求不严格，无法走出自己的舒适圈，你的自律会很快成为泡影。你可能也会面临这样的问题。那么我们到底应该如何保持自律呢？第一，要找准自己的人生目标，要实现你的目标，你需要做哪些事情，给出具体时间限制，制定一个可接受并且可实现的目标，并且可以用具体的指标进行衡量。第二，你要学会量化目标。可量化的目标具有这样5个特征：明确、可衡量、可接受、现实可行、时间限制。第三，你要学会分解目标。第四，当你为自己设定一个目标之后，尽可能地把这个目标告诉所有你熟知的人，从而保持自己行为和承诺的一致性。当然，你还需要选择一个优秀的环境。

第十四件事：关于大学里你不能做的和建议做的事。大学里你不能做的事情有很多，这里就说一些吧。考试一定不能作弊，作弊后处分的文件会放入档案，跟着你一辈子，影响可大了；你一定不能参与校园贷，那会让你痛不欲生，悔不当初；你一定不能做违法乱纪的事情，可能会被开除学籍哦；你一定不能随意与人发生性关系，你要知道艾滋病可能会找上门，那可不得了；你一定不要沉迷于游戏，挂科可不是小事，如果挂了太多，届时可能会无法毕业。对于你要做的呢，我建议：英语四、六级要去考，学生活动要适当参加，交几个好朋友，多阅读几本好书，多到操场运动，多考几本正规的资格证，选择一件感兴趣的事情坚持做下去，能力也一定要去锻炼。

第十五件事：关于心灵感冒。每个人在成长过程中都会遇到这样那样的挫折和烦恼，总会有伤心、难过的时候，抑或打击大了点，让你出现了严重的心理问题。

心灵感冒了该怎么办呢？如果你目前的症状不那么强烈，你现在的处境还可以；你的症状还不到 2 个月；你还能正常地学习生活，只是效率有所下降；你的症状没有泛化，还是停留在当初的事件上，那么你可以求助于自己。找个地方宣泄一下，特别建议你去运动，坚持一段时间，你会看到很大成效。你也可以来心理中心的宣泄室宣泄。把自己的烦恼写下来，并认真分析，这时，你要给自己一点积极暗示，然后，开始积极行动；找个知心的朋友聊聊心里话，倾诉自己的烦恼；你还可以试着去做一件很有意义的事情来转移自己的注意力；当然，你也可以通过学校心理健康教育掌上系统找我们的心理咨询员或者心理老师在线上聊聊天；也可以找自己的父母或者亲人诉诉苦，寻找心理支持。如果你目前的症状很强烈，你遇到了重大的生活挫折，你现在的处境面临一定的困难；你的症状已有 2 个月以上、半年以下；你的学习、生活受到较大的影响，甚至回避正常的社会交往；你的症状已经泛化，烦恼的事情已经不仅是当初的那件事了，很多相关或者不相关的事情都会引起你的烦恼；你好像已经无法控制自己的情绪，那么你应该寻求专业帮助。预约学校心理咨询中心的专业老师进行心理咨询（免费）；或者自己向校外的专业心理咨询机构寻求帮助（费用高）；也可以找自己的辅导员，或许他能为你解决很多困难。在咨询的过程中，你一定要动起来，让运动来改善你的情绪；心理康复需要一定时间，不要着急，时间会帮助你走出人生的低谷。如果你的症状已经比较严重，时间长达半年以上；症状极大地影响到了你的正常学习生活，甚至你无法完成基本的学习生活任务；这些症状或者行为你自己可以意识到，也可以表述清楚，甚至经常寻求帮助，到处诉说自己的困扰，而且你自己明明知道不想这样，但你就是控制不了自己这样做；你还出现了不少躯体的症状，如胸闷、头晕、头痛、脖子不舒服、胃不舒服、出汗、两腿无力等，甚至出现了幻觉、妄想等症状，自己对自己的问题已很难自控，各种躯体症状不断呈现，你一定要尽快寻求正规医院心理科或者心理专科医院的帮助。可能需要配合药物治疗，精神类药物在你服药初期大概一周左右的时间会让你很痛苦，但过后会慢慢缓解。这种药物需要长期按照医嘱服用，切不可擅自停药。最后，还想告诉大家，心理问题不可怕，可怕的是你不能正视自己的问题，逃避问题。

  文章写完了，不知你是否读到了这里，感谢你的认真阅读，你有收获吗？

面对压力,我们有更好的选择吗?

> **引言**
>
> 步入大学,生活的压力纷至沓来。适度的压力促进身心健康,然而压力过了度,心就会"失衡"。毛泽东《七律》有言:"牢骚太盛防肠断,风物长宜放眼量。"遇到不顺心的事,要提防有碍身心健康,对一切风光景物要放开眼界去衡量。如何正确舒缓压力,成为维持生理健康的一个重要课题。本文将深度剖析"压力"的本质,带你一起笑看云卷云舒。

生活在这个瞬息万变的社会中,我们每个人都会有压力。面对未来的竞争和诸多的不确定,大学生们的压力也随之潮涌而来。那么,我们应该如何正确理解压力,如何有效面对压力呢?福建中医药大学心理中心丁闽江主任精心梳理出一份压力"简报",希望能够帮助大家更深层次地理解压力。

一、如何正确认识压力?

压力源于物理学术语,指负荷。二十世纪三四十年代,美国生理学家坎农最先将压力这一概念应用于社会领域。当刺激事件打破了原有的平衡和负荷能力,或者超过了个体的能力所及,就会感受到压力。我们可以从如下三个方面去理解压力:压力是一种主观感受,是指面对某些事件或环境时产生于心理的紧迫感或紧张感;压力是环境要求你做出选择或改变时的个人感受,压力是对未知事件悲观解释的结果;压力的大小既取决于压力源的大小又取决于个人身心承受压力的强弱程度。此外,压力还与刺激物的持续时间长短有关。

压力有其本身存在的意义。著名的"感觉剥夺实验"是典型例子。贝克斯顿在美国麦吉利大学募集了许多大学生志愿者,让这些志愿者每天躺在床上睡觉,每人每天可以得到20美元的酬劳,他们可以自己决定何时退出实验,这种毫无压力的生活看来应是惬意的,自由不受限制,还有一笔不错的薪金。实际上,大多数志愿者在实验开始后并没有支撑多久,他们多在24至36小时内要求退出,没有人能够坚持 72 小时以上。试验期间，他们由惬意的睡眠逐渐转变为厌倦和不安，而后开始唱歌、吹口哨和自言自语，直至有幻觉出现。这个实验充分证明生命活动的维持需要一定水平的外界刺激。井无压力不喷油，人无压力轻飘飘，完全无压力的生活并不会带给我们十分幸福的感觉，相反，它会促成焦虑与急躁，产生诸多不良情绪。

还有一个故事是这么说的：有一位经验丰富的老船长，当他的货轮卸货后，在浩瀚的大海上返航时，突然遭遇了可怕的风暴。水手们惊慌失措，老船长果断地命令水手们立刻打开货舱，往里面灌水。"船长是不是疯了，往船舱里灌水只会增加船的压力，使船下沉，这不是自寻死路吗？"一个年轻的水手嘟囔。看着船长严厉的脸色，水手们还是照做了。随着货舱里的水位越升越高，船一寸一寸地下沉，依旧猛烈的巨浪对船的威胁却在一点一点地减少，货轮渐渐平稳了。船长望着松了一口气的水手们说："百万吨的巨轮很少有被打翻的，被打翻的常常是重量轻的小船。船在负重时，是最安全的；空船时，则最危险。"可见压力也有其积极一面，适度的施压往往有益身心。

环境压力与人类个体的一生恒动变化，在每个阶段都需要应付新的要求。没有压力，就没有成长。压力是无处不在、不可避免的，也是必要的，这也是我们有时候会主动寻求刺激的原因。

用科学的方法认知压力，可以先对压力进行一个简单的划分：低难度任务，心不在焉，效率不高；难度较高，变得重视，调动潜能，效率最高；难度再不断加大，造成力不从心，心理懈怠，效率直线下降。然后，用此等标准建立一个坐标轴，在这条弧线中寻找到自己的峰值。当然，很多时候我们会面临更大的压力，甚至超出身心可承受范围，出现一系列的生理、心理、行为反应，若压力长时间没有得到合理释放，会对身心健康产生严重影响。

二、压力的来源你知道吗？

生容易，活容易，生活不容易——"压力山大"普遍存在。

从外部因素看，压力包括：1.升学就业（毕业、就业、考研等）；2.经济负担大（生活费、房贷等）；3.家务负担大（上有老下有小）；4.家庭矛盾；5.人生大事（婚孕、子女求学等）；6.工作超负荷，工作要求高（甚至苛刻、挑剔等）；7.职业发展不顺；8.人际关系紧张等；9.很难快速适应或跟上社会的变革和发展，落后于时代；10.环境恶劣（噪声、污染），过度拥挤；11.缺乏安全感的环境等等。

从内部因素看，压力包括：1. 不能自我肯定。自我价值感较低，非常在意别人的看法，敏感于别人的评语，常不喜欢自己，常认为自己被伤害，常怨天尤人、陷入自我怀疑。2. 追求完美。标准定得很高，常觉时间不够用，选择牺牲休息、休闲的时间，导致长期失眠，缺乏与家人相处的时间，终年处于紧张状态。3. 认知偏差。对事件的看法，愈是负向与具挑战性，压力愈大。4. 应对能力。应对技巧愈佳，压力愈小。压力其实就来源于你是否有能力应对某个问题。5. 可预测性。压力事件的可预测性愈小，压力愈大。6. 可控制性。压力事件的可控制性愈小，压力愈大。7. 主观喜好。事件受欢迎或厌恶程度不同，压力产生的程度也会有偏差。8. 事件的重要性。不同事件对于不同的人有不同的意义，会造成不同的压力。

三、如何正确评估压力？

我们先通过以下的一个小测试来诊断自我的压力状况。过去一个月内有否出现以下情况？（计分方法：从未发生0分，间或发生1分，经常发生2分。）

1. 觉得手上工作太多，无法应付。
2. 觉得时间不够，所以要分秒必争。例如过马路时闯红灯，走路和说话的节奏加快。
3. 觉得没有时间消遣，终日记挂着工作。
4. 遇挫时易发脾气。
5. 担心别人对自己工作表现的评价不佳。
6. 觉得上司和家人都不欣赏自己。
7. 担心自己的经济状况。
8. 有头痛、胃痛或背痛的毛病，难以治愈。
9. 要借烟酒、药物、零食等抑制不安的情绪。
10. 需要借助安眠药入睡。
11. 与家人、朋友、同事的相处令你发脾气。
12. 与人倾谈时，打断对方的话题。
13. 上床后觉得思潮起伏，有很多事情牵挂。
14. 太多工作，不能每件事做到尽善尽美。
15. 当空闲时轻松一下也会觉得内疚。
16. 做事急躁、任性，而事后感到内疚。
17. 觉得自己不应该享乐。

如果你的测试结果在 0~10 分，说明你的精神压力程度低，但可能生活缺乏刺激，较沉闷，做事的动力不高；11~15 分说明你的精神压力程度中等，虽然有时候感到压力较大，仍可应付；16 分以上说明精神压力偏高，应反省一下压力来源并寻求解决方法。

四、熟悉压力预警信号

压力的影响常常不能被直接和明确感知，哪些表现成为最敏感的信号？哪些方面是个人抵抗压力的薄弱环节？

1. 生理信号：处于压力之下，头疼的频率和程度会不断增加，心率加快，血压增高，汗流量增加，出现恶心、心悸、胸闷、胸痛；身体疲劳，尤其是发生在头部、颈部、肩部和背部的紧张；睡眠不好，精神萎靡，注意力很难集中；出现消化系统问题，如胃痛、消化不良或溃疡扩散；呈现典型的反应征兆，如皮肤干燥、有斑点和刺痛等。这些都是你未能妥善处理压力相关问题的预警信号。

2. 心理信号：出现焦虑、紧张、迷惑、敏感、喜怒无常、孤僻、抑郁、自闭、烦躁不安等情绪；道德和情感准则削弱，感情压抑，兴趣和热情减少，厌倦工作；意志消沉，自信心不足，出现悲观失望和无助的心理；缺乏注意力，短期和长期记忆力减退；精神疲劳，优柔寡断，错觉和思维混乱增加；丧失信心，自负自大，疏远感增强，感觉精力枯竭且缺乏积极性；判断力削弱，容易错误做出某些决定，造成某些过错；产生持续性的消极态度。

3. 行为信号：学习效率大大下降；工作懈怠、能力降低，错误率增加；放纵自己，自暴自弃；没胃口，吃得少，体重迅速下降；冒险行为增加，包括不顾后果地驾车和赌博，频繁饮酒及吸烟；攻击、侵犯他人，破坏公共财产；与家庭和朋友的关系恶化，回避朋友和家庭的陪伴或与同事的友谊。

五、面对压力，我们该怎么做？

高压锅为什么要有减压阀？这个道理很简单，压力锅也是有压力限制的，压力大了它就会炸锅，而减压阀的作用就是将较高的压力减小到所需要的合适压力。同理，当我们压力大时，也要立即启动我们的"减压阀"，先释放部分压力，以避免"炸锅"。可以根据以下几点找寻适合你自己的"减压阀"：

1. 你需要清楚你的压力到底来自哪里，以便有针对性地缓解压力。先问问自己，目前我的压力有哪些？我最大的压力是什么？确切地说，到底是什么压垮了你？是学业、工作、家庭生活，还是人际关系？如果认识不到问题的根源所在，你就无法彻底解决压力。携一张纸，找个空闲时间和安静的地点，梳理下你目前最关切的最担忧的事是什么，最棘手的事情是什么，当前需要最先去处理的事情是什么，你想停掉哪些事并不再去做，你想开始去做或学着去做哪些事情，未来几年你必须要做的重要抉择是什么，等等。理顺这些问题之后，你的思绪就会渐渐明朗，压力也就随之减轻不少。

2. 调整心态，闲看庭前花开花落。我们改变不了事情发生的态势，但可以改变对待这个事情的态度。一个人因某件事所受的伤害，远不如他对事情本身的看法来得严重。问题本身不是问题，态度才是衡量身心是否失衡的关键。要改变行动，先改变思想，要改变思想，先改变态度。养成客观辩证的思维习惯，总是以最乐观的心情想象最好的结果，事情原来并没有想象的那么糟糕，还有很多回旋的余地，即便一败涂地，仍有重新反击的机会。

3. 改变认知，学会积极正向的思维方式。认知的改变代表着情绪和行为的改变，这便是美国著名心理学家埃利斯提出的ABC理论。A代表诱发事件，B代表对这件事的信念、看法和评价，C代表情绪和行为。人的许多不良情绪与行为，往往都源于错误的认知，源于我们对事件的消极看法。因此，面对各种有形或无形的压迫，我们都需要用积极的态度去应对，改变一些看法，放弃部分不合理的观点，比如：我做事必须尽善尽美；我必须总待在这里，因为这些事情离了我不行；凡事应按照我期待和喜欢的方式进行；我就是这样的人，我就是无法改变。"无压"人士深信，事情总能朝着所期望的方向发展。

4. 由抱怨担心转向解决问题。整天与焦虑为伴，不如马上行动，争取以最有效的方式处理外界要求，将负面压力转为正面动力。若已完全尽力，但短时间内仍无法搞定问题，则表示问题本身处理的难度甚高，有可能需要长期奋战不懈，除了必须培养坚忍不拔的斗志之外，可能还需要其他的精神力量支持，或者选择放弃。超出自己能力之外的事情，不要过多考虑，以免给自己增添无谓的压力。

5. 提前规划，制定合理目标。许多引起压力的事件是难以预料的，但那些能事先预估到的情况，请尽早采取缓解措施。"一切尽在掌握中"，把握这种感觉，便能很好地缓解压力。过高的期望也是造成压力的一个重要原因，因此，不要制定难以实现的目标，要从实际出发，尽量做自己能力所及的事，也不要对自己抱太高的期望，以免带来更大的挫败感。

6. 做好时间管理，让生活井井有条。焦头烂额的生活随之带来巨大的压力，而有条不紊、井然有序的日程安排可以消除紧张情绪。尽量做到今日事今日毕——事情搁置在一旁没有完成，本身就会造成巨大的心理压力。把时间管理好，把工作安排好，让自己能够掌控工作和生活，缓解短暂的压力。如果我们无法同时面对千头万绪的事情，可在一段时间内专注于一事，但不可无休止地执着于某一项任务，要快速完成，甩掉包袱。

7. 做好情绪管理，提升抗压能力。舒缓压力的方法五花八门，其中重要的一点就是管理应对压力的情绪。增强良好的情绪管理能力，逐渐提高自己的情商，抗压能力自然会得到提升。比如，当我们遇到批评时，发自内心、诚恳地接受建设性的意见，忽略满溢的挫折感，那么，压迫感就不会很强了，抗压能力也就提升了。人的抗压能力不是天生的，加强优秀品质的培养，磨砺人的意志力是增强抗压性的有效方法，也是减轻心理压力的重要心理基础。

8. 养成好习惯，有效发挥"减压阀"的作用。每个人都可以设置自己的"减压阀"，平衡工作和休息的时间。例如，经常锻炼身体以避免精神和体力上的过度疲劳。据研究表明，10分钟的散步能使随后两个小时精力充沛，并缓解紧张感和疲劳感。又例如，凡事提前10分钟，工作前梳理流程，工作后整理总结，提高工作效率。再例如，喝杯茶，洗个热水澡，身体温暖可以促进情绪温暖，或者把消极情绪写下来，扔进垃圾篓，不纵容自己找借口。还例如，列一份心愿清单，包括短期和长期的心愿。

9. 劳逸结合很重要，累了请休息一下。一天中多进行几次短暂的休息，做做深呼吸，走出工作场所呼吸新鲜空气，放松大脑。千万不要放任压力情绪的发展，使这种情绪在一天工作结束时升级成能压倒你的压力。应暂时躲开压力源，通过运动或唱歌等方式宣泄自己，释放压力；或者给自己放个短假，彻底放松身心，休息是为了更好地工作。科学家指出，每天日间小憩片刻，不仅可以延长寿命，也可以提升表现力；每天睡眠4个小时的人，比每天睡眠8个小时的人死亡率高18%；每天睡眠少于8小时，精神集中程度下降30%。

10. 学会接纳，乐观比较。有一位很有名气的心理学教师，一天在给学生上课时拿出了一只十分精美的咖啡杯。当学生正在赞美这只杯子的独特造型时，教师装出无意触碰的样子，将咖啡杯摔在地上。这时学生们发出了不断的惋惜声。教师指着碎片说："你们一定为此感到惋惜，可是这种惋惜也无法使杯子再恢复原样。今后，在你们的生活中如果发生了无可挽回的事情，请记住这只破碎的杯子。"这个故事启发我们：人在无法改变失败和不幸的结果时，要学会接受它，适应它。接受现实，正视现实和环境的改变；接受自己，允许自己不是最优秀的，适当地调整自己的目标和期望值。消极的社会比较,是拿自己不好的处境与别人的处境相比较,越比较越觉得自己不如别人,请摒弃这种错误观念,学会乐观比较,发现自己的优势。

11. 建立适当的社会支持系统。拥有几个交心的朋友,或者建立良好的同事关系,实现家庭和谐、人际关系和谐。社会支持系统就像给你的"杯子"续水的人,可以帮助你宣泄不良情绪,获得情感支持和各种形式的帮助,有效缓解压力,保持积极心态。

适度压力对我们是有益的,压力超出范围,我们就要学着如何释放压力。这些建议,你学会了吗?

同学，你还在减肥吗？

> **引言**
>
> 减肥，是现如今大多数人尤其是女性比较热衷的一件事。试问，有谁不想要自己变得更好看呢？但你们有没有认真地考虑过，你真的需要减肥吗？你减肥的方法是否正确有效呢？如果你对减肥这件事还存有疑惑和迷茫，那就请仔细阅读下面这篇文章吧！希望能对正在努力减肥的你们有所启示。

大学校园里的减肥热一度受到广泛关注。近年来，以瘦为美的观念渐渐养成人们对苗条、纤细身形的偏好，减肥已成为很多大学生乐于追捧的时尚。那么，真的有那么多人需要减肥吗？减肥背后的心理因素有哪些？你一直减不下来的原因在哪里？或许你需要看看下面的内容，可能对你正在减肥有所帮助哦。

前段时间一个减肥女生咨询，让我感到特别奇怪的是，她本人并不是很胖，1.62 米的身高，才 95 斤，这不是很棒的身材吗？在我看来，这已经是偏瘦了。可是，为什么她还是想要减肥呢？女生说，她也不知道为什么自己那么爱减肥，总觉得自己的身材还不够完美，总觉得每天都要控制自己的饮食，每天都在想今天有没有违反减肥誓言，经常称体重，就爱听身边的人夸赞自己身材很好。那现在的她面临着什么问题呢？她总是担心自己的体重会反弹，不敢随便吃东西，时刻都很注意，神经处在高度紧绷的状态，因此来咨询该如何调整这种"减肥"心理。从这个事例中，大家可以发现，现实生活中没有那么多人是真正需要减肥的，还有许多身材标准的人也跟着减肥，那么，这一部分人又到底是什么心理呢？

一、或许，你根本不需要减肥

你以为的美或许只是别人眼中的美，你觉得美吗？瘦就一定美吗？有调查显示，45% 的女性不认为瘦就一定是美；85% 的男性也不认同太瘦就是美，反而有很多男性喜欢有些肉肉的女孩，这是个很有意思的现象。还有，你们是否会因为减肥而失去很多欢乐，不能吃这些，不能做那些，这样多影响自己的心情呀！心绪不畅，美从何而来？你的自然、知性、优雅和善良同样也很美。你没有好的身材，没关系，你可以有文化、有知识、有修养、有能力，这些内在美其实才是更加闪耀、持久的美。

1. 你减的不是肥，减的是自卑。是不是某天忽然听到朋友或同学谈论你好像胖了，衣服都不搭了，你就开始嫌弃自己，想着要减肥了？是不是某天忽然听到有人在艳羡对面女生的身材，你便立刻萌生了减肥的念头？是不是看到苗条的小姐姐穿什么都很好看，你就心动了？是不是你发现身边的很多美女们都有男朋友了，你还没有，你开始认为可能是自己不够美，身材不够好，不能吸引男生了？是不是看到身材纤瘦的同学都能在台上自信地表现自己，你也想更自信一些，于是想着从减肥开始努力了？是的，很多时候你开始萌生减肥的想法，真的不是因为你胖，而是因为你自卑。你总认为现在自己的不自信是因为身材不够好，或者认为通过塑造身材可以解决自己的自卑问题。别人开玩笑说你胖，你便开始自我否定，产生自卑情绪，特别是在拿自己和别的女性相比时，这种自卑感会更加强烈，这会变为你减肥最直接的"动力"。

2. 你减的不是肥，你是在追求完美。你身边存在那种明明已经很优秀，却总觉得还不够，于是对自己要求格外苛刻的朋友吗？明明不怎么胖，却常年热衷于减肥，在开始减肥的前两天，她基本能够按照计划完成打卡。但很快，她就难以抗拒美食的诱惑，从多吃一口增长到多吃一份，节食打卡前功尽弃。于是，她陷入比减肥前更深的焦虑中，开始觉得自己没用，连这点小事都坚持不下去。这些在别人看来已经很优秀的人，却并不满足于现状，拼了命地去追逐一个十全十美的目标，又因过分努力，导致异常的自我消耗，反而离目标越来越远。你是不是也有这种心理呢？你要明白，你并不是在减肥，是在追求完美。

3. 你减的不是肥，你是被暗示。当人们的态度、信念和价值观相同时，就容易发生情绪感染，促使个体间相互模仿。在群体心理过程中，人们相互模仿、相互感染的背后，还有一个影响他们的更深刻的群体心理现象，那就是遵从。你是否发现你很在意别人对你的评价，总是根据别人对你的评价来判断是否要减肥或做其他的事？另外，社会上的各种以瘦为美的宣传，各种减肥瘦身广告，都产生了强烈的暗示。其实，有许多人并不赞同瘦就是美，但迫于流行也就产生了减肥的想法。在大学生群体里，很多人都会被身边的人所影响，全宿舍集体减肥或者一人带动一拨人减肥的现象并不鲜见，这显然与群体心理的作用关系密切。

4. 你减的不是肥，你是从众。即在强大的群体压力面前，很多人都采取了与群体内成员相一致的意见，这是一种受群体压力的影响，在知觉、判断、信仰及行为上表现与群体中大多数成员相一致的现象。

由于相当一部分大学生的思维尚处于感性阶段，自我认识能力差，自信心较弱，自尊心与虚荣心较强，当面对减肥时尚与潮流、面对其实并不胖却想减肥的同龄人、面对层出不穷的减肥广告和巨大的审美冲击时，往往缺乏自己独立的见解，很容易由困惑、茫然发展到无奈、趋同，直至最后完全顺应、被同化。由于不想成为唯一那个与众不同的人，而和其他人保持一致，在减肥的同时，自己却没有一个明确的减肥目的，不知自己究竟为什么而减。实际上，她们是为周遭人而减，为社会评价而减，为骨感美这样的观念而减。因此，她们表现出比其他人群更强的从众倾向。

5. 你减的不是肥，你是攀比。人们总是倾向于以他人为自己的参照对象。大学生在日常的学习、社交、娱乐等方面，总会不自觉地与他人对比，以寻求心理上的平衡，获得自我认同。大学生十分注重自己的外表，尤其是女性之间容易互相攀比。一方面，在当今大学校园里攀比现象严重，同学之间暗地里都会悄悄地比学习、家世、穿着、身材等等。另一方面，出于一种想要被别人重视的心态，希望自己能够比别人更出众，所以拼命减肥。这种追求所谓美的体形竞赛，导致部分女生不考虑自己的身体状况就盲目地进行减肥。

6. 你减的不是肥，你是寻求补偿。补偿心理是一种心理适应机制，个体在适应社会的过程中总有一些偏差，目的是求得补偿。从心理学上看，这种补偿其实就是一种"移位"，即为克服自己生理上的缺陷或心理上的自卑而发展自己其他方面的长处、优势，赶上或超过他人的一种心理适应机制。可能你能力不如别人，可能你成绩不如别人，可能你家境不如别人，你便想通过自己的容貌来赢得别人的关注。逐渐地，你过分在意自己的形象，并且希望通过减肥来塑造自己的形象，来补偿自己的不足。

7. 你减的不是肥，你是在迎合。随着性心理的成熟，你有了对爱情的欲望与追求，你总是觉得男性在选择恋爱对象时，容貌和身材是他们考虑的重要条件。很多女性就会为了取悦异性而去修饰自己的容貌，尤其关注自己的身材和体形，以此来迎合男性的心理。殊不知，很多男生并不持有如此想法。另外一种迎合就是认为社会上的用人单位都很重视外貌，认为外貌可以提升竞争力，获得更好的职位。许多大学生会注重自己的体貌，疯狂减肥以迎合社会获得认同。

马丁·赛里格曼是当代最著名的心理学家，他是积极心理学的开创者，提出了著名的理论——"习得性无助"。1998年，他以史上最高票数当选了美国心理协会的主席。他的课程，总是哈佛听课人数最多的。他认为，不管你做任何决定，做任何事情，你都要先认识真正的自己，并且接纳自己，也只有如此，才能改善自己。很多时候，人们之所以会被负面情绪干扰，是因为无法做到正确认识自己。因此，我们真正应该学习的，是掌握正确认识自己的途径。通过认识自己，悦纳自我，知道什么能改变，什么不能改变，什么要改变，什么不要改变。对于能够改变的，要勇敢去改变；对于不能改变的，要学会坦然接受。

二、如果，你真的需要减肥

如果你的体重超出了正常范围，影响到身心健康，或者你确实有些胖，想通过减肥来提升自己的自信，获得更美好的人生，我是十分认同的。可是，真正想减肥的你，为什么一直努力却收效甚微呢？或许你需要懂得这里面蕴藏的心理常识。

1. 减肥，一定要从接纳自己的不完美开始。这一点是非常重要的，如果你在减肥过程中不认同自己，不接纳自己，甚至讨厌自己，那么你减肥成功的概率是很低的。不管现在的你是怎样，你首先得认同和接纳自己，并且学着用辩证思维看到自己积极的一面。心理减肥往往比生理减肥有效。因此，减肥之前请先学会爱自己，减肥过程中学着认可自己，坚持不下去的时候先肯定一下自己之前的努力，想要放弃的时候给自己打打气，告诉自己，我可以！

2. 减肥，一定要从一个合理的减肥动机开始。怎么样才能快速、有效减肥呢？先拿出一张纸，写下 5 个你想成功瘦身的动机，思考每个动机如何能帮助你减重，将每个动机依照强弱程度排序，把最强的动机写在墙上或日记里，时时督促自己。试想一下，每个动机要如何搭配一个做法，才能发挥最大功效？例如，动机是想瘦 5 公斤，就做一个体重记录表贴在墙上，时刻提醒自己。每次为瘦身努力，做一些辛苦的事情，如忍住嘴馋、运动时，就在心中默想你的动机，比如我瘦下来一定很漂亮，再坚持一小会儿就好了。如此循环，用正面思考的力量来帮助你持续减重。

3. 减肥，一定要从一份合理的减肥计划开始。制定科学的减肥食谱并加强合理的体育锻炼对减肥者来说非常重要。减肥最有效的公式便是合理的饮食加适当的体育锻炼。制定科学合理的减肥食谱是首要条件，盲目节食有时并不能真正达到减肥的最终目的，反而会危害身体健康。最关键的是，盲目的节食还会影响你的情绪，最后你会发现，你随随便便就会被美食打回原形。所以，请保持正常的、合理的饮食，不需要刻意去限制太多，记得多吃蔬菜水果，少吃高热量食物。当然，我觉得减肥最重要、最有意义的方法还是科学运动，这里所说的科学运动，一定是持续的、坚持的、达到一定量的。大家可以根据自身的承受情况制订合理的运动计划，每天坚持打卡完成，一定会产生效果。

4. 减肥，一定要从自律开始。江湖上总是流传着这样一句励志语：我要减肥！那些到处宣扬到处立 flag 要减肥的人往往是最容易减肥失败的人。减肥伊始，她们可能还存有毅力，但随着时间的推移，减肥这件事便被抛到九霄云外了。她们往往会在减肥过程中败下阵来，陷入自欺欺人的心理暗示当中。而真正想要减肥的人，一定是说给自己听，而不是给别人看的。每个人在下定决心减肥之后，都会给自己设下限制，比如今天吃的东西不能超过某个量值，今天需要做的运动一定要达到某个标准。这时，自律成为一项良好的指标，有没有良好的生活习惯，能不能规律作息，能不能合理饮食，能不能坚持运动都需要你足够自律。如果你做不到自律，你就会被简单的诱惑打败，陷入死循环中。矛盾的心情越来越多，糟糕的情绪越来越多。

5. 减肥，一定要克服速成心理。速成心理在减肥这件事上非常普遍，大家都希望能够在最短的时间内快速减到让自己满意的体重，甚至不少人在搜减肥方法的时候搜索的都是"快速减肥方法"，还有些人为了能够快速减肥，给自己定下了过于苛刻的减肥计划，导致自己无法坚持下去。对减肥急于求成的人往往不愿意错过任何一点减肥机会，在遇到新的减肥方法且理论可行时，她们都想要去尝试，但又很少会去认真分析那些方法是否真的适用于自己。减肥是一个长期的过程，从来不能一蹴而就，合理的方法，适度地施行，才可达到效果。所以，如果你已经下决心减肥，就要做好打持久仗的准备。速成是无效的，反弹会在半路等你。

6. 减肥，一定不要轻言放弃。有一部分人，在减肥初期看到体重每天都在变化，积极性颇高，可等到了减肥的瓶颈期，体重变化不明显时，就会产生自我怀疑，开始否定自己的减肥成果，甚至放弃减肥。实际上，减肥的成功就蕴藏在一次次的坚持之中。每当你想放弃的时候，就用某种东西刺激自己，可以是"爱"，也可以是"恨"。举个例子，当运动坚持不下去的时候，我会想想喜欢的人，"等自己减肥成功了就告白"。如果这个方法不管用了，我就想想那些讨厌的、嘲笑过我的人，"一定要瘦下来让他们打脸"。减肥中途，情绪总会崩溃那么几次，在这时你一定不能"宅"，一定要出去，找机会释放自己。减肥一定会有一个瓶颈期，但只要熬过这个瓶颈期，你就会发现不一样的人生。

7. 减肥，一定要有积极心态。减肥总是不成功的人，体重总是反弹的人，或者觉得减肥痛苦的人，几乎在整个减肥过程中，其情绪都处于低落状态。她们总认为很多东西受到限制，即便能够坚持下来，也很难在达到目标之后继续控制自己，甚至有可能会在这个过程中出现其他的心理障碍。所以在减肥的时候，一定要保持平衡的积极心态，看到和认同自己的努力，并对自己的努力表示赞许。允许自己某些时候的不自律，允许自己某些时候的放纵，只要你长期坚持，一定会有满意的效果。

8.减肥，有些小事你可以做。世界上有很多减肥方法，如改善饮食、运动、减肥用品等。但是，无论尝试什么都没有效果，即使变瘦了也会反弹，完全瘦不下去的原因是什么呢？也许就在你平时的生活习惯上。不要总是搭乘电梯和自动扶梯，利用有限的15分钟，告别电梯来爬楼梯，乘坐公共交通工具时站立。利用每天短暂的宝贵的运动时间，在公交车上不要总是坐着不动，要有意识地伸展全身。不要长时间看手机，看手机是导致臃肿和肥胖的主要原因，日常生活中一定要减少看手机的时间。不要总是跷腿，跷腿会促使双腿和下半身血液循环不畅和双腿浮肿，还可能导致寒症的发生。身体越是循环不畅和寒凉，就越容易发胖。坐着时尽量不靠椅背。将上半身的压力全放在靠背上时，上半身的内脏就会受到压迫，肚子也会凸显严重。

9.减肥，有些心理小技巧可以试试。第一种，暗示法。如果你已经确定减肥，请先把"我要减掉×公斤"这个讯息输入潜意识当中。如此，在以后的日子里，每当你想乱吃东西的时候，潜意识里的讯息就会立即发出抵抗指令，将这种念头抹杀掉。第二种，想象法。减肥者可以通过想象来达到减肥的目的。比如，想象一下自己瘦了的样子，或具体描绘一下"如果我很瘦是不是很多漂亮的衣服都可以穿，走到哪里都自信"。第三，厌恶法。厌恶法就是运用一些附加条件，使减肥者对自己肥胖的身材产生厌恶感，从而达到抵制食欲的目的。第四种，奖励法。减肥者可以运用奖励的办法来坚定自己减肥的决心。第五种，对照法。每当你减掉一点体重时，就往一个空袋子里装上同等重量的沙子或其他东西，并时常提提那个袋子，然后告诉自己：这重量就是以前身上多余的肉。第六种，监督法。减肥者可以让亲朋好友来充当自己的减肥"教练"，对自己的日常行为进行监督，以帮助自己达到减肥目的。第七种，转移法。当减肥者无法摆脱强烈的食欲时，可以把注意力转移到另一个具有吸引力的东西或某一项活动上去，这常常可以达到"拒食"的目的。第八种，控制法。控制法就是控制饮食，包括控制进食的速度、时间和地点。第九种，减压法。情绪和心理的不正常往往是肥胖的起因，也常常成为肥胖的后果。有时人们无法忍受挫折感，不知道如何适应外界环境和应对紧张的日常生活，就会靠吃东西来缓解焦虑情绪，以致肥胖。

总之，在减肥过程中保持一个积极的心理状况是很重要的，希望以上文字能给你一些启示，让你能还自己健康美丽的身心。

同学，你也"社恐"吗？

> **引言**
>
> 　　你是不是经常把"社恐"这个词挂在嘴边，是不是也在想自己怎么也"社恐"了呢？其实，你可能并没有真正了解"社恐"。或许你只是有些社交焦虑，而你把它想严重了。

这段时间总有同学让我写一篇关于"社恐"的文章，朋友圈也经常看到同学们发一些今天又"社恐"了的话语。看来这是一个常见的现象，作为心理老师理应做出一些回应。那么，今天我们就来好好分析下"社恐"，并告诉大家应该如何应对"社恐"。

一、什么是"社恐"

"社恐"是大学生朋友们对"社交恐惧症"的一种简称。社交恐惧症（Social Phobia），又称社交焦虑障碍（Social Anxiety Disorder，SAD），是恐惧症的一种亚型。社交恐惧症是患者对于社交场合的自主预期所引发的紧张、焦虑和恐惧感，以过分和不合理地惧怕外界某种客观事物或情境为主要表现。这些社交场合和情景包括：当众发言（怕说错话、怕嘲笑）、当众表演（怕出丑、怕不如人）、当众进食（担心不雅观）、聚会（怕出丑、怕说话、怕不如人）、约会（怕拒绝、怕对方误会自己）、面试等。患者明知这种恐惧反应是过分的或不合理的，但这种反应仍反复出现，难以控制，往往令患者非常痛苦；当患者必须参加社交时，还表现为预期性焦虑。患者在社交的场合下，出现焦虑和紧张通常也是正常的，可是社交恐惧症的患者的反应却异常明显，如出现紧张、焦虑、恐惧、尴尬、害羞等情绪体验，常常语无伦次、大脑空白，同时伴有明显的植物神经功能紊乱的症状，如脸红、心慌、出汗、发抖、坐立不安、回避目光对视。他们的思想负担非常重，害怕自己的言行得到负面的评价，怕做不好，怕被耻笑，等等，他们习惯性地夸大了社交情境的消极后果，往往表现与实际能力不相匹配，发挥失常。患者通常会有预期性焦虑，以及回避行为，往往持续6个月以上，影响到个体的学业、职业发展、婚恋生活等。

二、"社恐"有哪些表现形式

生活中的你,有过这样的场景吗?最怕被叫到进行自我介绍;当着大伙儿的面发个言,明明打了很多遍腹稿,话到嘴边却大脑空白;路上与认识的人迎面相遇,赶紧低头佯装看手机,为要不要打招呼思前想后;电话是个炸弹,响起的时候只想把它扔掉,经常假装没接到;如果要在众人面前发言,会感到浑身难受、手脚冰凉,甚至肚子痛想上厕所;硬要跟不熟的人聊天,就会非常焦灼;不想成为任何场合的焦点,希望自己没有存在感;去任何社交场合,都希望有熟悉的人陪在身边;跟熟悉的朋友一起玩,突然来了一个陌生人,就会很拘谨;很害怕陌生人来搭讪,会无所适从;遇到发传单的人,避免跟对方眼神接触;必须要说话的场合,准备好了,结果到现场一句话都说不出来;迫不得已要在大庭广众下说话,要提前焦虑很久;打电话或者视频时突然让我们跟不熟的人聊天,或家里来了不熟的人,需要自己去接待,就会全面崩溃;过年的时候,爸妈总是拖着我们去见他们的朋友;过生日,别人唱生日歌的时候,很尴尬,因为大家都在关注我;旁边有个话痨,就会很安心;超级羡慕那些会说话、擅长社交的人;逛街的时候,只要导购员过来搭话,就会想马上出去;害怕别人临时约自己,因为要马上给答复,来不及想理由拒绝;在朋友圈只点赞,不留言,怕一旦留言,就要聊起来;打电话的时候,如果对方不主动结束谈话,就只能硬着头皮继续;喜欢熟悉的环境,特别想回家,一到家就会特别放松;经常会被别人说成是"高冷、不好接近";微信上,有时候没有及时回复对方,不是因为不喜欢对方,而是真的不知道说什么才好;进电梯,一进去就会站到角落,生怕跟人接触;坐公交车,有的公交车在你需要下车的时候,需要你喊一声,司机才会在站台停车,很害怕要喊那一声;准备开门出去,听到对面邻居也要出来了,就会等一下,先不出门;跟朋友聚会,一群人出来,结果走着走着,只剩下两个人,最最尴尬。

三、正确认识"社恐"

所谓"社恐"就是社交焦虑症,并不是你有以上"社恐"的表现就一定得了社交焦虑症,许多人口头上的"社恐"和真正的社交焦虑症差得很远。大部分人在社交场合都会有一些焦虑的表现,这是很正常的。面对不确定、新的场合、新的交往对象、新的话题,会有焦虑预期是正常心理的正常表现,不必过于在意。其实,判断是社交焦虑症还是社交焦虑并不难。假设你参加一个聚会,你在那里待得难受、不自在,不知道说些什么,有些不舒服,但是你依然坚持参加了,并作为听众直到结束，那么这只能说你有一些社交焦虑。当然，如果这个时候你会出现一系列的躯体反应，如心慌、流汗、手抖、一直想上厕所等症状，而且你极力要回避这种场合，甚至有时候假借各种托词先走，这时候可以说你可能患有社交焦虑症。因此，不要被自己的一些正常心理表现带偏了，给自己戴上了一个"社恐"的帽子，社交焦虑与社交焦虑症有很大差别，同学们一定要注意区分，切不可形成自我暗示。复旦大学人文学者梁永安老师说："'社恐'在某种意义上是很好的事情，越来越多的中国青年'社恐'，说明年轻人精神需求有了非常好的发展，不再满足于乡村社会人情世界，已经开始讲求精神的契合，讲求灵魂相伴了。"其实，80%的"社恐"人不必进行相关治疗，这部分患者虽然也有社交焦虑的相关症状，但可以通过做不太与人打交道的工作、减少社交活动频率等保持正常生活。

四、"社恐"的主要心理表现

1. 恐惧心理。表现为与人交往时，尤其是在大众场合下，会不由自主地感到紧张、害怕，以致手足无措、语无伦次，严重的甚至害怕见人，出现躯体症状，回避正常社交。

2. 自卑心理。表现为在社会交往中想象成功的体验少，想象失败的体验多，缺乏自信，总认为自己不行，缺乏交往的勇气和信心。

3. 孤僻心理。有两种情况，一是孤芳自赏，自命清高，不愿与人为伍；另一种是属于有某种特殊的怪癖，使别人无法接纳，从而影响了社会交往。

4. 害羞心理。表现为社会交往中过多地约束自己的言行，以致无法充分地表达自己的思想感情，阻碍了人际关系的正常发展。

5. 封闭心理。表现为把自己的真实思想、情感掩饰起来，试图与人保持严格的距离。

6. 自傲心理。表现为不切实际地高估自己，在他人面前盛气凌人、自以为是，常使对方感到难堪、紧张、窘迫，从而使交往变得困难，尤其表现在两代人的关系上。

7. 敌意心理。这是一种比较严重的社会交往障碍。表现为讨厌他人，乃至仇视他人，把人与人之间的关系视为尔虞我诈；另一种情形是认为别人总在寻机暗算他、陷害他，从而逃避与人交往，甚至表现为攻击行为。

8. 干涉心理。表现为专门打听、传播或干预别人的私事、秘密，从而引起别人的不满、厌恶情绪，影响彼此关系。

五、"社恐"的主要形成原因

1. 家庭原因。"社恐"一般来自原生家庭的教育方式和教育理念。"社恐"人士可能是性格内向，不愿意与人交往，或者不擅长与别人交往。"社恐"人士的这种性格的形成有可能是天生的，可能他们喜欢自己独立思考；或者他们是在家庭的成长环境中受父母影响，与父母相处时忽略了如何与朋友们交往；或者他们的原生家庭给他们造成了许多不好的回忆，致使他们性格上有些缺陷，不愿意也不擅长和其他人交往。

2. 成长环境。"社恐"人士很有可能是因为小时候经历过一些不好的事情，或者遇到了一些不好的人，对他的心理造成了巨大的伤害，导致他不敢去和其他人正常交流交往。又或者是他的性格逐渐变得内向，失去了良好交往沟通的能力，也没有这种习惯，所以面对他人的示好和交往请求时，会表现出抗拒和不习惯。

3. 生理原因。外貌、身高、体味、生理缺陷等原因可能导致心理自卑，出现社交焦虑。"郎才女貌"等传统思想让女孩子对于外貌关注度较高，如果肤色、身材、身高距离自己期望太远，她对自己接纳不够，则会产生自卑情绪。生理缺陷如口吃、残疾等，对于男孩和女孩都容易导致社交恐惧。这样的人倾向于回避人多的场合，希望减少别人对自己的关注，长此以往会导致他出现社交焦虑。

4. 内向的性格。具有社交焦虑的人往往性格内向，自尊心较强，敏感多疑，追求完美，对自己的缺陷不能很好地接纳，遇到心理挫折往往倾向于内归因。如将遭遇别人的嘲笑归因为自己的无能，而不是归因为别人的道德品质问题。

5. 不合理认知。对自己的认知偏差往往表现为不能客观地认识自己的优缺点，对自己的优点认识不足，而对缺点加以放大。

6. 缺少人际交往技巧。具有社交焦虑的人往往缺少人际交往技巧，一旦交往失败，会对他的自信心造成更大的打击，使他更加恐惧和回避交往。

7. 遗传原因。很多人可能想不到，社交焦虑其实有遗传。虽然说爸妈有社交焦虑不代表孩子一定会有社交焦虑，但一般来说，如果一个人有社交焦虑症，他的家族中也会有多个患社交焦虑症的亲属。

六、"社恐"的应对措施

1. 拒绝聚光灯效应。所谓聚光灯效应，就是人们过于在乎和自己有关的事物，以为别人的目光都聚集在自己身上。这是很多"社恐"人士的认知误区，总认为你的表现会被很多人关注,其实,周围人根本没有关注你,也不会因为你的表现对你评头论足,那都是你自己想象出来的。换句话说,别人并没有这么多时间去关注你,是我们自己对外在的关注过于在意,导致变得焦虑。

2. 提升自信。"社恐"人的自愈之路可以搭配正念疗法,牟晓东说:"'社恐'人可以经常冥想,多告诉自己可以很好地完成社交活动,进而拥有更积极的情绪。"我们不要把自己当成是舞台焦点,越害怕别人注意到自己,我们就会越放大自己的行为。自我价值不等于外部认可,要正确认识自己的性格优势;认可自己才是走出社交怪圈的第一步。提升自信也可以进行对镜练习,早起对着镜子说鼓励的话,给自己"加满"正能量,有自信的人说话更有底气,"今天你也好棒呀"。

3. 增强钝感力。有社交焦虑症的人在社交场所中经常用放大镜观察自己,对自己的言行举止过度在意,而事实上,只要我们战胜一点"社恐"心态,那么在多次后,就会逐渐打败"社恐"这只小怪物。尝试多把注意力放在别人身上,这样你就能减少自我关注时带来的紧张感。

4. 直面恐惧。程度较轻的社交焦虑症患者可以尝试脱敏治疗,也就是主动去靠近让自己感到恐惧的社交情境。从行为科学的角度出发,对社交情境的回避意味着患者永远无法脱离恐惧。也就是说,如果想消除对社交情境的恐惧,就应该先靠近恐惧。

5. 记录你的负面情绪。焦虑,大多源自恐惧。但其实,恐惧并不可怕,可怕的是你不知道自己为什么害怕,然后躲避—被支配—无止境纠结。当你开始琢磨别人对你的看法时,可以把这些记录下来,并思考最坏的结果,这样就知道自己焦虑的根源在哪里,应该在哪些方面花心思,并立即行动。

6. 写成功日记。今天做的哪件事让自己感到满意,今天的哪件事让自己收获成长?写成功日记可以让你慢慢树立信心,正向驱动完成自我提升。成功日记就是把完成的大事小事都列出来,你会发现原来自己也走了很长的路,做了很多很棒的事。

7. 学会自洽。有句话说得很到位,人生就是自圆其说、不拧巴。在社交焦虑症人群眼中,他们也急于改变自己,强迫自己社交,硬逼自己"谈笑风生",结果却得到一次比一次强烈的挫败感,更加惧怕社交。一个人若是盯着自己的"黑洞",只会越活越痛苦。不放过自己,是痛苦的根源;选择和解,才是快乐的关键。试试放下心理负担,和内心的自己对话。

8. 孤独一些也没啥不好。其实很多时候,由于人际交往、人情往来复杂多变,每个人都会想逃离社交场合。如果"社恐"并没有严重到已经影响你的正常生活,只是因为你对人际交往产生了疲惫感,那就没有必要勉强自己变成一个"热情好客"

的人。世界上没有哪一种生活方式绝对正确，遵循自己的节奏，找到最适合自己的社交方法就好。

9. 积极治疗。如果你"社恐"比较严重，自己无法摆脱，请积极寻求专业人士帮助，或者到医院精神科进行诊断治疗。经过治疗，大部分社交焦虑症能够得到缓解或治好。

《人民日报》曾评论道：没有人能成为一座与世隔绝的孤岛，这是人类作为群居动物的自然秉性。但保持怎样的社交距离，每个人都需要找到适合自己的尺度。人生不是非对即错的答卷，只有适合自己的，才是最智慧的活法。从现在起，坦然面对生活，不必在合群中消耗自己。

心映自律

在最迷茫的时候，让自律帮助你成长

第二章

　　请试着在心里栽种一棵大树，树干高而粗壮，枝条虬曲苍劲。你的任务是顺着枝干爬上云霄，俯瞰漫山青翠。途中盘根错节的枝条会阻碍你向上的步伐，请不要跟着它们走，枝条的末梢没有路，只有悬挂的马蜂窝。你需要不断地向上、向上，排除世俗的干扰，抵挡周围的诱惑，最后到达云端。可是，向上的过程如此漫漫，如何完成向上的过程，如何排除枝条的阻碍呢？本章将为您揭晓答案。

文章不长,事情很大,我们被手机给玩弄了!

> **引言**
>
> 在写这篇文章前,我对部分同学进行了调查,85%以上的同学认为自己过度使用手机。大部分同学都知道过度使用手机的危害,但是却控制不了自己玩手机、玩游戏,有的人甚至陷入后悔自责的状态,这要怎么办呢?

我想先问问大家,你是不是经常这样,一天中手机陪伴你的时间最长,早上一起床第一件事是看手机,看看有没有重要的消息,顺便浏览一下朋友圈、QQ空间、微博什么的,还要看看你的"爱豆"是不是又有什么新动向。好不容易起来了,上个厕所还是玩手机!上课玩手机、自习玩手机、回到宿舍还是玩手机,上床后在床上一个人"自嗨"地看着各种短视频,笑得前俯后仰。当然,还有很多同学热衷于各种游戏,可以拿着手机玩个天昏地暗,仿佛所有事情都不重要,游戏的升级才是唯一的乐趣。夜深人静的时候,你终于想要入睡,望着天花板,你思绪万千。你是不是一点都不快乐?是的,其实,你不快乐,你被手机玩弄了,你自责后悔。可是,第二天,似乎又是昨天的重复。

一、调查

写这篇文章前,我对部分同学进行了调查,85%以上的同学认为自己过度使用手机,大部分同学都知道过度使用手机的危害,以下选取了一些有代表性的回答,希望你能找到自己影子。

同学1:过度使用手机过后心里有一种挫败感,感觉时间白白浪费在无意义的事情上,而没有真正去做事情。由于浪费了这么多时间在手机上还会有破罐子破摔的想法,对干什么都提不起兴趣,都不想去干,想着浪费了这么多时间,剩下的时间也没有什么用了,很可能继续颓废着度过那天。过度使用手机之后也伴随着强烈的后悔,后悔自己浪费时间,还会有情绪的低落。

同学2：过度使用手机的其中一个原因就是想要脱离现实世界，逃避在现实生活中解决不了的问题，在虚拟世界里寻求安全感。这种方法可能会一时帮自己减轻焦虑，不过久而久之，这种行为反而会增加焦虑感，因为随着在手机世界的虚度和实际情况的变化，人们就会意识到自己在浪费时间、精力，问题还是问题，自己并没有做出努力。烦恼、焦虑依旧围绕着自己。

同学3：过度使用手机会让我加重拖延，效率低。因为手机会给我很多的即时满足，我会沉溺于各种动动手指就能获得的短暂却不高尚的快乐，这会使我忽视掉手边要做的事和清醒时做的计划，还有曾经热爱的课外活动，甚至失去很多获取高级乐趣的机会。周而复始，恶性循环，我只会愈发拖延，永远都想躲在手机后面，对外面的世界说：再等等。还有睡前玩手机，一来影响睡前的状态，会让我不易入睡，或是影响睡眠质量，从而影响第二天的精神状态；二来会有睡前想看看手机的强迫症，让人浮躁。手机的信息流会是"精准投放"的，过度的洗脑兴许会影响我的价值观。

同学4：过度使用手机对我来说最深的且不可逆转的影响，就是变丑，手机会使我变黑，使我熬夜有黑眼圈，也使我长出超越这个年龄的颈纹；还有长期使用手机会脖子前伸，对于爱美的我来说真的是难受得很。所以，我认为不过度使用手机，除了让我集中注意力，去寻求提升自己的精神内在，还会使自己的外在得到很大的改善。不常使用手机的人，连眼睛都是亮的。

同学5：心理焦虑，看着太多的信息越刷越多，比如我平常了解考研的信息比较多的话，推送的东西基本都跟这个有关，然后我就想着再了解一下新的东西，时间又过得很快，最后发现实质上什么都没得到补充，反而使自己浪费了很多实质性的学习时间，就会好焦虑。

同学6：过度使用手机，会产生很强的依赖感。突然失去手机的时候，整个人就会变得很焦虑、着急，很想看看有没有人给你发信息，害怕遗漏了什么信息。事情过后，在某个瞬间突然又像受到了什么刺激，感觉玩手机有一种负罪感，这是一个连带效应。

同学7：手机不在身边就会很焦虑、不安，觉得会错过很多消息。时间会变得碎片化，导致一整天下来没做什么有意义的事，时间就在手指滑动中流逝，最后发现浪费了一天的时间，内心感到懊悔。

同学8：过度使用手机，会导致自己逐渐沉溺于"短平快"的快乐模式中，长此以往将出现注意力不集中、耐心下降、情绪不稳定等现象。过度使用手机，将使自己不断陷入快餐模式的深渊，焦虑随之而来，而为了快速缓解焦虑，沉溺于手机的我们将再度拿起手机，上瘾于"短平快"的快乐，恶性循环。

同学9：刚开始我刷手机的时候（比如微博，抖音），表面上它是根据大数据显示的我的喜好来推荐的，但是这些内容像一根一根的线，把我网在其中，渐渐地我就陷入手机的一个信息茧之中了，我所看到的每一根线已经不是我想看到的了，而是大数据想让我看到的，最后已经不是我在刷手机了，而是手机在刷我。

同学10：感觉在学习或者工作的时候无法专心，时不时想要看一下手机，不看的话也会惦记着，然后碰到手机后就无法停下来，感觉手机变成时时刻刻都需要的生活必需品，这对眼睛也造成了比较大的影响。长时间玩手机也会造成内心孤独、不想社交、甘愿堕落等。

同学11：过度使用手机会让我很难集中注意力，手机上的信息一般属于"快餐式"的知识，依赖于手机的快捷，我们就会对其他需要耐心深究的问题逐渐丧失耐心，没有办法真正集中精力去探究一件事情。手机多种层次信息的不断更迭让人们眼花缭乱，更多地去追求数量，而很难去了解深度，会让人逐渐变得浮躁，无法集中注意力。

二、测试

手机成瘾又称手机依赖，是指由于某种动机过度地滥用手机而导致手机使用者的心理和社会功能受损的痴迷状态。中国互联网络信息中心2020年4月发布的第45次《中国互联网络发展状况统计报告》中指出，截至2020年3月，我国网民使用手机上网规模达8.9亿，占网民比例99.3%，10~29岁阶段的青少年占网民的40.8%，大学生则是其中的主力军。大量研究表明，手机高度个性化和功能多样性的特点使得使用者更容易产生成瘾问题，手机成瘾会对个体的生理、心理、行为等产生负面影响，如导致大脑结构改变、认知功能受损、学业表现降低等，因此，大学生手机成瘾问题引起了研究者广泛关注。

想知道自己是不是有手机综合征，可做做下面测试：

1. 是否总是把手机放在身上，如果没带就会感到心烦意乱，无法做其他事情？

2. 当一段时间手机铃声不响，你会不会感到不适应，并下意识地看一下手机是否有未接电话？

3. 是否经常下意识地找手机，不时拿出手机看看？

4. 晚上睡觉也开着手机吗？

5. 当手机经常连不上线、收不到讯号时，会不会产生焦虑和无力感，而且脾气也变得暴躁起来？

是不是很多人都这样？那还不重视下，改变下。

三、危害

1. **增加焦虑和抑郁风险**。虽然玩手机似乎会暂时让焦虑、抑郁和无聊等感觉烟消云散，但它实际上会让你感觉更糟。一项研究发现，频繁使用手机与抑郁和焦虑之间存在明显关联。过度使用手机会让你产生自责情绪，甚至产生严重的挫败感，这种负面情绪是引起你抑郁和焦虑的重要原因。用户，尤其是青少年，倾向于在社交媒体上与同龄人进行不利的比较，从而产生孤独感和抑郁感。

2. **让你变得更加孤独**。过度使用手机的其中一个原因就是想要脱离现实世界，逃避在现实生活中的人际关系，在虚拟世界里寻求安全感。大学生在玩智能手机时，沉迷于虚拟世界，并且会在虚拟世界中释放自身的情绪，当从虚拟世界转移到现实生活中，就会在内心产生一种孤独、无助感。因为手机，你不愿意与人面对面交往，不愿意参加各种人际互动，甚至在家里似乎都不怎么与家人沟通。朋友见面的次数越来越少，恋爱关系也通过手机来维系。遇到各种问题也是通过手机来寻找答案，很少寻求社会人际资源来帮助你。这样下去，你将越来越不懂怎样与人沟通交流。你有没有发现这样一个现象：在手机社交软件中你是多么地爱说话、爱表达，好像很开朗的样子，回到现实生活中你恨不得把自己包起来，面对人群你连话都说不好。时间长了，你的孤独感必定越来越明显。

3. **加剧注意力缺陷障碍**。来自智能手机的源源不断的信息会淹没大脑，让你无法将注意力集中在一件事情上超过几分钟。持续不断的嗡嗡声、手机的"ping"或"beep"会让你分心，让你无法完成重要的任务，让你的学习、工作效率变差，打断那些对创造力和解决问题至关重要的安静时刻。这会影响你集中注意力和深度思考或创造性思考的能力。大学生长时间沉迷于智能手机，就会出现注意力不集中的情况，最明显的表现就是对周围的事物感知不明确。人的注意力具有"集中、指向"两个特点，注意力不仅会受到经验、兴趣等的影响，同时也会受到知觉对象特点、周围环境的制约。简单来说就是，过度使用手机，你的学习效率会下降，学习成绩会变差。

4. **造成人际交往障碍**。大学生长时间沉迷于智能手机，还会造成自我同一性混乱，大学生利用智能手机浏览虚拟网络世界时，会想尽各种办法在网络中构建一个完美的自我，尽可能地将自身缺点隐藏起来，从而得到相应的满足感，久而久之，大学生就会将现实中的自我与虚拟中的自我相互混同。大学阶段是学生成长的关键阶段，智能手机中充满了各种诱惑，而心思越简单的学生，越容易依赖网络，就越容易沉迷于手机。对于现实生活的人际交流，需要做到真实、诚实，要认真倾听对方的观点、意见，并通过合理的语言来表述自己的想法。长期沉迷于虚拟网络中的人，在现实生活中进行交际时，会出现对听觉信息反应迟钝、思维能力下降等情况，造成交际障碍。

5. 生活变得无意义感。陈可人的研究表明，大学生手机依赖感与生命意义感呈显著负相关，生命意义感对手机依赖有预测作用，生命意义感越低，手机依赖程度越高。很多大学生对自己所学的专业不了解，对自己的职业规划不清晰，不知道自己的人生目标，对未来一片迷茫，普遍缺乏生命意义，时常感到无聊空虚，就会躲到手机的虚拟世界去，而越是玩手机越会感到生活空虚，浪费了真正去发现生活乐趣的机会，使整个人变得迷茫，形成恶性循环。

6. 严重影响你的身体健康。很多人用手机时，脑袋及身体会前倾，这导致脊柱顶部的神经受挤压，头痛、脖颈僵硬、疲惫的感觉在所难免。很多耳机并不能与耳朵匹配，会漏音，所以用户习惯调高音量，久而久之，噪声诱导的听力损伤就产生了。当在床上侧躺着玩手机时，会对左右眼造成较大的压迫力，压迫血管，造成供血不足，很快就会导致左右眼视力偏差。在黑暗的环境下看手机屏幕，屏幕的强光会对眼睛造成强烈的刺激，使眼疲劳，这样不出一个月就会近视，甚至散光。玩手机时，机体褪黑素（由垂体分泌，直接影响睡眠质量）的生成会减少，导致我们睡眠减少，甚至睡不着。相信那些玩手机到半夜甚至更晚的人都有深刻的体会吧——根本就不困，不想睡。手机会发射电辐射，其辐射强度与剩余电量无关，而与信号强度有一定关系。信号强度越大辐射强度就会也高，对身体危害也就越大。电辐射会使细胞不能进行正常的代谢活动，对神经机能、心血管系统均有损伤；辐射对细胞有影响，长期下去，就会使黑色素沉积，人就会长斑，也会导致免疫力下降、细菌生长、皮肤粗糙甚至长痘痘。

四、应对

1. 你的学习生活要有目标。不要总是觉得目标很虚，很空。一个人有目标和没目标，对待生活的态度是截然不同的。这里要提醒大家的是，设定目标的时候一定要记得把目标进行分解，越细越好，目标不要太多，更不能太高，要符合自己的实际情况，跳一跳就能够得着最好，从小目标开始一步一个脚印。生活有了目标之后，你就会投入更多时间在学习工作中，玩手机的时间就会减少。

　　2. **调整作息时间真的很重要**。大家一定都知道，身心是互相影响的，也知道身心健康是保障你们正常学习生活的根本。而规范的作息时间能够很好地调整你的身心状态，为你提供足够的能量来面对学习生活的压力。那么要怎样来规范自己的作息时间呢？可以先给自己定个每小时的作息计划，从第一天开始慢慢执行，哪天做得不错了，记得给自己奖励，也可以请你的舍友或者好朋友和你一起来执行作息计划，这样坚持下来的动力更足。另外，记得晚上早点睡，睡不着的时候可以听点网络上的好课、美文、舒缓的音乐或者助睡眠的音频等。最关键的是你要执行作息计划，严格按照作息计划进行，这样也会减少你玩手机的时间。

　　3. **识别让你伸手拿手机的触发因素**。当你感到孤独或无聊的时候，你很想玩手机。例如，如果你正与抑郁、压力或焦虑作斗争，玩手机可能是一种自我舒缓紧张情绪的方式。但是，是否可以找到更健康、更有效的方法来管理你的情绪，比如练习放松技巧、运动、与朋友家人沟通交流等来替代玩手机呢？我想应该是可以的。

　　4. **寻找你的支持网络**。寻找到可以更加自律的伙伴，然后与这些伙伴一起做些更有意义的事情，如：加入运动队或读书俱乐部，报名参加培训班，或志愿参加公益活动，或者一起参加某种比赛。这样的话，你们可以互相监督，共同努力，在现实中交往成长。

　　5. **克服拖延**。拖延症的本质，是想法和行动严重不一致时的自我惩罚。因为想得太多，又总是做不到，所以干脆自暴自弃，避免开始。从小处着手，从简单的事开始行动，每天只给自己定一个小目标，走一小步有一小步的足迹和收成，在自我奖赏的愉悦里，一直往前走。走得久，走得远，就走出了大路，走向了花开。学会克服拖延，今日事今日毕，你就不会有那么多时间去玩手机了，你的心情也会更加愉悦。

　　6. **自律是治疗手机依赖的最佳方式**。自律将是你与其他人拉开差距的最直接体现。所以，你需要给自己制定一份每日作息安排时间表，分配好每天要完成的事情，当然，不要只有学习哦，还要包含运动、阅读、休闲、交往、社团活动、兼职等时间。自律最好的表现是：能按照时间表完成每天要完成的事情；能控制自己的欲望，能延迟满足；不沉迷于游戏或者刷手机，做任何事情都能把握度；能控制自己的体重，能照顾自己的身体；面对再多的干扰，仍然能够心无旁骛。如果你能自律，玩会手机将变成一种休闲娱乐。

　　7. **给自己设定一个玩手机的时间**。你可以安排一天中特定的时间使用手机，或者你可以在完成家庭作业或完成一件琐事后,用一定的时间在玩手机上奖励自己。在一天中的特定时间关掉手机,比如上课、自习、交往、聚会的时候。不要带手机去卫生间。不要把手机或平板电脑带到床上。如果在睡前两小时内使用它们,屏幕发出的蓝光会扰乱你的睡眠。关掉设备,把它们放在另一个房间过夜充电。晚上不要在手机上或平板电脑上看电子书,请拿起一本纸书。研究表明,这样你不仅会睡得更好,还会记住更多你读过的东西。

8. 删除手机上的社交媒体应用程序,限制检查。尽量把那些不是很必要的社交软件及不必要的娱乐软件删除,这样可以大大减少你使用手机的时间。如果你强迫自己每隔几分钟就看一次手机,那就把自己的检查时间限制在每15分钟一次,然后每30分钟一次,然后每小时一次。如果你需要帮助,有一些应用程序可以自动限制你什么时候可以访问你的手机。

写了这么多,我只想说,其实我们都可以有更好的生活方式,让自己自律起来吧,这样的你更有魅力。

又要做"早八人"了

> **引言**
>
> 　　最近在大学生中很流行一个词"早八",他们经常会说:"我不想做'早八人'""'早八'让我很困倦""'早八'剥夺了我的睡眠""'早八'让我失去了自由""'早八'让我无暇顾及形象""'早八'让我上课没效率""'早八'让我吃不上美味的早餐"。你是不是也有这样的困惑呢?

　　新学期已然开始,假期综合征还没有过,又要开始做"早八人"了,为什么我们很多学生不愿意面对"早八"?我们又该如何应对"早八"呢?看看福建中医药大学心理中心主任丁闽江老师怎么说。

　　"早八",是指早上八点的第一节课,是大部分学校开始上课的时间。需要挣扎着起床,去上早上八点第一节课的学生们也被调侃为"早八人"。

一、什么心理原因让很多大学生不喜欢"早八"?

　　1. 自控力不强。 很多不愿意面对"早八"的大学生自我控制能力比较差,晚上控制不住自己熬夜玩游戏、刷短视频、追剧、刷朋友圈等,睡觉比较迟,导致睡眠不足,于是早上就起不来。这种自控力不强会形成恶性循环,导致持续性的晚睡,早上起不来。

　　2. 不愿意逃离舒适圈。 舒适圈是指我们所处的一种令人感到舒适的环境或状态,这种缺乏危机感或焦虑感的状态往往来源于我们习惯的环境、熟悉的人或事。而当我们在舒适圈的时候,会产生类似惰性的阻力,让我们难以迈出自己的舒适圈。因为舒适圈里有最大化的安全感,和最低程度的压力、焦虑和危机感。早晨睡觉很舒服,闹钟都叫不醒,打心里不愿起床,也不愿意面对需要付出努力的新的一天。

　　3. 习得性无助。 习得性无助,是一个人经历了失败和挫折后,面对问题时产生无能为力的心理状态和行为。当人将不可控的消极事件或失败结果归因于自身的智力、能力的时候，一种弥散的、无助的和抑郁的状态就会出现，自我评价就会降低，动机会减弱到最低水平，无助感也会由此产生。有些大学生上大学后经历了一些失败和挫折，努力后也没能达到自己想要的结果，索性放弃努力，开始躺平。

4. **没有学习、生活目标的迷茫**。一部分大学生上大学后没有了学习、生活目标，不知道自己上大学为了什么，要怎么做。于是每天得过且过，无所事事。找不到"早八"的意义在哪里。于是，没有了目标驱动，行为自然不愿意跟随。

5. **从众心理**。有一部分大学生被环境所影响，一开始本来能够早睡早起的，看到宿舍其他几个人都不愿早起，索性自己也多睡一会，生怕自己早起会成为另类，怕脱离集体，怕影响其他同学休息。也有可能是你被环境影响了，也开始熬夜，导致早上起不来。

6. **犯错成本太低**。大学生的"早八"和打工人的"早八"有很大区别。不愿意"早八"的大学生认为不去"早八"几乎没有任何成本，多上一节课不会成绩更好，也不一定会获得更多知识，更不能提升自己的能力。在没有成本的前提下，犯错的概率就会大大增加。

7. **缺少压力**。不少大学生没有危机意识，家庭条件也不错，初中高中时期的学习生活都是父母、老师安排并监督的，考大学的压力一直都在。上大学后，他们的自由时间多了，自主成长的机会多了，压力少了，动力就不足了。

二、大学生应该如何面对"早八"呢？

1. **明确早起目标，学会合理规划**。一个人是否有目标，对待生活的态度是截然不同的。上大学后要给自己每天、每周、每月、每学期、每年都定一些目标，有了目标，你的生活就会过得更充实。你要在前一天晚上计划好自己明天要完成的任务有哪些，让这些任务成为你早起的动力。今日的任务也要做好合理的规划，不需要详细到几点几分，但规划框架得是清晰的，按部就班地去完成每一件任务比一时兴起的效率更高一些，有利于更有效地完成任务。有了目标就有了动力，有了动力，不想"早八"的问题自然就能迎刃而解了。

2. **知晓早起对身体的益处**。研究发现，早起能提高免疫力，让皮肤更有光泽，降低肥胖的发生率。好好吃早餐不仅能增强人一天的决策和思维能力，还能使人避免胃炎、结石等健康问题；早起者的情绪更积极，自我健康感更好，爱熬夜的人更容易罹患抑郁症；早起者通常醒得更快，而且头脑更清醒，能快速投入注意力要求较高的学习活动，也不容易犯困。早起还会让人更积极主动，不把事情拖到最后一刻才去做，习惯走在别人前面。

  3. 学着跳出舒适圈。要学会评估自己的优势和劣势，给自己一些压力，跳出舒适圈，找准方法来锻炼自己的能力，走出去，参与各种活动，锻炼自己，一定会比躺床上有更大的收获；新学期试着学习几样技能，可以利用课余时间考些资格证书，学习计算机软件、新媒体运用、图文编辑等技能，或者参加几次活动，担任一届班委，做几次公益，做几次兼职。走出自己的舒适圈吧，给自己一些压力，你会爱上"早八"的。

  4. 调整作息时间。调整作息时间真的很重要哦，切莫昼夜颠倒，切莫通宵达旦，你的身体、心理将会难以承受，关键是你的心理负担会不断加重。身心是互相影响的，身心健康是保障你们正常学习生活的根本。而规范的作息时间能够很好地调整你的身心状态，为你提供足够的能量来面对学习生活的压力。早起是保持身心健康的一种方法，这是中医给我们的智慧。

  5. 睡前定好闹钟。睡前记得定好闹钟，这是非常关键的一步，相信不少同学设定过闹钟，可这些设定的闹钟最终还是被一次又一次地关掉，躺在床上的你，依旧还是舍不得起床。其实设定闹钟也是要讲究方法的，简单来说就是先小后大。具体来说就是设定2个闹钟，间隔20分钟。第一次闹钟的铃声要小、要短，第二次的铃声可以大一些，起床困难的同学们可以尝试一下。

  6. 做充足的准备，美餐一顿。醒来之后不要在床上躺很久，尽快去洗漱，不需要将自己打扮得很精致，适当整理自己就行。一杯暖暖的豆浆、一碗热腾腾的粥，为与"早八"战斗的你输送能量，不吃早餐会导致犯困，严重影响听课的效率。当然，做一些适当的晨练运动也是非常不错的选择，可以尽快将自己调整至最佳状态，用满满的活力迎接新的一天。

  7. 早起五步法，做个"早起人"。打开窗帘和窗户，让阳光照进来，清晨的阳光可以唤醒我们的生物钟；喝一杯凉白开，上个厕所，刷牙洗脸，还可以冲个澡；开始专属于你自己的成长时光，可以根据个人喜好进行晨跑、读书、冥想等，晨跑时可以听一些有声书；享用一顿健康的早餐，然后静坐二三分钟，打理自己，就可以上"早八"了；来到教室，开启新的一天的学习之旅。

  8. 从克服拖延开始。早上的闹钟总是不能按时叫醒你，更多时候叫醒的是你的舍友，待一场忙忙碌碌后，你终于踏着上课的铃声到了教室，困倦的身躯让你难以产生听课的兴趣，效率极差。为什么不能早起半小时呢？如果能把这个拖延症克服了，你自然就会享受"早八"。

  9. 你需要一些压力。你要学会给自己增加一些压力，你要不要考研？要不要拿奖学金？要不要找到一份体面的工作？要不要照顾年迈的父母？这些你可以多想想，我相信你会有所触动的。

最后我想说的是：早起一天很容易，完成一天的规划也很容易，但重要的是长期坚持，不试一试怎么知道你不是那个"早起爱好者"呢？

写给在寒假期间没有回家过年的你

> **引言**
>
> 总有一部分大学生由于各种原因没有在寒假回家，如果你选择在寒假期间不回家，你可以做点什么呢？心理老师有几个建议，看看对你有没有帮助。

虎年春节的脚步近了。我们因为许多原因，只能选择就地过年。在这个特殊的春节里，有一种想念，叫"不回家过年"，回不去的故乡，留下无数眷念和羁绊。你是不是也这样呢？那就让作者与你一起走向心灵的旅途，用心去感受这个特殊而又美好的中国年。

唐代诗人高适《除夜作》："旅馆寒灯独不眠，客心何事转凄然。故乡今夜思千里，霜鬓明朝又一年。"意思是：我独自在旅馆里躺着，寒冷的灯光照着，我久久难以入眠。是什么事情让我这个游客的心思变得凄凉悲伤？故乡的人今夜一定在思念远在千里之外的我。我的鬓发已经变得斑白，到了明天又是新的一年。

春节是中国人最隆重的传统节日。不管这一年过得怎样，不管路程再远，快到春节时，人们都会拎着行李箱，带上用心准备的礼物，踏上返乡路，或祭祀拜祖，或迎春纳福，或除旧布新，或领悟亲情，或感恩图报，或放松调节。一年的辛劳在这时候消散，新一年的希望在这时候产生。年，是我们心灵的家园。可是，今年，很多人选择就地过年，你们没有怨言，你们甘愿舍小家顾大家，这是中国人所具有的家国情怀，因为我们深知，有国的安定才有家的安定。

当想念了一年等待你回家的父母得知你不回家过年时，父母嘴上说着没事，他们的心里却很空；当期盼了一年等待你回家的孩子知道你不回家过年时，孩子也许会放声大哭，说"爸爸妈妈不要我了"；当念叨了一年等待你回家的妻子知道你不回家过年时，妻子转头偷偷地擦拭眼泪。你是多么内疚，没有好好陪在孩子的身边陪伴孩子一起成长，没有好好照顾渐渐老去的父母；你是多么艰难，这一年你过得并不好，可能生意失败，可能生了重病，可能家庭变故，可能学业荒废，可能失业，等等，受伤的心灵无处安放，"每逢佳节倍思亲"，疲惫的你可能更想回家，想回到亲朋好友身边，回到最爱你的人们身边，放下一切烦恼，简简单单地吃个团圆饭，唠唠家常。也或许这一年你过得很好，取得了很多进步，完成了自己一直梦寐以求的梦想，你想回家与家人分享喜悦。又或许这一年你的生活平淡却充实，回家看到家人的那一刻你会感觉到生活的幸福就在于这一点一滴……是的，我明白你们的心理感受，而此时此刻，希望身在异地他乡的你能过一个欢乐幸福年。我们一起来做以下几件事吧：

1. **给家里捎点年货**。无法回家的你，可以通过邮寄或网购的方式，给家里的老人、孩子或者其他至亲买点新衣服，买点礼物，买点土特产。可以为他们买一些你所在地的新鲜玩意，可以让家人也尝尝当地的小吃，寄一些当地的明信片，写一写想对他们说的话，虽然他们不在身边，但一样能感受到你的关心和爱意。

2. **说说心里话**。古人常通过与远方的家人共赏同一个圆月的方式让自己感觉仿佛家人就在身边。身处智能时代的我们则有很多工具来缩短与家人的距离。过年那天通过电话或视频，来寄托相思，弥补心里的缺憾，把你对他们的思念表达出来，也可以把你心里的委屈和遭遇说出来，就此和家人"隔空"见面，唠唠家常，与过去的不幸告别。

3. **融入当地，过个别样的年**。虽然没有回家过年甚是遗憾，但我们可以融入当地的氛围，一起参与他乡独有的习俗，体验不一样的年味。可以与同样没有回家的单位同事或者当地朋友一起吃年夜饭，大家虽"同是天涯沦落人"，但难得借此机会相聚在一起说说笑笑，玩玩游戏，到平时可能没空去的景点走走逛逛，也是一份有趣的体验。

4. **独处也是一种享受**。没有回家过年，你不会有那么多应酬和琐碎的事情，没有了七大姑八大姨的"夺命连环拷问"，这时候的你难得地拥有了一段可以完全由自己支配的时光，何不放空自己，享受独处的惬意呢？独处，是一个人最好的增值期。可以把走亲访友、应酬交际的时间，用来和自己深度交流，趁这段时光好好充电，与其沉湎失落，不如学会享受。

5. **有所节制**。家人不在身边，你要记得控制自己的行为，不要暴饮暴食，不要借酒消愁，不要熬夜通宵玩乐。记得好好爱自己，作息规律，坚持运动，饮食均衡，丢什么也别丢掉健康。要知道出门在外的你是家里的顶梁柱，是他们的希望，不要让家人们一直为你担心哪。

6. **放松身心**。如果你留在当地继续工作，请你一定给自己一些休息时间，劳逸结合，放松身心。生命是一条自然流淌的河流，而不是一场非此即彼的竞赛，来日方长，别急着快速榨干自己，放松其实也是门学问哦。

7. 做点有意义的事情。 如果你没有回家过年，又有自己的时间，我真的希望你主动做点有意义的事情，如：参加疫情防控志愿者、社区志愿服务活动，参加公益组织的慰问活动，等等。当然，学个技能、学点厨艺，来点新尝试也是不错的选择。

8. 拥有良好的心态。 不管在过去的一年你过得如何，都请你放下过去，大步朝前走，毕竟过去的事情无论好坏都已成定局，我们无法改变，不如大步向前去走好下一步，不让明天的自己依旧后悔；也要学会知足，享受自己所拥有的，不羡慕自己没有的，这样才能保持愉快的心情。放下得失，看开名利，心胸豁达，你才能收获属于自己的幸福。

如果你们是大学生，不管何种原因，你们没有回家过年，学校应该会给你们过一个温暖而又特殊的年，记得积极参加学校组织的春节活动，用心感受学校的温暖。

记得做好以上几件事的同时，把更多的时间用在你的梦想上，或是为考研奋斗，或是为科研努力，或是为来年的就业做准备。

无论隔断了我们回老家探亲的路的是什么原因，它也割不断亲情、友情。大爱在心间，那是家国情怀。今年春节不回家，他日重逢情更浓！待到春暖花开时，再常回家看看。

暑期攻略：做个乘风破浪的少年

> **引言**
>
> 知了声声，热情的盛夏已经在等候我们的"宠幸"了，经历了高强度的期末考后，让我们肆无忌惮地迎接假期吧！从现在开始起航，让我们一起乘风破浪！

超长的寒假刚刚结束
一个特殊的暑假即将来临
网课学习的任务已完成
线上考试的新鲜已过去
作别忙碌的期末
迎来盛夏的光年
这个暑假
你打算如何度过呢
丁老师给你准备了一份攻略
希望借此帮助更多同学
收获一个愉快而充实的假期
一起看看
让我们一起自律起来！

1. 一份有的放矢的计划。放假伊始，试着把你想要在暑期完成的事项或者心愿列举出来，按照时间顺序或者重要程度排序，给每个事项或者心愿安排适当的时间。记得哦，做计划的时候一定要细，可以具体到每天。计划要有可操作性，跳一跳就能够得着。希望这个时候的计划是你自己想要完成的，而不是迫于无奈去完成的。因为，老师希望的是：你的暑假有收获，也有快乐！

2. 有规律的作息时间。规律的作息时间是保障你身心健康的基础，也是实现你计划的时间和精力的保障。允许自己放松几天，也允许自己毫无顾忌地睡几天好觉，然后开始慢慢地恢复正常作息时间。早睡早起是根本，这样不会被家人天天唠叨，甚至一段时间后被父母嫌弃，最重要的是规律的作息会让你精力充沛。请记住，自律从调整作息时间开始。

  3.一段身心放松的时刻。忙碌了半年，学习压力刚刚放下，此刻你可以慢下来、静下来，感受生活跳动的频率，享受一次运动、一次聚会、一场电影、一本好书、一个好觉、一次旅行、一顿美食，在自由自在的环境里，在他人的生活里，在美好的世界里，让我们感受生命的丰富与多彩、人生的厚度与广度，彻底放松身心，发现生活中真正的自己。

  4.一本引人入胜的好书。读书是这个世界上门槛最低的高贵行为。你们在暑假中的阅读，老师希望你们不是带着某种目的，而是通过慢慢地阅读自己喜欢的或者可以照亮自己心灵的书籍，获取生活的智慧。这种阅读是自发的且幸福的！当然，也可以通过一些新媒体平台听书，那是一种静静的、带着一杯茶香的感觉，一种小资的状态。还有就是要给自己收拾一个舒适的阅读空间，让环境的温馨舒适陪伴你静静地阅读，那是何等美妙幸福啊！书香会把最美好的运气融进你的生命里。

  5.一项持之以恒的运动。暑假是运动健身的好时候，是重塑你个人气质的好时候。大家都懂得运动的好处，运动可以促进身心健康、改善情绪、增强自我效能感、提升气质等等。所以，我建议，大家根据自己的运动喜好，每天锻炼那么一小会，每天坚持45~60分钟即可，让自己出出汗，让运动的激情带给你们快乐的体验。坚持一段时间，它将成为习惯，将为你今后的学习生活提供不竭动力。

  6.一次说走就走的旅行。与大自然亲密接触，与历史古迹相逢，与乡村风情碰撞。邀上三五好友，一起来一次说走就走的旅行，在旅途中，放松自我，体验大好河山，收获友谊，享受情谊，获得书本中没有的体验。一次轻松愉悦的旅行可以放松心情，让旅行带给你欢乐与惊喜，使你开阔眼界。但要提醒大家，要注意安全及做好个人防护，结伴同行比单独旅行更稳妥。

  7.一个慢慢学习的技能。利用暑假时间，掌握一项技能非常有意义。比如：考驾照；学习一项乐器；考托福、雅思；学英语口语；学习一个软件；学习新媒体编辑技术；考取其他各种职业资格证书。新时代越来越看重高素质人才，你所学会的每一个技能、考取的每一个证件，都是你以后出去拼搏的有利条件。生活日复一日，往往趋于平淡，但技能的学习能让你接触到更大的世界，也能让你看到不一样的自己。

  8.一个实习或者实践的机会。暑假不仅可以用来放松，也可以用来积累工作经验。大学校园里所学的东西基本是理论上的东西，趁着暑假，老师建议同学们找一个机会实践、实习，把大学所学的理论知识运用到实践中去，通过实习和实践能更好地掌握知识，能提早接触社会，获得知识的同时也能收获社会经验，为接下来的学习和工作打下坚实的基础。

9. 一份合适的兼职工作。如果找不到好的实习、实践机会，小伙伴们也不要灰心，做兼职也是一个不错的选择。不仅可以赚点钱来补贴家用或者是买自己想要的东西，而且还可以在兼职中学到一些社会经验和交际方法，锻炼自己的沟通能力与合作能力。当然，也要在做兼职前了解你的兼职工作，提高安全防范意识，以免上当受骗。

10. 参与一项社会实践或者志愿服务活动。每年暑假学校都会组织一些社会实践活动，希望同学们积极申请，积极参与上山下乡、脱贫攻坚等等。希望同学们体验美丽乡村，感受到国家的发展和社会的进步。如果有机会，记得参加一些志愿者活动，在奉献爱心的同时，还可以增长见识。比如去边远山村支教，和孩子们度过一段快乐的时光等，给自己的大学留下一段独特的回忆。再比如，做防疫工作的志愿者，服务社会等，这些都会让你成长。

11. 一次充实的学习充电。将近两个月的"漫长"暑假，如果全部都玩过去，你是不是也觉得有点浪费呢？趁着期末考试的记忆尚未完全丢失，让我们及时翻开书本，进行一场有效的温习，尤其是有挂科的同学一定要多花点时间复习，需要考研的同学更要抓住这个时期，好好努力一把，专业课程的再学习对你考研非常有帮助。当然，你的学习内容不一定都放在专业课上，也可以是未来你们可能需要的职业技能，或者相关学科的书籍，以及考研要考的英语或者政治。也许很多同学仅仅将学习知识局限于书籍，在漫长的假期中，同学们不妨在手机上下载一个公开课的软件，多听一些哈佛公开课、TED 演讲之类的优质课程，这样不仅对英语学习有用，还能多积累一些其他知识哟！学习获得的满足感远比你想象的要多！

12. 一次自制力的挑战。"管住嘴，迈开腿"，"七月不减肥，八九十月徒伤悲"。要不我们一起自律地减个肥吧，相信自己可以做到；要不利用暑假写篇论文吧，挑战下自己；要不尝试做一顿美食吧，体会下自己动手的快乐；要不我们健身走走吧，让自己有一个全新的形象；要不我们自律打卡21天吧，看看自己能不能做到。尝试一件没有尝试过的事情，超越你自己，可以是做一顿饭、打一次工、做一次家教、学跳一段舞、和老外做一次英文交流、和爸爸谈一次工作方面的体会，各种形式均可，目的就是挑战自己，获得超越自己的快乐。自律是非常快乐的事情。

13. 一段人际关系的构建。比如你们与父母的关系构建。我知道这么长的假期，你们会被各种嫌弃，甚至会与父母发生冲突，抑或是早早就想逃离。但是，我想说的是，这正是你们和父母和解的最好机会。换位思考，互相理解，你可以做到，算算你可以陪伴父母的时间，你会突然潸然泪下，好好珍惜吧。放下手机，一起做家务，一起散散步。趁着暑假大家都回来了，你也可以和好久不见的朋友聚一聚，和之前的老师聊一聊，试着重新建立起自己的人际关系网络。

14. "宅"着也要有意义。在夏天这个并不友好的季节里，你最喜欢的当然是空调、WIFI和西瓜呀，没个几层防晒都不敢往房子外面去，能约出来见面的简直是生死之交了。如果你就是爱"宅"一族，请不要总是"黑白颠倒"，请你稍微勤快一点，老妈做饭时，你能搭把手就尽量搭把手，早上老妈做好早饭，你一定要自觉起来吃掉！自己的衣服自己洗，玩手机尽量不在爸妈眼皮子底下，手机看累了可以翻两页书，和爸妈多聊聊天，多陪陪他们。如果你大学毕业后不在父母身边工作的话，你们待在一起的时间真的要倒数计算了。记得哦，"宅"在家也可以做点事，你不仅要独立，更要学会照顾人了，这是你以后的立身之本。

15. 为考研做些准备工作。现在选择考研的学生越来越多，如果你也有意愿考研，记得提早做些准备工作，正常的考研准备时间是一年左右，一般是从大三开始，五年制院校的学生则从大四开始。有计划考研的同学要明确自己的大致方向，注意专业和学校的选择。通过查看目标院校往年招生章程和考试目录，了解初试、复试要考哪些科目。不妨在暑假听听考研讲座，看看学长们的考研经验。

16. 试着去体验生活。如果你在农村，试着和父母一起做点农活，或者在其他农村企业打工，甚至可以做点创新的事情，比如说做农产品的主播、开个网店等等。希望你参与脱贫攻坚的过程，既可以体验农民烈日下的艰辛生活，又可以适当获得收入，当然最重要的是你可以体验生活。如果你生活在城市，可以试着去当外卖员，或者从事其他各种职业，这种体验会让你变得更成熟。你也可以试着去体验一天环卫工的生活，还可以给自己一天的时间去接触街头等待工作的农民工。如果有机会，你可以跟着社区工作者走街串巷，处理各种生活琐事。总之，希望你走出舒适圈，体验生活。

17. 给心灵疗伤。如果这个学期你遇到了困难和挫折，或者遇到了天灾人祸，你的心灵受到了伤害，请给自己两个月的时间来调整，我们等着你九月华丽归来。你要相信困难和挫折不会一直发生在你身上，更要相信我们都有能力面对困难和挫折。如果你有心理问题，给自己两个月，好好调整，如果自己不行就去寻求帮助；如果你失恋了，去感谢那个让你失恋的人；如果你的父母离异了，学着去理解和尊重；如果你的家人得了重病，帮助他积极去治疗，坦然去面对；那些愉快的、不愉快的都会随时间过去，让我们一起面向未来！

18. 主动承担社会责任。今年是一个特殊的年份，记得在家主动配合社区的疫情防控工作，如果有机会，你可以发挥自己的专业优势，主动请战，参与到疫情防控工作中，承担自己的社会责任。如果你实在没办法做贡献，请起码不要给社会添乱，要主动配合防控要求，做诚信之人，不信谣，不传谣。作为大学生，可以主动做些力所能及的宣传工作。再强调一次，如果有精力，请你主动做些有意义的事情，为社会做些贡献。

19. 记得好好爱自己。暑假在家也要好好地爱自己，不要跟过去的事情较劲，不要跟无趣的人争辩，不要担心还没有发生的事情，做好当下的自己，那是最重要的。在家也要把自己弄得精致一点，你们知道的，精致的打扮和精致的生活能让你更加有自信，获得更好的自我体验，你也会更加爱自己。适当的时候可以奖励自己一下，一顿美食、一件漂亮的衣服、一个美美的小礼物、一次快乐的旅行等等。记得好好吃饭、好好睡觉哦！

20. 安全是前提。最后一点，也是最重要的一点，无论是外出旅游也好，做兼职、社会实践也好，还是平常"宅"在家也好，都要注意安全。夏季高温，要注意防暑，饮食方面要多加小心，外出不要光顾着低头玩手机，不坐黑车，不听信谣言，不贪小便宜，不网贷，等等。请谨记，一切活动都要建立在安全的基础上。多一点细心，就可以避免一些悲剧，让我们的暑假可以在开心中度过！

攻略万千条，安全第一条。无论是提升自我还是服务社会，切记安全第一，防患于未然。让我们走出校园，去发现更大的世界，用敏感的心去感知世界美好，历遍山河壮阔！

愿你寒假有序，华丽归来

> **引言**
>
> 又是一年假期到来时，上一个假期你还记得是怎么度过的吗？寒假的阴冷或许会让我们缺少斗志，迷失在被窝中无法自拔，但假期后的蜕变仍令人心驰神往，你愿意尝试这 20 件小事，在开学时王者归来吗？

春节即将来临，你也即将开启愉快的寒假。不管你的学校生活时光是充实还是空虚，都已经过去，寒假即将来临，春节也即将来临。在此，老师向同学及你的家人们致以最亲切的问候和最真挚的新年祝福！同时，老师邀约你们一起在寒假做好这 20 件小事，约吗？

第一件事：放松身心。经过一学期的努力，尤其是令人难忘的期末考试后，我希望你利用寒假放松一下身心，同时好好享受下难得的假期时光，比如：在一个午后，品一杯香茗，放下手机，跟亲朋好友讲讲大学的经历。浇浇花，拖拖地，收拾收拾房间，感受家的温馨。

第二件事：适当阅读。回家前，先到图书馆借几本好书，可以是提升自我修养的书，也可以是与你专业相关的书，便于巩固你的专业知识。在放假的时光里，每天抽点时间来看看自己喜欢的书吧，从书中获得心灵的感悟，让阅读照亮心灵！

第三件事：做个规划。回到家，先给自己做个寒假计划，不要把时间安排得太满，根据实际情况，给予合适的规划，并且一定要按照规划一步一步地坚持完成它。

第四件事：陪伴成长。家庭永远是你们幸福的港湾，父母永远是最能让你心安的人。不管你的家庭是否和谐，也不管你在家庭中是否得到了你所需要的温暖和关爱，现在你已经长大成人，需要用另外一种思维看待这个问题。如果你仍与父母有矛盾，请试着去化解它。如果你已有幸福美满的家庭，那就更应该珍惜、感恩父母给予你的幸福。学会承担家庭的责任，帮助家人分忧、分担家务、陪父母聊天。若你的家庭出现了变故或者危机，这的确让人难过，但是，生活仍要继续，学会让自己成为这个家庭新的希望，勇敢前行！如果你在生活中受到委屈了，也跟父母说说吧，不要觉得这样会让父母担心，说出你的委屈会让自己更轻松，也会让父母更加懂你！

第五件事：感受爱情。恋爱是一件很美妙的事情，异地恋的同学要相见了。要记得自己在恋爱中的责任，要记得尊重对方和保护对方。如果发现两个人确实不合适，那就在假期选择合适的方式分手吧，分开后，记得去宣泄自己的情绪，找朋友聊聊天。

第六件事：社会实践。寒假时间说长也长，可以根据自己的专业找个机会去社会实践，也可以找个兼职，如家教、服务生、宣传员、促销员等等，感受一下真实的社会生活，即使是打个零工也是非常有意义的。不管你的出发点是什么，也不管你选择的形式是什么，仅仅是感受不同的职业，见识不同行业的人，对你来说，都是一个有价值的经历。你行走的范围，就是你的世界。

第七件事：学习技能。利用寒假时间学习一项新技能，喜欢计算机的，别打游戏了，可以把PS、WPS、微信推文编辑、音频录制、视频拍摄剪辑等学一学。也可以去考驾照、开网店、学做菜、学跳舞、学音乐、学演讲、做主播等等。放下手机，多走进自然，多与人交往，或者拿起手机，多听些微课，多看些资料。

第八件事：快乐旅行。来一次说走就走的旅行，约上自己的家人、亲戚、恋人、同学一起来一次有意义的旅行，自己做攻略，自己安排所有行程，在行走中体验人生，在体验中学会成长，在成长中学会交往，在交往中获得情感！

第九件事：交流沟通。利用寒假时间，走走亲戚，串串家门，或者约上高中同学一起吃吃饭、看看电影、交流感情，在同学聚会中，大家可以各自分享学校的见闻、自己的生活和学习情况，取长补短。

第十件事：怀抱感恩之心。找个时间，拜访你的小学、初中或者高中老师，感谢他们对你的培养，给你的大学老师打个电话或者发个信息，表达你的感恩之心，这仅仅需要一句"过年好"。

第十一件事：表达爱意。给你认为重要的人准备一份新年礼物，可以自己动手做，也可以买一份有纪念意义的礼物，向你生命中重要的人真诚地表达你的爱意。

第十二件事：学习英语。不能中断英语的学习，六级考试失败的同学继续学习六级的单词、听力以及各种阅读。六级过了的同学可以选择更高水平的托福、雅思等口语、听力、阅读练习。看英语报纸或者看美剧是一个既能消遣又能学习的好方法。

第十三件事：树立减肥目标。寒假是减肥的好时候，肯定有不少同学立下目标要减肥，所以，不要睡懒觉，不要管不住嘴，不要迈不开腿，整天不出门怎么减肥呢？如果你减肥成功了，我想说，其他的每一件事你都会做得很好。

第十四件事：运动健身。起居有度，适量运动。健康最重要，平时忙于学业的你，可能很难抽出时间锻炼，寒假给自己制订一个健身计划，调整好身体状态，迎接新的一年。坚持某项自己喜爱的运动项目，散散步、爬爬山、骑骑车、跑跑步、打打球、练练太极、跳跳广场舞，每天有规律地进行运动，锻炼体质，塑造完美形体，争取做一个阳光少年。

第十五件事：志愿服务。参加暑期社会实践或者志愿服务，选你想做或擅长的志愿服务，去帮助需要帮助的人，服务社会，贡献社会，赠人玫瑰，手留余香。

第十六件事：整理家务。帮助家里收拾屋子，趁这个机会好好整理一下，清理掉没用的物品，为美好的事物腾出空间，试一试吧，收拾完后你的心情也会跟着变好。

第十七件事：学习厨艺。学习做一顿饭菜，尝一下自己的手艺，掌握基本的生活技能，做好之后让家人一同品尝，你会发现做饭也是一件如此美好的事情。

第十八件事：疗愈心灵。如果你现在处于困难期，如有心理问题或生理问题、家庭变故、父母身体异常等等，老师为你感到难过，希望你利用寒假好好调整自己的心情，生活还得继续，相信那些鬼日子都会过去的，你可以战胜这些困难的。

第十九件事：弥补曾经。如果你缓考了、挂科了，利用寒假好好复习，争取返校补考时一次性通过，不要给后面的学习增加心理负担。把寒假当作一个新的起点，从头开始，做好笔记，只有做好自己的笔记才能看得懂，才能学得懂，一点一滴地拾回上学期丢掉的东西。成长就是需要你学会用更多的东西去弥补曾经的错误。

第二十件事：安全第一。安全第一，在人身、财产、交通安全的保证下充分享受假期的喜悦与幸福。离校途中、外出游玩或进行社会实践时，尽量结伴而行；警惕与陌生人的交往；注意财产和交通安全；不乘坐非法营运车辆；准备在假期参加社会实践、勤工助学及兼职的同学，切勿轻信一些无证照的黑中介和代理公司；谨防一些非法传销组织和社会中介的各种欺骗手段；自觉抵制不良网贷；理性消费；合理控制上网时间；提高网络安全防范意识；不沉迷于网络游戏，生活有规律，确保身心健康。

听说最近大学生"卷"得厉害，来听听心理老师的分析

> **引言**
>
> 共青团中央书记处第一书记贺军科表示，我们发现，真正"躺平"的是极少数，不懈奋斗的是大多数。其实，这是大学生"内卷"的原因之一。"内卷"是为了更好地应对竞争，获得更好的资源和机会，大学生"内卷"并不全是坏处，它在一定程度上能够提高大学生的学习积极性和自律性，但是过度"内卷"也要不得，该怎么办呢？

最近出现了一个很奇怪的现象：解忧信箱里多了不少因被迫"内卷"而困扰的信件，明明是高举"努力"的旗帜积极向上，却经常要偷偷摸摸地做事情，落得个身心疲惫、事倍功半，于是前来询问心理老师如何不"卷"。其实，我也刚接触这个词不久，还没对它进行过深入研究。因此，目前我也没有较好的方法来帮助大学生们面对"内卷"，此次谨以我现有的经验与大家分享一些感受，看看是否对你有些启示。

一、大学生们，你被"卷"进去了吗？

你是不是也这样？

1. 老师布置的论文有5000字即可，看到同学写了6000字，你一定要逼自己写到7000字。而且这个时候你还不能声张，怕别人写8000字。

2. 你的舍友每天6点30分起床看书，一开始你很困，想多睡会。但不行，你也得起来，于是你6点就起来了，舍友看你6点起来了，开始比你更早起来。

3. 你的好友参加了3个社团，每天都过得很忙碌、很充实，你心想不行，你要参加4个社团，只有这样你才会觉得舒服。

4. 你的舍友拿到特等奖学金，你拿一等奖学金，你觉得不行，于是你开始不断比较，一定要比他用功，花更多时间。

5. 你的舍友选修了3门课，你只选修了2门，觉得不行，你要选4门课。

6. 你的同学出去玩还在背单词，你被刺激了，玩得很不尽兴，总想找一些时间补救。

7. 要命的是你躲在厕所里读书，还自言自语："我卷死你们！"

8. 看到你身边的同学参加各种活动获得了很多学分，你难受了，你也不断地想办法抢着参加活动，哪怕自己一点都不喜欢。

9. 你的朋友学习了一门技术，你觉得不能落后，你也要学习一门技术，甚至要学习两门技术。

10. 看到舍友都谈恋爱了，你觉得不行，也要去谈恋爱试试。

11. 有些人为了能够在保研或者找工作的时候有个亮眼的英语成绩，于是不停疯狂地刷分。

12. 最近体测闹得人心惶惶，你会想：我是不是不能拿奖学金了？我要跑起来，你跑一公里，我要跑两公里，总之我不能输给你。

13. 天还没亮，图书馆门前已经排了很长的队，教室里，靠近黑板的座位总会被最先抢占。

14. 你们宿舍是不是有这样一位"卷王"，白天在那叫"我们打游戏"，晚上十二点还在刷题，白天看到我们刷题就说"这题谁刷啊这么简单"。

15. 我想心无旁骛地努力，但总有同学，尤其是舍友，在不适宜的时间提醒自己"内卷"。A舍友说话直来直去："你很卷哪，每天起这么早！"她每天一两点睡，她没有在学习吗？不可能的啊，可为什么就爱说别人呢？B舍友看起来嘻嘻哈哈的，但又很容易受影响："你每天去图书馆学习，你都做了什么啊，你有什么计划，我看你每天都很忙。"我知道她可能有压力，但我只想独自做着自己要做的事，我不想"报备"，不管我到底有没有在学习。

二、应该怎么理解大学生的"内卷"

"内卷"的本义，是指人类社会在一个发展阶段达到某种确定的形式后，停滞不前或无法转化为另一种高级模式的现象。网上有一个比喻，在一个正在播放电影的电影院里，有一个人站起来看，被挡住的人为了不被挡住，一个接一个地站起来，最后除了第一排，整个电影院的人都站着看完了电影。这是"内卷"的其中一种意思，也是最常见的一种：在有限的空间和资源里，互相竞争。换句话说，就是你干了什么，我也得去做；你在努力，我也得努力，我可不能比谁差。如果看见别人在做什么，就担心自己落下，不想去做的事也跟着去做，看见别人成功了就唾弃自己，很焦急。简而言之,"内卷"就是日趋激烈的社会生活下的一种内部竞争形态。

随着高校进入"严"字当头的时代,大学生"划水"也能毕业的日子一去不复返了。不少大学生表示,"内卷"的热度水涨船高,成为大学生的一种自我调侃,是大学生面对学业以及自我发展的众多压力的真实写照。

"内卷"这一热词在网络不断传播,衍生出不同的意义,更多时候被赋予一种调侃的韵味。有言说:"人的知识就好比一个圆圈,圆圈里面是已知的,圆圈外面是未知的。你知道的越多,圆圈也就越大,你不知道的也就越多。"当我们安身于简易的"信息茧房"时,可能对于自己目前的处境较为满意,而随着互联网的高速发展,我们能获取的信息更多更丰富,面对同龄人的优秀和社会的压力,我们更容易感到焦虑,便容易"卷"起来。

大学生"内卷"是为了更好地应对竞争,很多同学想要获得更好的资源和机会。目标不明确的同学盲目地努力,盲目地跟其他同学比较,没有自己的节奏和规划,最终被"卷"进去,什么也没有获得,反而产生一系列问题。

当然,我们应该用什么样的心态来理解"内卷"呢?大学生"内卷"并不全是坏处,它在一定程度上能够提高学习积极性和自律性,使学生逐渐有了竞争意识,从而完善自己。因此,适当的"内卷"是有益的,但前提是,你需要理性地思考哪些东西可以"卷",可以去和别人竞争,相互成就;哪些东西是盲目的,是不理智的,是"卷"了也没有意义的。要知道,过度"内卷"就是"内耗"。

三、"内卷"折射出你的心理需求

如何破解"内卷",是每一个大学生需要完成的人生课题。在破解"内卷"之前,需要先明确你为什么会被"卷",你的心理需求是什么。

1. **"内卷"折射出你的攀比之心。**从个人角度看,"内卷"现象可以从其本义和衍生意思来看,我们现在所说的"内卷"其实可以看作一种"攀比"。目前我们所说的几乎都是一种正向的比较,因为人人都想做好,在这个大环境下,都想过得更好,所以出现了"内卷",从这个意义上看是好事。但是,从深层次来分析,往往"内卷"的人会陷入无尽的攀比之中,什么都要比别人好,不如别人就会很难过和伤心,有时候难以超越别人,就会出现一些异常的心理表现。对于攀比之心也有两层含义,适当的攀比是好事,能够促进自己成长,过度攀比就会失去积极意义,会导致一系列的不良后果。

2. **"内卷"折射出你的焦虑之心。**"内卷"或许是源于自身的一种焦虑。如果我选择安于现状，那即使身边有人"内卷"，我也不会参与。一个人"卷"起来，就会有人开始跟着"卷"，或许他是因为对自身能力（或者是现状）的一种焦虑，也许自己一个人的时候，他会选择性地忽视其他人在努力这件事，觉得自己目前的节奏能够让自己处于惬意的状态，但伴随周围人"内卷"的出现，他不得不直面其他人在努力而自己不够努力的事实。不一定是说我们想变得更好，我们选择"内卷"也许是在害怕自己躺平哪怕一会，都有可能被别人拉开距离，被抛下。因此可以认为，对自身的焦虑感是造成"内卷"的很大一个原因。

3. "内卷"折射出你的竞争之心。"内卷"说白了就是竞争的意思，指过度竞争、过度争斗，本来竞争可以产生积极作用，但竞争过度了就会产生消极作用。当社会阶层逐渐固化，上升通道关闭时，人们只能在同层相互过度竞争。而社会是金字塔结构，处于下层的民众多，上升机会极少，只能相互竞争、争斗以求得资源。所以，为"内卷"感到担忧，不是反对竞争，而是反对高强度、无效率的竞争。当所有人的生活目标都集中到一个点，千军万马被迫过一座独木桥时，这样的景象必然是惨烈的。

4. "内卷"折射出你的自卑之心。很多同学被迫"内卷"是因为自卑，上大学以来，感觉自己很多方面都不如别人，感觉什么都做不好，没有了高中时候的优越感，关注你、赞美你的人少了，你甚至会怀疑是不是自己太差了，于是产生自卑之心。看到比自己优秀的同学都那么努力，感觉自己再不努力就要更加落后，就这样，你不自觉地就被"卷"进去了。因为你需要通过这种方式获得别人的认可，让自己更心安。

5. "内卷"折射出了社会给大学生的压力。当今社会，竞争的确很激烈，有限性的工作岗位、工作机会成为大学生们抢占的社会资源，谁能抢到谁为王。网络时代让大学生看到很多成功人士的事迹，看到很多残酷的社会现实，知道如果不努力一定要被淘汰。在竞争如此残酷的社会现实里，谁都想让自己更优秀，想让自己更优秀的一个方法就是比较，比较的最后结果就是互相"卷"。

四、该怎么正确看待大学生"内卷"呢？

第一，无须否认"内卷"的积极一面。适当的学业压力是帮助大学生进步的良药，在竞争中成长也是每一位年轻人的人生必修课。适度"内卷"可以激励自己，可以让自己更努力、更自律，获得更多成绩，这没有什么不好的。

第二，你需要看到"内卷"的消极一面。过度"内卷"会让你迷失自己的方向，害怕落在别人的后面，忽略自身情况盲目努力，导致做很多无用功，进行无意义的攀比和竞争，从而出现精神"内耗"。

第三，一定要学会正确评估自己的优缺点，明确自己的奋斗方向、未来想成为什么样的人，知道自己要什么，让自己拥有更清晰、明确的自我规划。自己该往哪方面努力，自己的能力在什么水平，这都是需要纳入人生规划中的。不要被外界的情况扰乱了自己的目标，更不要盲从他人的学习习惯，只要这样才不会被"内卷"带偏。

第四，面对"内卷"的情况，同学们要摆正自己的心态，不要让焦虑、紧张和迷茫这些负面情绪影响到自己。这些负面的情绪越积越多并没有什么好处，因此大学生们还是要乐观地对待"内卷"这件事，保持一个健康良好的心态，才是成功的关键。

第五，不要因为害怕"内卷"而选择长期"躺平"。不要忽略了"内卷"的积极意义，当前，也有很多大学生选择"躺平"，"躺平"可能需要付出更大的代价，你可能无法面对将来一地鸡毛的日子，也可能会羡慕那些一直努力并过得很好的"别人家的孩子"。有时候适当"躺平"、暂时休整是可以的，但休养生息后，记得再次出发。

第六，每个人都有自己的人生节奏。你可以给自己更多的选择，有自己的方向，让自己的人生有更多的可能。在大学这样的环境里面，会有很多更加优秀的人涌现，把他们当作目标的同时，更要看到自己的优秀，跳出"内卷"的思维，试着去寻求更多的可能性，去尝试一些未被开发的领域。

"内卷"使我们很无奈，在这个人才辈出的时代，我们清楚我们必须要努力，我们并不反对努力，而是想要规避一些毫无用处的、恶性的竞争。总之，"卷"与"不卷"取决于个人的心态，是随波逐流做，是逐渐"躺平"做无法翻身的咸鱼，还是认识自我、明确自我的方向，做到良性竞争？或许这个问题，亟待你我来思考。我也相信你会找到一条适合你自己的路坚定地走下去。

大学生过年的五味杂陈,攻略来了

> **引言**
>
> 寒假已经过去一周,很快我们将迎来中国人最隆重的节日:春节。在家待着的日子感觉怎样?你们是不是从刚回家的欣喜若狂逐渐转为百无聊赖,甚至开始怀念学校时光?接下来两周的你,又将面临很多的灵魂拷问,面临很多你不想面对但是又不得不面对的事情,你准备好了吗?如果没有,请跟随我,看看如何应对,让心理咨询师与你一起思考对策。

一、没动力的我,每天被父母说

紧张的考试刚刚结束,好不容易可以回到家好好休息,可以一觉睡到自然醒,刚开始的那几天父母都理解,也不着急叫你帮忙,一切都任由你自己做主。可是,过了几天,你的父母开始唠叨了,开始叫你起床,开始叫你做事,开始叫你学习,甚至开始嫌弃你!而你自己呢,虽然知道不能每天都这样,也知道应该做点事情,但就是没有动力,规划白做了,目标也白立了,带回去的书到现在也没有打开过,想做的事情一样也没做,有一种深深的无力感。父母说多了,你开始觉得烦,甚至和父母顶起嘴来。

面对这种情况该怎么办呢?首先,老师理解你的状态,刚从紧张中放松下来,的确会有这种无力感,这是正常的,在家想要好好休息一下也是非常有必要的。但是,你会发现,每天睡到自然醒,越睡越想睡,你越是不做事情,越是身心疲惫,越放松,越是没有动力,这种休息并没有给你带来快乐。所以,每天规律作息,每天给自己安排点事情做是非常有必要的,这样的休息才更有益于身心。其次,你应该理解你的父母,他们其实也是希望你能积极一点,身体好一点,并不是一定要你帮助他们做多少事情,要知道,如果你在家里能早点起来,能帮家里做点什么,或者父母看到你读书学习、锻炼身体、做做兼职、出门交友等等,他们会感到欣慰和开心的。

二、手机不离手，父母看不惯

可以想象得到，除了睡觉时间，你的每一天几乎都花在玩手机上了，B站、淘宝、抖音、快手、游戏、电视剧等等，你的手机几乎不离手，好像它比什么都重要。父母盼望着你回家能陪他们聊聊天，可是，你把时间都给了手机，甚至连吃饭都在看手机，根本没有心思与父母交心、说心里话。父母看到你这样，难免会说你几句，这时候你却不高兴了。

面对这种情况怎么办呢？首先，老师知道手机对你的重要意义，对于很多人来说，它是生活的一种寄托，甚至你们有些人认为在手机里才能找到安全感、归属感和爱。当然，我也知道另一种情况，有些同学不想玩手机，但是控制不了自己，也知道手机耗费了自己太多的精力和时间，最后却什么收获也没有。你也应该有过这样的感觉，玩的时候觉得挺好的，放下手机的那一刻，其实心里空虚得很。也有的同学把手机当成排解无聊的工具。其次，你理解父母对你的期待吗？他们总是盼你回家，然后能多花点时间陪陪他们，他们的要求其实不高。另外，父母不想看到你天天沉迷于手机，什么事情也不做，还影响身体健康。所以，能不能放下手机，帮助父母做点什么，陪父母多聊聊天呢？你要不要试着算一下，你还有多少天可以陪父母。我相信算完后的你，会做出改变的。

三、一直被比较，总是遇上"别人家的孩子"

在家里，不知道你是不是经常被比较，你会不会经常听到，你的邻居、爸妈的朋友、亲戚们经常一起谈论谁家孩子怎么怎么着了，如：谁家孩子今年毕业，已经找到一个事业单位，待遇很好；谁家孩子考研、考博成功了或者保研直博；谁家孩子考上公务员；谁家孩子结婚了，甚至都生小孩了；谁家孩子在哪个大学拿了国家奖学金；谁家孩子一回来就去做兼职挣钱。父母听完这些事情之后，难免会在你的面前唠叨。

面对这种情况怎么办呢？你理解父母为什么在你面前说这些吗？因为他们觉得现在的你不够优秀或者现在的你做得不够好，他们不满意。说白了，他们希望通过"别人家的孩子"来提醒你上进，让你变得更加优秀。当然也有可能是父母没有任何目的，就是想在你面前唠叨一下。殊不知，我们都是孩子，我们最不喜欢的就是比较，最不喜欢听"别人家孩子"的故事，听得越多，心越烦。这时候，你可以这样对父母说：我不喜欢你们拿我和别人比较，你们一直谈论别人家孩子多好，难道你的孩子不够优秀吗？你们能不能不要拿我和别人比，每个人都有自己的人生节奏，每个人都有优缺点，你们要相信我才是！当然，这时候，你也确实应该做出一些让家人放心的事情，让他们看到你的优秀，而不只是嘴上说说。

四、你总是被灵魂拷问，无所适从

自从上大学后，你的七大姑八大姨，经常都会问你这样的问题：你这么优秀，在学校一定拿得到奖学金吧？你学的是那个什么医学专业来着，我这个病你能看吗？你打算考研还是工作啊？现在竞争很激烈，工作很难找，听说毕业就失业，真的吗？在学校有没有谈恋爱啊？对象是哪里人？长得怎么样？家里条件怎么样？他们还会让你去教他们的孩子学习，或者让你去给他们的孩子做思想工作……

面对这种情况该怎么办呢？首先，理解他们的提问，他们并没有恶意，也就是日常生活找找谈资罢了，最多也就是拿你与他们家的孩子作对比，你不用那么计较，也别那么认真。从心理上接纳这种事情的发生，不要排斥，这样你就不会那么难受。对于那些问题，能回答的回答，不能回答的一笑了之即可，何必那么当真，更何况时间在变，人在变，事情也在变，谁也说不清以后的事情。对于专业，你懂多少就说多少，如果问你为何选这个专业，你就回答"我自己喜欢就好"；问你要不要考研，你就回答"正在努力准备着"；问你有没有对象，你直接回答"还在努力挑选中"，千万别说有或者没有，如果说有，他们就会有更多的问题产生，再说了，万一后面分手了呢，如果说没有，他们可能又会说你这么大了，可以谈了；问你成绩怎么样，你回答"大学不是高中了，不要总是问成绩，成绩一般，能力还可以"；让你去做家教或者做思想工作，如果你确实不会或者没空，那你可以说自己寒假已经有其他安排了，对于做思想工作，就尽力而为吧。其次，你要学会理解这些亲戚朋友的心理，你要认真回答，不卑不亢，适当的时候也要学会表扬他们。

五、总是自责，怎么面对父母

也许你在学校过得不错，没有人管你，但是，你没有约束好自己，把大把的时间都浪费了，每天无所事事，把时间都用在玩手机、玩游戏上面。一年下来，学习不认真，还经常翘课，期末临时抱佛脚，成绩也不好，甚至挂科，什么能力也没锻炼，什么活动也没参加，甚至连宿舍关系都没处理好。父母总是关心备至，叫你多吃点，注意身体，你总是对父母说：我很好，我知道，你们不要总是和我说这些。

回到家，父母仍为你准备了你最喜欢吃的东西，把你当个宝，因为你而自豪。有一天，当你突然感到父母老了时，我知道，你的心里其实不好受，总是在自责。

面对这种情况怎么办呢？我们常说种树的最佳时间是 20 年前，然后是现在。我能理解你在学校的表现，没有压力、没有管束之后，难免会放松自己，我们不担心你会这样，担心的是你这样了，仍然不觉得不对，仍然没有悔改之意。所以，如果你感到自责，就找个时间和父母坦白，然后告诉父母你接下来的打算，希望父母看到你的变化。我也相信你的父母不会因为你在学校的表现而责怪你，他们会因为你的成长而高兴不已！然后，从明天开始，做好规划，一步一步地努力。

六、如果你的家让你伤心了

我做了很多咨询，发现学生大部分的心理问题来源于父母，来源于特殊家庭。可能你的父母已经离异，你早已没有人关心；可能你的父母天天吵架，让你感到窒息；可能你在家里总是被嫌弃，被孤立，父母只爱弟弟不爱你；可能你的父母压根就没有管你，任由你发展；可能你的父母没有给你想要的，你恨他们；可能你总是被家里的老人嫌弃，认为你是扫把星；可能从小到大你都没有体验到家的温暖……是的，我承认，确实有一部分家庭不仅没有给孩子带来安全感和温暖，反而给他们带来了很多伤害。

面对这种情况怎么办呢？老师希望你与自己和解，与父母和解。你已经长大成人，你有了自己的独立人格，你可以与自己所受到的伤害和解，去认识自己的成长经历，分析成长的困惑，接纳那些不愉快和不完美，之后把它扔掉或者雪藏起来，开始新的人生征程。我也希望你与父母和解，我理解，孩子的问题其实不是孩子的问题，是父母的问题，但我也理解，有时候父母对你的伤害不是故意为之，他们也许无知，也许迫于无奈，他们之间的关系也让他们自己过得很痛苦，但可以肯定的是，没有哪对父母不爱自己的孩子，只是方式不对，只是迫于无奈。所以，我希望你可以释怀，试着去原谅你的父母，甚至为这个家做点什么，用你的力量去营造一些温暖，为了你自己，也为了你的父母。加油！

七、父母总是让你去走亲戚，你不想去

过年了，你的父母总是让你去走亲戚，不管熟悉还是不熟悉，要么让你单独去，要么跟着父母一起去，其实你很不情愿去，因为很多亲戚你并不熟悉，关键是你的父

母还要求你懂礼貌，要多地和他们聊聊天，你的内心是抗拒的，但又不得不去。

面对这种情况怎么办呢？我是这么想的，对于很亲近的亲戚，我们作为小辈，过年确实应该去拜访他们，这是我们的民族文化，也是我们小辈应该做的事情，我们不要在心里抵触，因为这是维系家族文化和传统的方式之一。当然，如果你不擅长交际，不喜欢交际，你可以选择在恰当的时间去，拜访后尽量安排其他事情，就不用在一家你并不熟悉或者不喜欢的亲戚那里待太久。如果你的父母要和他们拉家常，你可以选择去亲戚家附近走一走，看看风景，时间很快就过去了。对于确实不熟悉的远房亲戚，你可以不去，或者去了，你也不用说太多事情，毕竟，没有必要让他们知道太多，也不要在意他们对你的看法。当然，如果你接受，可以通过这个方式学习一些人情世故，这也是好事，也是你的成长必修课。

八、如果你担心未来就业问题，你可以有所行动

我知道有很多同学担心未来就业问题，尤其是毕业生，这个年最不好过了，年前已经找到工作的同学当然很开心，没有找到工作的同学，总是担心年后如何找工作：如果毕业后失业怎么办？这样岂不是很没面子，很对不起父母？

面对这种情况怎么办呢？老师理解大家的心情，这是你们人生最重要的大事之一，不担心是不可能的，但是你要知道，过年这段时间，各大单位基本上是不会再招聘了，你就安心地先过个年，然后利用过年的这段时间，给自己做个规划，考虑自己要去哪里工作，什么样的单位或者岗位适合自己，然后锁定目标，通过各种途径打听这个单位是否有招聘计划，你的条件是否符合，如果可以的话，建议你上门去自荐，成功的概率更高。当然，也可以通过过年这段时间，积累一些人脉关系，获得更多的就业信息，为你的工作提前做些准备。

九、你的减肥目标又要泡汤

你已经无数次地立下目标要减肥，可是，最后你会发现你非但没减肥还变胖了，在这个寒假，我猜你很可能就是这样的！我一直很纳闷，那么多人说要减肥，但是总是没减成，学生来咨询时我总是不太理解为什么，于是我自己试着去减肥了一段时间。2019年7月，我145斤，我开始减肥，每天早上6：40起床，然后做八段锦10分钟，平板支撑2分钟，晚上7点快走30~40分钟，多吃蔬菜水果，少吃肉，尤其晚上少吃，只吃半碗饭。2019年10月，我135斤，我没有刻意做什么，也没有

第二章　心映自律

刻意一定要怎样。我得出的结论是：坚持，自律。

面对这种情况怎么办呢？你先问自己几个问题：你真的想减肥吗？真的要减肥吗？你能坚持吗？你能自律吗？如果你还是每天睡到自然醒，你还是不运动，还是天天玩手机，还是天天坐着不动，还是天天管不住嘴，还是三天打鱼两天晒网，那就算了，减肥是不可能成功的。要不我们一起吧，立个目标，坚持，自律一些，你会发现瘦下来的你会更自信。当你减肥成功时，你的其他很多目标也都可以实现了。加油吧，少年！

当然啦，我们有很多同学都不存在以上的问题。你的家庭很温暖，其乐融融，你在学校也很自律，获得了奖学金，学习成绩很好，能力也获得了锻炼，父母亲戚都为你骄傲，老师也为你感到高兴，那就开开心心地过个年，再愉快地回校。如果你刚好遇到了困难，也请你好好过个年，那些不愉快最终都会过去的，那些困难只会让你更加坚强，你要相信明天的天空一定会更加蔚蓝。

最后，老师在此祝愿你和你的家人幸福安康！

新学期，心理咨询师给你的几条建议

> **引言**
>
> 新学期又开始了，你给自己做好了规划吗？你还迷茫吗？要不，来看看心理咨询师给你们的几条建议吧，或许对你会有些帮助。

第一条：调整作息时间。回校后，要马上调整作息时间，开始规律的校园生活，切莫昼夜颠倒，切莫通宵达旦，你的身体、心理将会难以承受，关键是你的心理负担会不断加重。

第二条：坚持某项运动。运动改善情绪，运动促进心理健康，运动促进身心健康！每天坚持运动40分钟，你将身心和谐，快乐常在。

第三条：做好新学期的规划。要明确这个学期自己需要或者希望完成的事情，做好详细的规划，按照规划每天进步一点点，记得哦，你的规划要符合实际，符合自己的能力水平，关键还要有毅力，会坚持。

第四条：多去图书馆，少待宿舍。"宅"在宿舍，你将错过很多外面的风景，体验不到图书馆奋斗的人生，遇不到你想遇到的人。多去图书馆，你的心会自然宁静，收获知识的同时，你将有满足感，幸福感！

第五条：锻炼自己的能力。要学会评估自己的优势和劣势，找准方法来锻炼自己的能力，尤其是你的表达能力，要知道等你找工作时，有好的表达能力将会给你带来意想不到的收获，还能提升你的自信。当然，还有学习能力、管理能力等等。总之，记得，走出去，参与各种活动，锻炼自己，一定会有收获。

第六条：珍惜宿舍生活，建立良好人际关系。宿舍是你们的第二个家，良好的宿舍关系会为你的大学生活带来幸福感、安全感、归属感，尊重宿舍同学的生活方式，互相理解、支持、包容，不以自己的价值标准来要求别人。珍惜每次宿舍集体活动，结交好朋友！

第七条：学习几样技能。可以利用课余时间考些资格证书，如计算机技术与软件、网络应用工程师、PS资格证书，普通话水平测试等级证书，驾照等。学习第二种语言，特别建议大家学好英语，以后考研、考博、工作都能用到，可以说，英语会跟着你一辈子。

第八条：不给自己的大学生活留遗憾。可以谈一次校园恋爱，可以来一次旅行，可以大胆地参加一次表演，可以尝试参加一次大型比赛，可以担任一届班委，可以做几次公益，可以做几次兼职……青春是用来奋斗的，越奋斗，越快乐！

第九条：学会尊重他人。尊重他人是你的修养，不打扰他人是你的基本素质，不管你做任何事情都要学会尊重他们，不影响他人。懂得尊重老师、尊重同学、尊重父母，你将更有魅力。

第十条：常给父母打打电话。你离开父母，父母会非常牵挂你的，有空就多打打电话，或者回家看看，他们会很幸福的，你的心灵也会更加宁静，获得安全感。

第十一条：学会寻求帮助。每个人的生活都不可能一帆风顺，当遇到困难时，积极寻求帮助，这不丢人，反而是你生存技能的体现。心里有困惑时，找找心理老师，他们会给你最美的理解和支持。

拖延，你怎么看？

> **引言**
>
> 拖延，你怎么看？你是否全面了解过什么是拖延？拖延等同于偷懒吗？拖延的人一定是拖延症患者吗？首先我们要学会正视拖延，拖延不应当等同于偷懒，拖延在某些程度上反而容易起到积极的促进作用。人生百态，这世上有形形色色的人，每个人都有属于自己的独特的标签，正视每一个标签，发现属于自己的那份独特的"美"吧！

看到这个题目，我想很多同学一定很感兴趣，因为，这个词好像一直伴随你的左右，你试图摆脱，但总是摆脱不了。这到底是为什么呢？看到这个词的时候，很多同学都觉得是贬义词，是这样吗？拖延固然有不好的地方，但是，是否一无是处呢？或许它也有好的地方呢？接下来，老师和你一起分析分析。

让我猜测一下，你的日常生活中是不是经常出现这样的情况：早上的闹钟总是不能按时叫醒你，更多时候叫醒的是你的舍友，一场忙碌后，你终于踏着上课的铃声到教室；你经常把一件事情拖到最后才想着去完成；间歇性踌躇满志，持续性混吃等死；每天晚上计划着在养肝时间11点前入睡，但是打打游戏，刷刷朋友圈，看看短视频，一不留神，半宿过去了；过后又陷入不断的自责中，并充满负罪感，告诫自己下次一定不能这么做，然而下一次还是老样子，仿佛陷入了死循环。

一、如何战胜拖延

加拿大著名的心理学家皮尔斯·斯蒂尔写的《拖延心理学》这本书里，清楚地表达了什么原因导致了拖延，拖延成习惯会产生怎样的恶果，以及我们可以采取哪些对付拖延的策略。拖延并不是懒的问题，虽然这两者很容易被混为一谈，跟懒惰不同的是：拖延者们还是很想做他们要做的事情的，而且常常还真折腾过那么两下，但并没有坚持下去。

接下来，我们了解一下拖延的症结所在。作者皮尔斯从 801 项研究中，列出了影响拖延的三种类型——低期望、低价值、冲动，并总结出了拖延方程式：（期望 × 价值感）/（冲动 × 推迟）。也就是说，只要相信自己能完成，认为完成这个任务的好处是有价值的，而且能克制自己分心，有时间紧迫感，就可以使做事动机剧增。书中的一些小测验可以帮助你了解自己拖延的动机是什么，以便你更好地战胜拖延。

当你明白了自己拖延的主要动机是什么，就可以根据书上相应的调整策略来对症下药，消灭那些阻碍你完成最好的工作和过最好生活的借口。低期望是拖延的要素之一，曾经的一些不愉快的经历很容易成为我们对这个世界失去希望的理由，所以这时候就要靠信念来支撑了，要相信自己，保持乐观向上的生活态度。研究表明，多数拖延者与非拖延者相比来说更加不自信，所以增强自信心对于期望而言至关重要。那么我们如何增强自信心呢？要做到以下几点：

1. 在平常的学习生活中，我们可以多参加一些志愿者活动，去尝试新的事物，当完成了一件件你觉得有难度的事情后，成就感也会伴随而来。

2. 看一些励志电影，读一些励志的传记，听一些励志的演讲，多和正能量的人相处，从故事或社交圈中寻找激励。如果你身边都是自信的人，那么你也容易变得自信。

3. 展开你对未来的想象，让自己心生向往，将这个理想和自己目前的处境做个心理对比，之后你就更有动机去追求自己的目标。

当拖延动机是低价值感时，人们做什么事都特别无聊，想要拖延，无聊感向我们发出信号，告诉我们做的事情是无关紧要的，于是就分心了。书中提了几个好建议：

1. 给自己的任务多点挑战性，这样学习、工作时会少一点厌倦；

2. 留出白天效率最高的时间段来完成最困难的工作；

3. 列出待办事项，当完成计划时，允许给予自己适当的奖励。

拖延最重要的因素是冲动，冲动是对这一刻失去耐心，期望想得到的现在就得全部得到。比如，当手机提示音响起，我们迫切想要知道里面的信息，尽管很多时候都是广告消息。易于冲动的人，要表现出自我控制和延迟满足是很困难的，给大家介绍几个驯服冲动的简单方法：

1. 将诱惑远离你能够得到的范围之外，至少是越远越好；

2. 尽可能完全隔开学习和娱乐空间；

3. 用具体的语言来设置你的目标，设置具体的截止时间来完成它，同时将长期目标分解为一系列短期目标，拖延的时间越短，动力越强。

二、拖延的另一种解释

拖延不是魔鬼，现实生活中普遍存在的是拖延行为，还没有达到"症"的程度，请大家不要轻易地对号入座；"拖延"被允许出现在我们的生命里，但是我们应做到尽量减少它的出现。"拖延"住你的，也就那些小伎俩，只要我们了解了其中的门道，我们是可以战胜它的。

其实，拖延会带来积极和消极的结果，我们普遍关注的是消极的部分，忽略了积极的结果。我们的世界里会有一些必要的、正当的拖延存在。从拖延的结果维度上看，有些情况会因"拖"得"福"，产生"好的结局"。在需要更多的原创力体现时，适当的拖延是一种等待，是休整后更全面看待问题的时机，它能使个体更理性思考、更成熟应对。比如，谷歌公司在等待了很多年后，改进了其他人的想法，推出了更为适应市场的搜索引擎。所以，其实我们的思维可以简单一点，如果结果是好的，那么过程怎样可以适当忽略不计。

可是我们有很多同学还是无法忽略那段焦灼的过程，觉得自己怎么能这么不自律，总是会想"如果抓住那些时间可能会有更好的结果吧"。这个可能跟我们的"人设"是相关的。每个人心里都有一个过于理想的自我，他认为正常的状态就是在每个阶段每个任务完成的过程中都应该专注而高效，当自己松懈时，大家往往都会把拖延和偷懒画等号。也就是说，我们倾向于认为，只要我专注不拖延就能高效。但是大家考虑到了吗？你给自己定的目标是否靠你的能力和努力就能达成，你的意志力足够支持你完成目标吗？还有很多同学可能会在短时间内给自己同时设定很多目标让自己分身乏术等等。所以，没有那么多"拖延症"患者，只要我们正视拖延，用平常心对待拖延，客观面对自己的问题，可以有效缓解由于拖延带来的困扰。

第一点，我们要认识到拖延并不是与生俱来的，是习得性无助导致的结果。其实，拖延就是没有执行力，拖延者一定是没有认识到行动的价值。原先积累下来的不好结局直接降低了行动力，久而久之就不想动了，也觉得自己没有能力动了。所以，解决拖延的第一步，要像 NIKE 广告语 "Just do it！" 说的那样，不要说那么多了，选择一项能最快上手的事情，做！做！做！拖延者已经习惯不行动，要打破这种习惯必然要花精力，如果你还是无法行动，那你可以问问自己，拖延的这事真的需要做吗？是你自己想做，还是父母让你做，还是你看别人做你也做？

第二点，学会舍弃，学会按轻重缓急优先排序。很多同学就像故事里的小猴，芝麻西瓜都想一把抓，这是不可能的。人的精力有限，目标太多带来的不仅是压力，还有慌乱，要让自己不慌不乱、专注高效、心中有数，必须心中有规划。

第三点，有些同学过度追求完美，他们在做重要的、挑战大的任务时，往往需要掌握大量的信息，他们不敢贸然行动，总是处于资料准备阶段，没有进展。有些同学喜欢在巨大压力下较好完成任务的那种高峰体验，他们潜意识里知道自己可以完成任务，所以在时间较充沛的情况下，他们往往会拖延。还有些同学性格较急躁，他们往往想在最短的时间里完成任务，可是有些任务是需要时间的沉淀的。所以，我认为我们的同学最重要的一点是要做到"就事论事"，把事情与人分开。完成一项任务所得到的自我评价仅仅停留在这个任务里就好，不要把消极的评价泛化成对自己整个人的评价，全盘否定自己。

最后，我希望大家都走出去，看看世界，就像习总书记说的，思维要新，视野要广，读万卷书，别忘了行万里路！

期末到了,你紧张吗?我来帮你

> **引言**
>
> 临近期末,你是否一想到考试就心慌难耐、坐卧难安、口干舌燥甚至出现各种不良的生理反应?你是否总是因为担心考试而精神不济、提心吊胆、忐忑不安?你是否一到复习时就盯着课本发呆,导致复习效率低下,知识点记不住?让我们一起阅读本文,学习如何走出自己在学习中存在的误区,如何掌握科学的考前学习方法。与此同时,你要记得将其落实到实际行动中,这样才能在期末考试中取得优异的成绩。

近段时间,我接到了很多同学的咨询,他们面临很多方面的烦恼:考试时间突然提前了,老师们怎么不考虑一下我们的学习压力呢;马上就要考试了,但是老师还没有公布考试类型,我怎么复习啊;没有周围同学一起奋斗,我无法进入学习状态……确实,突变的学习模式会给同学们带来短时间的强烈冲击,但是,大家静下心来想想,其实学生对学习、考试的焦虑历来都是有的,大家可以回想一下以往的期末考试经历,是不是也总有"我来不及复习""我学习压力大""明明下周要考试了,可是我还是舍不得放下手机,我真的没时间了"之类的情况?所以,同学们要了解在学习中的变与不变:学习中变的是环境,不变的是学习的主体、学习的规律。同学们要看清规律,走出自己在学习中存在的误区,掌握科学的学习方法。

一、关于压力与焦虑

1.压力和焦虑是人类与生俱来的。人类在长期进化过程中不断与饥荒、洪涝、疾病、野兽等危险进行战斗,并从中获得觉察危险、适应环境的能力,焦虑就是这种能力的情绪预警机制。在学习的情境中,学生无法运用自身和外界的资源获得学习成就感,这时压力就产生了。不同强度的压力会导致不同程度的焦虑体验,这是一个不因人类意志而改变的自然现象。害怕、排斥、逃避压力和焦虑是无效的,因为不管你愿不愿意，它们都在那里等你。其实，压力和焦虑是有积极意义的，我们试想一下，如果没有焦虑，你能够快速地调整状态投入学习吗？所以它们能够促使个体正视现有的问题，寻找解决问题的方法。

2. 对压力和焦虑的认识有较强的主观成分。首先，学习方面的压力不仅仅来源于学习本身，还有其他方面的压力源，如环境、家庭、人际关系等可能会通过原发性压力、继发性压力或者叠加性压力影响个体。因此，每个同学都要意识到自己的学习压力源，要弄清压力源之间的关系，找到引发压力的核心原因。其次，拥有不同抗压能力的同学对压力的态度和压力大小的评估也不一样，由压力引起的焦虑感强度也因人而异。因此，不要抱怨，也不要期望外界会为了适应自己的压力而调整要求。

二、关于自律

提到"自律"，人们往往会有一种刻板印象：只要自律就能达到人生巅峰；自律就是苦行僧的生活；自律即自虐。这样的认知造成人们对自律既向往又害怕。在这里我们需要澄清几点。

1. 保持自律的精力是有限的。自律是基于完成某一挑战性目标的行为，个体需要调动自身的意志力参与控制，使之有能力保持长时间的有效行动。这时，同学们可以问问自己，是否在同一时间内给自己设置了太多的自律任务，目前的自律任务是否是最迫切需要完成的。

2. 自律的前提是明确的自我认识。我们不妨问问自己：从小到大你一直是能保持自律的人吗？即使现在在学校，你也可以做到保持自律吗？你曾经通过自律养成了哪些好习惯呢？其实，学霸们在疫情期间依然一如既往地自律，为什么在家上网课、延迟开学不会成为他们懒散、拖延学习的借口呢？通过访谈可以知道，学霸们也有短时间的放松，但是他们有明确的目标，他们知道不要做什么、要做什么、想要什么。

3. 自律的完美呈现需要正确的归因。同学们一般都会分析自己学习不好的原因，把原因归结为自己的能力不足、努力程度不够、考试太难、运气不好、身心状态差、外界环境的影响等。依据美国心理学家维纳的归因理论，我们可以从内部外部因素、可控不可控因素、稳定不稳定因素三个维度六个因素进行分析，我们要学会运用辩证思维理解学习和考试中的得失，全面分析失败的原因，不过分关注外部、不可控、不稳定的因素，在内部可控的稳定因素里找寻改变的路径。

三、关于考试

考试是一种评定、检验、反馈和巩固学生知识掌握情况的有效手段，但学习的功利化思想将考试与成绩对等，导致学生过度关注成绩的高低并赋予考试过多的意义。比如，有同学说本学期成绩的好坏直接影响到见习点、实习点的分配。考试只是工具，没有决定人生的功能，是我们主观赋予了它过大的能量。这时同学们不妨反问一下自己：所有的同学都同样经历考试形式变化，为什么只有自己认为影响大呢？别的同学也是这样吗？见习点、实习点的分配只取决于这次考试吗？如果需要用这次考试来提高成绩排名，为什么临近期末了，还没有开始复习呢？是否这次考试其实并没有那么重要呢？再比如有同学抱怨学校突然通知考试时间提前了，老师至今也不告知考试题型，自己无法复习。这是一种典型的应试复习心态，窄化了学习和考试的作用。尽管时间紧迫，我们还是需要建立正确的学习观，"临时抱佛脚"的知识获得方式是无法让自己在实践中正确提取出相关知识的。与其把时间花费在等待题型的焦虑中，不如现在从零开始着手复习。

四、临近期末，给大家几个建设性意见

期末考试马上就要到了，听说一周要考好几科，听说老师没划重点，听说这学期有很多难考的科目。拖延的你！复习效率低下的你！平时不念书的你！考试紧张的你！睡眠不是很好的你！爱玩手机的你！该怎么办呢？那就来听听心理中心的丁老师怎么说，看看对你是否有帮助。当然，最重要的是看完后，你能行动起来，通过期末考试并考个好成绩！

1.明确具体的学习任务。首先，每个同学在临近期末时一定要做到实事求是地评估自己的学习能力、科目学习的难易程度、考试信息的清晰度，学会舍弃，将最佳资源留给需要付出最大努力的科目。其次，我们可以依据目标设置的 SMART 原则设置具体的学习任务，任务目标必须具体清晰，把我要好好学习变成我要每天背单词；任务目标要可以量化，比如每天背 10 页书；任务目标完成要有具体的截止时间，比如 10 点前要完成第一章节的背诵；同时也需要设定奖惩机制。在短期应考阶段，我们应只关注当前的短期目标，不过分关联长期目标。对于到现在还处于假期状态的同学，从原来松散的状态一下子投入到紧张的学习是不现实的，要做到"分步走"，先用部分时间激起学习意愿，只要按照计划复习做了，就代表完成任务了；之后再从数量和质量方面来要求自己的复习效果。

2. 向拖延告别。找一张纸，把你近期要考试的科目按照考试时间顺序列出来，并详细计算，你可以分配给每科的时间是多少，并且我需要你把每科复习的具体时间按照每小时的时间段列出来，列出之后，你要做以下几件事：（1）给自己定好每天起床和睡觉的时间，并调整闹钟；（2）将诱惑远离你能够得到的范围，至少是越远越好，比如手机、电脑等；（3）尽可能完全隔开学习和娱乐空间，你可以选择去图书馆或者教室复习；（4）设置每天每个时间段要完成的任务；（5）给自己的任务多点挑战性，这样会减少学习时的厌倦感；（6）留出白天效率最高的时间段来完成最困难的工作；（7）当完成计划后，允许给予自己适当的奖励，对自己说声：很棒！

3. 使用番茄工作法。什么是番茄工作法？简单说，就是列出你当天要做的事，设置25分钟闹钟，然后从第一件事开始，在完成25分钟的工作后进行5分钟的休息，当休息了5分钟后再进行25分钟的工作，如此往复。此外还要有每日回顾、做每日承诺、控制中断、预估要花的工夫等。一个番茄时间=25分钟专注时间+5分钟休息时间。休息时间可用来回顾之前的工作内容、喝水、散步等。当然，这其中的25分钟，你可以适当变化，比如变成30分钟或者45分钟，可以根据你自己的个人情况改变。通过这样的方式，你的复习效率一定会大大提高。

4. 运用主动回忆。能在恰当的时候回忆起来的知识，才是你真正掌握的可以学以致用的知识。要做到这样，最关键的就是，主动回顾，创造回忆机会。主动回顾有利于巩固长时记忆，你还可能得到新的启发和更深的见解。但事实上，很少有人能养成主动回顾的习惯，所以建议大家自己去创造回忆的机会。（1）拿起笔，自主整理笔记，把知识点进行图解，一步一步引导回忆。（2）进行写作、展示、讲解等方式的主动输出，讨论、展示、讲解是最高效的学习方式，因为这些属于主动学习，记忆留存率高达95%，所以说，教是最好的学。这种方式，也称作费曼的高效学习法，也就是说，你可以组成一个学习小组，通过讲解的方式来记忆，效果最佳。（3）和别人进行讨论，随时随地与周围的人进行某个知识点的谈论，互相提问，你会更加快速地记住。

5. 学会时间管理。时间管理的有效前提是有意识转移关注焦点，马上要考试了，你应该把时间管理的对象放在学习上。（1）做出选择是目标达成的推力，所以，你要给自己创造仪式感，做出自己的选择，然后行动起来。（2）确定优先顺序，避免杂乱无章干扰自己，当你发现自己确实有好多事情都要去做、好多门课程都要去复习，那给它们排个序吧，一个一个完成，因为每件事情完成后所带来的成就感能推动自己更好地完成下一个任务。（3）计划是可以调整的。当你今天的计划被某个特殊的事情影响了，那也没关系，适当调整计划，运用好碎片化的时间把它补回来即可。（4）"创造"时间使其发生最大功效。这里的"创造"指的是寻找方法将非生产性时间转变为生产性时间，比如是不是可以减少刷手机、玩游戏的时间。

6. 如何睡好觉。人体有两大睡眠"开关"——体温和大脑，懂得如何控制这两大开关，就懂得了如何让自己尽可能快地进入睡眠状态。（1）控制好体温开关。想要尽快进入睡眠的诀窍之一就是在睡前将体内温度与体表温度的差值尽量缩小，使其接近睡眠状态时的差值，这样就能尽快进入睡眠状态。在睡前缩小我们体内温度与体表温度的差值的方法有以下几种：睡前沐浴、足浴、用荞麦壳枕头镇静安神。（2）控制好大脑开关。控制好大脑开关的方法只有一种，那就是在睡前不要做会刺激大脑的事。喝咖啡、看自己非常感兴趣的电视剧、看文章、看复杂的研究报告等都会刺激大脑，所以在安排一天的工作时就要有意识地把单调、简单的工作移到晚上来做，并且在睡前忍住自己刷剧、看小说的欲望。如果实在睡不着，这里有一个小诀窍：数自己的呼吸。因为数自己的呼吸是一项单调的任务，数着数着你就会很容易进入睡眠状态。但是要注意数的时候专心一些，不要去想别的事情。（3）光照、音响等因素都会打扰到我们的睡眠，所以大家要与家人、室友等协商好作息时间，保证自己拥有一个安静良好的睡眠环境。（4）永远记得，睡好了才会有效率。你大可以先美美地睡一觉再去复习，效率不会比别人差。

7. 过一天有规律的生活。（1）切莫每天熬夜，晨起用冷水洗洗手或用冷水刷牙可以刺激我们变得清醒。（2）吃一顿美味的早点，吃早饭能让体温上升，增大体内温度与体表温度的差值，并且细嚼慢咽有助于让我们一天的状态变得张弛有度。（3）在早晨避免汗流浃背，早晨进行剧烈运动会使体内温度上升，而后出现体内温度过度下降的现象。体表温度与体内温度的差值缩小，使人昏昏欲睡。（4）适当的午睡，中午小睡20分钟左右，有助于我们恢复精力，更好地完成下午的学习。（5）傍晚找个时间去运动一下，通过运动可以改善情绪，调节身体机能，获得更好的状态。（6）晚饭一定要吃，但是不要在睡前吃，为了夜晚睡得舒服，晚饭时食用能降低体内温度的食品也是一种办法。比如冰镇西红柿、黄瓜汁。（7）不提倡熬夜，一定注意休息好。

8. 解除对考试焦虑的误解。大家对考试焦虑可能存在一些误解，就是认为不焦虑、情绪愉悦才能在考试中发挥自己应有的水平，因此，大家很害怕焦虑，排斥焦虑。（1）事实上，人有趋利避害的本能，当一个人在面临其不能控制的事件或情景时，自身的自我保护系统就会启动，那种对未来的不确定感就通过焦虑情绪反馈给个体，告诉个体这个事情很重要，需要额外专注和照顾，需要自己为完成这个事情添加一些能力。因此，适当的焦虑是必要的，我们要看到焦虑的正面价值和意义，接受焦虑给我们带来的指引，思考缓解焦虑的途径。（2）同学们对考试的本质也是有误解的。一直以来，我们更多地针对考试带来的结果进行评价。实际上，从学习心理学的角度看，考试实际上是一种学习效果的监控手段，利用考试的成绩反馈，为学生了解自己掌握知识的程度提供依据。所以，考试只是评价学生对知识掌握的情况，并不能作为评价个体人格、能力等的标准。

9.一起营造良好的学习环境。说到良好环境，首选图书馆和自习室。图书馆虽然离宿舍比较远，可是静不下心的时候去图书馆或自习室复习能最大限度地集中精力、提高效率。当你感受到周围人都在奋力复习的时候，自己也会情不自禁地投入手头的任务中去；找一个光线充足的座位，和同学一起结伴复习，比比谁复习得更快，记得更牢；如果你喜欢在宿舍学习，那就和同学做个约定，共同遵守相关约定。

最后，我想说的是：做好上面几点，放松心态，轻松备考。复习得好，心态不会差；复习得不好，心态也不能差！好的心态就是成功的一半。如果你已经开始复习了，就请坚持一下，如果还没有开始，那就赶快行动吧。祝愿大家都能考出好成绩！

期末，写给有心理困扰的同学们

> **引言**
>
> 期末考试来临，总有一些同学会紧张和焦虑，尤其有心理困惑的同学表现得更为明显，那么，应该如何度过这段紧张的复习考试期呢？心理咨询师的一些方法值得你认真学习，或许可以帮助你！

亲爱的同学们：

期末临近，而你的心理困扰依然还没有解除。老师知道此时的你很难，当症状来袭的时候，你想方设法与之对抗，却无能为力，内心的无助、绝望、痛苦交织在一起，让你觉得自己快要撑不下去了。可是，你依然坚持着，依然在努力地让自己活得更好，你付出了很多努力，老师知道，也感同身受！你承受了很多常人无法理解的伤痛，你甚至被很多人认为在无病呻吟，尤其是当你的至亲都认为你没病的时候，你对自己彻底地失去了信心。即使这样，你依然坚持着，依然相信自己可以战胜这个困难，开始学着自己爱自己，开始学会接纳当下的自己，开始寻找未来光明的道路。这就是你，一个倔强又坚强的你，老师为你的坚持点赞！

同学们，有心理困扰不是你们的错，更多的是成长环境造就了现在的你。你们知道吗？有心理困扰的你其实一直都挺上进的。你是不是经常追求完美，是不是很想得到认可，是不是很在意父母的评价，是不是很在意周围人的眼光？是的，这就是你！这没什么不好，这些性格一方面可能会影响你的心理健康，另一方面也会成就你的未来。所以，我们要学会辩证地去看待事物，不要总是讨厌自己。

你们一定要知道心理困扰的基本常识，心理困扰和感冒一样，都是一种常见的疾病，有心理困扰并不丢人，没有必要隐瞒自己的疾病，只要你能接纳当下的自己，接纳有心理困扰的自己，积极行动起来，就能要么通过自己的努力战胜它，要么通过专业的心理咨询或者心理治疗解决它。不必害怕，虽然造成心理困扰的原因比较复杂，治疗的过程比较长，但只要增强信心，懂得一些心理健康的基本常识，掌握和运用一些有效的心理治疗方法和技术，心理困扰是可以得到有效缓解甚至消除的！

在这个期末即将来临的特殊时刻，老师想给同学们几个建议：

一是认清生活的本质。人生不如意事十有八九，每个人都会有一段异常艰难的时光，不要抱怨生活的不公，生活的本质就是这样。你也不必害怕，最终我们都会战胜自身的这些心理困扰，遇见更美好的自己。

二是学会接纳当下的自己。学会接纳当下的自己是你成功战胜心理困扰的关键。带着症状去生活也没什么大不了，积极面对当下的自己，不要刻意隐瞒自己的困扰，不要戴着面具生活，更不要封闭自己。你不需要过得小心翼翼，你可以大大方方地告诉身边的人，大大方方地接受家人、亲戚、朋友的帮助！

三是行动起来。作为心理老师，我非常明白心理困扰给同学们带来的身心痛苦，那种说不出来的周身不适，那种别人永远不能感同身受的痛苦，那种被别人认为是"作"的痛苦，那种好像完全失去动力、想动也动不起来的痛苦……这些我都明白。但问题的关键是，我们越是缺乏行动力，它越是会限制我们去做出改变。我知道有心理困扰后行动起来很难，但是，我们可以一点点地开始。比如：要规律运动，可以从走路开始，一步一步增加运动量，要知道运动对你们的康复是最有效的；开始进行人际交往；开始给自己定计划；开始自律地早起；开始做一些自己想做的事情。只要坚持一段时间，你就会慢慢体会到行动带给你的惊喜，体会到行动的力量。

四是寻求社会支持。同学们，我知道对于自己的心理困扰，你们不想让父母担心，不想让学校知道，不想让辅导员知道，甚至不想让同学和朋友知道。可是，这是心理康复的大忌。你要知道，父母是我们最温暖的港湾，我也知道你怕他们担心，怕他们不理解，甚至担心他们会认为你装病，你选择自己承受，可是此时的你比任何时候都脆弱，比任何时候都渴望父母的理解与支持。有心理困扰后，你不敢让学校老师知道，你不敢让宿舍同学知道，你也不敢让朋友知道，担心大家知道后会把你当作异类，会疏远你，可是这样的你真的很痛苦，你的生活被限制了，你甚至回避各种社交。有心理困扰后，你不敢去寻求专业的心理咨询或者心理治疗，因为你觉得心理咨询没有效果，你担心自己的问题被暴露，你担心学校会对你采取一些特殊措施，使自己的问题曝光；你更不敢去医院看精神科，因为你不敢接受那样的结果，你怕那个标签，你更怕药物有严重的副作用。可是，孩子，你知道吗？家人、朋友、同学、老师，他们其实都是我们生命中很重要的人。如果你可以坦诚地向他们表达自己的情况，向他们诉说你的渴望，大家愿意选择去帮助你，你的症状可以在这些温暖之中缓解很多。所以，同学们知道该怎么做吗？

五是懂得寻求帮助。同学们，如果你的心理困扰超出你自己可以应付的范围，希望你能积极地寻求外界帮助。学校心理中心的老师可以帮助你评估困扰的严重程度，会教你如何面对这些困扰；如果你的心理困扰已经导致出现很多躯体症状，如身体不适、头晕头痛、心脏不舒服、胸闷、失眠、肠胃功能不好等等，你自己已经无法化解，希望你尽快去专科医院寻求心理治疗。你不用太担心药物的副作用，用药前两周会有较大的副作用反应，之后，反应会逐渐消失。用药后千万不能随意停药或者减药，一定要遵医嘱，这是非常重要的哦！

六是做些小事来缓解症状。同学们，不管你有多不开心，我们都有责任先吃好一顿饭，睡好一觉，打扮下自己。或者看一部开心的电影；或者喝一杯茶；或者穿上跑鞋出门去跑上几公里；或者找个安静的地方读一本书，静静地待着；或者找朋友聊聊；或者自己找找宣泄途径，把情绪释放出来，你就轻松了；再或者天晴的时候去晒晒太阳。这些小事都有助于你缓解情绪，获得积极的能量。

同学们，要期末考试了，让我们一起放松心情，用良好的心态来迎接它好吗？我相信你们可以的。学校心理中心的线上线下平台及解忧信箱随时为大家提供最温暖的帮助，时刻守候你的心灵。

心解困惑

在最困惑的当下，让阳光滋养你的心灵

第三章

如何能与月亮比肩？许多人问你。

你要学会摘月。捧起一泓水，倒映月亮的身影，你揽住了月光，它温柔地倾泻在水面上。看，你解决了大多数人的困惑。投入生活中烦恼的小石子，它们潜入盆底，激起不大不小的水花，渐渐遮蔽了月光。不要慌，倾斜双手，你需要让灵魂浮出水面。

心理咨询师告诉你大学生恋爱的正确"姿势"

> **引言**
>
> 相信校园爱情是每一个人都憧憬的经历，它恍如凉白开一般，在奶茶、饮料面前它显得淡然无味，但若在你口渴欲饮的情况下，却是人间佳品。爱情如何？冷暖自知。要想知道如何对待爱情、如何选择适合自己的爱情，就请认真阅读下面文章吧！

这段时间大家都很关注"北大女生自杀"这件事，甚至很多人都在探究这到底是为什么。今天，作为心理咨询师的我，不去谈论其中的原因，也不对这件事做任何的评判，更不想渲染某种气氛，我只想根据自己13年的心理咨询经历来与大学生朋友们聊聊，我们需要一个什么样的恋爱"姿势"，这或许会对大家更有帮助。

校园爱情是你们大学生活中的重要一幕，谈恋爱的经历是你们体验人生不可缺少的一课。校园里的爱情纯正、美好，是每个大学生都向往的。老师向来不反对大学生谈恋爱，当然，也不鼓励大家谈恋爱，因为，校园恋爱虽然美好，但同时也可能给同学们带来很多伤痛。

我重新回忆了一下咨询中遇到的现象，这些伤痛大概包括以下几类：

1. 老师，我觉得自己很难过，别人都恋爱了，为啥我就没有恋爱对象呢？我觉得自己很失败。

2. 舍友怂恿我去追她，我去追了，可是我发现我并不爱她，我也不想谈恋爱，只是想缓解一下自己的寂寞。

3. 我明明很爱他，为什么我就不敢接受他呢？我很害怕自己无法处理恋爱关系，很害怕自己被骗。

4. 我们天天在一起，后来，我发现身边的同学、朋友都离我而去，他们好像都用异样的眼光在看我们。

5. 我总是用各种无聊的、无语的方式来试探他对我的爱到底有多深，可是，这样做的结局是他烦了，他走了。

6. 他总是大男子主义，什么都要听他的，我很爱他，但是，他也不能这样对我啊，我也有自己的人格。

7. 她太依赖我了，太黏人了，我受不了她那样，我也有自己的生活和私人空间，我不想被爱情绑架。

8. 还没恋爱几天，他就提出要发生性关系，我不同意，但是他不高兴了，说我不爱他、不信任他，我好矛盾。

9. 自从与男友发生性关系后，我就经常担心自己会怀孕，甚至怀疑自己怀孕了，整天提心吊胆的。

10. 他好帅啊，我要去追他，他好有钱啊，我要和他在一起。

11. 每次他都不尊重我，想要发生性关系就发生，不管我是不是月经期、排卵期，还不使用安全套，我不从他就说分手。

12. 我已经堕胎三次了，觉得自己很罪恶，我觉得自己没有了人生，算了，破罐子破摔，随便了。

13. 他还没有和我分手就有了新欢。这到底是为什么？我要报复，我要杀了他。

14. 他怎么可以同时与几个女生交往，难道爱情都是假的吗？可是我不想退出，我要竞争。

15. 我们恋爱一段时间了，为啥他不再像以前那样爱我了，他是不是不喜欢我了？我该怎么办？

16. 那天，我们在网络上认识，半个月后，我们见面了，我们发生了关系，可是第二天他就消失了，我好失败。

17. 我确信自己得了艾滋病，我整天过着提心吊胆的生活，我不敢跟任何人说。

18. 我们是异地恋，我不知道还能坚持多久。我们还要继续吗？会有结果吗？

19. 父母亲知道我们的情况后，极力反对，可是我们是相爱的，我该怎么做？

20. 他是已婚男人，但是我很爱他，我想要和他一起生活，我不管其他的了，就是要和他在一起。

21. 她是残疾人，我身边的人都反对我们在一起，可是我就是想帮助她，我就是想与她在一起。

22. 我喜欢像我爸爸一样的男人，难道不可以吗？

或许还有很多诸如此类的想法，但为什么会出现这么多的现象呢？主要有以下几个原因：

1. 与原生家庭有关。每个人的原生家庭是不一样的，父母的爱情及交往方式会深深地影响你现在的爱情观和交往模式，如果父母经常吵闹，甚至冷暴力、出轨、离异，孩子在自己的恋爱和交往中就容易出现偏差。

2. 与恋爱动机有关。很多同学在恋爱之初动机就不对，不是因为真心喜欢而在一起，而是或者为了缓解寂寞、孤独，或者因为别人的起哄，或者因为与宿舍同学的打赌，或者因为看到大家都在恋爱，自己也要找一个，省得落单。

3. 很多同学不懂恋爱规律。男女之间恋爱的心理特点是不一样的，男生在恋爱初期总是表现出穷追猛打、积极主动、关心备至的样子；而女生在恋爱之初总是表现出矜持内敛、敏感谨慎的样子，刚好对应不上。等男生追到女生后，又把很多精力用在其他事情上，而不再那么关注女生了；女生恰恰相反，一旦答应交往，就全身心投入，希望男生越来越爱她，依赖性越来越强。这时候男生可能就觉得烦，于是矛盾不断产生，也就意味着分手即将到来。

4. 交往模式存在一些问题。不懂得尊重对方，不懂得给对方时间和空间，总觉得要天天在一起才是幸福，总觉得恋爱了之后对方就是你的，什么都要依着你；当然，也有其他的一些特殊原因，如父母的教养方式让双方的交往出现偏差、父母反对、异地恋爱、升学、学习太忙、工作不在一起，当然也可能有第三者进入。

那么，大学生应该有一个什么样的正确恋爱"姿势"呢？希望接下来我讲的对你有所帮助。一般来说，爱情是指一对男女之间，基于一定的社会关系和共同的生活理想，在各自内心中形成的对对方最真挚的倾慕，并渴望对方成为自己终身伴侣的最强烈的感情。从定义中可以看出，两个彼此相爱的人要有一定的心理因素作为基础，比如共同的人生观，如和谐与互补、理解和信任、尊重与自尊等等。基于以上的爱情解释，我想你们应该这么做：

第一步：恋爱之前，先问问自己准备好了吗。

想恋爱的时候先问自己几个问题：自己是否真到了谈恋爱的年龄？自己是否有能力接受爱，有能力面对爱的挫折？自己是否能处理好恋爱关系，不会影响学习？自己的规划是什么？想要的对象大概是什么样的？他真的出现了吗？

当你这些问题回答后，我是这样建议的：如果你喜欢的那个人真的出现了，你可以大胆去追求，如果那个人还没有出现，希望你耐心等待。在等待的阶段，你可以先了解一下恋爱的相关知识，以备后续的需要。另外，一定记得，不要随便就答应，随便就成为恋人，你们可以从朋友开始做起，至少三个月后再做决定，你需要花些时间去了解对方，谈恋爱是需要耐心的，恋爱过程是温水煮青蛙的过程，只有等到两颗心熬熟、熬透了，恋爱的两个人才能心有灵犀、此生不渝。还有两句叮嘱就是：不要随意进行网络恋爱，这存在很多的不安全因素；也不要随意地插足别人的感情，这是一种不道德的行为。

第二步：你要看看那个他（她）是不是你理想中的对象。

看一个男孩到底好不好，至少可以从这几个方面去考量：第一，看他懂不懂得尊重你，这是最重要的一点。恋爱中你们是互相独立的个体，你们的相处是平等的，他对你是否尊重，意味着对你是否有真爱。日常交往中，你可以通过以下一些事情来判断：他提出要发生性关系，你不同意，看他的表现，他是否生气，或者不理你；你今天不想去做某事，他会不会强求你做；他是不是总是按照自己的意愿做事，想怎样就要怎样；他是否总是希望你按照他的方式穿衣打扮；等等。第二，看他是不是一个负责任的男生。是否对自己负责，是否积极上进；是否对家庭负责，能够爱自己的父母；是否对自己的承诺负责，是否对他人负责，是否对社会负责。可以从生活中以下几点来判断：他现在是认真学习，还是天天玩游戏，吊儿郎当；他是否记住了父母的生日，是否会经常谈起父母，与父母打电话的态度好不好；他说过的话是否真正做到；是否有好朋友，对朋友的态度如何，是否有爱心；等等。第三，看他的情绪是否稳定。一个男人如果连自己的情绪都控制不好，一会儿这样，一会儿那样，一会儿生气，一会儿摔东西，这样的男生情绪波动大，很难在生活中维持关系。第四，看看他的心里到底有没有你。他会因为你的外出担心你吗？买吃的都能想起你吗？你生病，他会担心得上蹿下跳吗？你的担心就是他的担心吗？从这些生活细节中发现他是否真的对你好。

看一个女孩到底好不好，可以从这几个方面去考量：第一，女孩是否为人善良真诚。她是否有同情心，能够为他人着想，是否关心体贴爱人，尊重爱人，真诚坦然地对待爱人，这些都决定了她在爱情中对待爱人的方式，也决定着爱情寿命的长短。第二，女孩是否有孝心，这是今后生活非常重要的一个点，女孩的孝心会给家庭带来温暖。日常生活中你可以通过她对父母的态度、交往方式以及她对你的父母的态度来判断。第三，女孩对自己的态度。她是否会打理自己，是否每天都干净利索，是否会收拾自己的宿舍，是否会做些家务，是否会积极上进。在条件允许的前提下可以到她宿舍去看看或者看看她的房间，看看她每天都在做些什么，你很快就能获得答案。

第三步：学会恋爱交往方式。

在讲正确的恋爱交往方式之前，我想先告诉大家，男生和女生在恋爱中的心理需求是不一样的，对照下自己，你是否做到了。男生的心理需求主要是以下几点：1.自身的能力被肯定。这是男生获得自尊的一种重要方式，也是自己是否被认可的重要评判点，他时常会关心自己在恋人眼中的形象，关心自己是否让人瞧得起，自己的能力是否得到恋人的认可，一定要记得，表扬、认可越多，他会做得越好。

2. 自己的才华和爱好被欣赏。可能他的部分才华并没有什么用处，你不喜欢，但你仍需学会尊重，这样他就会觉得你在尊重他。3. 他对你的好、他的努力被你感激。他对你的好，也许方式你不喜欢，他所表现的努力方式也许对你们的感情没什么用，也许只是给你送个苹果，也许只是一句关心，也许只是发个微信问声好，也许只是一张特别的纸条，也许只是一杯温开水，也许只是他因为你努力而开心好几天，但是，一定记得，他对你以及对这段感情所做的努力需要被感激，这是他继续这段感情的动力，更是你对爱的尊重。

女生在恋爱里的心理需求主要是以下几点：1. 她需要时常被关怀。女生的心理依赖比男生强，她说的可能都是生活琐事，但是请你认真倾听，倾听时不要有太多的个人意见，听就好，给予适当的安慰，她需要你经常关心、关怀，哪怕是看上去已经做了百遍千遍的事情，她们仍然乐于接受，因为这样她才会觉得你还在。2. 她的想法需要被尊重。她也有自己的主见和想法，不要一味否定，她也需要被尊重，哪怕那些想法很荒谬。她可能一而再再而三地询问你是否爱她，其实她只是需要再三地被肯定，你需要给她信心，不要觉得烦，她就是喜欢这个。

所以，正确的恋爱交往方式可以概括为如下几点：

1. 了解恋爱双方的心理需求，并尽量满足各自的需求；

2. 了解恋爱的规律，男生和女生是不一样的；

3. 学会尊重对方的独立人格是恋爱的基础；

4. 不要天天黏在一起，那样你会失去很多东西；

5. 发生性行为时，尊重对方的想法，并做好安全防护措施；

6. 给予对方空间，让双方都有自己的空间、时间和朋友圈；

7. 一定要忠诚于对方，不爱了就分手，这没有错；

8. 学会接纳双方的不足，发现优点，包容缺点；

9. 扩大交往面，不能眼中只有你的恋人；

10. 你们一起为梦想努力。

每个人的恋爱都有独特性，我说的不一定都适合你，也不一定都对，只要你们是相互尊重、快乐幸福的，那便是美好的。祝天下每一对恋人都终成眷属！

心理咨询师告诉你大学生恋爱心理常识

> **引言**
>
> 校园爱情是你们大学生活中的重要一幕，谈恋爱的经历是你们体验人生不可缺少的一课，校园里的爱情纯正、美好，是每个大学生都向往的。如何让恋爱更有质量？这需要你懂一些恋爱心理常识。

我们不反对大学生谈恋爱，也不鼓励大家谈恋爱，因为，校园恋爱虽然美好，但同样也可能带来很多的伤痛。但是，不管美好还是伤痛，它都在那，你想逃也逃不掉。倒不如我们一起学习下心理咨询师给同学们准备的恋爱心理常识，或许对你会有帮助。

首先，男女之间的恋爱心理特点不一样。很多同学不懂恋爱规律，男生在恋爱初期总是表现出穷追猛打、积极主动、关心备至的样子，而女生在恋爱之初总是表现出矜持内敛、敏感谨慎的样子，等男生追到女生后，男生基本就平静了，不再像之前那样浪漫、听话、激情。甚至有的男生会不喜欢女生的依赖，他们会把更多的时间花在自己的事情上了，比如，和其他同学玩，不管你；打游戏，出游，不怎么理会你；或者专注于学生工作；或者专注于学习。总之，这时候的男生希望有自己的空间和时间。女生恰恰相反，一旦答应交往，就全身心投入，希望男生越来越爱她，依赖性越来越强，希望男生给予更多的关注和浪漫。这时候男生可能就觉得烦，于是矛盾不断产生，女生就认为男生不再爱自己了，而男生这时候觉得女生无理取闹，觉得很烦，就开始闹分手。其实，这时候真的是男生不爱女生了吗？不是的。

第二，她（他）的恋爱交往模式与原生家庭有关，请多些包容和理解。父母的感情状况、婚恋关系、教养方式，在一定程度上决定了孩子未来的婚恋关系。如果一个人生活在关系良好、感情幸福的家庭中，那么他在选择伴侣的时候就会下意识地选择和自己父母相似的人；如果一个人小时候见证了父母不幸福的婚姻，那么他往往就会避开自己父母的缺点，选择一个和他们完全不一样的人；如果父母经常吵架，甚至打架，孩子可能就会选择不结婚，或者对婚恋对象缺乏安全感，经常因为琐事吵架。

1. **父母关系不和，经常吵吵闹闹。**在这样氛围下成长的孩子往往都缺乏关爱，长大之后则会对别人的关爱产生过分的渴求，尤其表现在恋爱关系上，因此经常会在感情上受挫折。

2. **离异的家庭的孩子可能受伤更严重。**如果你的家庭是离异家庭，父母都不怎么关注你，继父、继母也对你漠不关心，这个时候的你可能会对恋爱很排斥，甚至会对恋爱和婚姻失去基本的信心，也可能不相信爱情。即使你恋爱了，也可能总是放不开自己，总觉得没有安全感，对恋人会有很强的依赖性，占有欲特别强，还经常吃醋。

3. **情感被忽视，需要没被满足。**如果你在原生家庭中情感经常被忽视，那么在选择恋爱对象的时候，就可能会选择比你年龄大的、能照顾你的人，会非常在意恋爱对象对自己的看法。你希望经常被认可、被关注，会很敏感，经常会试探对方对你到底怎样，你可能会很担心对方不要你了，所以，你过得并不好。

4. **被过分溺爱的孩子喜欢当公主或者霸王。**有些家庭过分溺爱孩子，孩子从小就觉得有优势、有特权，觉得每个人都要迁就他，听他的，喜欢当公主或者霸王。所以，他们在恋爱中也是以自我为中心，很难去考虑对象的感受，不懂得尊重对方，希望恋爱对象及其家人能事事都让着自己，围着自己转，现实生活中，这是很难实现的。

你对原生家庭的不满，不应该让你的恋人当替罪羊。你可能对父母怀恨在心，你可能对自己身世耿耿于怀，所有你对原生家庭的不满，当你恋爱后都要学会理解，理顺和亲人的关系。无论父母怎么样，他们都给了我们生命，我们要怀着感恩之心，通过学习和艰苦修行，摆脱原生家庭对我们的影响。你越是怀恨，就越难摆脱阴影，生活越是一团糟；越是怀恨，你对恋人的要求就会越多，对恋人的不满也会越多，无形之中，你的另一半成了你的替罪羊。这个时候何不释怀呢？！学会与父母和解，与自己和解，重新开始自己的生活。

第三，恋爱双方都要有自己的时间和空间。不要觉得恋爱后一定要天天黏在一起，不要觉得天天在一起秀恩爱别人会羡慕你。更不要在教室、图书馆、食堂等公共场合秀恩爱，这样只会让人觉得你不懂事。还要记得不要天天绑住你的另一半，什么事情都不让他（她）去做，什么人也不让他（她）去交往，如果有一天你们分开了，你会发现你的世界只剩下你自己，没有了朋友，没有了自己的学业和事业。所以，切记，给予对方更多时间和空间去做该做的事情，甚至鼓励对方多与不同的人交往，多参加更有意义的活动。要知道，你控制得越紧，对方跑得越快。你们懂得的，天天在一起，哪还有新鲜感。其实，我最想表达的意思是：你们恋爱，各自努力，各自有自己的人际圈子，互相督促，积极上进。

第四，拒绝恋爱，需要你更坚决一点。生活中我们总会发现这样的现象：有人向你表白了，你明明知道自己不爱他，但是你就是不直接说，不直接拒绝，还继续与他（她）交往，或者告诉对方先做朋友看看，给别人以希望。可能你认为太直接了会伤害对方，可是你要知道，等他（她）付出更多的时候你再拒绝，那时候对他（她）的伤害更大，现在你的不拒绝可能只是在满足自己的虚荣心。另外，如果你们恋爱一段时间了，觉得不合适，想要分手了，一定要找个合适的机会直接说，不要故意用拖延、爱理不理的方式来让对方提出分手，这是不道德的行为。我想告诉大家的是，恋爱这事，是就是，不是就不是，一定要直截了当。分手这事，要分就彻底分，不要拖泥带水，这样对双方都比较好。你们觉得呢？

第五，请你远离 PUA。PUA 也叫精神控制，早期只是分享男性如何通过技巧和心理学应用去接近、搭讪自己喜欢的人，但后来演化成骗色、骗财的手段，设立所谓步步陷阱的情感操控术，甚至不惜使用导致对方自杀的手段来达到情感操控的目的。它利用各种手段，把本该平等的恋爱关系，塑造成两个不对等的身份，在这样的条件下，对方对你的好是恩泽，对你的坏是理所当然，它的常用手段就是甜言蜜语加言语羞辱。操控者通过长期将虚假、片面或欺骗性的话语灌输给受害者，从而使受害者开始怀疑自己，其本质是一种否定。通过建立契约，如"我们不要怎样""你每天都要怎样"之类的话，利用受害者的负罪感和补偿心理，让他们掉入圈套，进行心理操控。这是一种难以识别的情感，一旦遇上，很难成功摆脱。因此，大学生一定要认真考察自己的恋爱对象，只要你发现你们之间的恋爱关系不平等，经常感觉到低自尊，没有自己的想法，也感受不到快乐，请你立即"撤退、远离"。

第六，为什么大学生恋爱总会有那么多"失恋"现象？很多同学都想知道，大学校园里的恋爱为什么会有那么多的"失恋"现象呢？失恋的主要原因有哪些？

1. **恋爱动机不纯**。很多同学在恋爱之初动机就不对，不是因为真心喜欢而在一起，而是或者为了缓解寂寞、孤独，或者因为别人起哄，或者因为与宿舍同学打赌，或者因为看到大家都在恋爱，也要找一个，省得落单。

2. **很多同学不懂恋爱规律**。很多同学对男女之间恋爱的心理特点不了解，对恋爱双方的心理需求不理解，对恋爱双方出现的特殊心理表现形式不理解，不能正确看待交往中出现的种种心理现象，甚至产生很多误解。

3. **受到一些客观因素的影响**。如父母的教养方式让双方的交往出现偏差、父母的反对、异地恋爱、升学、学习太忙、工作不在一起，当然也可能有第三者插足。

4. **交往模式存在一些问题**。不懂得尊重对方，不懂得给对方时间和空间，总觉得要天天在一起才是幸福,总觉得恋爱了对方就是你的,什么都要依着你。当然,还有其他的一些特殊原因,不具体说了。

  好了,老师的话说完了,我还想说的是,每个人的恋爱都有独特性,我说的不一定都适合你,也不一定都对,只要你们是相互尊重、快乐幸福的,那就好了。以上观点仅代表个人,觉得对你有用就转发传播,对你没用就忽略。

心理咨询师写给失恋的你

> **引言**
>
> 爱情的酸甜苦辣,只有当事人最为清楚。如果不适合,何必强求!任何事情都有两面性,有热恋带来的美好,就有以后面临失恋的痛苦。失恋并不意味着失去任何东西,只能说明这段感情不再适合彼此。如何避免失恋是上一篇的内容,如何正确对待失恋,才是我们本篇的主题。正如苏格拉底所言,"丢了的葡萄就是丢了,不可能再找回",祝福彼此,也是给自己一个寻找幸福的权利呀!相信每个人都会找寻到属于自己的那个盖世英雄,终有一天,他会踩着七色云彩来娶你!

最近,我连续接触到多个因为失恋前来咨询的同学,他们都表现得很痛苦,甚至认为自己不知道如何面对未来。我能深深地理解这些同学因为失恋而产生的痛苦,也为他们的遭遇而感到难过,那么我们究竟应该如何认识和面对失恋呢?希望你带着失恋的感受去看这篇文章,希望它能对你有所帮助,使你能慢慢重新开始新的生活。

校园爱情是大学生活中的重要一幕,谈恋爱的经历是你们体验人生不可缺少的一课,校园里的爱情纯正、美好,是每个大学生都向往的;当然,校园恋爱中的失恋所带来的悲伤、痛苦、绝望、忧郁、焦虑、虚无也将是你们最刻骨铭心的。但是,不管带来的是美好还是忧伤,它都在那儿,都是你曾经的经历。

在咨询过程中,我接触了很多因为失恋前来求助的同学,他们的那种痛苦、不能自拔让我记忆犹新,甚至有不少因为失恋做出了极端行为的例子,如要跳楼的、不想活的、伤害对方的、破罐子破摔的等等。另外,我们有调查显示,大部分的人都经历过失恋,大学里的恋爱,分手率是相当高的,而因此患上抑郁症的例子也不在少数。鉴于这种情况,我想,最重要的一点还是了解失恋了该怎么办。

经历失恋后,每个人都会产生一系列的消极情绪和反应,这是正常的心理表现,也说明你们真心爱过。但是随着时间的推移,心理弹性高的个体会逐渐面对现实,接受失恋的现状,知道感情是不可挽回、不可强求的,也接受自己目前单身的状态,适应现实生活；而心理弹性低的同学，就容易沉浸在失恋的痛苦中难以接受现实，不管对方给了什么理由，分手已经是结果了，他（她）给你的理由也许是最后的体面，不愿意说狠话来伤害你，有些时候真诚的理由的效果不如美丽的谎言。

那么失恋了到底应该怎么办呢？第一，你应该充分感受和体会失恋带来的痛苦。这种体验是人生的一部分，也是一种"美好"记忆，充分去感受它的存在，让它滋养我们成长。第二，一定要宣泄出来。可以好好哭一场，找朋友哭，或者到心理咨询中心哭，或者自己哭，一定要懂得宣泄自己的痛苦情绪。一朵美丽的花，如果不把花心的害虫摘掉，那么这朵花就会被啃咬以致衰败，花如此，人亦是。第三，扩大交往面。不能眼中只有你的恋人，失去恋人，你可能会得到整个世界。没有谁离开谁是活不下去的。第四，等自己稍微清醒之后，重新去认知你们的感情。不要总觉得自己付出很多，得到很少，不要总觉得别人对你不忠诚，其实他（她）离开你是最大的忠诚。第五，转移注意力，去散心、旅行，或者把注意力转移到其他的事情上，强迫自己开阔视野，从长远角度来看，一次小小的失恋并不算什么。第六，要懂得失恋的最好治疗药物是——时间。一般情况下，恋爱一年后失恋需要两个月来释怀，恋爱两年后失恋需要半年来释怀，以此类推。时间是让人猝不及防的东西，很多时候，你以为你永远都不会释怀或者放下，可是一年、三年、五年、十年之后呢？也许你都记不清他（她）的样子了。放不下的就交给时间吧！

当然，我也想告诉大家，失恋后，什么是不能做的。首先，失恋后，双方千万不能继续做朋友，如果继续做朋友会带有很多情愫，分手就会分得不彻底，痛苦就会被延长。要在五年内不做朋友。大家应该有过这种体验，分手后生活中某个细节使你又想起他（她），如果还保持联系，不仅会痛苦于失去，还会心存侥幸，想对方会不会也余情未了呢，这样子就很难走出来了。第二，不能自暴自弃，不能伤害自己，不能报复和伤害别人。要不然失去的就不仅是恋人，更有可能是你的整个人生。任何事情的发生，从来都不是一个人的过错，不应该让另一方承担所有的责任。每个人都有情绪不稳定的时候，但是要学会控制它，不然一时冲动带来的可能就是一辈子的悔恨。第三，不能马上找个替代的人来安慰自己受伤的心灵。刚失恋时，人是最不理智的，这时候很容易冲动而选择替代的人来寄托感情。一定要慎重，否则不仅是对自己的不负责任，也是对别人的一种伤害。

我们都会遇到因为失恋哭得很伤心的人，作为他们的闺蜜，或者朋友，或者身边的同学，我们能做点什么呢？最重要的是倾听，听他（她）说，让他（她）讲，我们做适当的反馈就行，不要给予这样那样的建议，或者说些"天涯何处无芳草"等没用的话。大道理谁都懂，他（她）可能只是需要一个可以陪伴他

（她）、聆听他（她）心声的人，你可以一句话都不说，在他（她）身边就好，帮他（她）度过最煎熬的48小时，这就已经是最大的帮助了。同时，如果发现周围的人因为失恋而有一些异常举动，一定要学会向老师和家长求助，及时反映情况，可能这不起眼的动作就能挽救一个花季少年的青春！

写到最后，我想让大家看看苏格拉底和失恋者的对话，或许会给你很多启示。

附：

苏格拉底：孩子，为什么悲伤？

失恋者：我失恋了。

苏：哦，这很正常。如果失恋了没有悲伤，恋爱大概也就没有什么味道。可是，年轻人，我怎么发现你对失恋的投入甚至比对恋爱的投入还要倾心呢？

失：到手的葡萄给丢了，这份遗憾，这份失落，您非个中人，怎知其中的酸楚啊。

苏：丢了就是丢了，何不继续向前走去，鲜美的葡萄还有很多。

失：我只想等待，等到海枯石烂，直到她回心转意向我走来。

苏：但这一天也许永远不会到来。你最后会眼睁睁地看着她和另一个人走的。

失：那我就用自杀来表示我的诚心。

苏：但如果这样，你不但失去了你的恋人，同时还失去了你自己，你会蒙受双倍的损失。

失：您说我该怎么办，我可真的很爱她。

苏：真的很爱？

失：是的。

苏：那你当然希望你所爱的人幸福？

失：那是自然。

苏：如果她认为离开你是一种幸福呢？

失：不会的！她曾经跟我说，只有跟我在一起的时候她才感到幸福！

苏：那是曾经，是过去，可她现在并不这么认为。

失：这就是说，她一直在骗我？

苏：不，她一直对你很忠诚。当她爱你的时候，她和你在一起，现在她不爱你，她就离去了，世界上再没有比这更大的忠诚。如果她不再爱你，却还装着对你很有情谊，甚至跟你结婚、生子，那才是真正的欺骗呢。

失：可我为她所投入的感情不是白白浪费了吗？谁来补偿我？

苏：不，你的感情从来没有浪费，根本不存在补偿的问题，因为在你付出感情的同时，她也对你付出了感情，在你给她快乐的时候，她也给了你快乐。

失：可是，她现在不爱我了，我却还苦苦地爱着她，这多不公平啊！

苏：的确不公平，我是说你对所爱的那个人不公平。本来，爱她是你的权利，但爱不爱你则是她的权利，而你却想在自己行使权利的时候剥夺别人行使权利的自由。这是何等的不公平！

失：可是您看得明明白白，现在痛苦的是我而不是她，是我在为她痛苦。

苏：为她而痛苦？她的日子可能过得很好，不如说是你为自己而痛苦吧。明明是为自己，却还打着别人的旗号。年轻人，德行可不能丢哟。

失：依您的说法，这一切倒成了我的错？

苏：是的，从一开始你就犯了错。如果你能给她带来幸福，她是不会从你的生活中离开的，要知道，没有人会逃避幸福。

失：可她连机会都不给我，您说可恶不可恶？

苏：当然可恶。好在你现在已经摆脱了这个可恶的人，你应该感到高兴，孩子。

失：高兴？怎么可能呢，不管怎么说，我是被人给抛弃了，这总是叫人感到自卑的。

苏：不，年轻人的身上只能有自豪，不可自卑。要记住，被抛弃的并不是就是不好的。

失：此话怎讲？

苏：有一次，我看中一套高贵的衣服，可谓爱不释手，商人问我要不要。你猜我怎么说？我说质地太差，不要！其实，我口袋里没有钱。年轻人，也许你就是这件被遗弃的衣服。

失：您真会安慰人，可惜您还是不能把我从失恋的痛苦中引出。

苏：是的，我很遗憾自己没有这个能力。但，可以向你推荐一位有能力的朋友。

失：谁？

苏：时间，时间是人最伟大的导师，我见过无数被失恋折磨得死去活来的人，是时间帮助他们抚平了心灵的创伤，并重新为他们选择了梦中情人，最后他们都享受到了本该属于自己的那份人间之乐。

失：但愿我也有这一天，可我的第一步该从哪里做起呢？

苏：去感谢那个抛弃你的人，为她祝福。

失：为什么？

苏：因为她给了你忠诚，给了你寻找幸福的新机会。

童年创伤给我们带来的伤痛要怎么抚平？

> **引言**
>
> 同学们的童年过得快乐吗？相信每一个同学的童年记忆里，对于伤痛的记忆都比快乐的记忆要来得更深刻一些。无论是家人之间的口角，还是朋友之间的摩擦，总会给你带来不愉快，甚至造成你情感上的缺失，所以抚平童年带来的伤痛是尤为重要的。本章节探索的内容是如何走出童年心理创伤带来的阴影，希望本章节能给同学们带来新的感悟。

我们每个人的童年，或多或少都受到过创伤：受封建思想影响，父母重男轻女，女孩总觉得自己是多余的；家庭环境不好，父母总是吵闹，受伤最大的是孩子；学校老师不恰当的教育方式给孩子留下了永远的伤痛；受到校园欺凌，来自同龄人的恶意与伤害在你心中留下无法抹去的阴影；童年的一些特殊经历，让孩子一生内疚自责，无法释怀；还有很多不能说的秘密，成了困住孩子一生的墙。要知道童年时期造成的一些创伤，会在我们长大成人之后依然深深地影响着我们的学习、生活、工作、人际、财富、家庭等各个层面，让我们不停地陷入创伤的限制，重复创伤的模式。那么，我们应该如何抚平自己的伤痛呢？其实，疗愈童年创伤，疗愈受伤的内心，并没有那么难，只需要我们带着一点理解、一点宽容、一点耐心、一点爱心、一份坚持，你我都可以走出童年的创伤。

一、童年的创伤到底会对我们产生怎样的影响？

首先我要说明的是，并不是所有人的童年创伤都会导致不良影响，更不是有童年创伤就一定会有心理问题，需要心理治疗。人类进化到今天，面对过无数的大灾大难，都过来了，人的一生也会面临无数的困难和挫折，大部分人都能自我疗愈，甚至有人因为特殊的童年创伤而过得更加精彩，活出了真实的自我。当然，确实有一部分人无法面对自己童年的创伤，一直被童年的创伤所影响，一辈子都走不出那个阴影。现在，我们一起来分析一下童年的创伤到底会对我们产生怎样的影响。

1. 童年有创伤的孩子普遍会出现人际交往困难。心理学家们普遍认为，人际关系代表着人的心理适应水平，是心理健康的一个重要标志，而人际交往不良常常是心理疾病的主要表现。童年有创伤的孩子由于各种原因缺少正常的人际交往，往往会表现出拘谨胆小、害羞怕生、孤僻退缩、以自我为中心、不能合作、任性攻击等适应困难症。童年时候的心理创伤，就像躲在影子里的怪兽，平时看不出来，却时时刻刻蠢蠢欲动。有童年创伤的人，会更喜欢封闭自己，不爱与人交流，或者朋友很多，却都难以走进他的心里，他在交往过程中往往表现得很奇特，甚至经常用相反的方式来呈现交往过程。

2. 童年有创伤的孩子普遍内向、自卑，对人缺乏信任。幸运的人一生都在被童年治愈，不幸的人一生都在治愈童年。很多时候，童年的创伤需要人穷其一生去挣脱。因为心灵受到过伤害，他们总认为自己是多余的，自己很差，什么都不会，自己不配拥有美好的生活，不配得到周围人的关注，不配得到别人的表扬。但是，他们又经常表现得很积极努力，希望获得周围人的认可，尤其是希望获得父母的认可，内心的自卑和渴望关注往往自相矛盾。同时，他们对周围人总是没有信任感，害怕被抛弃，害怕被伤害，于是经常选择封闭自己。

3. 童年有创伤的孩子普遍在婚姻中不幸福。童年创伤所带来的影响最容易在婚姻中暴露，因为有创伤，他们会有意无意地把当年父母的生活方式复制到现在的生活中，一方面讨厌那种方式，另一方面又无意间重复这种方式。成年人善于掩饰自己的不完美，但却容易对着最亲近的人暴露出自己最狰狞的一面。童年的伤痕，会让人变得刻薄、尖锐，难以和其他人建立长久的亲密关系。这在婚姻中体现得最明显。

4. 童年有创伤的孩子可能会对父母产生怨恨。如果一个人的童年阴影来自他的原生家庭，那么这个人很难不怨恨自己的父母。双方都很委屈。父母自认为给了孩子一切，却被孩子抱怨；孩子却觉得父母的尖刻和蛮横毁了自己的一生。孩子需要的可能并不是父母给的，父母经常无意间做了很多伤害孩子的事情，尤其是刻薄的语言，让孩子体会一生的伤痛。当然，这种怨恨又不能表现得太明显，毕竟在中国的文化传统里，"百善孝为先"，所以在孝与恨之间游走是多么地令人心酸。

5. 童年有创伤的孩子患上心理疾病的概率会增加。童年有创伤的孩子在认知、情绪、情感等各个方面都可能存在一些偏差，童年创伤如果没有得到有效处理，会导致有些心理创伤并不会随着年龄的增长而消减，反而会日渐深刻，日复一日地折磨他，当遇到困难和挫折的时候，他患上心理疾病的概率会增加。

二、我们应该如何来治愈童年的创伤呢？

童年创伤已经发生，逝去的时光也无法重来，所以逃避终究无法解决问题，只有正确面对，才有希望真正走出童年创伤带来的伤痛。你可以按照以下7点这样做：

1. 了解、认识自己的童年创伤。情绪健康专家约翰·布雷萧认为童年创伤会潜移默化地影响人的一生。换句话说，童年时一直埋藏、未能得到释放的情感，在成年后会演变为负担和隐患，严重的话会进一步加重为心理疾病，并影响正常的工作、社交。这些"负能量"如果没有能够得到处理和释放，它就只能以不正常的行为来释放，通过过激、不受控的言行来外化，长期的压力、焦虑状态甚至会导致严重的生理问题。如果可以，不如鼓起勇气，直面伤痛，用心梳理下自己的童年，梳理下童年的伤痛，并了解这些伤痛是如何影响你现在的生活的，你是否可以做出一些改变。也许梳理的时候你很难过，但是，你必须去了解它、认识它，当你真正了解和认识它时，它就从潜意识变成了意识，这是你改变的第一步。我们必须理解，童年的一些经历为什么会带来创伤，创伤从何而起？在童年创伤发生时，我们的认知是非逻辑、非理性化的，而长大以后，我们可以用理性和沟通回溯过往，去分析和解释早年经历的一切。面对童年遇到的种种指责、挫折，我们需要认识到，这一切并不都是自己的错，这一切并不应该怪罪于"我"。没有谁的童年是完全一帆风顺的，只想着逃避而不去寻求解决办法，只能在成年后陷入死循环。当然，有可能你自己也不清楚哪些童年创伤影响了你，这时候你可以请教专业的咨询师。

2. 面对和承认童年的创伤。要疗愈童年创伤，首先要承认和看见当年自己的不公和困难的遭遇，我们要为当初那个受伤的、委屈的小孩平反。你需要充分承认这个不公平，不用害怕、愤怒和怨恨，就算是仇恨也不必怕，充分地去怒、去怨，将那些被自己抑制的情绪发泄出来，然后被怒和怨覆盖的爱就会涌出来，若你又爱又怨，你就既不能好好地爱，也不能好好地怨。如果你真的想爱自己，那就充分地去为自己讲话，这些本就是真实的，为什么要用"不应该"来打压。父母本就是我们人生里最爱恨交织的人，如果出现"我恨不得掐死你""你根本不配做父母"类似的言辞是完全正常的。但我说的不是报复，不是对父母大发雷霆，如果这种情况发生了，你可以选择释放自己的情绪，不必内疚。当然如果你和父母之间的矛盾可以和平解决，老师还是建议你不要使用一些极端的方式。你可以通过控诉父母来对自己实现疗愈，但不要直接这样对待父母，你可以选择在镜子面前控诉他们，想象他们就在面前，把你的委屈、不解充分地表达出来。不必压抑愤怒和怨恨，让自己逐渐感受悲伤情绪的出现，愤怒到极致就是悲伤，当悲伤来临，接纳也就开始了。当接纳开始，爱也就油然而生了。

3. 学会宽恕给我们带来童年创伤的对象。首先是宽恕父母的无知和有限。相信他们在内心最深的地方是爱我们的，相信他们不是故意要伤害我们，相信他们自己也在痛苦和纠结中。宽恕他们没有机会充分了解爱的真谛，宽恕他们可能曾经没有被足够好地爱过。相信他们对我们的态度不仅只有他们所表现出的不好的一面，去回顾那些最好的，甚至是他们出于爱而改良过的，他们努力以后的一些表现。其次是宽恕那些给予我们不公和心灵打击的人，他们可能是你的同学、亲戚或者老师，或者陌生人，那些有意无意的伤害让你记忆犹新，难以释怀，甚至你还怀着怨恨一直在抱怨，一直在自责，一直在等待报仇的机会。可是，你越是这样，你的心情越受影响，你越是无法走出自己设置的沼泽。最后是宽恕自己。宽恕当初自己没有能力照顾好自己，没有能力给自己安全、自由，宽恕当初不懂得或者不敢为自己发声，宽恕自己作为一个小孩子的局限与弱小，宽恕为了适应环境而压抑、隐藏甚至变形了的自己，宽恕自己没有能力去认识、觉察和摆脱那些困境、孤独和害怕。当你学会宽恕自己的时候，你就可以宽恕别人。

4. 学会寻求帮助来疗愈自己的童年创伤。对于童年创伤，逃避无法根本解决问题，我们始终要有勇气去接纳它，允许它的存在，要相信这些情绪是可以被疏导、可以被处理的。向内压抑不是解决办法。一方面尝试找到你亲近、信任的人，在心平气和的时候表达你童年的创伤经历。在成年后把当年因恐惧而不敢表达的体验全部讲出来，将会有利于情绪疏导，有利于你直面童年创伤，并进行释放。面对自己的心灵创伤，不要回避，有些问题不是假装看不见就真的不存在了。接受自己，哪怕自己不完美，直面自己的问题，这些问题才有可能被解决。人是有社会属性的，每个人都需要朋友。喋喋不休地诉说自己的不满会引人厌烦，但是适当倾诉，可以减轻许多压力。如果实在说不出口，在网上找一个可以倾诉的陌生人当你的树洞，也不失为一种选择。另一方面，我们应该正确寻求社会支持系统的帮助，相信专业人士的建议和帮助，在必要情况下尝试去寻求心理咨询，除了情绪的疏导之外，会更有利于创伤的疗愈。另外，解铃还须系铃人，如果可以，就尽快地和父母和解，尽快与伤害你的人和解，不做那个矛盾体，开始新的生活。

5. 寻找积极正向的自身资源和社会资源。我们都知道积极心态是我们克服童年创伤的有力武器，我们要从积极正面的角度看到自己身上的优势资源，比如：有健康的身体、有某方面的专长、有善良的心、有努力的动力、有改变的勇气等等。同时，也要挖掘积极正向的社会资源，比如：你有几个非常要好的朋友、你有几个爱你的亲戚、你有几个非常欣赏你的老师、你随时可以找到倾诉的对象、你需要帮助时都会有人出现等等。通过这些积极正向的自身资源和社会资源让自己感受到支持和力量，给予自己积极的暗示，让自己感受到安全，以此来推动自己抚平童年的创伤。

6.感谢现在的自己，重新开始新的生活。欣赏和感谢自己活下来，感谢那个不完美的自己，感谢自己还能有机会去重新开始生活。想象一下那个孩子，忍受了这么多，承受了这么多，委屈了这么多，压抑了这么多，孤单了这么多，无奈了这么多，痛苦了这么多……终于活到现在，有机会觉察和疗愈、有机会做自己，这是多么值得赞扬的事情。如果你喜欢把自己始终置于一个受害者的角色，永远把自己当作受伤的小孩、无力的小孩，把自己看作一个弱女子、一个屌男，那是你的选择，也是你获得痛苦的途径，你可以这样做，你可以终其一生这样做，只要你愿意。同样，你也可以选择把自己看作一个成熟而为自己负责的人，自己尊重自己、自己陪伴自己、自己热爱自己、自己安慰和支持自己。你可以从伤痛中获得钻石，从困难中蜕变成熟，即便你不习惯、不熟悉这样做，你也能学会，一定能做到，只要你愿意。同样，你还有权用更大的视角来感受自己，你可以认出你是一个生命——无瑕、自足而圆满的生命，那些经历、感受、观念都不是你，你应该要有新的你自己。

7.童年创伤无法彻底清除时选择共存。在这个过程中，最重要的一点就是接纳自己的现状，与创伤共生。不要因为出现不良情绪而苛责自己。在抑郁或者焦虑的时候，给自己一点暗示："这很正常"，"这只是童年创伤后应激障碍，总会过去的"。哪怕无法彻底根除童年创伤，带着伤痛和障碍努力生活，也强过坐以待毙。只有找到那个童年受伤的"内在小孩"，和他对话，给他安抚，我们才能走出黑暗。弗洛伊德认为，我们应当建立一个安全的环境，让受伤的内在小孩从潜意识中走出来。如果说你的伤痛无法完全化解，你的阴影无法完全抹去，不如把它当作自己生命中必须要过的一个关卡，或者把它当作助自己强大的一次刺激，与它和平相处也许是不错的选择。

走出童年创伤，疗愈自己，不是一蹴而就的事，需要你不断地学习、练习，必要时寻求外界的帮助，你需要一定的人际支持，需要安全的环境，才能让自己有勇气去面对创伤乃至走出创伤。虽然这些需要时间，需要努力，但是你只要开始，就一定会有收获。加油吧！孩子，做自己！

与其努力想摆脱孤独，不如幸福地享受孤独

> **引言**
>
> 生活中每个人都有过感到孤独的时刻，没有哪一个人能天天伴着鲜花和掌声。本章节为还在为孤独而苦恼的同学解答疑惑。人生就是一个经受孤独的历程，享受孤独，不迎合他人，每个人都有自己的生活方式。希望你能做到笑容是对自己的，哭泣是对自己的，淡淡的惆怅是对自己的，甜甜的喜悦是对自己的。孤独也许有新解。

在心理咨询过程中总会遇到这样的问题：有些学生本来性格内向，却强迫自己装成很外向的样子，戴着笑容面具开着别人根本无法理解的玩笑；有些学生本来就不太善于人际交往，也不喜欢热闹，可是害怕自己被孤立，强迫自己融入也许并不适合自己的圈子，把自己弄得遍体鳞伤；有些学生明明不喜欢聚会，不喜欢逛街，不喜欢人多的地方，但即使身处那个环境很难受，却还是会逼着自己去加入；有些学生明明可以自己一个人过得潇洒自在，却又纠结于别人的目光与评价，担心会被误会成不合群、孤僻奇怪的人；有些学生在一个群体里总是插不上话，鼓起勇气发出的两句话回头再看仿佛漏洞百出，更加显示了自己的无知或者觉得自己怎么什么都不懂，于是总是小心翼翼又容易耿耿于怀；有些学生总想改变自己，让自己变得和其他人一样，可是又像是在东施效颦，最终活得不像自己。不知道这么多款，哪款是你呢？不管怎样，我可以理解大家想要改变的心，毕竟这是每个人成长过程中为避免受到伤害而选择的一种生活策略。可是，我想要问的是：难道我们一定要这样吗？我们不可以有自己的个性吗？不可以选择"孤独"吗？不可以选择自己的生活方式吗？

一、通过几个例子来深入分析人会孤独的原因

案例回放一：丁老师您好，有个问题想咨询您一下。我是家里的独女，从小就一个人，很孤独，爸妈出去工作就把我一个人关在家，我跟其他小朋友很少接触，感觉自己在人际交往方面存在很大问题。别人不主动跟我玩，我也不会主动找别人，

性格缺陷挺大，忌妒心比较强。大学期间跟舍友相处也不是很好，人家学习好，我会心里暗暗妒忌，她努力，我会更努力，心里不服有时就会表现出来，不跟她交流，不理她，人家也会觉得我这个人比较难相处。有什么好的方法可以改变我这种性格吗？这可能跟家里的教育也有关系，父亲性格比较暴躁，小时候我做错事会被打骂，我自己性格比较懦弱，比较胆小，人多的时候感觉很不自在，不太敢在同学们面前说话，一说话就会脸红，我是不是得了社交恐惧症呢？我想摆脱这种孤独的感觉。

案例回放二：你好，丁老师，我是一名大三的学生，马上就要去实习了，在社交方面还是有点糟，所以想请您指引指引。我与半生不熟以及年长一些的人讲话时，总感到压抑，说不出话来，而出现这种情况时，我就希望自己可以多说一些话来逃避这种不舒服，但越想说，越不知从何说起、该说什么，最后只剩下逃避。我知道热情的样子会更可爱，别人舒服，我也舒服，可是却时常处于不安和想逃的感觉中，觉得自己缺乏自信，有点社交退缩，畏惧"权威"，没有安全感，经常会觉得不被尊重（尽管也知道大多是臆猜的结果，但就是会泛起这种感觉），活得太小心翼翼了。我该怎么办？能改变这种现状吗？我不想这样！

案例回放三：丁老师您好，我心里难受，想找您开导一下。我总是戴着面具生活，我总是讨好身边的人，我总是害怕被人说不合群，我总是觉得自己不能融入他们。我想改变，我试了很多方法，但是我觉得自己过得很累。我为什么要去迎合他们？我不可以有自己的生活方式吗？我一定要和其他人一样吗？

那么是什么让我们产生强烈的孤独感，并用各种方式去迎合社会？如何让自己不受到更多的伤害呢？

1. 特殊的成长环境和成长经历。我们都知道，每个人的成长环境和成长经历都是不一样的，也因此造就了不一样的我们。有些人的成长环境缺少爱或者被过分溺爱，有些人经历了曲折的人生，甚至心灵受到重大创伤。虽然成长环境和成长经历造就了不一样的我们，但是，因为社会环境的影响及自身趋利避害的自我调节技能在潜意识里驱使我们去迎合社会大众，使我们不愿意过着自己独有的"孤独"生活。可是，这不是本来的你，是戴着面具的自己，是不真实的自己，于是这种表面看似合群的你，内心反而是更加孤独的，而这种孤独是我们不喜欢的，也希望去除的。

2. 情感缺乏让你总是在寻找安全感。从上面的案例中我们清晰地看到，这些孩子有个共同特点：缺乏爱，缺乏安全感。在一切成熟的人际关系中，都免不了失望的成分，每个人都应该学会面对失望，但为什么有人做不到呢？心理治疗师莫·勒阿在巴黎主持一家心理咖啡馆，她解释说："罪魁祸首就是这句抱怨，'没人喜欢我'。"在她看来，这样的抱怨总是来自那些童年时期缺乏爱，或至少觉得没有得到足够爱的人。她认为：没有哪家父母不爱自己的孩子，但可惜有很多父母并不懂得如何表达他们的爱，或者以伤害的方式来表达爱。因此，我们有很多学生就试图让自己融入人际圈中，甚至强迫自己做些内心并不愿意做的事情，但是，他们总是难以融入，总是出现各种不适症状。

3. 家庭过分溺爱造就了你的"公主病"。被溺爱也会造成同样的后果：溺爱环境下长大的孩子习惯了有人宠护着，成年之后，他们会向别人成倍地索求，觉得人人都该对他好。他们对爱的无度索求和永不满足，往往吓跑身边的人，身边人都会觉得这个人很自我、自私，不愿意与其交往，但是，本人又不知道为什么，还觉得错在别人。当然，毫不奇怪，其他人的这种反应更是让他们确信：没人喜欢我！

4. 自恋型人格特点导致你很难融入人际圈。自恋的人不习惯在自己身上找原因，而总是归罪于他人，怪别人没有对自己付出更多，这就会形成恶性循环。勒巴斯蒂认为："他们对一切的解释都是从自己出发的。"在这种以自我为中心的背后，隐藏着深深的自我陶醉和过度敏感。艾丽·昂贝则认为，对他们来说，被人爱总意味着"最受宠爱"。她说："他们寻求的不是爱，而是最爱。"为了保护自己，这种人往往不自觉地将自己的遭遇归咎于人，就像勒巴斯蒂所说："跟自责相比，责怪他人不爱自己当然更为容易。"于是乎，没有人愿意主动与你交往，被爱的期待值与实际值不匹配，孤独自然而然就来了。

5. 因缺乏自信而感到孤独。有很多学生因为缺乏自信而不敢进行人际交往，生怕被别人瞧不起，怕暴露自己的缺点和不足，尤其是那些在特殊家庭长大、从小就很少受到肯定的孩子表现更为明显。他们试图在大学改变自己，试图让自己变得优秀，试图融入更多更广的人际圈子。但是，他们往往更容易受到打击。在摆脱自卑心理的过程中，这种内心的孤独感是由于你过于自卑，总是觉得自己不够好，所以不敢和别人接触、交往，害怕走出自己的世界，让别人了解你，看到你的弱点。于是你就变得十分孤独，即使在人很多的地方，也没有人真正了解你，走进你的内心世界。所以，要摆脱这种孤独心理，就一定要冲破自卑心理，战胜自己。另外，个人的样貌不佳也会影响自己在人际交往中的互动，使人不懂得如何在人际交往中保持适当的距离，这时候他们很多人会选择孤独，可是他们又不甘于孤独，于是挣扎、矛盾心理油然而生。

心理学认为，人类是群居动物，容易对一个群体产生很强的依赖感，当一个人被别人排除在外的时候，他就会因得不到心理的依赖感而出现不满足的情绪，这种迫切的不满足感即为孤独的体现，但是，我们想过孤独的好处吗？想过幸福地享受孤独吗？

二、为什么非要拒绝孤独，难道不可以幸福地享受孤独吗？

"孤独"是自得其乐的独处，是自成体系的完整，是一种将散逸于外部事物之中的眼光引回内心世界的专心致志，是一种心境平和的自给自足、清明安和而无所外求的精神圆融。汉徐干在《中论·法象》中提出："人性之所简也，存乎幽微；人情之所忽也，存乎孤独。夫幽微者，显之原也；孤独者，见之端也。是故君子敬孤独而慎幽微。"其实当一个人独处的时候，人本身就会表现出孤单的状态，这是来自人内心深处的真实感受，孤独是灵魂的放射、理性的落寞，也是思想的高度、人生的境界。它没有声音却有思想，没有外延却有内涵，孤独是一种深刻的诠释，是不能替代的美丽。因此，我们何不幸福地享受孤独呢？如何享受这种幸福的感觉呢？你需要经历这几步：

第一步：接纳自我，学会欣赏自己的优缺点。上文我们已经阐述了每个人有不同的成长环境和不同的成长经历，因此，世界造就了独一无二的我们，我们都不同，有不同的生活方式和不同的处事原则。既然大家都不一样，我们为什么要追随别人？为什么要牺牲自己去迎合别人？为什么我们不可以有自己的样子？我可以不那么优秀，可以不善于人际交往，可以不那么合群，可以不那么在意别人的眼光。我们活在世界上，每个人都无可避免地生而有弱点，如果我们不能接受自己的弱点，那么人生将会承受无尽的煎熬。既然这是不可改变的事实，我们不妨试着去接受。每个人总有优缺点，无论我们努力去做得多么好，都会有人喜欢、有人不喜欢，我们何不试着去喜欢自己？况且如果你都不喜欢自己，别人又该站在什么角度去看你？弱点本来就是生命的一部分，我们要学会接受它、欣赏它，把它当作上帝给我们的恩赐。在独处中，学会品味自我，享受那份孤独！

第二步：和自己和平相处，享受独特的自己。看清并接纳事情当下的本来样貌，高兴就是高兴，不高兴就是不高兴，喜欢交往就去，不喜欢就不去，不必急于否认、强迫与挣扎，把更多的力气留给成长与自我疗愈。经常站在自己的对立面观察自己当下所经历的一切，既然已经存在于当下了，我们只需要在单纯的觉察中拥抱、涵容它，不需要对它做任何事，你永远不可能成为另一个人，你只能期待成为更好的自己。

第三步：我们一起来体验幸福到底是什么。有时候确实有这种感觉：莫名的失落和无助感袭来时，心里空荡荡的，真有一种心无处安放的感觉！现在想想，我一定是迷失了自己，一时间忘却了自我。德国哲学家把人的本质分为三个层次：最外层是，我在他人那里是什么评价？中间层是，我拥有什么？最内层是，我是谁？人们往往在追求成功，而最大的成功，莫过于内心的幸福，而内心的幸福其实不就是接纳自己、爱自己、肯定自己、懂得满足吗?

第四步:让我们一起看看孤独的好处。独处时,才有时间思考;静思时,才有机会感悟。能专心,方能深入。耐住寂寞,忍受孤独,也许才有奇迹的诞生。只有一个人的世界,才能真正袒露活脱脱的自我,不会享受孤独,就不会享受人生。忙里偷闲,闹中取静,享受孤独的时光,默默感悟失去和得到,回味遗憾和美好。挤一点时间,品一杯香茗,做一次思考,那是何等的惬意。独处时能更好地思考未来,漫步于自我的心灵旅途,让虚无变得富有,这又是怎样的一种享受。所以说孤独是一种境界,只有你有时间跟自己对话,你才能自我反思,自我反思是一切思想的源头,人是在思考自己而不是在思考他人的过程当中产生了智慧。真正能接受孤独的人是喜欢静悟的,是善于思考的。他不需要别人的理解与认同,他有自己的独特见解。"孤独"的人反而内心很丰富,他有着别人没有的空间,他懂得独处的乐趣。所以你要学会享受孤独。

第五步:应该如何享受孤独的感觉呢?一个人独自坐在公园的长椅上,坐在绿绿的草地上,看着那些来往忙碌的人们,想想属于自己的这份安静,心中也许更为踏实与豁然。特别是忙碌、奔波了一天的人们,回到家之后,一个人独守一盏灯,静静地坐在寂静的夜晚,透过窗户遥望夜空中的那轮明月与繁星,也许心中泛起很多美好回忆。一个人,一本书,一杯茶,就这么静静地坐着,静静地看着,自己仿佛与这个夜晚融为一体,摆脱了一天的束缚,让孤独唤醒内心深处的自己。

"我就是我,是颜色不一样的烟火。社会当中本就纷纷扰扰,我们无须迎合他人,自己独自绽放同样美丽,但前提是你要懂得欣赏自己。"谁说孤独不好,接纳孤独,幸福地享受孤独,在孤独中品味人生,在孤独中改变自己的人生,做回自己,其实,孤独真的挺好!

有人用一生去治愈童年，有人早已与父母和解

> **引言**
> 家庭是我们来到世上接触到的第一个社会，对于我们的成长尤为重要，父母的行为方式直接影响我们会如何去对待这个世界，会潜移默化地影响我们与他人之间的交往。本章讨论的内容是如何与父母和解，治愈自己的童年。无论经历过怎样的风雨，也不影响自己活出绚烂的人生。

心灵成长总是受到外界环境的影响，外界环境的影响中家庭环境的影响最为突出。幸福与不幸福好像或多或少与童年的成长环境和经历有关系；孩子有问题往往不是孩子的问题，大多是父母的问题；现在的我会这样将孩子有问题的原因归咎于父母和家庭环境。也的确是这样，在我的咨询生涯中，我发现有70%以上的心理问题患者都有不幸的家庭环境或者不幸的童年经历。这段时间天天在家里与父母生活在一起，你是不是与父母产生了很多矛盾，是不是觉得父母不理解你，是不是有时候感到很委屈，是不是更加想逃离，是不是对父母的关系很无奈？我们每个人都受到原生家庭的影响，有人用一生去治愈童年，有人早已与父母和解，活出了自己的精彩！

一、从几个案例来理解原生家庭

案例1：小青是一位从山村里走出来的优秀大学生，现在读大学二年级，民歌唱得非常好，这也是她非常自豪的地方。她有农村孩子的善良和朴实，也有大都市人的丰韵，但是从她的眼神里能够看到很多忧伤，就像被一种无形的东西压着似的，让人觉得她生活得很疲惫。她住在一个四人间宿舍里，舍友关系不是很好，可能和各自的家庭背景有关系，四个人中她是最贫苦的一个，所以她在宿舍经常会觉得自己无法融入进去。

她向我诉说了这么几件事：

"一段时间以来，我总觉得很难受，根本不想待在宿舍里。有一天，我的牙膏用

完了，早上我很早就起来了，看着自己的牙膏没了，就顺手拿了舍友的用，我自己不觉得这有什么，但是，晚上回来的时候，我看每个人的眼神都怪怪的。后来，晚上十二点了，宿舍又没有灯，一位舍友叫我帮她拿手电筒，我找了一会儿没找到，就不找了，她不知道为什么好像很生气的样子。第二天，不知道怎么回事，我起来晚了一些，其他的几个舍友都在刷牙，突然有个舍友就说，你们知道吗？我们宿舍有个人连牙膏都买不起，还偷偷地用别人的，真是没有教养啊！听她这样说，我当时真的无法忍受就哭了起来，那天晚上我没有回去睡觉，那种无助的心情真的难以承受！"

她继续说："我家里的情况很不好，我爸爸想生一个男孩，但始终没有如他所愿。他把我妈妈关起来，放在一个地窖里，而且经常用水去泼她，当时我还小，根本不懂是怎么回事。后来我妈妈得了精神分裂症，她经常会去村里面要饭，村里面的孩子都用石头扔她，我当时感觉挺好玩的，也拿起石头扔，而且正好击中了妈妈的头部，当时妈妈回头看了我一眼……等我慢慢地长大，妈妈也已经不能做任何事情了，爸爸更不会去理妈妈。初中的时候，我没有住校，每天都回家照顾妈妈。高中时，虽然学校强制农村的学生一定要住校，但我没有，我每天都要骑一个多小时的自行车回家去照顾妈妈，即使高三也不例外。考上大学，我很兴奋，我想通过努力学习来改变现在这个家并为妈妈治病！"

她说到这里时，我基本明白她的心情了，也理顺了其中的各种关系。童年曲折经历被重新回忆起来，她一时难以接受，出现了较严重的情绪困扰，而这种经历是她一直想深深埋藏的，她甚至还在怪罪自己小时的无知。当她越来越大时，她开始挑起母亲的担子来照顾整个家庭，这些都是本不该由她来承担的东西，却落到了她的肩上，她"委屈"了自己的童年和少年。而今，当舍友说她没有教养时，她一下子又如何能承受得了呢！

案例2：我的父亲染上了赌瘾，到了无法自拔的地步。从我知道什么叫"伤心"以后，从我能够体会我母亲的难处以后，我就渐渐地恨起了我父亲。因为他，就连过年我们家也没有安宁，上门讨债的人踏破了门槛。他伤透了我母亲的心。那时，您知道我有多么可怕的想法吗？我想，如果我没有父亲，我会比现在幸福。可当这种想法要变成现实时，我才发现我有那种想法是一件多么可恶的事！

我永远不会忘记，那年，当我放学回到家后，邻居告诉我，我父亲喝了农药，去了祖宗的坟前，当时我一下子软瘫在地，拼命地哭，我害怕得不停地颤抖！父亲被及时发现送进了医院，捡回了一条命。家里那几天好安静，那种安静让我感受到死亡的可怕！我错了，我知道他必须活着。我原以为有了那一次的教训应该能让他回头是岸，可没过多久，他又开始很晚回家，甚至不回！当他在衣橱里找到母亲的血汗钱时，我心里很不是滋味，但也无法阻止。甚至他叫我骗母亲，说家里有客人来，而我竟然照做了。我很自责，我怎么能帮他骗人呢？我问自己，难道我是真的被他那一次吓到了，害怕他如果没钱会做出什么更可怕的事吗？除了不断提醒母亲，我不知道我还有勇气做什么。

上高中以后离开了家，我总担心家里会出什么事，所以总是打电话回家，只为安心。每每想和母亲聊上几句，她总不在。记得在一个寒冷的冬天，我打电话回家，是弟弟接的电话，我问妈妈去哪里了，他说去做小工挑水泥了。那时已经是晚上 11 点多，冬天的风有多割人！第二天打电话回去，弟弟说母亲又去做工了，昨晚 3 点多才回家的！我不知道我是怎么挂电话的，只觉得心像被高压水泵抽了一样——无法呼吸！那时的我多么希望父亲和母亲离婚，即使母亲可能不会带走我，但至少她会比现在幸福！后来，父亲跑去河北打工，逃到一个没有人认识他的地方。那时，不断有消息说他又赌输了多少钱，这边借钱，那边借钱，还有消息说他被人打了，很严重。那一刻，我忽然体会到父亲的孤独与可怜，我好像不应该也不能放弃他……多么令人心痛的故事，多么可怜的孩子，这么小就承受了这么多。

案例 3：我觉得自己活着就是个错误，既然那么不爱我，为什么要生我呢？父母每天都是吵架，动不动就打起来，每次他们争吵我都觉得是我的错。我常听人家说，是因为我家没有男孩，父母才这样的，于是我更加恨自己。我经常想，为什么我是女孩，如果我是男孩，我的父母可能就不会经常吵架了。当我慢慢长大，父母对我的态度更加恶劣，甚至经常把气发到我身上，经常说我这不好、那不好，不如别人家孩子，不争气。

在我的记忆里，父母从来没有表扬过我，只有批评和指责。当然，慢慢地我也学会了忍受，我甚至会用各种方式讨好他们，有时候仅仅是为了一句表扬，我知道我做的任何事情都是为了让父母开心。等我 15 岁时，他们终于选择了离婚，我成为没人要的孩子。父亲有了新家庭，新家庭的成员不欢迎我；母亲也有了新家庭，他们也不欢迎我，我只好跟着外婆生活。后来，我上大学了，可是我很孤独，我觉得生活很没意思，我不知道自己努力为了什么，为了谁，于是，我堕落了，我交了很多男朋友，因为我知道男孩不可靠，他们都不是真正爱我。

二、原生家庭到底给我们带来了什么？

所谓的原生家庭，指的是在子女还没有组成新的家庭的情况下，他们和自己的父母组成的家庭。当子女结婚之后，他们和自己的伴侣便会组成一个新的家庭，而这样的家庭是不包括夫妻双方的父母的，所以这样的家庭又被称为新生家庭。大部分人都在自己的原生家庭中出生和成长，在很大程度上，我们的原生家庭决定了我们一生的轨迹。心理学界人士非常关注原生家庭对一个人的影响，甚至很多心理医生把人们碰到的心理问题追溯到原生家庭上寻求原因。俗话说，父母是孩子的第一任老师，父母的性格脾气、言行举止、面对问题的态度、处理问题的方法，甚至包括面对压力、困境的态度，人生观，价值观，等等，对孩子的一生有着深远的影响。当然，我们要看到的是，很多人从原生家庭里获得了足够的爱、足够的温暖和安全感，这样的孩子必定会更加幸福快乐，自尊自信。这里，老师要着重探讨的是原生家庭对孩子造成的伤害。

1.父母是怎样的，未来的你很可能也是怎样的。一般来说，父母的互动模式决定了未来孩子自己婚姻的互动模式：一个男弱女强的家庭模式下成长起来的孩子，如果是男孩，可能会相对稚弱，将来的配偶通常也是强势的；如果是女孩，将来必然强势，未来配偶也通常会是一个弱势的男生。原生家庭中，父母的沟通模式也影响了孩子将来的沟通模式。比如，习惯于争吵的夫妻，孩子通常不善于讲理。要知道，你会不自觉地复制父母的各种价值观及处事方式，尽管你很不认同，尽管你想摆脱，但是你仍然还是逃不出这个怪圈。心理学家认为，一个人童年幸福，成年后容易重复幸福；一个人童年不幸，成年后也会重复不幸。而一个人最大的不幸，就是要用一生来摆脱原生家庭。

2.没有爱与温暖的家庭，给我们造成了无尽的伤害。原生家庭不和谐，会让孩子自我批评和自我责备，这里不是指正常的反省，而是过度的自我反省，不允许自己犯错，一旦犯错就拼命责怪自己。如果你的童年在原生家庭中受到虐待或漠视，你可能会伤害自己，或者做出自毁行为，也可能通过羞辱、贬低自己的伴侣和子女，依靠施虐来摆脱自己的羞耻感，重复循环虐待或漠视；如果你在原生家庭中被忽视，被对比，被不公平对待，成人后，你就会认为自己不值得拥有美好的事物，明明是靠自己的能力取得了成就，但总觉得自己不配，认为他人不会喜欢真实的自己；如果你在原生家庭中不被认可，经常被批评，成人后，你就会喜欢取悦别人，是一个不懂拒绝的老好人，对别人的赞美和认同有强烈的上瘾感。当我们无法从原生家庭中得到尊重关爱，当我们遭遇父母的虐待或者冷漠，我们就会自我否定，甚至自我伤害，不仅如此，我们还会让这份伤害代际循环，让悲剧继续发生在下一代身上。这才是最令人恐怖的地方，换句话说，曾经的受虐者，变为如今的施虐者。

三、我们应该如何自我治愈，与父母和解呢？

诚如书中所说：一个人的命运，根源在原生家庭。每个遭遇原生家庭伤害的人，都是无辜的，是没有错的，我们大可不必因为原生家庭的伤害，就活在羞耻感中。扔掉羞耻感，从原生家庭的沼泽中走出来，我们才能自我治愈，避免悲剧在新生家庭中再次上演。

我们先来看两个例子。央视主持人董卿，提及儿时父亲对她严苛的管教时，也曾落泪。从小到大，父亲对她十分严厉，从来不会表扬她，只会说她这个不行、那个不行，忽略了她内心的感受，导致她缺乏安全感，没有自信。长大后，董卿逐渐理解了父亲的苦心，她说，如果没有父亲的严加管教，她也学不会坚持和忍耐，也不会有强大的内心和今天的成就。另一个是演员孙俪，她12岁的时候父母离婚，她和妈妈只拿到了2000块钱的抚养费。妈妈白天在商场工作，下班又去当清洁工，看到妈妈这么辛苦，孙俪带着对父亲的怨恨长大，甚至想以后不结婚，永远陪着妈妈。但是她并没有沉浸在原生家庭的伤痛里，而是和邓超组成了幸福的家庭，在婚姻中得到爱的滋养，还与父亲达成了和解。所以，我们不能把自己的不幸与不快乐都归结在原生家庭的问题上，即使生活给了我们一手烂牌，我们也要把它打得风生水起。

1. 理解自己，接纳自己，关爱及鼓励自己。如果原生家庭伤害了你，告诉自己，你并没有错，抛弃羞耻感，放下伤痛，善待自己。而自我理解，是接纳自己的首要一步。试着列出那些让自己感觉伤心难过又无法控制的事情，比如打骂孩子、酗酒、情绪失控、指责他人、被人虐待或者虐待他人，再去寻找事件背后的源头。你打骂孩子，可能是因为你曾经遭受父母的暴打；你酗酒，是因为自己的母亲酗酒；你没有自信，可能是经常受到指责。当你意识到这些让你羞耻的事都情有可原时，你才不会苛责自己，你才会认识到错误并且承认，你已经伤害到自我和他人。有了自我理解，我们才能自我接纳，认识到人人都不可能完美，接受自己的不完美，也接受父母的不完美，主动走出"原生家庭"模式，换位思考，体会父母的不易，原谅父母教育的缺失与伤害，在内心真正与父母和解，进而尽自己最大的努力去自愈、学习和成长。只有这样，我们才能敞开心扉，接纳自身的缺点和过错，对自己说：我承认我不完美，但我接受这样的自己，我原谅自己，我会越来越好。因为曾经被家庭伤害过，我们更值得被全世界温柔以待。

2. 改变自己，治愈自己，勇敢做自己。如果你也曾被原生家庭伤害，请换个态度，自己勇敢走出来，别让过去的时光左右你余生的幸福。请收拾好你的心情，带上你的人生，重新上路。有的人通过自己的努力走出来了，生活越来越幸福；有的人一辈子都陷在原生家庭的泥沼里，日子越过越惨。你想成为哪一个呢？你的第一次出生无法选择，你的第二次出生是作为一个拥有完整独立人格的个体，经过了许多反抗、蜕变，终于掌握自己的命运，是精神上的出生。如果你把所有的伤害都归结于原生家庭，自己却不改变，那你的一生也就这样了，你孩子的人生也会受到影响。告诉自己：我可以选择自己未来的人生。我们没法选择原生家庭，但是我们可以用自己的力量来疗愈曾经的伤痛，去改写属于自己的命运，原生家庭欠我们的，我们要自己赢回来！你要这样做：接纳原生家庭的不完美，接纳自己的不完美；学会打破原生家庭的桎梏，也就学会了创造自己的再生家庭；如果原生家庭没有给自己足够的爱，那就自己给自己很多的爱；如果原生家庭没有给自己太多的钱，那就自己努力赚钱；如果原生家庭让自己变得自卑，那就一点点学着变得自信。所谓成长，本来就是用自己现在的好，弥补之前的不好，用自己现在的爱，去弥补那些缺失的爱。

3. 不抱怨父母，不归罪于父母，与父母和解。如果我们把所有问题都归咎于原生家庭，归咎于父母身上，这也是不公平的。原生家庭是一个人发展的起点，这个观点无可厚非，但一个人的成长发展是由多方面决定的，到达终点的路途也是多样的。我们可以看到，有很多有相似家庭出身和生活经历的人，呈现出了迥然不同的成长轨迹和人生格局。对于原生家庭的影响，有的人选择重新坐回轮椅，有的人却把它改造成了自己的战车。我想，我们要做的就是尽量消除原生家庭带来的负面影响，与自己的父母达成和解，和自己的原生家庭和解，让自己在成长道路上更加理性、通达、包容，不断接近自己的理想状态。与父母和解的第一步就是要让被压抑的情绪有觉知地、负责任地表达出来。有觉知、负责任的意思是，情绪是自己的事情，不要对父母或其他人宣泄你的情绪，而是为它创造一个空间，让情绪可以释放出来。例如，对着椅子、枕头想象父母就在自己眼前，把压抑的情感和想说的话表达出来，哪怕是一些听起来比较恶毒的话。如果你做不到这点，也可以选择写信或者是文字表达的方式，这是一个很好的渠道。第二步就是要站在父母的立场。去感受父母当时是处在一种什么样的情境下，有着什么样的感受和想法，什么原因让父母做出了当时的举动。然后，再去感受一下，当他们听完你所表达的情绪和想法后，他们会有什么样的反应，有什么想说的。就这样，在父母与自己的位置上来回切换，把双方之前没有表达出来的情绪、想法都表达出来。到最后，通常双方都会相互理解并带着爱与祝福达成一种和解。第三步就是带着一种全新的模式，开始新的生活。之前的模式是无意识地重复父母，而现在是要带着觉察去开始一个全新的探索自我的模式。我们要认识到，改变的权利一直都握在自己手里。

4. 需要时间，需要坚持，需要方法。当我们开始意识到原生家庭的问题的时候，我们要学会去调整和修正自己，这种调整和修正是非常难的事情。在调整的过程中，我们会有反复，甚至会与父母发生矛盾，更甚至会迷失人生的方向……这些都是难以避免的。不管怎样，一定要坚持，只要方向是正确的，是适合自己的，就一定要坚持下来。减少原生家庭对自己影响的一个重要方法是，当你碰到问题的时候，尽可能不要向自己的父母求助。一方面要培养自己独立解决问题的能力；另一方面，你的问题可能恰恰是原生家庭的基因造成的，这个时候求助于父母，可能适得其反，不但不能有效解决问题，反而容易把问题弄得更糟。真的需要求助，可以找找师长、好友。对于父母，在跟他们交流的时候，你可以倾诉，但最好不要让他们建议，要学会独立。只有脱离了原生家庭的影响，我们才能启动独立的第一步。这种独立，不是跟父母断绝关系，不是完全远离他们，而是要在心理上完成独立。从今天起，让你的心理离开原生家庭，走上一条全新的、专属于并适合于自己的心理之路。

我们一起努力创造属于自己的未来吧！你可以，我也可以，我们都可以！

"5·25 我爱我",写给心灵受过伤的你

> **引言**
>
> 我们每个人都会经历人生的低谷期,但并不是每个人都能独自度过,很多人可能需要帮助。当我们的心灵受到了创伤,我们总是试图去掩盖它,不想被身边的人知道。但我认为,我们要试着去面对它,向身边的人倾诉我们的渴望,我相信身边的人更愿意选择帮助我们。让我们跟随着文章,去看看我们该如何去向他人求助,该如何让自己走出来,如何去学着接纳自己,拥抱美好的未来。

又一年的5月25日悄悄来临,"5·25我爱我",这是中国大学生心理健康教育日,当我提起笔开始写这篇文章的时候,心情特别沉重,因为我又要重新面对那些受伤的心灵。我是一名心理咨询师,也是一名高校教师,十几年来一直默默坚守在心理健康教育与心理咨询工作一线,粗略地统计了一下,应该给几千人做过心理咨询了,感知了太多人的辛酸苦痛。一路走来,我帮助过很多人走出困境,也对不少来访者束手无策。我以前经常在问:为什么这些来访者不早一点重视自己的问题?为什么来访者的父母那样对待孩子?为什么来访者会遭遇这么大的打击和挫折?为什么命运对他那么不公?为什么来访者不按照我们协商的方案去做?为什么来访者行动不起来?为什么来访者没有人喜欢?为什么来访者不去寻求帮助?为什么来访者会做傻事?但是,现在的我不会再这样发问了,因为,我走进了他们的心灵,我知道了他们为什么会这样,更知道了我们应该与来访者携手面对未来,相信来访者自身的能力,让他们用积极的心态治愈受伤的心灵。

一、每个受伤的心灵都经历了一段至暗时刻

这是一名来访者的自白:

我生活在一个非常重男轻女的村子,我有四个兄弟姐妹,我是老三,前面两个是姐姐,老四是弟弟。爸妈为了有个男孩才生这么多孩子,听亲戚说,我出生后没

几天，爸妈就要把我送给别人。从小到大，我经常听见爸妈吵架，他们经常把气发泄到我们几个孩子身上，尽管这样，至少我觉得我爸妈对我们几个孩子都一样，没有偏心。直到我8岁时，弟弟出生了，那时我觉得自己受到了巨大的打击，父母把所有精力都投入到弟弟身上，我一直被忽略，甚至经常被打骂。为了讨好父母，我一直很乖巧，很听话，不管说话、做事都小心翼翼，我生怕自己表现不好，爸妈会不要我。到了初中，我经历了很多，被同学欺负，被同学耻笑，回到家中和父母说，反而被骂一顿，那时候我更加觉得自己是多余的。于是，我开始放弃自己，不读书，到处玩耍，什么坏事都跟着别人干，父母就更加不喜欢我，甚至几次赶我出门。高中时，因为遇到了一个男生，他非常喜欢我，一直鼓励我，于是我的成绩慢慢提了上来，我和他也偷偷谈起了恋爱。终于我上大学了，大一下半年，男朋友说受不了我的依赖和捉弄，不喜欢我的性格，提出了分手。于是，我变了。

分手那段时间是我人生的至暗时刻，我开始自暴自弃，不上学，挂科无数，整天在宿舍玩手机，不和任何人接触，甚至有过绝食、自残的行为。因为我觉得全世界的人都不喜欢我，我为什么要这样难受地活着。那段时间我开始觉得周围的人都是不喜欢我的，我也不想去讨好他们。

经过一年多的挣扎，我失去了几乎所有东西，我没有了朋友，没有了未来。那时候，我情绪低落到极点，每天睡不着觉，不想出门，不想做任何事情，不想和任何人接触。辅导员和同学知道我的情况后，让我去做心理咨询，起初我是抗拒的，我压根儿就不相信心理咨询，我觉得心理咨询就是和我讲一大堆的道理，那些道理谁不懂！再后来，我出现了一系列的躯体症状：头晕头痛、心慌胸闷、食欲减退，甚至出现全身不适症状。那时候真的觉得很痛苦，我开始偷偷自己去医院做各种检查，甚至做头部的核磁共振、心脏彩超等，都没有检查出问题。我爸妈知道后，没有对我有半点的关心，只会说：身在福中不知福，她根本没病，都是装出来的。

其实，那段至暗时刻，我找过爸妈，希望获得他们的理解和帮助，我知道自己可能有严重的心理疾病了，我甚至提出休学一段时间，但被爸爸骂了一顿，爸妈死活不让我休学。在我的强烈要求下，我去了一家医院，被诊断为中重度抑郁症，医院开了很多药，让我坚持吃几年的药，可是我父母不同意我吃，我自己吃了一段时间后也出现了较为强烈的药物反应。而且父母再三叮嘱我不能让老师、同学知道自己有心理疾病，于是，我每天都要小心翼翼，整天装着挺好的样子，我要时刻注意自己的情绪，生怕被别人知道，还一直保持微笑。

其实，我自己知道，我的心理问题并没有那么严重，我应该可以通过自己的努力慢慢好起来，我应该去积极寻求帮助。于是，我大胆预约了心理咨询，这是我走出至暗时刻的开始。经过五次心理咨询，我开始慢慢走出心理困境。我开始试着去了解问题的原因，试着去理解父母的想法，试着去与人接触，试着去交朋友，试着去大胆尝试以前从来没有做过的事。我觉得使我改变的有几个重要因素：1. 我接纳了这样的自己，接纳了童年的经历，接纳了父母的无意伤害，允许自己有情绪低落的时候，甚至我不再害怕告诉别人自己有心理问题，我开始渴望与期待身边人的理解和关心，开始渴望与大家有所交流；2. 我开始学着辩证地看待问题，我总能看到问题的积极一面，这使我的烦恼和压力大大减轻；3. 我开始看到自己的积极优势资源，发现自己其实也不差；4. 我开始按照心理老师的建议，规范作息时间，适量运动，运动改变了我太多，现在的我坚持每天都有一个小时的运动时间，如果哪天没运动，全身都会不舒服；5. 我开始积极主动地去交朋友，还做兼职等等；6. 我找到了自己的目标，我要考研，我要当大学老师。我现在大三了，我觉得自己过得还不错，每天都有事情做，我想我的至暗时刻已经过去。（案例经过保密处理）

二、有心理困扰不可怕，可怕的是你不敢面对

1. 有心理困扰后，你一直沉浸在过去的创伤中。每个人的心理困扰都有不同的成因，有的是家庭教育、父母关系；有的是经历了父母的离婚、离世；有的是兄弟姐妹不和；有的是曾经被欺凌、侮辱；有的是童年经历了特殊生活事件；有的是受到了老师的不公平对待；有的是学习、工作压力过大；有的是恋爱、婚姻不顺；有的是朋友之间的误会；等等。或许我们每个人都经历过这些痛苦其中的一样两样，为什么有人可以走出来，不被影响，而有的人一直纠结于其中无法自拔？我们会出现心理困扰，一个非常重要的原因是我们无法走出过去，无法释怀，无法接纳自己，无法看到这些创伤的积极面。有个很简单的道理大家应该懂，那就是过去的这些不幸我们无法改变，我们是不是更应该面向未来呢？

2. 有心理困扰后，你一直无法接纳当下的自己。当你有了心理困扰，大多数时候你都在抱怨社会的不公，都在抱怨为什么上帝对自己那么不好，都在抱怨为什么这些不幸会发生在自己身上。有时候还怀疑，自己是真的有心理问题吗？真的要接受心理咨询吗？有的时候症状突然复发，你想方设法与之对抗却无能为力，内心的无助、绝望、痛苦交织在一起，让你觉得自己快要撑不下去了，已经处于崩溃的边缘。有时候只要有一点点难受你就会抱怨，抱怨为什么那么难受，也时不时地总在关注这些症状。最让我难过的是，有了心理困扰，你还要经常假装过得很好的样子，

在人前时刻要戴上"微笑面具",不愿意让别人知道,不愿意告诉父母,不愿意找朋友倾诉,更不愿意寻求专业帮助,你总觉得那是丢人的事情。你过得小心翼翼,经常封闭自己,把自己藏起来,就更没有人可以真正理解你。知道吗?正是因为你无法正视自己的心理困扰,你的心理困扰才越来越严重。我们可以试着去接纳当下的自己,当你接纳自己的存在的时候,你就成功一半了,这是最重要的一点。孩子,看不到问题是最大的问题!而忽视问题的存在,那是更可怕的问题!你不断地将问题隐藏起来,不去正视它,一次次地不了了之,问题就会越来越多,越来越严重,最终使自己深陷心理困扰造成的漩涡之中。

3. 有心理困扰后,你一直无法行动起来。我们越是缺乏行动力,它越是会限制我们去做出改变。当我们有了心理困扰后,一定要行动起来,转移注意力。要学会坚持,任何事情只要坚持一段时间,就会带给你惊喜,让你体会到行动的力量。

4. 有心理困扰后,你一直在回避大家对你的帮助。有心理困扰后,你不敢也不愿意求助父母,甚至都不敢让他们知道自己情绪不好。我知道你怕他们担心,怕他们不理解。家人、朋友、同学、老师,你可以坦诚地向他们表达自己的情况,向他们诉说,大家都会很愿意去帮助你,去解救你,你的症状会缓解很多。如果你能听从专业人员的建议行动起来,那么效果更是会事半功倍。

5. 有心理困扰后,你的积极心态丢失了。孩子,在面对心理困扰的时候,你需要有正确的认知和良好的心态。要相信心理困扰是可以治好的,不必害怕和恐惧,尽管造成心理困扰的原因比较复杂,疗程比较长,但是大部分心理困扰都是可以治疗的。有了心理困扰,只要善于了解自己,增强治愈的信心,懂得一些有关心理健康的基本知识,掌握和运用一些有效的心理治疗方法和技术,那么迟早你是可以好起来的。要认识到每个人都有可能有心理困扰,只是在某些行为偏差上程度不同罢了。孩子,你一定要相信自身的能量是无穷的,只要你有良好的心态,能够辩证地看待问题,能用平常心去看待生活中的人和事,积极发掘自己的内在资源,积极寻求心理支持,让自己行动起来,坚持下去,你就可以战胜它。

三、今天老师还想对你说

1. 每个人都会有一段异常艰难的时光,它可能是童年的创伤、学业的压力、生活的窘迫、工作的失意、爱情的惶惶不可终日。挺过来,人生就会豁然开朗;挺不过来的,时间也会教会你怎么与它们握手言和。所以你不必害怕,最终我们都会战胜自身的心魔,遇到更美好的自己。

2. 无论你经历的事是喜是悲，无论你遇见的人是好是坏，他们总能教会你一些事理，然后助你成为一个更好的人。每个人的出现，每件事的发生，都有理由，上帝是不会无缘无故地让你经历那些悲喜的。你所遇到的人都是对的人，你所经历的事都是注定的事。不受点伤，怎么知道你的内心有多强大。

3. 很多时候，当下那个我们以为迈不过去的槛，一段时间之后回头看其实早就轻松跳过；当下那个我们以为撑不过去的时刻，其实忍着熬着也就自然而然地过去了。所有没能打败你的东西，都将使你变得更加强大。

4. 不管你有多不开心，我们都有责任先吃好一顿饭，睡好一个觉，打扮好自己。很多烦恼其实都没什么大不了，只是你在那个情境下，在那种心情里，庸人自扰罢了。所以，无论发生什么，先善待自己，时间一过，世界自然会好。

5. 当你心情不好的时候，先保持冷静，或者看一部开心的电影，或者喝一大杯茶，或者穿上跑鞋出门去跑上几公里，或者找朋友聊聊，或者自己找找宣泄途径，把情绪宣泄出来，你就轻松了。倾诉是人的一种心理需要，它能帮你缓解心理压力，是分析和解决问题的前提。

6. 打开心扉，让阳光进来。不要给心灵筑墙，房间里需要有门窗，我们的心房更需要有门窗，门窗的大小直接决定了你看到外面的风景有多少。我们因为害怕心灵受到伤害所以心门紧闭，结果再也感知不到其他心灵的温暖而迷失自我。

7. 心理困扰最怕你正视它，接纳它，当你能正视和接纳自己的心理困扰时，你就开始走向胜利的道路，你身上背的包袱一下子就减轻了很多。

8. 懂得寻求帮助是你有智慧的表现，你的家人、朋友、同学、老师，或者专业心理医生都是你的资源，都可以帮助你成长，你要学会利用这些社会资源，获得心灵的支持和温暖。

9. 人生，不论昨天、今天和明天，主要看生活的态度。生活中的人们，只要心态好，怀着感恩的心态去做事，珍惜友情、亲情，理解、尊重别人，用良好的心态来面对生活中的人和事，就会获得无穷的心理能量。

10. 当你晚上躺下来的时候，仔细地想想，其实大家都不容易，每一天都会发生你想不到的事情，但是不管什么样的困难，和生死相比都不足为奇。人生就是一个磨炼的过程，如果没有这些，你永远都不会成熟。努力过后，你才会知道许多事情坚持坚持就过来了。我跟大家分享一句话：物来顺应，未来不迎，当时不杂，既过不恋。大概的意思就是，我们要有一颗豁达之心，凡事想开一点，释怀他人其实也是释怀自己。所以，我们应该在阳光下灿烂，风雨中奔跑，对自己说一声：昨天挺好，今天很好，明天会更好！

世界精神卫生日，致不快乐的你

> **引言**
>
> 　　心理健康，这个词已经越来越为我们所熟知了，但还是有很多人对其缺乏充分的认识，甚至对于心理健康的标准和对于心理困扰的求助也知之甚少。也许你觉得你现在很健康。但是，天有不测风云，如果有一天挫折降临在你身上，而你又没有充分的心理学知识去应对它，你就有可能会被其击倒而一蹶不振。所以学一些关于心理健康的知识是十分有必要的，关键时候可以拯救自己，也可以帮助他人。

　　2020年的世界精神卫生日主题为"弘扬抗疫精神，护佑心理健康"。这次疫情给我们每个人都上了一堂重要的心理健康课，它给了我们重要的启示，那就是心理健康是健康的重要组成部分，我们每个人都应该重视心理健康，重视心理健康素养的提升。

　　今天提笔写这篇文章的时候，心情很沉重。开学以来，我接待了很多来访学生，一方面很高兴，至少他们懂得主动求助，另一方面又感到很遗憾，因为这些求助对象本应该在更早的时候求助，不应该等到医院诊断为某某症的时候再来求助。从事心理健康教育及咨询工作这么多年，我总是感觉社会大众不能接受心理疾病，不能平静地面对心理疾病。以下现象是我的困惑，也是我想改变的，不知道你是不是其中一类。

　　1. 有的家长明明知道孩子有问题，问题还比较严重，就是不愿意承认孩子有心理问题，不愿意带孩子去医院看心理医生，更不愿意让学校的老师知道孩子有心理问题，甚至不让孩子告诉宿舍的同学。但这会引发多么严重的后果你们知道吗？

　　2. 有些家长或者同学不想让周围人知道自己有心理疾病，或许你觉得这很没面子，或者会被歧视，或者会被单位特殊对待，会影响孩子的未来和前途。我可以理解你的心情，也可以理解你的做法，但是，和孩子的健康比起来，面子真的那么重要吗？

3.有时候，学校会与家长沟通孩子的心理健康状况，很多家长不愿意如实回答，甚至有些家长拒绝接受孩子有心理问题、需要到医院诊断治疗的建议，还说孩子没事，就是矫情，于是不管不顾。难道你们不明白，孩子其实很需要你们的温暖吗？

4.我前段时间做了一个调查，问："当你有心理困惑的时候你会第一时间寻求谁的帮助？"结果让我非常意外，只有7%的人会第一时间选择找专业的心理咨询机构，这个数字刺痛我的心，这从一个侧面说明，我们的普及工作做得不够。

5.有的时候我会很生气，因为学生一来就说自己有抑郁症，我很想问，这是谁给你的诊断？他们经常会说是"度娘"。你们知道吗？一旦给自己贴上这样的标签，你就会带着强烈的心理暗示生活，没病也会变成有病。

6.还有不少人认为自己的心理素质非常好，根本不可能有心理问题，可是，这些同学一旦遇到生活挫折就招架不住，甚至根本没有能力去应对，所以，学习一些心理知识不好吗？

7.有时候我们会主动邀请学生们来参加心理中心举办的活动，他们很多人都会拒绝，甚至有人会说："我又没有心理问题，我为什么要参加心理活动？"或许在他们的思维中，去心理中心、参加心理中心举办的活动都是有心理问题的人，这也说明他们对心理健康素养不了解。

8.另外，也有不少家长及同学因为害怕吃药、担心药物有副作用，或者不懂得用药规律，即使已经被医院诊断为心理疾病也拒绝用药，或者私自停药、减药。你们要知道，这是治疗心理疾病的大忌。

一、心理健康素养十条，你做到了几条？

首先，请你对照下面的心理健康素养十条，看看你懂得了几条，做到了几条。

第一条：心理健康是健康的重要组成部分，身心健康密切关联、相互影响。

第二条：适量运动有益于情绪健康，可预防、缓解焦虑、抑郁。

第三条：出现心理问题积极求助，是负责任、有智慧的表现。

第四条：睡不好，别忽视，可能是心理健康问题。

第五条：抑郁、焦虑可有效防治，需及早评估，积极治疗。

第六条：服用精神类药物需遵医嘱，不滥用，不自行减停。

第七条：儿童心理发展有规律，要多了解，多尊重，科学引导。

第八条：预防阿尔茨海默病，要多运动，多用脑，多接触社会。
第九条：要理解和关怀心理疾病患者，不歧视，不排斥。
第十条：用科学的方法缓解压力，不逃避，不消极。

二、评估一下自己当下的心理状态吧

然后，再来看看你出现了哪些心理症状。
1. 我已经两个月以上无法摆脱自己的情绪困扰了。
2. 我时不时地就情绪低落，觉得生活没有意思。
3. 我总是担心未来会发生什么不好的事情。
4. 我经常处于焦虑担心、忧心忡忡、紧张不安的状态。
5. 我总是担心自己身体有病，到处寻医问药，医生却说没什么问题。
6. 我有时候突然觉得很不舒服，甚至有种濒死感。
7. 我经常回避社交，工作效率下降，自我封闭。
8. 我常常反复地做某事，想某些东西，摆脱不了。
9. 我总觉得自己身体虚弱，有种无力感。
10. 经常无缘无故地出汗，感到不自在。
11. 我经常失眠，入睡困难，早醒，精神状态差。
12. 我经常胃口不好，肠胃不适，颈椎、腰椎疼痛。
13. 我时不时就头晕、胸闷，感到很不舒服。
14. 我有时候身体出现颤抖，坐立不安。
15. 我对性没什么兴趣，出现性功能障碍。
16. 我会听到别人听不到的声音，看到别人看不到的东西。
17. 我觉得有人要害我，跟踪我，我被监控了。

如果你有以上的心理症状，请你继续往下看，或许你需要找到一些方法来帮助自己。如果你没有这些症状，也请你继续往下看，学习点心理健康知识，对你今后的成长大有帮助。

三、如何判断心理困扰的严重程度及求助方法

每个人在成长过程中都会遇到这样或者那样的挫折和烦恼，都会有伤心、难过的时候，抑或打击大了点，让你出现了严重的心理问题；也有可能你经历了常人没

有经历的事情，那些给你的身心带来了巨大的伤害，你一直在与心理困扰做斗争。那么，今天，老师来和你聊聊心理感冒了，应该如何求助。

（一）当你现在是这样时（轻度心理困扰）

当你出现心理困扰时，你首先要对自己的情况进行一个适当的评估，评估的内容包括：困扰的时间、困扰的原因、困扰的点是否泛化、学习生活是否受到影响、是否有躯体症状、自己是否可以控制等。

假设导致你目前症状的原因不那么强烈（如：和恋人吵架了、考试不及格了、宿舍关系不好了、父母吵架了、事情没做好自责了、被人误会了、遇到一些小困难了），你现在的处境还可以，自己完全知道自己目前的情况，也能控制自己的情绪，只是有时候不太舒服，情绪有些差，有些难过；你的这种困扰情况时间还不到2个月；你还能正常学习、生活，只是效率有所下降；你的症状没有泛化，还是停留在当初的事件上，其他不相干的事情不会引起你同样的情绪表现；目前，并没有出现较为严重的躯体表现，只是有些失眠，没什么胃口，精神差点。

这时候，你可以这样求助：

1. 找个地方宣泄一下情绪，把心里的憋闷发泄出来，特别建议你去运动，每天坚持运动40～60分钟，坚持一段时间，你会看到不一样的效果。当然，宣泄方式可以根据自己的生活状态不同，做出不同的选择，总之是要发泄出来。

2. 用一张A4纸，分两列，把自己的烦恼写下来，其中一边写烦恼，另一边写应对方法，认真分析自己的每一个烦恼，并在另一边写出自己的应对措施，一条一条解决，这时，你要给自己一点积极暗示，然后，开始积极行动，你会发现你很快就走出来了。

3. 找个知心朋友聊聊心里话，倾诉一下自己的烦恼，把自己的困惑和难受统统说出来，如果你不想让朋友知道，你可以找学校心理中心的朋辈或者咨询老师倾诉，也可以通过线上系统向老师倾诉，说完后，你就轻松了一半。

4. 你还可以试着去做一些事情来转移注意力，千万不能因为心里难受，就选择待在房间或者什么都不去做，这样只会加重你的心理负担。所以，越是难受，越要去做点事情，转移注意力，这可以让你忘掉或者淡化心理的困扰。

5. 当然，最重要的是你要对自己有信心，并且愿意改变，愿意付诸行动，愿意相信自己是有这个能力和潜能治愈自己的。

6. 也可以找自己的父母或者亲人诉诉苦，寻找心理支持，让自己的心更有安全感。

(二)当你现在是这样时(中度心理困扰)

假设导致你目前症状的原因很强烈(如:失恋了、家庭发生变故了、可能要被退学了、人际关系发生重大冲突了、面临重大选择了、身体受到重伤了、得了重大疾病了、发生特殊性行为了、遇到较大的挫折了等等),遇到这些生活挫折,你现在的处境面临一定的困难,自己很难去面对和处理,情绪难以控制;这种情况,已有2个月以上,半年以下;你的学习、生活受到较大的影响,甚至回避正常的社会交往;你的症状已经泛化,烦恼的事情不仅是当初的那个事情了,很多相关或者不相关的事情都会引起你的烦恼;经过自己的努力,好像没办法走出来。

这时候,你应该这样求助:

1. 预约学校心理中心的专业心理老师为你提供帮助,心理老师会为你做详细的评估,如果心理咨询能解决问题,老师会有自己的技术和方法帮助你;如果心理咨询无法解决问题,老师也会为你提供建议,进行更进一步的心理治疗,学校心理咨询老师会严格遵守保密规定。要知道懂得求助是一种有智慧的表现。

2. 如果你确实不想让学校知道,不想在学校寻求帮助,你也可以寻求校外的专业心理咨询机构的帮助,但是,校外咨询费用很高,而且也有遇到不专业咨询机构的可能。

3. 你也可以找自己的辅导员,或许他能为你解决很多困难,当很多困难得到解决时,你的心理困扰也会随之减轻。我要特别说明的是,大学里的辅导员是你在学校的家长,他们是最能帮助你的人,当然,辅导员也会为你的事情保密的,所以你不用太过担心,更不用担心自己的心理问题被辅导员知道后,会被区别对待,他们只会为你提供更多的支持和帮助。

4. 在寻求咨询的这段过程中,你要相信老师的专业能力,并配合老师的建议,积极行动起来,这样才能有效果哦。另外,你一定要动起来,让运动来改善你的情绪,为你增添动力。

5. 要走出去,积极参与人际交往,努力去完成自己该做的事情。

6. 这时,你一定要有信心哦,要积极听从专业人员的建议,心理康复需要一定时间,不要着急,时间会帮助你走出人生的低谷。

(三)当你现在是这样时(严重心理困扰)

这里要分三类:

一类是疑似神经症,主要由以上中度心理困扰发展而来,时间将近半年,心理症状不断泛化,情绪症状不断出现,无法解决。有明显的内心冲突并且冲突本身没有现实意义或道德色彩，但是病程、严重程度等都未达到神经症的诊断标准。这类问题参照中度心理困扰的治疗方法。

第二类是神经症性质的。你的症状已经比较严重，时间长达半年以上；症状极大地影响到了你的正常学习生活，甚至你无法完成基本的学习生活任务；这些症状或者行为你自己可以意识到，也可以表述清楚，甚至经常寻求帮助，到处诉说自己的困扰，而且你自己明明知道不要这样，但你就是控制不了自己这样做，你想摆脱就是摆脱不了，有明显的内心冲突；情绪的出现往往不是因为某些事情发生，在没有任何刺激的情况下也可能发生；你出现的这些情绪和行为常人很难理解，都认为你根本不该有这种情绪和行为，你的情绪和行为也没有道德判断标准；你还出现了不少躯体症状，如胸闷、头晕、头痛、脖子不舒服、胃肠不舒服、出汗、两腿无力等。

第三类是精神病性质的。你已经出现了幻觉、妄想（看到别人看不到的东西、听到别人听不到的东西、想根本不存在的事情、认为有人要害你或者针对你）等症状，自己对自己的问题已很难自知，各种躯体症状不断呈现，甚至出现语无伦次、行动诡异等症状。

这时候，你应该这样求助。

1. 第二类问题出现时，假如你经过努力也无法好转，建议你尽快寻求医院的心理科或者心理专科医院帮助，这个时候一定要到正规的医院，同时，请你的监护人和你一同前往医院寻求帮助，并尽快告知辅导员，让辅导员知道你的情况并为你提供必要的帮助。第三类问题出现时，立即告知家长和辅导员对你送医治疗，这类问题一定要进行规范化的心理治疗。

2. 可能需要配合药物治疗，这里特别提醒大家，精神类药物在吃药初期，大概一周到两周左右的时间，会出现较强的副作用，躯体反应比较明显，过后会慢慢缓解。这种药物需要长期按照医嘱服用，切不可擅自减药、停药。

3. 在吃药过程中也可以配合心理咨询，特别是疑似神经症和神经症类的疾病。

4. 同样，面对这些心理困扰时，你的信心是非常重要的，你对疾病的认知和对治疗方案的认同也非常重要。

5. 精神病性质的疾病建议住院规范治疗。

6. 轻度情绪困扰和中度情绪困扰的方法，也适用于正在康复的你。

你为什么恋爱总是不顺？原生家庭在作怪

> **引言**
>
> 原生家庭是自己出生和成长的家庭。家庭的氛围和传统习惯，父母的相处方式、教养方式，家人的互动方式等，会影响子女在新生家庭中的表现。恋爱关系建立，也就意味着两个原生家庭的关系开始碰撞，我们该如何在恋爱关系中正确对待彼此之间的矛盾，又如何驱散原生家庭带给我们在恋爱、婚姻方面的阴影呢？心理老师为你解答。

著名心理治疗师和家庭治疗师萨提亚说过："一个人和他的原生家庭有着千丝万缕的联系，而这种联系有可能影响他的一生。"当然，她同时也说过："改变是有可能的，即使外在的改变有限，内在的改变还是可能的。"这两句话告诉我们一个简单的道理：我们的一生会受到原生家庭的影响，在恋爱、婚姻方面表现比较明显，但是，原生家庭对我们的影响是可以适当改变的。

一、什么是原生家庭

所谓的原生家庭，指的是在子女还没有组成新的家庭的情况下，他们和自己的父母组成的家庭。当子女结婚之后，他们和自己的伴侣便会组成一个新的家庭，而这样的家庭是不包括夫妻双方的父母的，所以这样的家庭又被称为新生家庭。

由于原生家庭是自己出生和成长的家庭，家庭的氛围和传统习惯，父母的相处方式、教养方式，家人的互动方式等都是子女学习和效仿的对象，这必然影响着子女在新生家庭中的表现。我们通常见到或听到的婚姻关系不和谐的家庭，其中一定有夫妻双方各自的原生家庭的"功劳"。

在当今社会，为什么很多人在考虑伴侣的时候会重视原生家庭，是因为原生家庭比较好的伴侣，通常在性格方面都不会有太大的缺陷，因此原生家庭比较好的年轻人，容易受到更多异性的青睐。这就为我们接下来的文章埋下了一个伏笔：究竟原生家庭是怎么影响我们的恋爱、婚姻关系的？我们又应该怎么认识它？以及怎么克服原生家庭对我们的恋爱关系、婚姻关系的影响？

二、从一个咨询案例说起

刘某，女，20岁，一个大二的学生，父母离异多年，性格比较内向，同学关系比较差，近段时间因失眠、烦躁、焦虑等问题前来咨询。

她说："老师，我知道您对学生都很好，我们学院很多同学都很喜欢听您的课，今天来我想您能帮我解决几个让我一直困惑的问题。很长时间以来，我都觉得社会很不公平，我觉得活着没什么意思，近段时间，我又经常失眠，每天都很难入睡，老师您应该想得到那种失眠的痛苦吧？白天上课没精神，吃不下饭，一点胃口都没有，我心里很烦躁、很烦躁！"

我说："我能理解你的那种处境和心情，能告诉我你的这种烦躁情绪是从什么时候开始的吗？在开始的时候有什么重要的事情发生吗？"

她接着说："快半年了，可能和我的感情有关吧，那时我的男朋友和我分手了，理由是受不了我的捉弄。我其实很喜欢他的。现在我一直都在后悔自己当初那样对待他，我知道我错了，我也向他道歉了，但他不理我！我是一个很情绪化的人，我总想他能百般呵护我的方方面面，能理解我的心情和情绪。但是我经常捉弄他，比如，我会骗他说我被人骗了，让他马上来接我；我还会半夜骗他说我生病了，希望他立即出现在我面前；骗他说我不再喜欢他了；骗他说我在大桥上准备跳桥，事实上我在宿舍；逛街时，骗他说我手机被偷，希望他来接我；等等。其实，我也不想骗他，可我控制不了，我喜欢看到他为我担心的样子，那样我会很幸福！"

一方面我很理解她的这种做法，另一方面，我又很同情她的男朋友，也为这段本应和谐的感情感到遗憾。我想更深层地去了解她这样做的原因，我说："你一开始说了，你父母很早离异了，能和我说说你对家这个概念的理解吗？"

她说："我不懂，但我很羡慕有一个完整的家的人。老师你知道吗？我现在根本不想回家，我想回去也不知道自己要回哪里。爸爸有了新家，我有时候去会被后妈嫌弃，说我不是她家的人！（她哭了好一会儿）我到妈妈那里，妈妈也经常带男的回来，我不知道自己是属于谁的孩子！我根本没地方可以去，所以每次回家我几乎都是在网吧里度过的！"当时，我也抑制不住自己的感情，流下了眼泪。

听她说完自己的身世，我找到了很多连接点。她从小失去了家的温暖，没有父爱、母爱，也深切感受到了婚姻的"可怕"，没有任何安全感。当她慢慢长大，她开始不断寻找失去的父爱、母爱，寻找自己的安全感，她试图在男朋友的身上找到那样一种感觉，她希望自己的男朋友能像父母一样呵护她，能包容她的全部。她经常捉弄男朋友，就是想通过这种方式来验证男朋友对她的爱有多深，从中寻找幸福的感觉，找回失去的安全感。

三、原生家庭是怎样影响我们的恋爱关系的

随着社会的不断发展，人们越来越意识到家庭教育对一个孩子的影响究竟有多大，父母的言传身教及父母构建的家庭氛围对孩子会有潜移默化的影响。父母的感情状况、婚恋关系、教养方式，在一定程度上决定了孩子未来的婚恋关系。如果一个人生活在关系良好、感情幸福的家庭中，那么他（她）在未来选择伴侣的时候就会下意识地选择和自己父母相似的人；如果一个人小时候见证了父母不幸福的婚姻，那么他（她）往往就会避开自己父母的缺点，选择一个和他们完全不一样的人；如果父母经常吵架，甚至打架，孩子可能就会选择不结婚，或者对婚恋对象缺乏安全感，也会经常因为琐事与婚恋对象吵架。这些都有可能。那么接下来我们就来具体分析一下，都有哪些可能？应该怎么去释怀？

1. 父母关系不和，经常吵吵闹闹。如果父母之间矛盾重重，感情淡漠，经常吵架，那么，时间久了就会给孩子留下心理阴影。首先，这种氛围下成长的孩子往往都会缺乏关爱，长大之后则会对别人的关爱产生过分的渴求，尤其表现在恋爱关系上，因此经常会在感情上受挫折。其次，你生活在这样的家庭氛围中，经常过得胆战心惊，害怕听到、看到父母争吵。如果你谈恋爱了，你就会变得很紧张，也会害怕争吵，所以，你总是小心翼翼。在这个过程中你就会隐藏真实的自己，会迁就，但心里并不快乐。再次，经历过这种氛围的孩子，还有可能在恋爱过程中学着父母吵架的样子，也经常与自己的恋爱对象因鸡毛蒜皮的小事争吵，他（她）可能在潜意识里不想吵，但他（她）已经控制不了自己了。

2. 离异的家庭，可能子女受伤更严重。如果你的家庭是离异家庭，父母都不怎么关注你，后爸、后妈也对你漠不关心，这个时候的你可能会对恋爱很排斥，甚至会对恋爱和婚姻失去基本的信心，也可能不再相信爱情。首先，你可能不想恋爱，不想结婚，你会觉得恋爱和婚姻都是不可靠的。所以，你的对象很难走近你，你的戒备心非常强。其次，即使你恋爱了，你也可能总是放不开自己，总觉得没有安全感，对恋人会有很强的依赖性，占有欲特别强，还经常吃醋，也会因此而经常吵架，甚至闹分手，或者分分合合。再次，你选择对象时会非常慎重，希望对方从一而终，

也有可能你会特别珍惜这段恋爱关系,做出和你父母完全相反的行为,试图通过自己的努力彻底摆脱父母不幸婚姻的影响,时时处处学着迁就和宽容,当然,对恋人的期待和要求也会增加,就看你的恋爱对象是否能接纳你了。

3. 情感被忽视,需要没被满足。有的孩子在原生家庭中情感经常被忽视,需要不被满足,父母不关心孩子的心理成长,不理解孩子,不关心孩子,不肯定孩子,孩子经常被比较,被打骂。这种情况下,首先,在选择恋爱对象的时候,你可能会选择比你年龄大的、能照顾你的人。其次,你会非常在意你的恋爱对象对你的看法,你希望经常被认可,被关注,如果没有得到,你就会伤心、难过,这个时候做你的男朋友就挺累的。再次,你可能会很敏感,经常会试探对方对你到底怎样,你可能也会很担心对方不要你了,所以,你过得并不好。曾经有一个女孩因为父母漠不关心,所以在遇见一个对她好的异性时便抓住不放,却没意识到感情其实是会变的,自己最终只能伤痕累累。这也是其中一种可能。

4. 过分溺爱,喜欢当公主或者霸王。有些家庭过分溺爱孩子,孩子从小就觉得有优势,有特权,觉得每个人都要迁就自己、听自己的,喜欢当公主或者霸王。如果你在这样的家庭中长大,你的婚姻可能要经历不少挫折哦。首先,因为你习惯了被溺爱、被迁就,所以,在恋爱中你也是以自我为中心,很难去考虑对方的感受,不懂得尊重对方。你希望你的恋爱对象及家人能像你的父母一样事事都让着你,围着你转,但在现实生活中这是很难实现的。其次,你可能会抱怨,你会看谁都不顺眼,恋人的要求你基本做不到,于是,争吵不断,经常更换恋爱对象也是有可能的。再次,自己在原生家庭中享受到的"特权",在无意识中也会被你带到新生家庭中,你可能也会延续父母对你的溺爱,去溺爱你未来的孩子。当然,如果能找到一个迁就你的对象,这些事情或许是可以解决的。

5. 父母关系不平等,你会有样学样。有些家庭关系很有意思,即使夫妻关系很不平等,但是仍然能够正常运转和相处,这其中必定有一个人愿意迁就。比如:有些孩子非常听母亲的话,有些父亲承担了本该母亲承担的工作,有些母亲承担了本该父亲承担的工作。如果你在这样的家庭中长大,或许你会学习其中的某个人,你会试图在你的恋爱关系或者婚姻关系中构筑一个这样的形象,你自己想成为那样或者你希望你的对象成为那样。当然,也有可能你不喜欢母亲或者父亲那样唯唯诺诺的样子,所以,你也会希望你的对象不要那样。这就是我们所说的原生家庭对人未来生活产生的影响。

或许我们有人经历了不幸福的家庭,因此在长大之后希望成为和自己父母完全不一样的人。但有时候,你越想改变却越发现自己身上有着挥之不去的父母的影子,根本没有办法摆脱。另外，在你出生、成长的家庭中，一定有自己未了的情感需求，任何人都不例外。比如：你的原生家庭成员之间的相处就像朋友，父母的婚姻也很和谐，你们时时刻刻都在一起；但是，你的另一半的原生家庭成员相互都很独立，平时各不干涉，有较长的独处时间，那你们组成新生家庭后，矛盾就会慢慢浮现。如何来平衡，来减少原生家庭对我们的恋爱关系和婚姻关系的影响呢？我们接着往下看。

四、在恋爱过程中我们如何走出原生家庭的阴影

恋爱关系建立，也就意味着两个原生家庭的关系开始碰撞。不同的原生家庭，关系模式自然不同，两个来自完全不同原生家庭的人，差异是一定存在的。在现实生活中，大多数人不知不觉间复制着前辈的思维方式和行为模式，代代相袭，进入无法挣脱的死循环。这就需要我们了解过去带来的影响，学会如何从"原生情结"中剥离出来，学着走出这个怪圈。

1.梳理你未满足的心理需求。在原生家庭中你有哪些心理需求没有得到满足？现在给你造成了哪些心理影响？你因此形成了哪些性格特点？比如：你成长在吵闹的家庭中，从小没有安全感，过得很紧张，小心翼翼；你一直是个留守孩子，从小受父母关注较少，习惯了孤独的生活，不喜欢热闹；你的父母离异了，你成了别人的累赘，认为自己是多余的；你从小就没有得到父母的肯定，自卑；你从小就是被对比的失败孩子，经常被批评、教育；你很讨厌父亲或者母亲的处事方式，发誓以后绝对不会那样。因此当你与恋爱对象交往时，你要学会去思考，是不是自己的原因导致了交往困难，导致了不和。

2.这些未满足的心理需求你要学会自己满足。你抱怨的或你讨厌的，都是你自己的事情，如果没有安全感，应该从自己身上找回，而不是寄希望于另一半；你自卑，也不能靠恋人的赞扬来生活；你强势，不能要求你的另一半低三下四；你习惯了被爱，希望另一半都听你的，这违反了基本的关系平等原则，难以长久。如果你原来的价值取向、生活习惯和另一半有冲突，最好的办法是求同存异，无法理解的就放一放，你改变不了别人已成形的部分，也不必强求什么。恋人之间很重要的一件事就是要保证良好的沟通、交流，有矛盾了要及时沟通、化解。在原生家庭里，如果你已经形成了强势掌控型的性格，这时候要想想这样对你们的关系有什么影响。没有谁一直可以占主导地位，恋人之间是平等的关系。如果自己错位了，要退回来，回归到自己的位置。学着把你的想法说出来，和对方一起探讨解决方案，在平等的条件下，寻求最佳互动模式。

3.你对原生家庭的不满，不应该让你的恋人当替罪羊。你可能对父母怀恨在心，你可能对自己的身世耿耿于怀，所有你对原生家庭的不满，你当恋爱后都要学会理解，并且理顺和亲人的关系。无论父母怎么样，他们既然给了我们生命，我们就要怀着感恩之心。通过学习和艰苦修行，摆脱原生家庭对我们的影响。你越是怀恨，越难摆脱阴影，生活就越是一团糟；越是怀恨，你对恋人的要求就会越多，对恋人的不满也会越多，无形之中，你的另一半成为替罪羊。这个时候何不释怀呢？学会与父母和解，与自己和解，重新开始自己的生活。

4.你们之间的互相和解最为重要。你们来自不同的原生家庭，都带着各自原生家庭的影子试图生活在一起。这个时候的你们都要认清一点，你没有权利要求另一半按照你的价值观行事，你们只有各自退让、平等相处才有可能继续下去。爱情的痛苦源自双方的不和谐，你们应该共同成长，一起改善，分析各自缺陷，多清理各自原生家庭带来的影子。如何把两种生活方式变成一种，是恋爱的必修课。利用好拥有的资源，互相看对方的好，如果你们都意识到自己的不对，就相互监督、改正。从现在开始，慢慢摆脱原生家庭对自己的负面影响，多学习正面的，相信你们都能做到和谐共生，减少感情带来的痛苦和不信任感。自己幸福快乐了，才有可能把快乐带给身边所爱的人。

5.良好的沟通模式是化解矛盾的有效方法。想要尽量消除原生家庭带给一个人的影响，尤其是恋人之间交往的影响，学习正确的沟通方式是关键。当恋爱关系出现问题时，不要急于去解决，而是让自己先停一下，冷静一下，转移一下注意力，想一想怎样解决这个问题是最好的。若是有一方不够冷静，另一方就需要做到包容，不要急于和对方争辩什么，那样只会引发更激烈的争吵，等到对方也冷静下来时再谈，才会有效果。虽然说恋爱中的适当争吵也是一种交流、沟通的方式，但是一旦过了度，就会伤害到彼此的感情。特别是在争吵时，人的理智会降到极低，往往会口不择言，喜欢拿对方的缺点来说事，打击对方。这样对夫妻的情感影响至深，即使在争吵结束、夫妻言归于好后，暗伤却依然在。所以，需要你信任、包容和理解，学会正确的沟通方式。

五、写在最后

每个人所受到的原生家庭的影响是不一样的，希望快速有效地消除影响是不现实的，甚至可以说很困难，这种困难来源于习惯的根深蒂固。消除影响不仅需要正确的方法，更需要当事人拥有坚忍的毅力和自我克制力，相信你应该可以！

当我收到第 1000 封信的时候，
我想和同学们聊聊"心事"

> **引言**
>
> 2019年，我校心理中心通过掌上心理系统开通了我个人专属的解忧信箱，当时开通解忧信箱的初衷是让有些不愿意面对面咨询、不愿意暴露自己信息的同学有一条寻求帮助的途径。我向学生承诺这个解忧信箱的内容只有我一个人可以看到，也只有我一个人回复。三年多来，我收到了1000多封信，我几乎也已经习惯了每天早上早早来到办公室给同学们回信的日子。

  学生们的来信涉及大学生活的方方面面，关于心理适应、成长发展、宿舍关系、恋爱关系、学习学业、考研就业、心理困惑等等。让我感到欣慰的是，有的学生把解忧信箱当情绪垃圾桶，有的学生希望我给予一个隔空拥抱，有的学生希望我能陪他跑步，有的学生希望我能监督他学习，有的学生希望我给他一句生日祝福，有的学生希望我和他一起分享成功的喜悦，有的学生希望我帮助他判断对象是否可靠，有的学生希望我帮助他渡过家里的难关，甚至有些学生希望我能教他学骑自行车。三年多来，我有很多触动，也感受到了同学们对我的期待、对解忧信箱的期待。说心里话，我很乐意看到同学们给我写信，不管信件内容是什么，学生们能求助本身就是一件非常赞的事情，如果我还能给予一点点的温暖，我相信他们一定可以重新找回自己，获得前行的力量。

  说心里话，我的回信是否能给同学们带来帮助，我心里没底，但至少我成了一个倾听者，成为同学们的"垃圾"回收站。这些年来，看到同学们写的这些信我有很多感触，当今天收到第1000封信的时候，我想和同学们们聊聊"心事"。

一、同学们主要寻求哪些方面的帮助呢？

  我对这1000封信的求助内容做了一个简单统计，按照求助内容的频次依次是：宿舍关系处理、情绪宣泄、自我认同、心态调节、心理素质提升、大学生活适应、恋爱关系处理、学业就业焦虑、考研压力、心理问题解决、社团班干、资助勤工、能力提升、家庭关系、生活琐事、对学校意见建议等等。

我给大家分享几个特别的求助例子吧！有同学说，老师我不会骑自行车，您能教我吗？可以啊，几天后我安排了学生朋辈教她，她三天后就学会了，她非常高兴。有同学说，老师我今天过生日，但是不想让宿舍同学知道，我只想一个人，但是又觉得有点孤独，就给你写信了。我问你有什么愿望吗？她说想吃薯片，于是我立刻买了薯片送到她宿舍，她流下了眼泪。有同学说，老师我失恋了，心里很难受，我想把我们的故事说给你听听。于是我说，嗯，我感受到了你的心情，我愿意成为你的倾听者。有同学说，老师，我家庭比较贫困，我想勤工俭学，您能帮我找一个吗？于是我教会她如何自荐，几天后她回信说找到了。还有很多很多……这些信让我真切感受到同学们的真诚，以及对温暖的渴望。

经过对1000封求助信的整理分析，我发现以下几点：第一，同学们的心理困惑不是单纯的心理疾病，更多的是因为他们在大学生活中遇到的各种琐事，涉及人际关系、心理素质提升、自我认同、大学适应、情绪情感、学业就业、社团班干、资助考研、能力提升等方方面面；第二，同学们的很多心理困惑是由于生活事件所引起，与其当前面临的实际困难相关，解决大学生的心理困惑，要从解决大学生的实际困难入手；第三，同学们的心理困惑具有全程化特点，每个阶段都有不同的困惑，我们应该根据同学们不同阶段可能会遇到的心理困惑，给予预防性的教育和引导；第四，同学们所遇到的大部分心理困惑通过简单的引导就能自行解决，需要发挥学生的自我教育、自我成长的能力，这也再次告诉我们学习心理健康知识很重要、提升大学生心理健康素养很重要；第五，同学们的心理困惑基本都是辅导员思想政治教育工作的内容，因此，辅导员应该发挥他们在心理育人工作中的独特优势。

二、今天我想和同学们说说心里话

1. **有心理困惑懂得求助是智慧的表现**。在大学生活中，你们难免会遇到这样那样的一些困难和挫折，当自己无法调节和处理的时候懂得寻求帮助是你们智慧的表现。遇到实际困难的时候能够想到社会支持体系，从社会支持体系中获取帮助，这本身也是一种素质和能力。解忧信箱运行三年来，有这么多同学写信求助，这是使我很欣慰的事情，我为你们懂得积极求助点赞！

2. **你们可以把解忧信箱当成情绪垃圾桶**。这些年来，有不少同学给解忧信箱发来很长的信件，但是，最后他们会说，老师我只是想和你说说话，你看看我的信就好，你可以不用回我，或者说一句我理解你的心情就行。我把你的信箱当成情绪垃圾桶，我说出来就好了。是的，在这里我也想和同学们说，或许你身边没有很好的朋友可以倾诉，或许你担心影响朋友，给朋友带来心理负担。那就把你们想说的、想要表达的写给解忧信箱。要知道哦，当你说出来之后，你的糟糕情绪就会得到一定的缓解。

3. **同学们应该积极学习心理健康知识，提升心理健康素养**。1000封求助信的启示告诉我们，同学们的心理困惑主要来源于生活中的琐事，真正需要心理咨询和治疗的比例很小。解决这些困惑并不难，大学生朋友们要主动学习心理健康知识，主动提升心理健康素养。要学习保持心理健康的方法和技巧，要懂得如何来应对自己的困难很挫折，学着自己解决自己的问题，自己寻找解决问题的途径。这是你们成长发展所需的根本素质。

4. **消除心理健康误区**。在这1000封求助信中仍然有一部分同学存在对心理健康的误解。认为自己的问题不需要专业求助，更不愿意去精神专科医院诊断治疗，自己的问题不能让同学知道，不能让学校的老师知道，也不能让家长知道。从求助信中我也发现确实有一部分同学的问题已经比较严重了，我建议他们去寻求专业帮助，去医院诊断治疗，并要告诉家长、老师。但他们大多是不采纳的，他们担心被歧视、担心被异样看待、担心父母不理解、担心父母为此增加负担，也担心学校会对其采取什么措施。这里我只想告诉同学们，你们的担心都是不必要的，如果真的有心理问题，你必须积极寻求专业帮助，寻求老师、父母、朋友和社会的支持。

5. **同学们应该学习科学的减压方法**。面对生活中的各种压力，人们会采取不同的方式进行缓解。需要注意的是，有些减压方式看起来当时能够舒缓心情，但弊大于利，是不健康的减压方式。例如，吸烟、饮酒、过度购物、沉迷于游戏等方式，虽然当时可能带来心情的缓解，但是也会带来更多的身心健康和生活适应方面的问题。通过学习科学有效的减压方式可以更好地应对压力，维护心身健康。第一，调整自己的想法，找出导致不良情绪的消极想法，根据客观现实，减少偏激歪曲的认识。第二，积极寻求人际支持，选择合适的倾诉对象，获得情感支持。第三，保持健康的生活方式，采用适量运动和健康的兴趣爱好等方式调节情绪。

6. **我们是不是可以有更大的胸怀和格局**。我深深地记得，有个同学因为宿舍关系问题给解忧信箱写信，信中抱怨了宿舍的某某同学这不好那不好。毕业那年，她给我发微信说："感谢老师当年解忧信箱中的那段话，毕业了突然发现自己当时的胸怀和格局怎么那么小，回想起来，那些磕磕碰碰才是最值得回忆的。"其实，我想告诉大家，很多生活的琐事放在当下好像确实是一个问题，当你往长远一些看，当胸怀和格局大一些的时候，你就会豁然开朗。

7.解忧信箱还将继续陪你走过春夏秋冬。学校设置解忧信箱的初衷不改，为同学们提供最大限度的困难帮扶不改，为所有求助信最大限度保密的决心不改，只有一个老师能登录后台查看信件并回复信件的制度不改。只要同学们有需要，我们就一直都在。

亲密关系与原生家庭千丝万缕的联系

> **引言**
>
> 每个人都和他的原生家庭有着千丝万缕的联系,而这种联系将会影响他的一生,当然爱情与婚姻也不例外。一个不是很美满的原生家庭可能会在亲密关系中带给我们很多难题,因此我们需要学会如何摆脱这种影响,得到一段更加美满的亲密关系。

在当今社会,很多人在择偶时,原生家庭都会成为他们着重考虑的一个因素。因为原生家庭比较好的人,通常在性格方面都不会有太大的缺陷。所以原生家庭较好的年轻人,容易受到更多异性的青睐。

原生家庭是否真的会影响我们的恋爱和婚姻?答案是肯定的。

美国著名"家庭治疗大师"萨提亚认为,每个人都和他的原生家庭有着千丝万缕的联系,而这种联系将会影响他的一生。所以在谈到一个人的性格以及一段爱情、婚姻里双方的状态,永远都离不开他们背后原生家庭的影响以及个人成长的经历。

在咨询中,我经常听到我的来访者表示,他的原生家庭不好。这个"不好"指的是什么?是缺爱。一个缺爱的家庭培养出的孩子,通常是不懂爱、不理解爱、不会爱的。原生家庭是一个人对情感经验认知的开始,也是学习两性相处方式的最初场所。一个孩子如果在童年时期得不到足够的安全感和爱,他很难,甚至无法和他人建立起正常的信任和沟通。

缺爱是亲密关系里一个很重要的难题。

缺爱的人,会出现以下三种性格特质:

1. 缺乏安全感。如果你在原生家庭中没有得到足够的爱,长大成人之后你就可能会缺乏安全感,会对别人的关爱产生过分的渴求,尤其会表现在恋爱关系上,因此经常会在感情上受挫折。如果你在原生家庭中被忽视,成人后,你就会认为自己不值得拥有美好的事物,明明是靠自己的能力取得了成就,但总觉得自己不配拥有,认为他人不会喜欢真实的自己。在选择恋爱对象的时候,你可能会选择比你年龄大的、能照顾你的人。你会非常在意你的恋爱对象对你的看法,你希望经常被认可、被关注，如果没有得到，你就会伤心难过，这个时候你的恋爱对象会很容易感觉到有些心累。以上这些人有一个共同点，就是缺乏安全感。

2. 敏感多疑。首先，如果你在原生家庭中没有得到足够的爱，可能你会出现拘谨胆小、敏感多疑、害羞怕生、孤僻退缩、以自我为中心、不能合作、任性攻击等适应困难的问题。在人际交往过程中，尤其是在亲密关系中，会经常怀疑另一半，对另一半给了的爱会有担心，也会因为一些小小的争吵感到害怕，担心失去。同时，你可能更喜欢封闭自己，不爱与人交流，或者朋友很多，他们却都难以走进你的心里，你在交往过程中往往表现得很奇特，甚至经常用相反的方式来呈现交往过程。你会对亲密的人总是表现出担心多疑和过多的不信任。其次，在原生家庭中缺乏爱的孩子可能会产生更多的内心矛盾，对自己不信任，不认同，对周围的人和事都表现出更多的敏感，害怕被抛弃，害怕被伤害。再次，如果你在原生家庭中不被认可，经常被批评，成人后，你就会喜欢取悦别人，变成一个不懂拒绝的老好人，对别人的赞美和认同总是产生怀疑。最后，如果原生家庭缺乏爱，你可能会经常试探对方对你到底怎样，会很担心对方不要你了，对亲密关系过于敏感多疑。

3. 低自尊。如果你在原生家庭中没有得到足够的爱，可能你会过多地自我批评和自我反省，严重缺乏自信，自我认同感偏低。如果你的童年在原生家庭中受到虐待或漠视，你可能会伤害自己，或者做出自毁行为，当我们无法从原生家庭中得到尊重、关爱，当我们遭遇到父母的虐待或者冷漠，我们就会自我否定，甚至自我伤害，不仅如此，我们还会让这份伤害代际循环，让悲剧继续发生在下一代身上。

这些因素所塑造的性格特质很多时候是很难立时改变的，也是很难进行自我控制的，我们需要理解和包容。但在理解和包容的同时，还得从源头去解决问题。

如果你的原生家庭缺乏爱，你变得没有安全感，这些未满足的心理需求你要学会自我满足。你对原生家庭的不满，不应该让你的恋人当替罪羊。越是怀恨，你对恋人的要求就会越多，对恋人的不满也会越多，无形之中，你的另一半成为替罪羊。要学会与父母和解，与自己和解，重新开始自己的生活，自己给自己安全感。

也许在原生家庭中你受到了很多伤害，你没有获得足够的爱，但是，在恋爱过程中一定要学会尊重自己，不要因为担心失去就迁就对方，害怕争吵就自我责备，更不要因为一些琐事就耿耿于怀，在恋爱中总是处于被动地位，甚至伤害自己。

愿我们每一个人都能拥有一段满意的亲密关系！

清明节，可以是一次心灵疗愈

> **引言**
>
> 清明是一个有文化内涵的节气和节日，这内涵里最厚最重的，便是"慎终追远""追思先人"。这天是中国人祭奠祖先的日子，人们为已逝的亲人、祖先庄重送上思念与敬意，这神圣的生命交流仪式，一年年轮回，一代代传承。清明节也有很多心理学意义，它可以是我们每个人心灵疗愈的最佳时机。

《清明》

——（唐）杜牧

清明时节雨纷纷，

路上行人欲断魂。

借问酒家何处有，

牧童遥指杏花村。

这首诗从字面上看，诗人描述的是清明时节春雨飘飘，路上的行人魂不守舍、思绪难断。而从心理学上讲，雨纷纷指的是人们内心残留、纠结的未完成事件，在清明这样的季节里纷然涌动，是时候面对、理顺了。一年之计在于春，我们可以在这个季节把自己内心的纠结理顺，放下过往，开始新的一年。是的，清明节有很多心理意义，或许它可以是一次难得的心灵疗愈。

一、先从一个案例说起

这是我多年前接受咨询的一个案例，直到现在我都难以忘记。求助者，女，21岁，独生女，大学四年级学生，1.60米左右，近视，戴黑色眼镜，衣服穿着比较活泼，眼神无法看清，精神状态欠佳，无重要躯体器质性疾病，有些许男生的气质，来自小县城，家庭教育和家庭环境较好。**咨询的时候她对我说**：最近半年多来，总觉得生活很不开心，觉得没有人喜欢自己，感觉很自卑，经常莫名其妙地情绪低落，做事情提不起兴趣，还有失眠的表现，特别是一个好闺蜜有了男朋友后更是让她心情烦闷，觉得整个世界都要塌了，心里很不踏实，担心害怕，敏感多疑，现在不再相信朋友了，也经常借故不参加集体活动，甚至有时候连课都不想去上，没有了先前的动力和目标，也不想和别人交往了，害怕自己又被人抛弃。近段时间，吃饭没有那么香了，有时还腹痛腹泻，还有头痛、头晕的症状，经常脖子痛，感觉很没精神。**她的家庭情况**：她从小生活在一个不错的家庭，父母亲都是工人，家庭条件也不错，家庭关系很和谐，本来很幸福的一家在一次变故中改变：母亲在她读四年级时从楼上跌落去世，后来她一直与父亲相依为命。她本来有一个非常要好的同性朋友，每天都会一起去吃饭，一起去自习。这个朋友特别能理解她，也非常关照她，当时她总认为自己找到知己了。半个月前开始，朋友很少和她一起去吃饭，也不和她一起去自习了，更不用说关照了。自从朋友有了男朋友，她就感觉很不舒服，总认为是朋友的男朋友破坏了她们之间的感情，现在她心里觉得朋友是不可靠的，都会从自己身边一个一个远去，随后，一系列的生理、心理症状不断出现。**重要生活事件**：她的家庭条件较好，很早就在城里买了房子，住在六楼。有一天晚上，她因为报培训班的事情与母亲吵架了，为了发泄情绪，把家里的晾衣杆折断了，她说这是她第一次与母亲这么凶地争执。第二天她回家经过自家楼下时，目睹了妈妈因为在阳台上晾衣服不慎跌落，母亲当场死亡。母亲死后，她从来没有哭过，身边的人都说她不孝。她总觉得是自己害死了母亲，是她头一天与母亲吵架并且弄断了晾衣杆导致了母亲的死亡；另一方面，她又觉得母亲根本没有死，母亲不可能会离开自己。自那以后，她开始封闭自己，开始严格要求自己，开始自卑，开始寻找朋友。

二、来访者为什么会这样呢？

（一）她的潜意识扰动了生活

来访者目前出现的情绪症状主要源于潜意识的扰动和不合理的认知，来访者一直不愿意承认和接受母亲不慎跌落去世这样的事实，并把这样的不接受压抑在潜意识中，她自从母亲去世后一直没有哭过。但是，这样的压抑经常会扰动她的生活，特别是当她非常要好的闺蜜因为有了男朋友不再经常与她在一起、不再那么关心她时，这种表现就越加明显。认真分析会发现，因为从小失去母亲，她所需要的母爱无处获得，在初中和高中时期一心为了读书而暂时遗忘了母爱。当上了大学后，她遇到了如同母亲一样的闺蜜，闺蜜对她无微不至的关心和照顾，仿佛让她觉得找到了母爱的感觉。可是，当闺蜜有了男朋友后，不再那么关心关注她时，她所需要的母爱仿佛又被"剥夺"了，于是，潜意识好像在告诉她：妈妈真的离开你了！她其实把闺蜜当成了母亲的化身，在朋友身上找妈妈的感觉。

（二）她的认知偏差

来访者的认知也出现了一些偏差。比如：母亲的死绝对是因为她造成的；朋友是不可信任的，都会一一离开；认为自己是一个自卑的、一无是处的人；朋友应该像妈妈一样无微不至地照顾自己，一直在身边；等等。这些认真的偏差导致她在人际交往过程中出现误区，也导致她对自己的评价过低。

（三）治愈她的最有效方法

我给她布置了家庭作业：让求助者当天就回家到母亲的坟前送花，在坟前告诉母亲这些年她的苦恼，并告诉母亲她现在的情况，也告诉母亲她会努力的，在母亲坟前好好哭一场。布置本家庭作业的目的是：（1）让求助者再一次充分宣泄。（2）让求助者有与母亲"交流"的机会。（3）把潜意识上升到意识上来。（4）让求助者去表达对母亲的"歉意"以此放下心中的包袱。后来经过多次咨询，帮助来访者重塑认知，构建了学习生活目标，她慢慢好起来了。

今天老师说这个案例是想告诉大家，我们总要经历各种各样的生离死别，总要学会去面对至亲的离开，可是生活还要继续，我们还要为了至亲努力活着。

三、清明，我们一起来一次心灵疗愈

通常人们很不情愿割舍与死去亲人的关系，心理学称为分离性焦虑。清明祭祀仪式恰恰提供了与死去亲人建立情感连接的机会，把那些还没有整理好的悲伤、愤怒、委屈、无助、恐惧、内疚等通通拿出来，用文化接受的方式把它们象征性地表达、宣泄。正如一首古人悼亡词中所说："南北山上多墓田，清明祭扫各纷然，纸灰飞作白蝴蝶，泪血染成红杜鹃。"这个节日，对逝去亲人的思念、愧疚造成的内心的伤痛总是难以抚平，你可能还在自责，还在耿耿于怀，而这样的你总是不能放下，你的生活总是被影响。让我们一起利用这个清明节假期，来一次心灵疗愈。

（一）来一次有仪式感的告别

一般来说，我们对去世的亲人会有很多"假如"的幻想：假如当初我对亲人好一些，他就不会得病；或者假如我做点什么，就能打破那个偶然却恰恰夺走亲人性命的瞬间。这种自责性的假如很折磨人，我们渴望对死者说点什么或做点什么，遗憾的是斯人已逝，只能望空兴叹。每个人都希望和自己的至亲不分开，尤其是陪伴我们童年的亲人，他们是我们与这个世界最紧密的联结。我们或许从来没想过他们会永远离开我们。当我们面对亲人离去的时候，理智会告诉自己，人终究会离去，只不过早晚而已，但是在情感层面我们还是幻想亲人会永远陪着我们。清明祭祀是有规律的看望，扫墓、祭酒、献花等操作仪式很具体，人完成仪式时也在整理心里自责性的"假如"，象征性地实现了未了心愿，原谅自己并接受了事实——决定斯人已逝的是远比我们强大的综合力量，不再幼稚地夸大我们自己的作用，也就不再自责了。如果你能够回家扫墓，就利用这个机会进行一个祭扫仪式，以此告诉自己，亲人已经离开，完成内心上的分离。如果你没有回家，也可以通过写信的方式来一场告别仪式。

（二）释怀你的不良情绪，与自己和解

当我们与亲人在经历阴阳两世的分离时，我们的情绪中往往掺杂着很多遗憾、自责、内疚和痛苦。有的人在亲人逝去时还来不及悲伤，这种悲伤会被隐藏，演化为一种自责。有人责怪自己以前照顾不周，有人责怪自己以前陪伴过少，有人责怪自己以前对死者苛刻。当生死事件发生时，这些情感就似乎停留在了那一刻，丧亲初期，丧亲者会有剧烈的痛苦哀伤反应，例如悲伤、愤怒、否认、焦虑、孤独、愧疚、抑郁等，这些未了情愫中含有巨大的隐痛，这种隐痛造成的创伤往往也会停在那一刻，让我们无暇顾及告别。告别是痛苦的，对于离世的人，家人亲友们依依不舍，所以会有诸多的负面情绪出现，这些反应既是丧亲者必然经历的过程，也是对自己的一种保护。这个清明，希望你们通过一定的方式释怀你的不良情绪，与自己和解。如果你能够回家扫墓，就在亲人的墓碑前面，毫无保留地将内心的情感、自责、内疚、秘密全部倾吐出来，告诉你的亲人，你的内心想法、你的痛苦情结，可以大哭出来。如果你没有回家，我也希望你们在清明节期间给逝去的亲人写信，告诉他们你的内心想法，表达你们的思念，并告诉他们你会努力地前行。信写好后可以撕掉，可以藏起来，可以放回自然界中，结束后，告诉自己重新开始。

（三）感受与家族成员在一起的温暖和支持

清明节，大部分人都会回家扫墓，大家聚在一起，到场的都是与逝者有关系的人，大家共同感受着逝者离开带来的悲伤，也感受着大家互相给予的爱与心理支持，在仪式上我们可能会回忆和分享逝者生前的趣事，感受着他带给我们和这个世界的温暖，也继续感受着他与我们曾经的关系。这对亲人团聚有很大的帮助，毕竟一家人有共同的祖先，祭祖是要一起的，这就给了彼此一个机会去相处、沟通。这个机会可以让一家人更好地联结。当然，对于遭受丧亲之痛的人，有效的方法之一就是向亲友或者心理咨询师适度地倾诉，从而减轻痛苦感。同时，在感到孤单的时候，确认有人能在旁侧，能及时满足我们"随时可获得"的需求，也是有效的心灵疗愈。在中国社会，孝乃百善之首。你连祭扫都不参加，别人会觉得你不孝，那你可就是万恶之首了！所以，祭扫是一个"团体心理"的部分。我们都需要与社会连接，需要亲人的相互支持和帮助，趁这个机会，多与家人们交流沟通。

（四）在这个特殊的节日强化感恩心理

中国自古以来都十分重视宗法、宗族观念，古代以孝为代表的感恩心理在社会文化的影响下早已融入中国人的血液。从某种角度来看，当一个人具备感恩心理并被外界和自我内心认可之后，往往会产生较强的精神愉悦感，这也是积极心理学所倡导的让自己变得更幸福的秘密。我们应该在这个节日感恩为我们创造美好生活的先人，感恩那些总是冲锋在前的无畏勇士，感恩那些生前给予我们点点滴滴关怀的人们。这个清明假期，有机会可以去烈士陵园走走，无法出门的同学们也可以通过网络祭扫的方式寄托哀思，带着思念和感恩之心去感谢他们，那么你将会获得一种无穷的力量。

（五）获取生命智慧，勇敢前行

通过清明祭扫仪式，在哀悼的过程中，我们可以在那个时刻与亲人的在天之灵在一起，可以在心里和他们对话，去安慰、体会他们的痛苦，把他们安放在内心。让我们的亲人安住于心，我们的心也就慢慢地平静下来了，这个过程整合了我们的情绪，产生了一种安全的依恋。在哀悼的过程中，我们去表达感恩，感恩的过程对我们本人起到了一个非常积极的情感调动作用。感恩之后，去祈祷、去祝愿我们在不同的生活空间里都过得快乐、平安和幸福，从而获得一种前所未有的安全感。在哀悼的过程中，我们可以跟我们在世的亲人抒发情感，与亲人交谈，聊聊自己的感受，共同回忆逝去亲人在世时的一些事情，再一次建立家族亲情的亲密连接。对话、安心、感恩、祈福、连接，这些体现于清明祭祀中的心理文化诠释了生命的智慧，我们也会从中获得前行的力量。

（六）感悟生死，珍惜当下

生死是每一个人都避不开的终极话题。死亡是人类潜意识里面的深层次恐惧。在清明节扫墓祭祖的时候，每个人都会或多或少意识到死亡这个话题。祭奠先人、缅怀故人，对我们重新审视生死有特别意义，它让人直面天人永隔的现实。往事不可追，唯有敬畏生命，珍惜当下。在中国人的日常里，"死"是一个很忌讳的词。但"未知生，焉知死"，在不得不直面死亡的时候，很多人后悔穷其一生都没明白活着的意义。逝去的先人们在用死亡给生者讲"怎样活着"这件事。"树欲静而风不止，子欲养而亲不待。"清明节让活着的人更强烈地反思自己应该重视当下、珍惜亲情、关爱家人、珍重光阴、努力拼搏，不让自己为了那些未了的心愿和未竟的事业而悔恨。作为一个普通人，清明，让我们觉醒生命意识，懂得生命坚守的意义，更让今后的我们去努力践行"为天地立心，为生民立命"的担当和使命。

（七）走进自然，感受春的气息

梨花风起正清明。清明，既是追念先人的日子，又是万物向荣、亲近自然的时节，是春天的节日。在这场与过去和自然的对话中，人们缅怀生命、拥抱新生。清明时节的户外运动，原始意义在于顺应时气。踏青、蹴鞠、荡秋千、拔河、放风筝、斗蛋等大都是有助于阳气发散的活动。因此，放假期间，多到户外踏青吧，感受大自然的无穷力量。走进大自然，呼吸新鲜空气、莳花弄草、感受鸟语花香。大自然的奇山秀水常能震撼人的心灵。登上高山，会顿感心胸开阔。放眼大海，会有超脱之感。走进森林，就会觉得一切都那么清新。这种人与自然的融合之美、这些以静制动的宣泄方式，都能帮助你缓解焦躁情绪，以静雅的心态平息怒气。当然，如果你不方便走进大自然，在家里种种花，与花对话也是不错的情绪宣泄方式。

"清明时节雨纷纷"，清明总是多雨，万物清洁明净。农时最爱清明雨，庄稼因这滋养，得以在大地上生根、茁壮成长，最终丰收。人，也需要这样的滋养，也需要这般把根扎深、扎实，好让自己成长。可以说，清明祭奠的心理文化蕴意就在于：敬畏自然，天地人和；敬畏生命，珍爱亲情；尊重他者，守望相助；怀思追远，爱人以德。死亡偷走了我们对未来的期望，却带不走我们曾经拥有的关系。

心有攻略

在最青春的年华,让心理知识提升你的素养

第四章

> 青春是个亮眼的词语,它不是桃面鲜衣,也不是丹唇柔膝,而是奋斗、美好的代名词。信息激荡的时代,正值青春年华的我们,在跌跌撞撞中长大,在懵懵懂懂中受挫。当烦恼与困惑的潮汐不停涌来,或许掌握一点心理知识,可以帮助你更清晰一点、开阔一点,帮助你拨开遮蔽视线的雾气,找到前路的方向,开始不懈怠的人生。

"听说读写、琴棋书画、动静自然、笑口常开"情绪宣泄法

> **引言**
>
> 情绪，是对一系列主观认知经验的通称，是多种感觉、思想和行为综合产生的心理和生理状态。无论正面还是负面的情绪，都会引发人们行动的动机。人类有几百种情绪，它的微妙之处已经远远超越了人类语言能够形容的范围。情绪不可能完全被消灭，但可以进行有效疏导、有效管理、适度控制。当我们有负面情绪时，应该如何去宣泄呢？这里提供了几种方法，快一起来看看吧！

每个人都有开心和不开心的时候，快乐和痛苦都是我们生活的常态，生活中的压力无处不在、无时不在，学生因为学习有压力，社会人因为生活、工作、发展等有压力。人不可能永远处在好情绪中，生活中难免有挫折、有烦恼、有负面情绪，开心的时候固然好，那么在压力过大、情绪糟糕的时候应该如何合理宣泄自己的情绪呢？一个心理成熟的人，懂得科学、及时地宣泄和调节自己的情绪。对此，福建中医药大学心理中心主任丁闽江老师为大家梳理了"听说读写、琴棋书画、动静自然、笑口常开"情绪宣泄法，希望会对大家有所帮助。

听——听内心的声音，听舒缓的音乐

当你受到消极情绪困扰时，不妨停下脚步，安静地听听自己内心的声音，那种情绪波动是你可以用心去聆听的，认真感受它的存在。要知道情绪是有规律的，那就是当我们不排斥它的时候，它会自然地平静下来。而一旦我们排斥它，它反而会纠缠着我们不放。如果我们用心去聆听，用一种接纳的态度去经历的话，情绪会随着时间的流逝缓慢地消失，而这本身就是一种积极的态度，它还会让我们学到更多，有更多的成长。另外一个听就是听音乐，音乐能调整神经系统的机能，解除肌肉紧张，缓解疲劳，改善注意力，增强记忆力，消除抑郁、焦虑、紧张等不良情绪。很多人有这样的体验：听着催眠曲就不知不觉进入了甜美的梦乡；在紧张焦虑的状态下，听听舒缓的音乐，情绪马上会缓和下来。当然，运用音乐调节法时，应该因人、

因时、因地、因心情的不同而选择合适的音乐。

说——说出内心的感受，说给别人听

当我们被情绪困扰无法自我消化时，就应该把自己压抑的情绪向合适的对象释放出来，使情绪恢复平静。可以向你信任的人说出你的内心感受，表达自己的意见，坦率地说出所遇到的不公平事情，倾诉自己的痛苦和不幸。不愉快的事情隐藏在心里，会增加你的心理负担，不如找人倾吐烦恼，心情就会顿感舒畅。如果你心里确实难过，痛哭一场，可使情绪平静，哭是解除紧张、烦恼、痛苦的好方法。美国专家威费雷认为：眼泪能把有机体在应激反应过程中产生的某种毒素排出去，当你眼泪汪汪地哭过之后，你会发现自己其实并不需要如此悲伤，因为它能迅速、直接地帮你排除"精神毒素"。当然，受到不良情绪困扰时，找个合适的地方，大喊出来或者大声地唱出来也是一种非常好的宣泄方式。通过急促的、强烈的、无拘无束的喊叫，将内心的积郁发泄出来，可以较快地缓和情绪。当然，情绪宣泄要合理，要注意对象、场合和方式，不可超越法规纪律的范围。

读——读一本好书，照亮心灵

当我们情绪不佳的时候，阅读可以说是最简单、消费最低、最有效果且作用最佳的一种缓解方式。阅读时，选择一个安逸舒适的环境，配上一杯茶，或者到图书馆，感受书香气息，感受安静之美，这时候的你情绪会随着安静的环境慢慢地缓和下来。阅读，不仅有助于缓解情绪，还可使人增加知识与乐趣，阅读，能够增加自己的阅历，可以获得处理情绪的智慧。这个时候你不仅收获了情绪的平静，更收获了知识，因为有了收获，你会觉得得到了满足。阅读的过程是一个对话的过程，我们通过阅读可以和书里的角色进行对话，跟作者对话，跟自己对话，跟我们的阅读同伴进行对话。对情绪不佳的我们来讲，可以很好地通过这种方式向书中的人物倾诉，这是心智成长的一种养料，阅读有益于身心发展。记得哦，情绪不好时，停下来，阅读一本好书，阅读会照亮你的心灵。

写——写心理感受，倾诉心声

当你遇到情绪困扰，有多个事情无法立时解决时，你可以把现在面对的问题一条一条写下来，然后思考解决的办法，把你认为可行的解决办法也一条一条写下来。这时候，你应该会发现，有些问题是可以解决的，只是你的勇气不足，这个时候不妨强迫自己去做；有些问题还有待时间证明，你要问问自己怎样做可能导向更好的结果，至于结果如何，留给时间来证明；有些问题不是自己的能力可以解决的，你坦然面对就好。另外一种写是希望你可以把心理感受写下来，写成日记、文章等，请注意：是用笔而不是键盘。在书写的过程中，你会发现整个事件的来龙去脉，整个事件中你是如何处理的以及存在哪些问题。在写的过程中自然地宣泄消极情绪，很快就会使自己安静下来，甚至写着写着就找到了解决办法。当然，你写下来的东西可以永久保存，也可以马上撕掉，撕的过程也是情绪宣泄的过程。

琴——用奏乐来抚慰心灵

音乐治疗是一种心灵疗愈的形式，是通过一个有计划的过程推动和促进交流、联系、学习、迁移、表达、组织及其他相关的治疗目标，满足来访者或团体在躯体、情绪、心理、社会和认知方面的需要，从而使其达到更好的自我整合与人际关系整合，并经由预防、康复、治疗获得更好的生活质量。如果你家里有乐器，当你心情不好的时候就拿起乐器即兴演奏，无论你是否受过专业的音乐训练，你都可以无约束地进行音乐的表达。在这个过程中，你的肢体在活动，各种感觉、知觉器官在活动，你主动地通过演奏乐器表达不同的声音和心情，不自觉中，你在协调人体与大脑、舒缓精神压力。除了乐器演奏，你也可以大声地配合乐器唱出来，唱歌时有节律的呼吸运动可以缓解紧张情绪。当然，我还要说明的是，你可能没有任何乐器，这没有关系，你身边任何能发出声音的东西都可以成为你的乐器，甚至你身体的各个部位，只要能发出声音即可，记得，打击任何乐器时，最好要有节律性，这样效果会加倍。

棋——用下棋来转移注意力

下棋不但是紧张激烈的智力竞赛，更是有利于身心健康、能够延年益寿的文体娱乐活动。心情不好时，邀上几位志气相投的棋友，饮茶品茗，横车跃马，或黑白互围，你来我往。与棋友会会，可增进友谊、加强往来、消除孤寂感，使身心舒畅，也可以非常好地转移注意力。下棋时气平心静，谋定而动，成竹在胸，谈笑之间分出高下，性情得以陶冶。经常下棋，能锻炼思维、保持智力、防止脑细胞的衰老。下棋时获得的逻辑思维能力和规则把控能力能让我们的思维更加开阔，也能让我们更好地面对目前的困惑，寻找更好的解决办法。下棋虽然对身心有好处，但也要注意：首先，不要计较输赢，若对胜负看得过重，耿耿于怀，反会导致心情郁结，气血不畅，劳神伤身；其次，对弈之际，忌耗神过度，应适可而止，否则也对身心不利。

书——用书法来疗愈心灵

书法疗愈是指通过书写特定的文字和书体，从而达到情绪、认知、行为、心理状态改善的一种艺术治疗方式，重在通过书法这种艺术载体，帮助个体恢复心理"弹性"，获得心智成长。中国书法文化很美好的地方，就在于强调你做的事情都跟你的内心关联，都是一个反观的过程——借由外物来回归自己。我们在习字、练书法的过程中，亦可以把焦点放在如何去到生命内在的探索，学会更全面地了解自己，化解内心情绪的冲突与缠缚。因此当你伤心难过、被情绪纠缠时，不如拿起毛笔，静静地或者狂野地写下你心中的那个字，可能是"静"字，也可能是"动"字，抑或你自己都不认识的字。此刻，你在表达一种情绪，或者通过文字告诉自己该怎么做。通过书写认识自我，舒缓压力，开解情绪，在传统文化的学习中开阔思维，汲取滋养身心的正能量，通过书写训练自己"安住当下，守一不移"的能力。

画——用绘画来表达情感

当你遇到让你不快的事情，当你难过、郁闷、愤怒、压抑、无力时，可以用笔通过绘画来表达，你可以画你擅长的，也可以画你一点都不擅长的，我们要的是你拿起纸笔，开始静静构思，开始安静下来一笔一画进行下去。如果你画的是擅长的东西，当你画完时，你会带着一种欣赏的态度去面对，会产生正向积极的心态。如果你画的是你不擅长的，甚至你根本不会绘画，这也不影响绘画产生的效果，这时候你的绘画作品就是你当下的心境和潜意识。在画的过程中，你开始主动地宣泄情绪，表达情感，画的人物、事件都是你的心情表达，也许画着画着你就会痛哭流涕，这是多么好的一种情感表达方式。通过绘画你还可以获得新的思维，你还可以随心所欲地画任何你想画的东西，可以是人、物体，也可以只是一些混乱的线条，一直画到你觉得内心平静为止。十指连心，用手握笔写字绘画，能直指自己的心灵，通过笔，把内心的负面情绪宣泄出来。

动——运动改善情绪，运动是情绪调节的法宝

运动改善情绪，调节情绪。我们时常会听到身边的人说，心情不好的时候就去运动吧，出一身汗就会好了，这是非常有道理的。运动能加快人体的血液循环，运动的过程也是情绪宣泄的过程。运动的方式有多种多样，可以根据自己日常的爱好及擅长的运动来选择运动方式，只要动起来就行。这里重点给大家推荐跑步法，当你真正跑起来的时候，会感觉身体的每一个毛孔都打开了，随着血液循环加速，随着汗水的流出，那些悲伤的、愤怒的、压抑的情绪，都在每一个脚步中一点一滴被释放出来了。跑步能够给我们的身体提供很多能量，同时也能帮助我们释放情绪，是一个非常实用的方法。当然，打太极拳、练八段锦、骑自行车、做瑜伽、跳操等有氧运动都是非常好的宣泄情绪的方法。

知——关注自我感受，自我认知调节是关键

人受到情绪困扰，不是由于发生的事实，而是由于对事实的不合理认知。决定情绪的是人的认知，主动调整自己对事情的看法，纠正认识上的偏差，这是缓解情绪的关键。不少消极情绪往往是由对事情的真相缺乏了解、误解或者思想狭隘导致的，这就需要培养辩证思维，多方面、多角度去思考问题，当发现事情的积极意义时，消极情绪就可以转化为积极情绪。语言对情绪有极大的暗示和调整作用。当受消极情绪困扰时，可以通过语言的暗示作用，来松弛心理上的紧张状态，使消极情绪得到缓解。比如，发怒时，可反复用语言暗示自己："忍得一时之气，免得百日之忧。"牢骚勃发时，可用"牢骚太盛防肠断，风物长宜放眼量"的诗句暗示自己。把自己产生的消极情绪，如痛苦、怨愤、嫉妒等转化为积极有益的行动，升华是调节消极情绪的最高的也是最佳的一种形式。也要学会重新审视、反思自己，重新进行自我评价，只有这样，我们的自我调节才能产生真正的效果。

然——走进自然，吸取大地的能量

大自然总是能疗愈我们受伤的心灵。对大自然的欣赏，让我们可以立即而直接地走出自我和所关心的事物，我们只需要睁开眼睛，细化感觉，自然界的美丽就可以带领我们更接近真我。当觉察一旦开放了，我们就被带到心的真性中。当然，我们根本不需要把大自然比作什么，大自然本身就能够抚慰、温暖我们，大自然没有界限、标签、压力或紧张。以开放的方式享受大自然，只要我们毫不矫饰地觉察，就可以软化执着心的壁垒。所以，当我们被情绪困扰时，换个环境，走进大自然，呼吸新鲜空气、莳花弄草、观赏鸟语花香。大自然的奇山秀水常能震撼人的心灵。登上高山，会顿感心胸开阔；放眼大海，会有超脱之感；走进森林，就会觉得一切都那么清新。这种人与自然的融合之美，这些以静制动的宣泄方式，都能帮助你缓解焦躁情绪，以静雅的心态平息怒气。当然，如果你不方便走进大自然，在家里种种花，与花对话也是不错的情绪宣泄方式。

笑——微笑的力量，大笑开怀

研究已证明，经常笑的人通常不容易患病，他们更长寿，而且不太会遭受抑郁症影响，生活方式更健康。大笑是应对危机的一个最有效方法之一。在生活中养成笑的习惯，可以让很多疾病和困难变得渺小。特别是遇到困境时，笑可以让事情看起来没有那么糟糕，笑可以缓解情绪带来的不利影响。在困境中还能够笑得出来，显示了一种乐观态度，不同于消极思想，你更有可能积极寻找应对方法，恢复自己的良好精神状态。微笑是我们乐而为之并能从中获益的一件事，有研究显示，只要一个微笑就能对我们的健康、精神状态和整体观感大有裨益。微笑有助于减缓心跳速率，降低压力，微笑能让我们感觉比较好过、心情好转，就算强颜欢笑也一样。笑得越多，正向快乐感越强。微笑通常可以"传染"，带着周围其他人跟着笑，营造出愉快气氛。这种富有感染性的反应不仅会让当事人感到快乐，其他人亦然。所以说，微笑是一种全效性的天然药方，有助于我们心情愉悦、表情开朗，还能减缓衰老！你应该训练微笑，可以口咬笔的方式微笑或者大笑，强化自己的微笑技能。微笑自有其好处，而大笑则像是打了类固醇的微笑。大笑可以缓和焦虑和恐惧，改善情绪和外貌，让人更容易解决困难和摆脱沮丧。大笑也能帮助我们不再纠结于气愤、怨怼和忧虑等负面情绪，转而集中在更正面的情绪上。开怀大笑是消除压力的最好方法，也是一种愉快的发泄方法。"笑一笑，十年少"，忧愁和压力自然就和你无缘了。

口——唯有美食可以解忧

在宫崎骏的电影里，寂寞和热闹、悲伤和快乐，似乎都可以用食物来表达。《千与千寻》中说，"孤独的人，要吃饱饭"，"因为食物有治愈悲伤的力量"。每当对生活感到迷茫时，他们就会去街边的美食店铺，点上自己平日最熟悉的美味，然后再好好地享用，这个时候，美食就从舌尖直达心间，让人倍感温暖。美食家蔡澜曾经说："如果你觉得生活食之无味，那就好好品尝一顿美食，你会发现人生的酸甜苦辣都在里面。"社会有时会让我们悲伤，生活有时会令我们困苦，可是不管如何，都请务必好好对待自己，因为至少还有美食值得期待。去慢慢品尝一顿美食，慰劳空虚的脾胃，感受生活的美好。当你全身心投入其中的时候，就已经在走近爱的拥抱。请你记得，无论身在何方，历经多少风霜，美食永远都是最好的安慰剂。胃充实了，身体有力气了，心也就暖和了。心情不好的时候就去享受一顿美食吧，如果自己动手做一顿美食就更好了，如果还能与家人、好友一起享受美食，那是好上加好。

回——常回家看看，常联系家人

家是一个人最温暖的港湾，一个人的心灵驿站。无论什么时候，家都是我们唯一的寄托，是我们背后的力量。它就像是一个驿站，无论什么时候，我们感觉到疲惫都可以去歇息，家门也永远是为我们每个人打开的。当我疲倦的时候，当我们累的时候，当我们感觉到对生活绝望的时候，我们都可以回到家，回到我们的亲人身边去感受他们的爱，去感受家的温暖，所以说家是一个人心灵的停靠点，是每个人心灵的归宿。在现实中过得不顺利的时候，我们总是会想起那个温暖的家，那个随时能够接纳我们的家，还有家里最亲爱的父母、伴侣和孩子。无论我们做错了什么事情，他们都能够原谅我们。他们无条件地为我们付出，无私地奉献他们的爱。因此，当我们伤心难过的时候就回家看看，或者给家里打个电话吧，你会发现内心感觉到特别的温暖，这时的你或许会大哭，那也无妨，这正是让你内心继续强大的力量。

开——打开自己的心门，让阳光照进来

以上讲了几种情绪调节方式，这些情绪调节方式要实施及产生效果都依赖于你是否打开心门。首先，你要愿意开放自己，不要总是封闭自己，这样当你遇到困扰

时才不会求助无门。也只有开放自己,别人才能了解你,知道你的想法和需求,也才能真正地帮助你。其次,你要学会倾诉,愿意倾诉,有人可以倾诉,把苦恼讲给你身边可信的、头脑冷静的人听,以取得解脱、支持和指正,通过同伴的倾听和建议让自己的情绪得到缓和。再次,你要有行动。以上讲的情绪调节方式都需要你付诸行动才能产生效果,也只有行动起来,你才能验证这些方法是否真的有效果,你才能体会行动带来的力量和改变。最后,你还需要一颗等待的心。或许这些方法一次两次看不到效果,是的,这需要你坚持和多加练习,任何事情都不可能一蹴而就。打开你的心扉吧,让阳光照进来!

心理咨询师教你几个舒缓压力的小方法

> **引言**
>
> 我们在压力的潮涌中奔波,有人能够以此为动力,扬帆起航;有人却迷失其中,终日惶惶不安,找不到前进的方向。如何舒缓生活中潮涌而来的压力呢?本文将为你提供几个解压小方法,希望能够对正在迷惘的你有帮助。

面对当前紧张的学业、工作和快节奏的生活,压力总会纷至沓来。压力是生活中的一剂调味品,适当的压力有益身心,它能提高我们的自我效能感,让我们有更多的干劲。但是,当压力超出了一个人的承受范围,若这个人本身心理素质又比较差,压力就会对他产生巨大的不良影响,它将会严重威胁我们的身心健康。如何纾解这些如潮涌般的压力呢?有没有一些简单实用的小技巧呢?老师为你梳理了一些小方法,希望你能在其中有所收获。

1. 呼吸减压法。使用腹部肌肉呼吸,即在呼吸的时候保持胸腔肋骨不动,通过腹部的肌肉运动来呼吸。通常所说的深呼吸其实是胸腔和腹腔同时扩张。深吸气,同时默默数到8,保持这个状态1到2秒;然后慢慢地呼气并数到8。重复多次。这个简单的方法不仅可以增加你的能量,改善你的记忆,还能起到快速缓解压力的作用。

2. 肌肉放松法。让身体静卧在椅子上或者床上,然后从头到脚放松每一块肌肉。比如先放松额头,使额头舒展,待此部分肌肉悉数舒张开来,抬手放松颈部肌肉,使头部完全靠在椅子上或者枕头上,在此过程中脖子不能用一点力。像这样连续地放松身体的大部分肌肉,方可达到减压的作用。

3. 冥想减压法。闭着眼睛静思也能让我们身心放松,让自己不再被压力所困扰。暂时放下学习和工作,可以任意想象自己在静谧的空间里,仿佛屏蔽了世间的纷扰,走进了世外桃源一般,如此放空自己,压力自然就不存在了。通常的方法是调整自己的坐姿,让身体放松下来,然后慢慢闭上眼睛,想象一种场景。你可以想象一种静止的场景,场景中的所有物体都是静止的,比如在海滩晒太阳,你可以改变视线的角度来观察海滩上的不同物体；另一种就是活动的场景，你可以在想象的场景里散步，或者做其他有趣的事情。长期坚持冥想可以缓解压力，放松身心。

4. 音乐减压法。音乐是缓解压力的一个好办法，不同心情甚至可以尝试不同类型的音乐来调节。有没有音乐细胞，有没有鉴赏能力，有没有歌唱天赋，这些都不重要，只要你是一个有感情的人，就会被音乐中的某一部分所感染。音乐是有记忆的，曾经开心或者悲伤时听的曲调，放在以后的任何场合播放，都会把你带到原来的记忆中。选择那些平时喜欢的音乐，认真投入，但尽量不要在难过的时候听曾经让你伤心的歌曲，这会加重你的不良情绪。

5. 运动减压法。研究人员发现，在经过30分钟的蹬自行车的锻炼后，被测试者的压力水平直线下降了25%，可见运动也是减压的好方法之一。闲暇时你可以去健身房或者户外快走30分钟，抑或忙里偷闲，在起床时进行一些肌肉伸展、力量练习。另外，像徒步、骑行、打羽毛球、打篮球、游泳、潜水、跳健身操、做瑜伽、骑马、打高尔夫球等运动项目也是很好的选择。选择一两项运动并且长期坚持下来，你会有不一样的收获。

6. 倾诉减压法。倾诉可获得内心感情与外界刺激的平衡，当遇到不幸、不顺心的事之后，倾诉也是一种很好的解决问题的途径。我们压力大时，总需要有一个宣泄的窗口，这时可以找朋友聊天，跟朋友吐露心声，自言自语也行，对身边的动物讲也行，哪怕不能帮助自己解决问题，也能稍微让自己的心情好起来。或者你可以通过文字疏泄情绪，写出你的烦恼，喊出你的担忧，用纸笔做树洞，与自己"坦诚"对话。

7. 旅游减压法。美国一项主流研究发现，那些两年都没有度过假的人更容易患和压力相关的疾病，并且容易最终垮下来。每四个月度假一次是最适宜的选择。因此，如果压力过大，不妨在家人、朋友的陪伴下，计划几次短期外出旅游。秀丽的祖国山河定会使你心醉，此时此景，你的一切忧愁和烦恼早已飞到九霄云外，化为乌有。

8. 自然减压法。美国华盛顿大学的研究人员把90名志愿者分成3个小组，A组欣赏自然美景，B组看电视，C组看空白的墙壁，并同时检测他们的心率变化。研究人员发现：自然美景可以让A组志愿者的心率下降速度快于B、C两组的志愿者；看空白墙壁的C组志愿者的心率下降速度比看电视的B组志愿者明显较快；A组志愿者看自然景色的时间越久，他们的心率就越低；看电视的B组志愿者的心率变化不明显。这说明，欣赏自然景色能够有效释放心理压力。当你心理不平衡、有苦恼时，就到大自然中去，呼吸新鲜空气，感受阳光的味道，这不仅有助于你更好地放空自己，还可以帮助你放松身心，并且使你再次精力充沛起来。

9. 睡觉减压法。科学家分析，人的最佳睡眠如果在6小时左右，就足够使脑细胞活跃了。当然这6个小时应是在晚上10点到早晨6点之间，深睡眠的黄金段是夜里12点到凌晨3点。睡觉是非常有效的放松身心的方法，挑选合适的时间进入睡眠，比如晚上11点到深夜3点之间，这个时间段睡眠质量最好。同时要记得选择优质的枕芯和贴身被罩，以保证身体的彻底放松。心疲惫了，可以平躺在床上，什么都不去想，让自己完全放空，清除大脑中的"垃圾信息"。

10. 放空减压法。放空也是保持心理平衡的好办法。压力大时，不如停下来一会，思考一下人生；当局面一团糟、无法控制时，不妨放慢节奏，不要把无所事事的事安排在日程表中，进行一次"冷处理"；或者干脆躺在沙发上什么也不干，谁也不要打扰，切断一切与人连接的方式，这是一种卓越的搞定压力的办法。这样可以给你的"电池"重新"充电"，很好地解决你生活中的外部压力。

11. 身体减压法。把你的拇指放在你的嘴上，堵住空气通道，然后呼气，就能激活迷走神经，这反过来又会降低你的心率和血压，使你感到放松。你也可以试着在第二和第三个指节之间施加压力，这可以作为一种重置按钮，降低你的压力指数。按摩你的耳朵，你的耳朵也像是重置按钮，当你处于压力状态时，它可以安抚你。一项研究证明，在耳朵上做的治疗可以降低你的焦虑水平。试着从左向右转动你的头部，弯下腰触碰你的脚尖或者两手抱住身体交叉于胸前。还有一些站立姿势，比如站直、收腹、让两个肩膀靠墙等。

12. 哭笑减压法。首先是笑。内啡肽是帮助你缓解压力的化学物质，当你笑的时候，你就会释放出这种化学物质。即使你在假笑，也会在体内产生一种影响，从而触发内啡肽的释放。第二是哭。临床心理学家斯蒂芬·塞德罗夫说："压力会收紧肌肉，增加紧张感，所以当你哭的时候，你会释放一些压力。"我们生活在这样一种文化中，即成年人哭泣可能会被视为一种软弱的行为。但事实上，一个好的情绪化的哭泣正是你减轻压力所需要的。当你崩溃哭泣时，增加的氧气会通过你的器官，促进你的血液循环和流量增加，从而起到缓解压力的作用。

13. 忙碌减压法。受到巨大的压力冲击时，有的人会选择让自己更加忙碌，充实自己，让自己没有时间胡思乱想，因此做一些琐碎的事情反而能让自己暂时忘掉烦恼。工作狂有很多种，其中一种就是通过工作来减压的人，因为工作可以让我们把更多的注意力转移到其他事物中，不必去理会那些造成压力的事情。其实，我们不必成为工作狂也可以减压，具体的方法就是：对未来做计划的时候记得把细节思考进去，重点写好你的短期计划，比如一天内的计划可以叫短期计划，而一个月的计划可以叫长期计划，为了减压，你要做好一天的计划而不是一个月的计划。

14. 欣赏减压法。英国威斯敏斯特大学的研究人员组织28个工作压力较大的人到艺术画廊欣赏艺术品，欣赏时间持续约40分钟。研究人员通过测量唾液中的皮质醇激素浓度来判断人的压力状态。他们发现，与参观前相比，参观艺术品后人的唾液中包含的皮质醇激素水平降低了32%。一般情况下，要想使皮质醇激素下降如此幅度，大概要5个小时，这充分说明欣赏艺术品能够较好地释放压力。除了欣赏艺术品，专注看美的事物如美女、风景、美食等等，都是有效的。

15. 享受减压法。按摩被证明是一种很棒的压力减轻剂，尤其当你身上背负着过多的责任的时候，它可以帮助你缓解压力和焦虑情绪，同时，使你放松和减缓你的心跳速度。享受按摩的乐趣，不单单是传统的全身按摩，还包括足底按摩、修指甲和美容，这些都能让你的精神松弛下来。享受美食也是一种良好的消除压力的方法，对女生来说更是吹糠见米。你可以找几个朋友，或者只是自己，去一家心仪的餐厅，吃一顿心仪的餐食，什么都不去想，只是好好享受美食。第三个方法是泡热水澡。在热水中浸泡20分钟，不仅你的肌肉可以得到放松，可以减掉压力，洗澡水的热气同时也会通过扩张你的血管来降低你的血压。还有一个方法是品茶。可以的话，安静地坐下来，呷一杯热茶，看茶叶在热水中腾腾舒展，心情也会随之舒缓开来。

16. 阅读减压法。阅读书报可以说是最简单、最轻松、消费最低的消遣方式，它不仅有助于缓解压力，还可使人增加知识与乐趣。读感兴趣的书，读使人轻松愉快的书，可以漫不经心，随手翻阅，也可以抓住一本好书，爱不释手，捧着一读再读，尘世间的纷纷扰扰皆会随书中文字被抛至脑后。你只需要进入书中，在作者构建的天马行空的寰宇里恣意遨游。我还非常建议大家到图书馆去借阅书籍，感受纸质书独有的书卷气，感受安静的书香氛围，你躁动的心自会安静下来。

17. 购物减压法。为什么逛街购物时，人们常常会把伤心烦恼的事情皆抛诸脑后？可能是因为购物时眼花缭乱的商品不断吸引你的注意力，可能是恰好买到了很中意的东西，弥补了你内心莫名的缺憾，也可能是因为辛苦工作之后所得的收入都被自己一次性消耗掉而使你产生了快感。当然，要了解自己的实际支付能力，综合考虑购物的连锁效应。

18. 拥抱减压法。身体接触会释放催产素，催产素是一种荷尔蒙，与爱和纽带的形成有关。即使拥抱自己也能释放催产素，它可以为你提供一种安全感和平静的情绪。所以，可以的话找一找机会和谁拥抱一下，如果没有人可以拥抱，那就两手交叉于胸前，自己拥抱自己。如果你身边有舒服的毛绒玩具，也可以去拥抱他们。这些拥抱动作都有助于你释放压力。

19. 雅趣减压法。雅趣包括下棋、打牌、绘画、钓鱼、书法、奏乐、舞蹈、唱歌等。从事你喜欢的活动时，不平衡的心理能够逐渐得到平衡。"不管面临何等样的目前的烦恼和未来的威胁，一旦画面开始展开，大脑屏幕上便没有它们的立足之地了，它们隐退到阴影黑暗中去了，人的全部注意力都集中到了工作上面。"伊丽莎白就是通过画画治好了忧郁症的。因此，这些方法可能是有效的，压力大的时候，就找其中一件事情来做吧，或许效果会很不错。

20. 植物减压法。植物不仅可以作为你家中或者办公桌上的装饰物，还可以作为你的减压器。一项研究表明，家中或者办公室里的植物能立即降低血压，甚至提高生产力。所以，你可以这么做：有压力时去买一盆植物，放在家中或者办公室，闲暇时看看它，照顾它，给它浇浇水，捣捣土，也可以和它说说话，看着它成长、开花，从中获得愉悦感。

21. 善念减压法。心怀善念，必有福报。中医有"德全不危"的说法。做好事，获得快乐，平衡心理；做好事，内心得到安慰，感到踏实；别人做出反应，自己得到鼓励，心情愉快。从自己做起，与人为善，才可收获真情谊。在别人需要帮助时，伸出你的手，施一份关心给人。善念是最好的品质，你不可能去爱每一个人，但你可以尽可能和每个人友好相处。

22. 咀嚼减压法。比如：嚼口香糖。一项研究表明，嚼口香糖可以减轻工作的压力。研究结果进一步表明，它还可以减少疲劳、焦虑和抑郁，并能激发更积极的情绪。当然，不只是口香糖，其他能带动咬肌咀嚼的动作都有此效果，哪怕你上下颌的牙齿轻轻对咬，也能呈现良好的效果。

23. 情感减压法。调节自己的情绪，花点心思，激活情感细胞，对工作非常有帮助。这可以是一个微笑，或者一个吻，或者是一次高质量的性爱。有位记者曾对50位读者进行调查，几乎80%以上的读者都认为，爱情是缓解压力的最好的方式，有爱人陪伴的滋味是其他任何方式都取代不了的享受。太长时间没有考虑过爱情的朋友，或者太长时间没有投入地吻过你的爱人的朋友，你是不是该行动了？

24. 理顺减压法。以上很多缓解压力的方法都是在逃避问题，但是真正能让心情变好、让烦恼不再出现的有效方式，就是把出现的问题及时解决掉。此时要做的就是冷静下来，分析压力产生的源头，找到合理的方案。理顺近段时间需要完成的工作，一样一样地列出来，按照轻重缓急排序，逐一解决需要完成的工作。紧张忙乱会使人一筹莫展，这时可先挑出一两件当务之急的事，一件一件地处理，一旦成功，其余的便迎刃而解。

25. 小事减压法。如注视着永无止境的图案，摆个姿势，多喝点橙汁，吹气球，重复言语，洗盘子，和你的宠物出去玩，用脚尖走路，多赞美及鼓励自己，多看喜剧片，放慢说话的速度，不要太严肃，顺其自然地看待事情的发展，每天集中精力几分钟，至少记住今天发生的一件好事情，眺望远方，按摩你的脚，坐禅与入定，与花草对话，在头脑中设想你内心的平静之路……这些小事不是虚度时光，它们都对缓解压力十分有益。

　　你学会了吗？或许你只要掌握其中几个方法就足够了。希望你在日常生活中，不再被繁重的压力所困扰，笑口常开，被这个世界永远温柔以待。

心理咨询师教你保持心理健康的"妙方"

> **引言**
>
> 健康不仅仅是指身体健康,当然还包含心理健康与社会健康,它们是互相影响、相互促进的关系。很多人都不知道心理健康的标准是什么,其实心理健康是一个动态的发展概念,是因人而异的。所以每个人对于心理健康的理解与标准都是不一样的,但是做到以下十点确实会对心理健康大有帮助。

科学地讲,健康的含义包括心理健康、生理健康和社会健康。生理健康、心理健康、社会健康三者之间是相互影响、相互促进的关系,身体健康影响心理健康,心理健康影响身体健康,社会环境不佳也会导致身心不健康,身心健康又会促进社会关系良性互动。

那么大家是否知道心理健康的标准呢?一般情况下我们把心理健康标准归纳为:"有充分的自我安全感;充分了解自己,并对自己的能力作出恰当的评估;生活目标切合实际;不脱离现实环境;能保持人格完整与和谐;具有从经验中学习的能力;能保持良好的人际关系;能适度表达和控制自己的情绪;在符合集体要求的情况下,能积极地发挥个性;在不违背社会规律与原则的前提下,能适当地满足个人的基本要求。"看到这个标准不知道你怎么想,但大家一定不要曲解了其中的意思。有些人会问,那如果我不符合其中的某条或者某几条我就心理不健康了吗?不是的,心理健康是一个动态发展的概念,也是因人而异的,只要你自己觉得生活过得不错,每天都能正常学习生活,能开心快乐,遇到不开心的事情也能慢慢释怀,不钻牛角尖,这就是心理健康的表现了。但是,从普遍性来说,如果做到了以上十点确实会对自己的心理健康大有帮助。

但是,生活中总有那么多人不快乐。据权威统计,人群中有30%的人存在不同程度的心理问题,7%左右的人群心理问题严重,而且随着社会的发展,生活节奏的加快,这个数字还在不断提高。那么,怎样才能保持心理健康呢?老师在此献给大家保持心理健康的方法,希望会对大家有所启发。

方法一：走出心理健康的误区

在日常生活中经常有人会这么认为："我怎么可能会有心理问题，我没必要学习心理健康知识。""有神经病的人才去看心理医生。我又没病，我了解心理咨询干什么！""医生，我觉得自己不行了，我得了抑郁症！能治疗吗？""得了心理疾病是丢人的事情，一定不要让别人知道了。""心理问题，自己扛一扛就过去了，没必要寻求帮助。""我妈妈告诉我不能让学校老师和同学知道我有心理问题。""一旦有了心理问题就再也治不好了，要终身吃药。""治疗心理疾病的药物副作用太大，不能随便吃，更不能长期吃。"你是其中的一种人吗？大家都要知道，身心是相互影响的，心理健康是你维持正常学习、工作、生活的基础保障。每个人都需要了解心理健康的基本常识，这是一个认识自我的过程，而且这些常识都会在某个时期用得上；日常生活中的烦恼、焦虑不一定是什么心理问题，而是正常人的正常心理表现，正确看待、正确评估很重要；不能总是给自己心理暗示，心理问题的发生很多与自我暗示有关；有心理问题了不需要隐瞒，一定要积极寻求帮助，就像是身体上有不舒服我们要去求医问药一样，懂得求助是有智慧的表现。

方法二：接纳不完美的自己

我们都知道每个人的成长环境和成长经历是不一样的，也因此造就了不一样的我们。有些人的成长环境缺少爱或者被过分溺爱，有些人经历了曲折的人生，甚至心灵受到重大创伤，还有的人家境不好，长相不好，或者天生就有一些缺陷，于是出现了自卑心理，总是觉得自己不够好，所以不敢和别人接触交往，害怕走出自己的世界，让别人了解自己，不想让别人看到自己的弱点。我们总觉得越长大越孤单，越长大越不安，越不快乐，而事实上，我们的心态决定了我们的幸福指数，也就是说快乐其实是可以选择的，我们必须要学会为进入我们生命中的人、事、物负起责任，学会接受自己的不快乐，也接受人生的不完美。生活中我们总会抱怨为什么，为什么是我，为什么事情不能如我所愿，如果怀着受害者心态去和现实较劲，不仅得不到满意的结果，反而会越挣扎陷得越深。人生不可能一帆风顺，更不会有人十全十美，不如顺其自然地去接纳令你不开心、不满意的事情，面对它，处理它，放下它，学会接纳不完美的自己。

方法三：理解痛苦和快乐都是生活的常态

很多同学希望无忧无虑，快乐永恒，但从生命的本质而言，正如叔本华所说："痛苦是生命本身产生的，而生命又是意志的现象。"也就是说，只要生命存在，每个人注定要在追求一个又一个目标中付出努力，承受压力，抑制渴望，忍受痛苦，简而言之，痛苦是常态，是有正面价值和意义的。痛苦会通过不同的情绪体验表达出来，比如：愤怒、焦虑、恐惧、失望、内疚等。很多同学会害怕这些消极的情绪体验。但其实，我们要感谢自己不压抑这些情绪，因为正是它们的到来，才使我们敢于面对自己，从痛苦的内在根源找寻自我完善的动力。当你知道痛苦是生活的常态后，就要学会乐观生活，乐观就是学会解释。当坏事情发生时，悲观者倾向于认为坏事情发生在他身上的原因是会永久存在的，乐观者则相信导致坏事情的原因只是暂时的，暂时的就有改变的空间。乐观就是学会接受现实。当遇到问题时，我们要客观、合理地分析问题，把人和事情分开，就事论事。有时外界的客观条件是不因我们的意志而改变的，我们只有放松心态，不怨天尤人，才能有另一番天地，苏东坡就是典范。

方法四：换种思维方式生活

我们总是抱怨生活的压力太大，工作、学习、家庭、金钱、孩子、房子，甚至爱情，本来是生活的常态，是生活的快乐所在，却变成了背上的枷锁，总觉得社会不公，给你压力太大。习惯面无表情地生活，习惯让自己的心很硬很硬，甚至忘记了这个世界上还有一种东西叫幸福。其实，幸福很简单，如果你不那么匆匆，如果你拥有饱含爱的目光，如果你有足够的宽容，如果你能用一种发现美的眼光寻找幸福，幸福真的离我们很近。我们常说引起我们现在的情绪和行为的不是事件本身，而是每个人对事件的不同看法，看法不同，观念不同，导致的情绪和行为结果就不同。所以，日常生活中要学会换种思维看待问题，你会突然觉得其实自己过得还不错！我们应该学会用赞美和欣赏的眼光看待身边的人，时刻记得发现别人的好，而不是记得别人的不好，交往过程中要学会尊重和换位思考，心中有阳光，哪里都温暖！

方法五：学会管理、宣泄情绪

保持良好情绪也不是要求你凡事都要保持开心的情绪状态，希望你尽量保持规律的生活习惯，培养至少两项兴趣爱好、结交几个知心朋友；善于在生活中寻找乐趣，即便是干些家务也不应视为负担，而是带着乐趣去干，比如做饭，不断尝试新花样，享受烹饪的欢快；以谅解、宽容、信任、友爱等积极态度与人相处，会得到快乐的情绪体验，尤其是被人误解的时候，要亮出高姿态，待对方知晓真相后更会佩服你的宽容。关心别人也有利于营造好心境。遇到不顺心的事，别闷在心里，要善于把心中的烦恼或困惑及时讲出来，使消极情绪得以释放，从而使愉悦心情总伴你左右。当然，学会宣泄情绪非常重要，宣泄情绪可以运动、可以大喊、可以出游、可以谈心、可以写日记、可以健身、可以用很多很多方法。当然，找朋友倾诉或者寻求专业心理咨询帮助也是不错的选择。

方法六：坚持运动是保持心理健康的法宝

《黄帝内经》中《素问·上古天真论》有云："上古之人，其知道者，法于阴阳，和于术数，食饮有节，起居有常，不妄作劳，故能形与神俱，而尽终其天年，度百岁乃去。"老祖宗早就告诉我们，身心是互相影响的，动起来多么重要。运动锻炼被公认为是一种心理治疗方法。美国的一项调查显示，1750名心理医生中，80%的人认为体育锻炼是治疗抑郁症、焦虑症的有效手段之一。体育锻炼能促进身心发展，为心理健康发展提供坚定的物质基础；体育锻炼能产生丰富的情绪体验，改善情绪状态；体育锻炼能培养良好的情操和意志品质；体育锻炼能预防和治疗心理疾病。但是科学的锻炼才能获得最大的心理效应，令人愉快和有趣的活动才能达到最佳的情绪效应。你可以自己选择运动方式，适合自己就行，长期坚持，养成习惯，你会发现心理问题离你越来越远。所以，这件事你一定要做，它最经济实惠。

方法七：建立适度的学习生活目标

《素问·上古天真论》曰："恬淡虚无，真气从之，精神内守，病安从来。"这句话充分说明了"神"在个体健康中的重要性，从本原上来讲，神生于形，从功能上来说，神是形的主宰，神可御形。"恬淡虚无"更是给我们指明了保持心理健康的方向。《素问·汤液醪醴论》也说："嗜欲无穷，而忧患不止。"可见，欲求过度带来的忧患是造成精神困扰的重要因素，也因此说明了节欲守神的重要性。那么如何节欲守神呢？心理养生不仅要看到外界环境对个体的影响，更要注重自身精神的修炼，学会控制自己的欲望，减少主观欲望，保持内心平静，保持身心健康。现代人总是想法太多，都希望自己"一夜暴富"，给自己定了很高的目标，一定要这样那样，一定要自己达到某种程度；还有的人总是喜欢和别人比较，希望自己也能和那些牛人一样。有时候有目标、有想法、有榜样是好事，这样可以促使你前进。但是，想法太多、目标太高就会给自己平添很多烦恼，内心就无法平静，也会伤神。因此，建议大家根据自己的实际情况，制定适合自己的学习生活目标，从小目标开始，一步一个脚印。要知道，其实人生健康快乐才是最重要的。

方法八：让自己的心中始终有爱的能量

生活到了一定阶段的时候，你会突然发现，工作、事业、金钱等都没那么重要了，家庭的和谐幸福是人回归心灵之本。所以，用你的智慧去营造和谐家庭，这时你会发现，不管你的生活多么累，遇到多少困难，回到家里，看到其乐融融的一家，你的内心会是那么安稳，那么温暖，一切的烦恼将烟消云散。大学生要时刻恪守道德标准，以身作则，用德来修身，以此来保持身心健康。建议大家多做好事、善事。感恩是人际关系里最好的沟通方式。父母的养育之恩，师长的育才之恩，我们的周围有很多值得我们感恩的人或事。时怀感恩之心，才会以更加宽容、更加热情的态度，投入生活中来，也能更好地保持心理健康。爱人者，人恒爱之；敬人者，人恒敬之。

方法九：你需要建立适度的社会链接

我们都知道健康的模式是：生理、心理、社会。适度的社会连接是你保持心理健康的重要支持体系。人是社会性动物，不能把自己封闭起来。因为精神需要你与外界接触，一方面可以丰富精神生活，另一方面可以及时调整自己的行为，以便更好地适应环境。另外，人需要建立几段积极正向的社会关系，这是必要的社会支持体系。当然，人际关系中最有价值的是与父母的关系，所以，不管怎样都要学会与父母和解，因为你们的最大心安来源于家庭。如果你确实无法与父母和解，我建议你要与其他亲近的人建立良好关系。在与人交往时，有正向积极的关系，也有负向消极的关系，而人际关系的协调与否，对人的心理健康有很大的影响。选择健康的朋友，设置良好的界限，并参与积极的互动，将有助于你保持良好情绪。与他人互动激活了大脑中不同的领域，也可以帮助他们获得良好的感受，因此，学会处理人际关系非常重要哦。怎么办呢？当你学会尊重、理解、倾听、关心时，好的人际关系会自然生成。适度的社会连接还需要你有限度地发挥自己的才能与兴趣爱好，通过这种方式获得心理愉悦！

方法十：懂得求助是你有智慧的表现

有调查发现，70%的人无法识别自己的心理问题，68%的人知道自己可能有心理问题后不懂得、不愿意求助，认为自己的问题自己能解决，不需要让别人知道，也不需要专业帮助。这样就导致很多人本来一开始心理问题并不严重，因为不求助、不处理导致问题加重，甚至出现轻微症状，最后导致精神分裂。国家卫健委发布的心理健康素养十条中，有一条明确说明，懂得求助是一个人有智慧的表现。所以，大家要根据自己的情绪表现和症状特点，适时、适当地求助，不要隐瞒疾病，也不要扩大疾病的症状，及时寻求专业帮助。求助的方法有很多，学生可以求助学校的心理中心，社会人可以寻找专业的咨询机构或者医院的精神科。当然，如果问题较轻，求助你身边信赖的人也是一种非常不错的方式，如果问题较重，建议大家一定要求助专业人员，以免导致更加严重的后果。

最后，老师还想给大家几点小建议。保持心理健康，需要你有良好的身体素质，要记得规范自己的作息时间，加强营养物质摄入，睡个好觉。最最重要的是，一定要记得，常常晒太阳，常常走进大自然。有空种种花，喝喝茶，静静地坐着，欣赏周围的美丽，释放压力。当然，每个人保持心理健康的方法不一定一样，只要是对自己有用的都是好方法，寻找适合自己的情绪调节方式，做心理健康的人。

生活中的心理学小技巧，学一点赚一点

> **引言**
>
> 大多数人都会觉得心理学是非常神秘、高大上的，觉得学了心理学就能像电影里的人物一样看透对方的心里在想什么。其实心理学并没有那么神秘，在日常生活中我们都会用到心理学相关知识。学习心理学知识与技巧，会让我们的生活更加轻松有趣。下面就为大家介绍二十六个心理学小技巧，都是我们日常生活中会用到的哦！

很多人都会问，你学心理学应该很厉害吧，一眼就能看穿别人的秘密，好像很神秘的样子。也有人疑惑，学习心理学到底有啥用呢？其实，心理学并没有那么神秘，也不是你们想象的那么高大上，很多心理学的技巧，你们日常生活中都在用，只是你们没有发觉而已。学习和了解一些生活中的心理学小技巧，会让我们的生活更有趣，会给我们带来平和与愉悦的心情。老师给大家梳理了一些生活中的心理学小技巧，希望会给你们带来快乐的体验，让你们的生活更加有色彩。

第一个小技巧：心情不好时，专注地看看美的东西。根据英国医学杂志的一份报道，每天凝望美女帅哥几分钟，可以延长平均寿命4至5年，凝视好看的男性或女性10分钟，差不多相当于做了30分钟的有氧运动。研究显示，彬彬有礼地凝视美女或者帅哥，就好像是欣赏美丽的风景画一样，有助于身心健康。每天都能见到美女帅哥，大脑中的回路控制机制就会使脑中产生好的情绪记忆，让情绪中枢保持稳定的愉悦状态，能减低患心血管疾病或中风的风险。所以啊，我要分享的第一个生活中的心理学小技巧就是：心情不好时，多看看美的东西，让生活的美丽带走你的坏心情，这或许可以让你的心情好些。

第二个小技巧：珍惜经常对你发脾气和损你的人。有研究表明，人们大多只对自己感到有安全度的人发脾气，因为在那个安全度之内，你潜意识里知道对方不会离开你。胡闹有时候是一种依赖。另外，最好的朋友之间是不会客气的，而是经常相互挖苦、嘲讽、斗嘴，甚至当面互相揭短，因为你们都知道对方的底线和原则在哪，日常的这些小打小闹彼此是不会介意的。关系最好的，往往是最爱损你的。所以啊，第二个生活中的心理学小技巧就是：去感谢和珍惜那个经常对你发脾气和损你的人，因为他把你当作真朋友！

第三个小技巧：学会利用积极的心理暗示。有这么一个事例和大家分享一下：一个企业的老总，体检时发现肺部有肿瘤，知道消息后，他很快就觉得不行了，吃不下饭，连走路都没力气了，甚至生活都不能自理了。后来，他去了医院做明确诊断，发现根本没有肿瘤，他知道结果后立即站起来，感觉非常饿，走路像飞一般轻快。另外，我们尝试闭上眼睛，双臂平举，想象自己一只手拿着气球，一只手拿着装满水的水桶，一分钟后，睁开眼睛，看看双臂的高度，是不是一个高一个低？这些都说明心理暗示的能量是很大的。心理暗示分为积极心理暗示和消极心理暗示，其实很多心理有问题的人，大部分都在使用消极的心理暗示，这样只会带来恶性循环。所以啊，第三个生活中的心理学小技巧就是：要学会使用积极的心理暗示，多鼓励自己，经常告诉自己，我没问题，我可以的，这些都会过去的！

第四个小技巧：该哭的时候就尽情地哭吧。研究发现，人在难过时流的眼泪中，含有较多因精神压抑而产生的有害物质。美国圣保罗－雷姆塞医学中心精神病实验室专家研究发现，眼泪可以缓解人的压抑。他们通过对眼泪进行化学分析发现，泪水中含有脑啡肽复合物及催乳素两种物质。这些物质都是可以缓解焦虑和减轻压力的，因而他们认为，眼泪可以把体内积蓄的导致忧郁的化学物质清除掉，从而减轻心理压力。哭泣后，情绪强度会降低百分之四十，因此有专家认为，强忍眼泪等于"慢性自杀"。而且，美国人类学家阿希莱·蒙塔戈认为大哭对人的身体有益，眼泪中含有溶菌酶，是人体内一种起到自卫作用的物质，它能保护鼻咽黏膜不被细菌感染，没有眼泪的干哭很容易使鼻咽黏膜干燥而受感染。所以啊，第四个生活中的心理学小技巧就是：该哭的时候就哭一哭，没有关系，不要害怕丢面子，甚至要大声、尽情地哭，哭完整个人都会轻松很多。

第五个小技巧：不要吝啬你们的赞美。研究表明，人们非常愿意帮助赞美自己的人，即使这种赞美带有一定的目的性。人人都渴望得到真挚的赞美，这会使人感到自身价值得到肯定，感到愉悦和鼓舞，并对赞美者产生亲近感，彼此的心理距离因赞美而缩短、靠近。当然，更准确、走心的赞美，收到的效果会更大。真诚地赞美别人有两个要点。一是赞美事实而不是人。要把赞美的焦点放在对方所热爱的领域上，比如说"你的字写得真好看"，要比说"你真棒"更容易让人接受。二是赞美要具体。比如"你的衬衣跟耳环很配"，要比"你今天可真好看"更能说到对方的心里去。所以啊，第五个生活中的心理学小技巧就是：用一双发现美的眼睛去看待身边的人，不吝啬自己的赞美，这会使你的人际交往更顺畅，生活也会更愉悦。

第四章 心有攻略

第六个小技巧：在一群人中，你们怎么发现谁喜欢谁。很多人都想知道怎么在一群人中发现谁喜欢谁，有没有一些特殊的方法。其实这真的不难，应该说很容易就可以发现。当一群人在一起时，大家谈论、聊天、欢笑，每个人都会跟他们觉得最亲近的人进行眼神交流。所以啊，第五个生活中的心理学小技巧就是：想知道谁跟谁关系好？那就好好看看每一个人吧，看看他们在笑的时候望向的是谁，你自然就明白了谁对谁有好感。

第七个小技巧：其实你过得挺好的。刘墉写了这么个故事：一个女孩从11楼跳下，看到10楼恩爱的夫妇正在互殴，看到9楼坚强的朋友正在偷偷哭泣，8楼的丫妹发现未婚夫跟好朋友上床，7楼的丹丹在吃抗忧郁症药丸，6楼失业的阿信还是每天看报纸找工作，5楼受人敬重的罗老师正在偷穿老婆的内衣，4楼的ROSE又和男友闹分手，3楼的丫伯每天都盼望有人来探访，2楼的LILY还在看她那结婚半年就失踪的老公的照片。女孩发现：在我跳下之前，以为我是世界上最倒霉的人，现在我才知道，每个人都有不为人知的困境，看完他们之后，深深觉得其实自己过得还不错，所有刚才被我看到的人，现在都在看着我。其实人的生活都是一样的，在觉得自己不幸的同时，并不知道别人其实比自己更不幸，所以，第七个生活中的心理学小技巧就是：要学会满足和珍惜。

第八个小技巧：换一种观念看，你会突然豁然开朗。有一个婆婆，她有两个女儿，大女儿嫁给了卖伞的人家，小女儿嫁给了卖米粉的人家。每当天晴的时候，她就想起了卖伞的女儿，想到她的伞会卖不出去，因此伤心而哭；而每当下雨的时候，她又想起卖米粉的女儿，想她的米粉没法晒，一定不好卖，因此也伤心落泪。所以，无论天晴还是下雨，她总是在哭。禅师听罢，脱口便说：下雨的时候，你要想卖伞的女儿生意好，天晴的时候，你要想做米粉的女儿生意好，这样你自然就不会哭了。听了禅师的一番话，老太太顿悟。从此，街头便有了一个总是乐呵呵的"笑婆婆"。这个故事给我们什么样的启示呢？我们不能改变天气，但是我们能改变看待问题的角度，让自己有个快乐的心情。很多时候，我们总是这样，喜欢钻牛角尖，自己不放过自己。所以，第八个生活中的心理学小技巧就是：要学会换个角度看问题，一切问题都不再是问题了。

第九个小技巧：接纳比惋惜更有意义。人在无法改变失败和不幸时，"沉没成本"已经发生且不可追回，那我们应该尝试着接受它，适应它。既然生活总是要继续的，我们多点开心，用积极的方式去度过不是更好吗？所以，第九个生活中的心理学小技巧就是：有些东西无法改变、无法挽回的时候，不如接纳它。

第十个小技巧：男女择偶标准是不一样的。女人心中普遍的真实择偶标准是这样的：有孝心、有事业或者稳定工作、积极上进、有责任心、成熟稳重、能顾家、能互相尊重、爱老婆、有一定的经济基础、有感觉、能对上眼、热爱运动、性爱温柔、有幽默感。男人心中普遍的真实择偶标准是这样的：能对自己的父母亲好、能勤俭持家、有一个相对比较稳定的工作、长相还过得去、对自己忠诚、温柔体贴。这样的信息是不是和你想的不一样？所以呢，第十个小技巧就是：男女择偶标准是不一样的，我们要早些知道。

第十一个小技巧：很多时候我们是被吓死的。过桥的心理试验你们听说过吗？教授说：你们九个人听我的指挥，走过这个曲曲弯弯的小桥，千万别掉下去，不过掉下去也没关系，底下就是一点水。于是九个人顺利过桥。他们走过去后，教授打开了一盏黄灯，九个人透过黄灯看到，桥底下不仅仅是一点水，而且还有几条在蠕动的鳄鱼。这时候他们吓了一跳。教授问：现在你们谁敢走回来？这时候没人敢走了。教授说：你们要用心理暗示，想象自己走在坚固的铁桥上。这时候只有三个人愿意尝试：第一个人颤颤巍巍，走的时间多花了一倍；第二个人哆哆嗦嗦，走了一半再也坚持不住了，吓得趴在桥上；第三个人才走了三步就不走了。教授这时打开了所有的灯，大家这才发现，在桥和鳄鱼之间还有一层网，网是黄色的，刚才在黄灯下看不清楚。大家现在不怕了，说要知道有网我们早就过去了，几个人呼啦呼啦都走过来了。只有一个人不敢走，教授问他，你怎么回事？这个人说，我担心网不结实。另外一个是死囚心理试验。教授把一个死囚关在一个屋子里，蒙上死囚的眼睛，对死囚说：我们准备换一种方式让你死，我们将把你的血管割开，让你的血滴尽而死。然后教授打开一个水龙头，让死囚听到滴水声，教授说，这就是你的血在滴。第二天早上打开房门，大家发现死囚死了，脸色惨白，一副血滴尽的模样，其实他的血一滴也没有滴出来，他被吓死了。第十一个小技巧就是：很多时候我们是被吓死的，我们需要有积极的心态。

第十二个小技巧：心情不好？就停在当下。如果你心情不好，一定不要立刻工作或者与人交流，给自己一点点的独处时间，哪怕只有2分钟，这可以帮助你迅速冷静下来，恢复理智与正常的心情。

第十三个小技巧：觉得紧张？嚼起来！在公开讲话或者蹦极之前这种会紧张的时刻，嚼口香糖就好了。据说人类在危险的时候会自动停止咀嚼（吃东西），所以吃东西的时候就是安全的，大脑就是这么告诉你的。

第十四个小技巧：倾诉是最接地气的疗愈。一定有一两个可以听你倾诉的朋友，不要畏惧谈论自己的创伤和问题，如果你愿意敞开心扉，对方也会与你交换秘密。倾诉，是很好的疗愈。找一个互相疗愈的对象吧（注：谈论心事不意味着吐槽、抱怨、负能量)。倾诉，并且互相提供帮助。

第十五个小技巧：抛硬币确定心意。当面对两个选择时，抛硬币总能奏效。并不是因为它总能给出对的答案，而是在你把它抛在空中的那一秒里，你就能知道你希望它是什么……

第十六个小技巧：情话要对左耳说。美国萨姆休斯敦州立大学研究人员的一项最新研究发现，对着爱人的左耳说甜言蜜语更能俘获他们的心。这是因为人的左耳由右脑控制。而在人脑分工中，右脑半球负责感性直观思维，对情感类体验更为敏锐。

第十七个小技巧：贝勃规律你知道吗？原本1元的报纸变成了10元一份，你定会感到无法接受；相比较而言，原本5000元的电脑涨了50元，你一定不会有这么大的反应。贝勃规律表明，当人经历强烈的刺激后，之后施予的刺激对他来说也就变得微不足道了。

第十八个小技巧：墨菲定律你知道吗？一个人的口袋里装着刚买的手机，在公车上生怕被盗，每隔一段时间就去查看手机是否还在。这一举动引起了小偷的注意，最终手机被偷走。就因为害怕发生，所以会非常在意，注意力越集中，就越容易犯错误。这就是著名的墨菲定理。

第十九个小技巧：答案到底改不改。做完答卷，检查时纠结于两个答案，到底改不改呢？调查显示：55%的人认为改答案会损害成绩，只有15.5%的人认为会改善。但实际的情况是：58%的人把答案改对了，只有20%的人把对的改错了，还有22%的人把错的改错了。

第二十个小技巧：拆屋效应，折中思想。鲁迅先生曾在《无声的中国》一文中写道："中国人的性情总是喜欢调和、折中的，譬如你说，这屋子太暗，说在这里开一个天窗，大家一定是不允许的。但如果你主张拆掉屋顶，他们就会来调和，愿意开天窗了。"这种先提出很大的要求，接着提出较小、较少的要求，在心理学上被称为"拆屋效应"。

第二十一个小技巧：破窗效应。一个房子如果窗户破了，没有人去修补，隔不久，其他的窗户也会莫名其妙被人打破；一面墙，如果出现一些涂鸦没有清洗掉，很快地，墙上就会布满乱七八糟、不堪入目的东西；一个很干净的地方，人会不好意思丢垃圾，但是一旦地上有垃圾出现之后，人就会毫不犹豫地丢垃圾，丝毫不觉羞愧。

第二十二个小技巧：好消息和坏消息到底先说哪个？当有一个大的好消息和一个小的坏消息时，应该一起说。这样坏消息带来的痛苦会被好消息带来的快乐所冲淡，负面效应小得多。当有一个大的坏消息和一个小的好消息时，应该分开说。这样好消息带来的快乐不至于被坏消息带来的痛苦所淹没，人还可以享受好消息带来的快乐。

第二十三个小技巧：理发缓解不良情绪。从美发厅出来的妇女，不仅看起来漂亮，而且她们的情绪也明显地变好。心理学家还认为，一个人在情绪变坏时，若能改变一下发型，可以抑制坏情绪的早期发作及干扰引起抑郁症的激素的产生。

第二十四个小技巧：爱脸红的人易被原谅。心理学家雷·克罗兹分析，人们通过脸红的方式，发送出对群体致歉的信号，这能让人们知道脸红之人已经认识到自己的错误。"脸红能平息敌对行为，消除怒火，让人们更快地原谅你。"

第二十五个小技巧：首因效应和近因效应。人们倾向于记住最先发生的事情和最后发生的事情，中间的事情记不清楚。这是基础心理学中的首因效应和近因效应。所以，如果你要做自我介绍的话，最好做第一个或者最后一个。

第二十六个小技巧：机会越少，价值就越高。可能会失去某种东西的想法在人们的决策过程中发挥着重要作用。甚至可以说，害怕失去某种东西的想法，比渴望得到某种东西的想法对人们的激励作用更大。短缺原理在商业上的应用就更多了，比如告诉顾客某种商品数量有限，不能保证一直有货。值得注意的是，"时间"也是一种资源，所以"截止日期""抢购""秒杀"等销售手段，同样能刺激顾客的购买欲望。

如果你感到迷茫,那我们一起读书吧, 让阅读照亮心灵

> **引言**
>
> 读书能调节情绪,改善心态,使人心情舒畅、胸怀开阔、乐观豁达。我们来感受一个画面:寂静的房间里,温暖的灯光下,一杯清茶,你拿着一本书,细细品读,然后伸伸懒腰,那是何等愉悦的一种享受。让我们一起来感受读书的魅力吧。

在这个快节奏的时代,手机似乎成了我们最贴心的朋友,刷短视频成了我们休闲娱乐的重要方式。不过,你有没有发现,迷茫似乎成了很多人生活的常态,"emo"成了我们的口头禅。静下心来认真审视,我们就不得不承认,很多时候,我们之所以会感到迷茫,其实是因为我们总是习惯不断向外追寻,而忽视了对自己内在的滋养。每个人都渴望拥有美好的未来,却忘了一个前提——只有那些装满知识与智慧的灵魂,才有能力创造出丰盛、幸福的生活。

读书乃人生一大乐事,广博的学识来源于书,豁达的心胸陶冶于书,健康的体魄得益于书。正如古人所说:"一日不读书,尘生其中;两日不读书,言语乏味;三日不读书,面目可憎。"读书犹如同许多高尚的人在谈话,它不仅可以陶冶情操,启迪心灵,提升自信,激励人们奋发向上;还能调节情绪,改善心态,使人心情舒畅、胸怀开阔、乐观豁达;也能治疗疾病,达到疏肝理气、活血化瘀,调达情志的健身效应,比良药更能消除生理上的疲惫和痛楚。

那么读书对我们的心理健康有什么促进作用呢?

一、阅读可以提升自信,完善人格

古人云,"腹有诗书气自华"。董卿曾说过,大学期间,她自己也曾有过一段很自卑的时期,是读书给了她自信,让她敢于站在人群当中开口说话。读书成了习惯,以至于后来的她,如果几天不读书,就会感觉像几天不洗澡那样难受。我国学者宗妮认

为："阅读是改变人的气质、弥补人的精神缺陷的重要形式。人通过阅读获得的学问和知识，可以补救人的精神缺陷，增加人的修养，这对于促进人的心理健康、完善人的人格有重大的意义。"读书的过程，就是为自己的心拂去尘埃、注入光亮的过程。在日积月累的阅读中，一点一点，把自己修炼成一个眼神坚定、内心强大的人。

二、阅读可以促进心理发展，养生养心

阅读过程可以促进读者的感觉、知觉、记忆、思维、情感、意志、兴趣等心理发展，而抑扬顿挫地诵读，气沉丹田，讲究共鸣，则能在不知不觉之中锻炼口、齿、唇、舌、喉等相关器官和呼吸时的肺活量，促进心肺功能。阅读还能锻炼眼睛和大脑，促进大脑发展，多读书、勤动脑，可保持头部血液通畅，可使脑细胞老化减慢。大脑发展为心理发展提供了动力，孔子曾提出阅读有"兴"（想象和联想）、"观"（观察力）、"群"（合群）、"怨"（发泄怨气）的功效。西汉刘向认为，"书犹药也，善读者可以医愚"，这深刻阐明了阅读有益调畅情志、修身养性的作用。可以说阅读是潜移默化的心理感应，是声情并茂的美学享受，它的确能达到疏肝理气、活血化瘀，调达情志的健身效果。

三、阅读可以释放压力，调节情绪

根据苏塞克斯大学的调查数据显示，花6分钟时间读书可消除人体三分之二以上的压力，该效果甚至超过了散步以及音乐鉴赏等。这是因为读书是一种涉及全身的活动，不仅有视觉和其他感觉器官参加，而且还涉及反射和意向活动，能使人精神振奋、思想开阔、朝气蓬勃、积极向上，可使人在短时间内消除压力，处于良好的心理状态。图书具有调适、鼓励、抚慰等作用，通过阅读可以排解不安的情绪和焦虑，松弛紧张的神经，消除身心疾病带来的消沉、压抑等各种负面的情绪，营造良好的心情。

四、阅读可以使人获得认同，产生领悟

心理困惑者在阅读过程中可以有意或无意地与书中的主人公产生共鸣，获得情感上的支持、认同，并通过体验作者设定情境中的恐惧、悲伤，使内心的焦虑得以释放，使情感得到净化，遇事能够想得开，提得起，放得下。阅读过程还有助于读

者通过心理活动和作品内容之间的整合产生领悟,从而化解各种忧思愁绪,保持健康乐观的心境。那种在书中览胜的惬意、那种在寻求中的物我两忘,实在是一种美妙和不可多得的心理体验。

五、阅读可以辅助心理,治疗疾病

实践证明,阅读可以帮助病人在思想上有所寄托,减少消极情绪,调节免疫功能,创造良好的心境,特别适用于有神经系统、循环系统、呼吸系统和心理、精神、肿瘤、结核等病症的患者。阅读治疗也可以用于精神和情绪引发的疾病,如抑郁、焦虑、恐慌、偏执,以及心理失调、机能失调、心动过速、夜尿症、阅读障碍、手术应激反应等,也包括对部分生理疾病的辅助治疗,还可以用于生理残疾、慢性疾病、情绪问题、人格障碍等的辅助治疗。汉朝的刘向曾明确指出:"书犹药也。善读之可以医愚也。"这既是比喻,又是实指。医愚,就是启蒙心智。人的见识多了,境界就高,心胸宽阔便能自行化解各种忧思烦绪,心态自然就乐观,可以达到祛病弃症、身心健康的目的。因此,记得哦,如果自身的身心不太健康,那就多读读书,这样可以很好地促进疾病的治愈。

六、阅读可以调节情志,促进健康

中医认为人有喜、怒、忧、思、悲、恐、惊等7种情志的变化,而过度的情志变化是引起疾病发生的重要因素之一,会影响人体脏腑的生理,使脏腑的功能失调,导致疾病的发生,即人们所熟知的"怒伤肝,思伤脾,忧伤肺,恐伤肾,喜伤心"等。中医认为情志生于五脏,而五脏之间有着相生相克的关系,根据"五行相胜"之法,我们可以用一种情志去纠正相应的过激情志从而达到"以情胜情"的治疗目的,如怒胜思、思胜恐、恐胜喜、喜胜悲、悲胜怒。而阅读是一种非常好的情志调节方式,通过读书来实现以情治情,妙哉。举个古书上的例子:有一个穷秀才为了写好文章,终日伏案疾书,呕心沥血,文成而病,前去诊病的郎中洞察病因之后,并未给处方,却拿起秀才的文稿朗读起来,故意颠三倒四地读错(古代写文章是没有标点符号的)。卧床不起的秀才听见自己呕心沥血而成的"锦绣文章"竟然被读得支离破碎、驴唇不对马嘴,在忍无可忍之际气得翻身而起,夺过文稿,高声朗读几遍,以示医家之错。谁料到,读罢顿觉神清体舒,痛楚全无。从此,秀才遵照郎中嘱咐,坚持每天放声朗读,渐渐地,竟不药而愈。

七、阅读可以美化容颜，改善容貌

人生并不总是快乐的旅程，相反，更多的时候人生是与缺憾相伴的。月有阴晴圆缺，人有悲欢离合，身体的缺陷或大或小，拥有健康，还苛求美丽和潇洒，使人生徒添了几许无奈。每个人都有对美的追求，有人靠化学药品，有人靠整容，凡此种种，都只是练就外表之功，通过知识来熏陶引领、通过精神气质的提升来达到变美的效果才是根本，而这个方法非"读书"不可。当人间的繁华与我擦身而过，阅读让我挣脱了俗念的困惑，不戴面具，也无须为假笑而累。这种美只有读书能给你。

八、阅读可以让你专注，提高效率

与电视、电脑、手机等对大脑产生的冲击作用相比，阅读可以激发大脑内多个区域的活动，从而构建新的神经回路。阅读还能提高记忆力，让大脑保持思考，能让人们注意力更加集中、更加专注，从而提升办事效率。

九、阅读可以自觉主动，保护隐私

阅读可以在学生不具有任何精神压力、不泄露学生隐私、不伤害学生自尊的情况下，让正处于求学阶段、学习性强的大学生借助图书这一媒介，解决生活中遇到的各种困惑。对于很多不愿意面对心理咨询师、不愿意透露自己的隐私、不愿意让身边的同学朋友知晓的大学生来说是一个非常有益的方法。

以上说了这么多阅读的好处，难道随便拿起一本书来读就可以产生巨大的作用吗？当然不是，阅读也需要有一些选择和技巧，建议大家去阅读《如何阅读一本书》这本书。

首先，主动阅读比被动阅读产生的效果好。我希望朋友们能形成主动阅读的习惯，形成积极的、有意识的阅读习惯。

其次，不同人群，选择阅读的方式不同。吟诵阅读的方式能改善心理和情绪状态，达到气血调和，有益身心健康；静心阅读的方式有助于缓解压力，如经常低声咏读内容恬淡、描写大自然优美风光的诗词或散文；快速阅读是一种注意力高度集中、记忆和理解效率极高的读书方法和技巧，对眼睛和大脑的活动速度、频率、角度和范围要求更高、锻炼更大，对于身体健康的益处不言而喻；古典诗歌形式短小精悍，易于朗诵，浅吟"晨兴理荒秽，带月荷锄归"，悠远深邃的意境能平复人们浮躁的心。

再次，如何恰当选择书籍。书的内容不同，功效当然也不尽相同。而每个人在成长中遇到的困惑也是千差万别的，那么，如何在茫茫书海中对症下药，取得"有病治病，无病防病"的阅读效果呢？可以根据自己所需，选择恰当的读物。如因脾气暴躁、情绪表达失当导致人际关系紧张的人，可以阅读能够让人宁心静气的书籍；常觉人生无望、生活没有目标、行动迟缓、缺乏憧憬者，宜读读名人传记类书籍、励志类书籍；整天闷闷不乐，心事重得头疼，遇事总是看到消极面、忽略积极面的人，可以阅读一些积极向上、感动人心的书籍。

最后，对于环境的选择。我认为图书馆是最佳场所。图书馆是一座心智的药房，为各类有情绪困扰的人存储着药物。走进图书馆，闻识书香，总能让自己静心。当然，如果你有自己独立的房间，或者到安静的公园、舒适的咖啡馆，这些地方都是非常不错的选择。

何以解忧，唯有读书。越是感觉迷茫的时候，越要学会从浮躁中抽出身来，静心多读书，等到你从书中所吸纳的能量足以提升你的眼界、开阔你的思维、改变你的格局时，眼前那些恼人的迷雾自然也就散去了。

运动是保持和促进心理健康的法宝，你知道吗？

> **引言**
>
> 我们都知道身心是相互影响的，身体健康会促进心理健康，心理健康也会促进身体健康。运动有利于宣泄情绪、改善情绪，提高自我效能感，运动对很多心理疾病有很好的改善和治疗作用。既然运动有这么多好处，那么，我们一起运动起来吧！

中医强调形神兼备，认为生理、心理是相互影响和相互作用的，良好的身体素质对心理健康具有促进作用，也是保持心理健康的基础。科学合理的运动是保持良好身体素质的一种重要方式。通过运动可以促进内啡肽和多巴胺的分泌，从而获得充沛的精力和巨大的幸福感。保持好的运动习惯不仅可以让人拥有健康的身体，同时也会让人变得更乐观，由内而外地形成一种健康的身心状态。运动有利于宣泄情绪、改善情绪，提高自我效能感；运动有利于人们改变消极的自我概念，有效地增加人际互动，改善人际关系；运动能促进身心发展，为心理健康提供坚定的物质基础；运动能产生丰富的情体验，改善情绪状态；运动能培养良好的情操和意志品质；运动对很多心理疾病有很好的改善和治疗作用。运动既然有这么多好处，你为什么不动起来呢？怎么运动呢？心理老师来给大家分析分析。

一、身体健康与心理健康之间的关系

中医是中国的传统医学，是中华民族的文化瑰宝，立足于中国本土的文化土壤，蕴含着丰富的、独具特色的治病及养生内容，它凝结了古人对生命的探索和智慧。《黄帝内经》中《素问·上古天真论》有云："上古之人，其知道者，法于阴阳，和于术数，食饮有节，起居有常，不妄作劳，故能形与神俱，而尽终其天年，度百岁乃去。"中医整体观念中的形神兼备充分认识到形与神之间的关系。"形"即形体，指人的生理特征，"神"即精神意识，指人的心理特征。《素问·上古天真论》中对两者关系的描述是"形与神俱"，认为形神是相互依存、相辅相成的。形体是精神活动和心理功能的物质前提,同时又受精神和心理的影响,二者不可分离、形神合一。从心理的角度来说就是人的生理和心理是互相影响的,生理问题会影响心理问题,心理问题也会影响生理问题。因此,我们不仅要关注个体的心理疾病,还要关注个体的生理特征和生理疾病,懂得二者之间的共轭关系。

《备急千金要方》中说:"饱食即卧,乃生百病。"饱食即卧,食物停聚未及消化,积而淤滞,气滞不行,脾胃受伤,气血痰食积聚而致百病丛生。《吕氏春秋》说:"流水不腐,户枢不蠹,动也。形气亦然。形不动则精不流,精不流则气郁。"即流动的水不会腐恶发臭,转动的门轴不会生虫朽烂,这是由于不断运动的缘故。人的形体、精气也是这样。身体不活动,体内的精气就不运行,精气不运行,气就滞积,也就是人们常说的,生命在于运动。《昨非庵日纂》说:"食毕,饮清茶一杯,起行百步,以手摩脐。"古人讲究饭后养生,这里提到用餐后要做三件事情,即饮茶、散步、揉腹,如长期坚持做下去必有益身体健康。

以上论述充分说明了生理与心理的关系,充分说明了运动的重要意义。

二、运动对心理健康到底有哪些作用呢?

保持身体健康的最重要方式是运动。这里的运动是一个广义概念,身体的任何动都可以看作是在运动。那么运动到底有什么样的好处,它与心理健康之间有什么关系呢?

(一)第一类是平时的自主运动

1. 运动为心理健康发展提供坚实的物质基础。 心理健康的发展需要正常、健康的身体,尤其要以正常、健康发展的神经系统和大脑为物质基础。运动锻炼能促使学生身体正常、健康发展,为心理健康发展提供坚实的物质基础。这是心理健康发展的重要条件。

2. 运动有利于改善情绪。 大量的研究显示,运动给人带来的好处不仅是生理上的,适当的规律性运动还能促进大脑分泌内啡肽,而在内啡肽的作用下,人的身心可以轻松愉悦,因此内啡肽也被称为"快乐激素"或"年轻激素",它可使人缓解紧张、排遣压力,从而提升情绪的生理基础条件,保持健康的情绪状态。长期规律运动可以缓解心理压力,提升心理素质,为未来的学习和工作打下良好的基础。

3. 运动可以提高自我效能感。 自我效能感就是人们对自身能否利用所拥有的技能去完成某项工作、行为的自信程度。经常运动的人自我效能感显著增强。我们也会将经常运动的人描述为"更积极、更专注",心理学称之为心理效能感高。自我效能感是我们每一个人走向成功需要具备的基本心理品质,而运动是提升自我效能感的有效途径。因为运动需要不断克服客观困难和主观困难,如果我们通过不断的练习、训练和磨炼,在运动中得到了肯定、赞美和羡慕,我们必然会获得自我成功的认知和高峰体验。成功的经历是影响自我效能感最重要、最基本的方式,为自我效能感的提高提供了最有效的支撑。

4. 运动可以快速缓解压力。当一个人处于压力之下时,肌肉可能会很紧张,尤其是面部、脖子和肩颈部位的肌肉,持续紧张往往会导致背部和颈部疼痛或头痛。你也可能因此受到失眠、胃痛、腹泻或尿频等问题的困扰。而当你发觉这些压力带来的身体不适后,会更加担心,于是导致更大的压力,最终陷入身心失调的恶性循环之中。而运动就是打破这个恶性循环的有效方法之一。因为运动除了可以释放内啡肽外,还有助于放松肌肉、缓解身体紧张。当你的身体感觉良好时,你的心境和情绪状态也会随之改变。最常见的运动对大脑的好处之一就是减少压力。锻炼到出汗可以减少身体压力,还可以提高你的肾上腺素的浓度,这种化学物质可以调节大脑的应激反应。

5. 运动提升自信。一般来说,身体健康可以提高自信并能塑造积极的自我形象。不论体重、体形、性别还是年龄,锻炼可以迅速提升一个人对自己吸引力的感知(提升感知),即自我价值。想要额外增加自信,就要多参加户外运动。在美妙的大自然中运动可以增加更多自信。找一个适合自己的户外运动形式,可以是爬山、徒步旅行,也可以只是在公园中慢跑。另外,通过晒太阳而获得的维生素D可以让自己心情更愉快,心情愉快了,人就自信了。在新鲜的空气和明媚的阳光中运动锻炼可以让自己自信满满、心情愉悦。

6. 运动有利于人们改变消极的自我概念,有效地增加人际互动,提升个人的人际关系。长期坚持规律运动的人,对自己有较强的自我认同,他的自信心就比别人要强,自我评价也会更积极,整个人的气质也会不一样;另外,集体运动能很好地增进人际互动,改善人际关系。运动不仅可以促进在运动场上的人际交流,而且会延续到运动之外的场域与时段。而积极的人际交往不仅是心理健康的基本特征,同样是应对心理困扰的最有效的资源。

7. 运动提升认知能力。运动锻炼可以减缓认知能力的衰退。特别是在20岁到45岁时,要多多锻炼,这样可以激发大脑中的化学物质,支持并阻止脑中海马体的老化。因为海马体是大脑用于记忆和学习的重要部分。规律的锻炼可以提高记忆和学习新知识的能力。出汗式锻炼,可以让你海马体中支配记忆力和学习力的细胞增多。

8. **运动对很多心理疾病有很好的改善和治疗作用**。运动是强有力的抗击抑郁症状的武器,尤其是有氧运动,可以加快血液循环,增加大脑供氧量,促进内啡肽和血清素的分泌。临床研究发现,通过运动可以提高相关神经递质的浓度,对抑郁症患者产生"情绪改善"的作用。同时,运动可以让人从负性想法的循环中抽离,对于改善抑郁症患者常见的兴趣丧失、愉快感缺乏等症状也有一定的效果。运动是一种自然而有效的抗焦虑自助方法。它通过释放内啡肽减轻人的紧张和压力,提升体力和精力,从而促进健康。在运动的过程中,人们往往更加专注于自己的身体,这可以让人暂时转移对焦虑目标的注意力,让情绪有一个放松的空间。运动除了具有分散心理疾患患者不良注意力的基本心理治疗作用以外,对于特定的心理疾患往往还能够有显著的治疗功效。

(二)第二类是体育运动

1. **体育运动增强心理动力**。体育运动与日常自然的身体运动相比,无论内容和形式都不尽相同。所以,原有的心理水平往往不能满足运动项目的需要。例如,短跑要求较短的反应潜伏期、良好的运动距离知觉和运动速度知觉。又如,篮球比赛中的带球上篮,由于要了解队员位置,要求有较大的注意范围,既要带球前进,又要防止对方拦截,需要善于分配注意力。几乎任何运动项目,都要求运动员有勇敢、坚持、自制、不怕困难等良好的意志品质和乐观、友爱、愉快、同情等多样的感情。上述心理活动和心理特征,就一个人的自然发展水平来说,当然不能满足运动学习和运动竞赛的需要。但是,在学生为了不断提高自己的运动水平或战胜对手而进行的运动活动中,原有的心理水平便会慢慢获得提高。也就是说,体育运动的新需要与原有心理水平的矛盾推动了心理的发展。

2. **体育运动能推动自我意识的发展**。体育运动有助于学生认识自我。体育运动大多是集体性、竞争性的活动,自己能力的高低、修养的好坏、魅力的大小,都会明显表现出来,使自己对自我有一个比较符合实际的认识。体育运动还有助于自我教育,在比较正确地认识自我的基础上,会自觉或不自觉地修正自己的认识和行为,培养和提高社会所需要的心理品质和各种能力,使自己成为更符合社会需要、更能适应社会的人。

3. **体育运动锻炼能培养良好的意志品质**。体育一般都具有艰苦、疲劳、激烈、紧张、对抗以及竞争性强的特点。学生在参加体育锻炼时,总是伴随着强烈的情绪体验和明显的意志努力。因此,体育运动有助于培养学生勇敢顽强、吃苦耐劳、坚持不懈、克服困难的思想作风,有助于培养团结友爱、集体主义和爱国主义精神,有助于培养机智灵活、沉着果断、谦虚谨慎等意志品质，使学生保持积极健康向上的心理状态。积极参加体育活动有利于学生的身体健康，可以为学生健康的心理提供稳固的物质基础，对学生的身心发展起到积极作用。体育运动能促进身体形态的发育、改善人体机能、提高运动能力，并对提高学生的认识水平、培养良好的情绪和意志品质、形成优良的性格特征起到积极作用。

三、应该如何科学运动呢？

运动对个体的情绪调节、自我效能提高、提升自信、改善人际关系都有影响，还具有一定的心理治疗作用，那么我们是不是只要去运动就可以起作用呢？当然不是了，只有科学合理运动才有效果。

1. 并非所有的运动都可以促进内啡肽的分泌。一般认为有氧运动比无氧运动更加容易促进内啡肽的分泌。内啡肽的分泌需要一定的运动强度，跑步、登山、游泳、骑自行车、健身操等中等偏上的运动强度和半小时以上的运动时间，才能促使内啡肽分泌出来，但是必须指出，运动过度尤其是运动的时间过长，容易产生严重的疲劳，各种有害于情绪的生理活性物质也会分泌增多，不仅会抵消内啡肽的作用，还会变本加厉，使人的情绪更加低落。所以，每周锻炼应该在3到5天，每天应不少于40分钟，但又不能太过，要根据自己的身体适宜程度选择，这样既有利于提高身体机能，又有利于恢复体力。

2. 运动锻炼要循序渐进。参加运动锻炼绝不能急于求成，要懂得达到健身祛病的效果绝非一朝一夕所能办到的事，而应该有目的、有计划、有步骤地进行科学性锻炼，要循序渐进，日积月累，这样才能取得满意的锻炼效果。开始锻炼时运动量要小，适应后再逐步增加并达到适宜的运动量。经过一段时间锻炼后，如运动时感到发热，微微出汗，运动后感到轻松、舒畅、食欲、睡眠均好，就说明运动量适当，效果良好，要坚持下去。锻炼的动作应由易到难，由简到繁，由慢到快，时间要逐渐增加。每次运动时要由静到动，由动到静，动静结合，逐步过渡。此外，要想掌握动作要领、技巧和锻炼方法，也必须循序渐进，经常练习，巩固效果，这样才能达到预期的锻炼目的。

3. 运动锻炼要持之以恒。进行体育锻炼要想取得成效，不在于锻炼项目的多少，关键在于坚持，即人们常说的"贵在坚持"。在掌握运动量的基础上，最好每天坚持锻炼，实在有困难时，每周锻炼不应少于3次，每次锻炼40分钟左右即可。绝不能"三天打鱼，两天晒网"。因此，参加运动锻炼要有决心和毅力，要行之有效，持之以恒，达到"功到自然成"。同时，要合理地安排锻炼时间，养成按时锻炼的良好习惯，这样才能做到持之以恒。

4. 运动锻炼要因人而异。要根据自己的气质类型和个人的爱好来选择运动项目，也要根据自己身体情况来选择运动项目。像医生给病人开处方一样，不会有一张运动处方适用于所有的人。总之，要根据每个人自身的特点、健康状况、运动习惯来选择运动项目，来决定运动量大小和锻炼时间长短，不能千篇一律，要因人而异。

5. 有心理问题的人需要科学运动。科学的运动能获得最大的心理效应，只有愉快和有趣的活动才能达到最佳的情绪效应。锻炼要持续8到10周，每周2到4次。关于每次锻炼的持续时间与心理效益的关系的说法尚不统一，但有一点是可以肯定的，那就是至少30分钟以上。还要注意一点，并不是越高强度的运动越有效，对于我们常人来说更适合选择有氧运动或者有节奏的腹式呼吸的运动，如慢跑、快走、游泳、骑自行车、太极、八段锦等中等负荷强度的运动。几项研究结果表明：中等强度比高强度的锻炼对增加心理健康更有效。如果你有心理问题，更应该记得建立起运动习惯，通过运动来促进心理健康。

中医的智慧，中医"养心"方法请您收好

> **引言**
>
> "下士养身，中士养气，上士养心"，在中国传统医学的养生观点中，保持健康，不仅仅要依赖对身体的保养，更要注重对心态的调控。那么我们究竟如何做到顺心、静心、善心、安心、净心、衡心、定心、信心、宽心、动心呢？就让我们走进本文，领略中医养生之妙，体悟传统"养心"之法。

中医是中国的传统医学，既是研究人体生理、病理以及疾病的诊断和防治等的一门科学，又是传承中国古代人民同疾病作斗争的经验和理论知识的载体，可谓是国之瑰宝。中医的最高境界是养生，中医的养生观点包括天人合一、阴阳平衡、身心合一，养生的最高境界是养心，"下士养身，中士养气，上士养心"。中医的养心理念指导了我们一代又一代人走向身心健康。今天讲的养心，自然不是指保护好心脏，而是指如何保持良好的心态。

中医养心方法中最具代表性的著作是《黄帝内经》，它在继承先秦诸子养生思想的基础上，较为系统地确立了精神调养的理论和方法。"心者，君主之官，神明出焉……故主明则下安，以此养生则寿"，以及"得神者昌，失神者亡"，都强调了心神在生命活动中的重要性。"人有五脏化五气，以生喜怒忧（悲）思恐（惊）。""肝在志为怒，心在志为喜，脾在志为思，肺在志为忧，肾在志为恐。"说明人的心理活动与生理功能之间存在着内在的必然联系，良好的情绪状态可以使人的生理功能处于最佳状态，反之则会降低或破坏人体的某种功能，从而引发各种疾病。因此，心理养生是中医养生最重要的方法。那都有什么方法呢？我们一起来学习一下。

一、顺心

《黄帝内经》中《素问·上古天真论》："上古之人，其知道者，法于阴阳，和于术数，食饮有节，起居有常，不妄作劳，故能形与神俱，而尽终其天年，度百

岁乃去。"《素问·四气调神大论》："天地四时阴阳者,万物之根本也,所以圣人春夏养阳,秋冬养阴,以从其根,故与万物沉浮于生长之门。逆其根,则伐其本,坏其真矣。"充分说明了人顺应自然的重要性。要顺应自然,起居有度。中医讲求"天人合一",人们生活在自然环境中,气候变化、昼夜更替、环境变迁等,都会影响人体健康。在生活中,要做好起居饮食,以保"真气从之",以达到"精神内守,病安从来"的目的。从饮食来讲,要做到饮食有节、清淡,多吃蔬菜,进食要细嚼慢咽,而且要多样化,并注意冷热。从季节来说,夏慎湿热,冬慎寒凉。《素问·经脉别论》中提出:"故春秋冬夏,四时阴阳,生病起于过用,此为常也。""过用"指超越常度,"过用"是"生病"最常见的病因,是致病的普遍规律。根据《黄帝内经》"生病起于过用"的观点,凡事要量力而行。要做到既顺外面大自然,还要顺自己身体内在的自然,这二者是不可或缺的,知道自然,然后能顺其自然,自然就是任何事物都有阴阳两面,任何事物都要经过生、长、收、藏的过程。记住:睡觉是养生第一要素。睡觉的时间应该是 21:00—3:00,因为这个时间是一天的冬季,冬季主藏,冬季不藏,春夏不长,即第二天没精神。所谓顺心就是顺自然、顺内心。

二、静心

《素问·病机气宜保命集》："神太用则劳,其藏在心,静以养之。"是指神静,不妄思,也要防止用神太过。《黄帝内经》："静则神藏,躁则神亡。"只有阴阳协调,才能保养内心。情绪乃一身之主,人有七情,喜、怒、忧、思、悲、恐、惊,遇事即发,七情失调,心神则失去平和,过喜则伤心,过怒则伤肝,过忧则伤肺,过思则伤脾,过恐则伤肾。一个人如果终日思前想后、欲望不止,难免会百病丛生,说不良情绪是疾病的催化剂一点也不会过分。

要消除不良情绪,重要办法之一就是要学会静心;心静才能气顺,气顺才能身健。静心的最佳途径是炼心,静心的至高境界是平常心。静是要人在一派纷繁的世界里能够独自安静下来。静是一种心态,如老子说:"致虚极,守静笃。"是指不为名利所困扰的自然静,有助于神气内守。反之,神气的过用、躁动,为名利所诱惑,往往容易耗伤人的元气。因此,心静则神清,心定则神凝,心虚则神浮,心安则神全。当外部环境和内心世界都能宁静自如时才能养心,心静神自安。静可以制怒,静可以除烦,静可以使意定、神安。静心可以通过情绪展现及对感知的探索,清理负面的情绪,找回你的力量,增加自信。你将更有接纳心,能更好地照顾自己。

这种宁静就在自己的心中。你将会看到思绪更加清晰，无论什么状况发生，都能放松面对，还能增强身体免疫力，提升心理的抗压性以及面对创伤时的自我治疗能力。动态静心：通过舞蹈、跳动、叫喊等较高强度活动的方式来释放心里受压制的情绪，这个过程主要是让身体在紧张、疲惫的环境中体验静心的愉悦，可帮助并引导你练习释放压力和理解静心。方法是，选择一个舒适的姿势坐下来，闭上眼睛，然后慢慢把手臂举起，初学者一定要很慢，在移动手臂的同时感受（不是用眼）这个动作，手臂举到一定的高度，在空中停顿一下，然后再慢慢放下，感受这个动作，感受这个移动，动作一定要慢。这样就可以达到内心的安静。如果经常实践，内心的安静会越来越显著，内心会常常处于轻松与自在之中。观察其他动作，也能达到相同的效果。静态静心：坐下来，闭上眼睛，观察呼吸，静静观察呼吸，如果刚开始无法集中注意力，则在吸气的时候默念进；呼气的时候默念出。初学者要达到寂静的地步，需要稍长的时间。随着内心的净化，每次达到寂静的时间都会缩短。愿你常常携带着这个方法，在生活中，也可以观察自己的呼吸。

三、善心

大学生要时刻恪守道德标准，以身作则，用德来修身，以此来保持身心健康。"德为立身之本，德为养生之基。"高尚的道德情操是心理健康的基础和保证。有德有术，严于律己，宠辱不惊，豁达大度。欲修身，必先正心，心正方能身安，身安方能体健，体健方能延年益寿。这正是古人所谓"仁者寿"的来源。"德者寿"的观点是儒家养生思想最为集中而典型的体现。养德不违反自然本性，上顺应天地阴阳之理，中合世道人伦之德，下爱惜万物生存之乐，这是养生最基本的道理。只有将道德观念深深地埋在心中，才能真正懂得养生之道。中医养生学认为，立志养德是精神养生中的调神养生法之一，即树立理想，坚定信念，充满信心，保持健康的心理状态，是养生保健的重要一环。中医还认为，道德高尚，光明磊落，豁达大度，有利于神志安定，气血调和，精神饱满，形体健壮，能够达到养生的效果。要有一颗善良之心，时时处处都能设身处地为别人着想，好善乐施献爱心，向需要帮助的人伸出热情的援助之手，自己的心也会得到慰藉。中医告诫我们，养心务必要养德，特别是面对物欲横流的"花花世界"，你更应当把养德视为养心之本。德高才能心静，德高才能神凝。养德最要紧的是自己不为名利得失所折磨。

四、安心

《黄帝内经》云:"恬淡虚无,真气从之,精神内守,病安从来。"恬淡就是思想上的安定;虚无是指没有患得患失的思想杂念,无恼怒、忧思与惊恐等。这句话告诉人们,思想上安定清净,没有贪念妄想,那么就会真气和顺,精神内守。体外没有邪气干扰,体内无情绪波动,人体和外界环境协调统一。体内的真气调和而没有损伤,精神充足而不外散,病邪就不容易侵犯人体,人就不会生病。就是要心绪宁静,心静如水,不为名利所困扰,不为金钱、地位而钩心斗角,更不能为之而寝食不安。

五、净心

心净则身净。健康,从调节心性开始。调节心性需要学习圣贤传给我们的大智慧。现代人往往都在追求物质生活方面下功夫,这种追求的后果是很可怕的。要知道,人们对于物质的欲望是无止境的,一旦这种欲望得不到控制,那等待我们的就是无止境的痛苦。其实,物质能带来的享受,精神也能;药物能治疗疾病,心理疗法也能做到。所以,我们用一生来追求财富,不如用一生来培养出一种好的心态,让我们的精神达到一种超凡的境界。畅通的经络需要:清净心。一切七情六欲都会破坏清净心,从而破坏经络的正常运行。人为什么必须保持一定的饥渴才是对养生有利呢?其实这就是"虚"的妙用。道家讲,虚则灵。这和"谦虚使人进步,骄傲使人落后"一样,所以人必须经常保持"虚灵"的状态,才能时时保持清醒,保持健康。

六、衡心

衡心就是指平衡的心、能够辩证看问题的心。中庸是养生的根本原则。《素问·举痛论》:"百病生于气也,怒则气上,喜则气缓,悲则气消,恐则气下,寒则气收,炅则气泄,惊则气乱,劳则气耗,思则气结。"七情是机体正常的精神状态,一般不会致病,但七情超过一定的限度,就会导致疾病的发生。只有气机平衡,人才能健康。什么是平衡?平衡就是阴阳的互相依存和互相制约,哪一方太过或不及都会失去平衡。阴阳之道就是矛盾对立的两个方面互相依存,互相转化。任何一对矛盾,如果一方脱离了另一方,不受另一方的制约了,那它离消失、灭亡就不远了。你看,当今社会,有些领导不喜欢制约,喜欢独来独往,我行我素,贪污受贿,其结果是什么就可想而知了。阴和阳就是如此。大自然中,一个事物的出现,总有令它产生的因素,但同时总会出现另一因素来制约它。这就是五行相生相克的道理,也是阴阳相互依存、相互制约的道理。所以养生的道理也是如此,你生病了,总有一个使你生病的因素存在,同时也会有一个制约它、令疾病消失的因素存在。

七、定心

《黄帝内经》云:"心者,五脏六腑之主也,忧愁则心动,心动则五脏六腑皆摇。"心定神一,受治者信坚心专,两心相合,可以统治百病,无不神效。每个人都有一本难念的经,但事在人为,乐在创造,要善于自我调整心态,踏实度日,莫为琐事所烦扰,豁达乐观,喜乐无愁,纵有不快,也一笑了之。人生一切事业,皆以精神为根本,而精神之衰旺强弱,全赖心神之静定不乱,一个乱字,足以妨碍一切工作。什么是悟性?什么是智慧?悟性和智慧就是用最简单的方法来处理、看待一切事物。但一些庸人自扰的人总是把简单的事情看复杂了、做复杂了。繁和简其实是一回事,是一回事的两个方面,聪明的人看到的是简单的一面,愚蠢的人看到的是复杂的一面。

八、信心

信心是指对行为成功及其相应事物的发展演化犹如预判的信任程度。信心表现为对实现行为任务、目标成败的外在感知、情绪反应、外在意识。信心对行为的心理作用效能程度从低到高可分为自我效能感、集体效能感、行为业绩感三个层次。健康的根本在心,一切法从心生。正确的观念远比昂贵的药物和危险的手术更能帮助患者消除疾病,因为有了正确的观念,你就会有正确的决定,就会有正确的行为,就可以预防许多疾病的发生。生活、工作中,我们知道能力强的人不如喜欢自己事业的人,喜欢事业的人又比不上能够沉醉于其中的人。乐于学习、乐于交朋友、保持心理的自信等都关系到自身的健康。面对生活中的失意与坎坷,不灰心,对生活抱有十足的信心,坚信通过努力,发挥自己的智慧和潜能,就能渡过难关。信心是养心方法中的核心,信心可以激发自我潜能,形成免疫力。

九、宽心

养生贵在养心。养心重要的是为自己的心松绑。静心在退，洁心在空，宽心忘坎，忍心大度，用心心康。要心胸开阔，宰相肚里能撑船。心底无私天地宽，让宽松、随和、宁静的心境陪伴你，岂非是快乐每一天。一切修身修心法门，只有四字诀：放下、回头。放下屠刀，立地成佛，苦海无边，回头是岸。只要一放下，一回头，病者顿愈，迷者顿觉。此真无量寿者。宽心是对不如意的事情不要斤斤计较、小肚鸡肠，而是要粗心，要难得糊涂，这样，就会拥有平衡的心态，时时感到生活的轻松与人生的美好，不会被抑郁缠身而闷闷不乐。过去再糟糕已经成为过去，未来再美好还没有到来，我们唯有珍惜现在，珍惜当下！人生处处有磨难，活着就是一种修行。人生经历的小事无数，不能计较的却很多；人生遇到的大事很少，也只能尽人事以听天命，常人无可奈何。为小事而常介怀，不值；为大事而常悲戚，不该。故，面对小事，要开心；遇到大事，要宽心。争的是理，输的是情，伤的是自己。黑是黑，白是白，让时间去证明。放下自己的固执己见，宽心做人，舍得做事，赢的是整个人生；多一份平和，多一点温暖，生活才有阳光。

十、动心

此处的动心指适度活动的意思。适度的运动可以起到锻炼身体、增强体质的作用，但运动方式上要因人而异，人到老年，按"安步当车，形式自如，掌握适度，持之以恒"的要求去做，同时要与季节相应。春季夜卧早起，广步于庭；夏季也应夜卧早起，步于室外，但宜在清晨和傍晚气温较低时进行；秋季要根据"早晚凉"的气候特点，做到"早卧早起，与鸡俱兴"；冬季为万物收藏之际，老人和体弱者要早睡晚起，待日光充足再开始锻炼较为适宜。当前由于空气污染，雾霾较为严重，早晚不太适宜室外活动。适当运动可以帮助人的气血运行，但同时也在消耗人的气血。人体的微循环主要应该靠松、静来达到，这也是保持健康必不可少的。散步是息心法，心息则神安，神安则气足，气足则血旺。血气流畅，则有病可以去病，不足可以补充，已足可以增长。现在病可去，未来病可防，此其小者也。在夏天最凉爽的清晨起来，到住所附近的林荫、花间处散散步，让身体微微出汗，能颐养心神，有助于体内阳气的升发，推动血液循环，增强新陈代谢功能。在午睡时转眼睛。很多人都知道"闭目养神"，其实也是在养心。午睡的时候，如果能在一开始练练转眼球，不但会增加午睡质量，还能有效缓解视疲劳，进而提高下午的工作效率。晚上回家之后也应该"梳梳头"。这里教大家一点，梳头可不是用梳子，是用我们的手指，而且不是普通的梳法，是"拿五经"。怎么做呢？先是用五指分别点按人头部中间的督脉，两旁的膀胱经、胆经，左右相加，共5条经脉。回家略做休息后，梳3~5次，每次不少于3~5分钟，晚上睡前最好再做3次，可起到疏通经络、调节神经功能、增强分泌活动、改善血液循环、促进新陈代谢的作用。

以上稍微理论化了一些，其实归纳起来，用生活中的语言来描述就是如下几点：

1. 日常生活中，我们要顺应自然，起居有度，遵循自然规律，该休息时休息，该活动的时候活动。关注四季的不同，在生活中，要做好起居饮食；同时学会顺应自己的天命，不以得为喜，不以失为忧，顺其自然，随遇而安。

2. 学会接纳现在的自己，接纳现在的生活，不被利所诱惑，当外部环境和内心世界都能宁静自如时才能养心，心静神自安。静心可以清理负面的情绪，找回你的力量，增加你的自信。

3. 我们要时刻恪守道德标准，以身作则，用德来修身，以此来保持身心健康。要有一颗善良之心，时时处处都能设身处地为别人着想，好善乐施献爱心，向需要帮助的人伸出热情的援助之手，自己的心也会得到慰藉。

4. 日常生活要心绪宁静，心静如水，不为名利所困扰，不为金钱、地位而钩心斗角，更不能为之而寝食不安，心安才能气顺。简单来说，就是要学会满足，珍惜当下。

5. 物质生活永远追求不完，七情六欲过盛会影响心净。要知道，人们对于物质的欲望是无止境的，一旦这种欲望得不到控制，那等待我们的就是无止境的痛苦。

6. 对生活中任何事情都能全面地看、辩证地看，看到事物的两面性，用中庸的理念看待人或者事，这样就能平衡自己的心，抱怨就少了，快乐就多了。

7. 每个人都有一本难念的经，但事在人为，乐在创造，要善于自我调整心态，踏实度日，莫为琐事所烦扰，豁达乐观，喜乐无愁，纵有不快，也一笑了之。

8. 面对生活中的失意与坎坷，不灰心，对生活抱有十足的信心，坚信通过努力，发挥自己的智慧和潜能，就能渡过难关。信心是养心方法中的核心，信心可以激发自我潜能，形成免疫力。

9. 我们不必去和别人比较，每一个人都有着自己的人生轨迹，也都有着不完美之处，但每一种生活都有其乐趣。对自己的失去和欠缺，要宽心地接纳，要懂得不完美是人生的一部分。

10. 没事多动起来，没事多走进自然。同时要与季节相应，夜卧早起，到处走走，做做运动，动起来了，气血就活了，气血活了，精神就好了，精神好了，心情自然就愉悦了。

学会"养心"，顺应自然，保持善良、平稳的心态，做健康快乐的自己。

春季心理"感冒",你中招了吗?
养心方法送给你

> **引言**
>
> 咳嗽、打喷嚏、流鼻涕这些感冒症状我们早已习以为常,你是否以为只有身体会感冒?事实上,心理同样会"感冒"。在万物复苏的春天,一些心理上的"小怪兽"也会蠢蠢欲动,它们可能会让你疲惫不悦,甚至抑郁狂躁,此时,正确地认识它们以及对抗它们就显得尤为重要。让我们一起阅读这篇文章,了解相关知识,学习春季养心吧!

春天已经悄悄来临,春季一直被大家视作绿意盎然、生机勃勃的美好季节,人们本来应该走进自然,感受春天的美好,却被一场新冠肺炎疫情打乱了这个春节应有的节奏。你们知道吗?有调查显示:全年将近一半的心理疾病在春天发作。这到底是为什么呢?如何识别春季自己的表现是不是心理问题呢?应该如何调节呢?心理咨询师来与你一起聊聊春季如何养心!

一、春季可能出现的心理"感冒"症状

这里用"感冒"这个词,是为了向大家说明,春季出现各种心理症状是一种普遍现象,这种心理"感冒"是可以预防和治疗的,甚至只要通过自身的努力就可以自行缓解。当然,春季也是精神疾病的高发期,精神疾病容易复发,因此,也要特别注意。春季出现比较多的心理"感冒"症状包括以下几方面:

1.躯体反应不适,总觉得不舒服。具体表现为身体莫名地不舒服,说不出具体是哪里不舒服,不舒服的感觉经常变换位置。有时候食欲下降,有时候拉肚子,有时候头晕头痛,有时候还会一冷一热,有时候觉得心脏不舒服,有时候还表现为颈、腰椎疼痛。经常出现不典型症状,但又经常变化,经医生反复检查却查不出是什么器质性疾病,这时候就应该考虑到是由心理冲突引起的。

2. 慢性疲劳综合征,春困是典型表现。慢性疲劳综合征最典型的表现为困乏、周身不适、全身无力感、情绪低落、压抑郁闷、生活乏味、失眠多梦、烦躁不安、爱发脾气、工作效率明显下降甚至不想工作等。这本来是春季很多人的正常身心反应,但是,这种状态如果持续的时间较长,就可能会导致心理疾病的发生。

3. 抑郁,这是春季最容易诱发和复发的心理疾病。在春季的各类精神疾病中,抑郁症较为常见。主要有如下症状: 个人表现为整天闷闷不乐,开心不起来,情绪低落长达几周甚至更长时间;对什么都没有兴趣,情绪消极,记忆力明显减退,总觉得自己不如人;有明显的轻生念头,甚至有过轻生的行为,觉得自己是累赘,连累家人;思考问题困难;躯体症状表现明显,有明显的失眠表现,头晕头痛,胸闷,身体异常难受。

4. 躁狂,春季的另一类高发精神疾病。躁狂是一种与抑郁相反的情绪状态,俗话说"菜花黄,人癫狂","桃花癫"。躁狂症的核心症状表现为心情愉快、思维联想加快、言语增多、精力旺盛、睡眠减少、不知疲惫、为了一点小事随意大发脾气、易激惹、严重的时候也会出现冲动行为或者一些不协调的症状、言语零乱、行为紊乱、有幻觉或妄想等精神病性症状。躁狂一般发病于青壮年,起病较急,可以在数日发展到疾病状态。如果我们发现一个原来性格比较内向、温和的人,变得话特别多、兴奋、自我感觉特别好或者精力特别充沛、说大话、不睡觉也不觉得困时,就要警惕,这可能是躁狂症的表现。

二、春季容易出现心理"感冒"的原因是什么呢?

春天,草长莺飞,万物复苏,是最美好的季节,也是最矫情的季节。每年春季到来时,很多人就会有各种情绪,莫名地情绪低落,心态也特别不好,心神不安。这个春天因为疫情影响会表现得更加明显,"百草发芽,百病发作"。《素问·四气调神大论》中指出:"春三月,此谓发陈,天地俱生,万物以荣。"这样的季节特点导致了人的心理发生变化。具体原因分析如下:

1. 春季千变万化的气象特点。春季天气变化最为频繁,先是阴雨连绵,然后气温突然飙升,又突然晴空万里,之后可能突然又下雨降温。这样的天气变化容易扰乱人们的生理功能,导致机体平衡失调,加剧心理机能紊乱。有的人对气温、湿度、气压等气象要素变化高度敏感,从寒冷的冬季过渡到温暖的春季,气温的急骤变化会引起人体体温调节中枢及生理、神经内分泌系统的变化。光照时间开始延长,光照强度加大,脑松果体褪黑素分泌受到抑制,容易引起人脑分泌的激素紊乱,进而加剧心理机能的混乱,出现抑郁、烦躁、失眠等症状,更严重的可导致精神分裂症等重型精神病;春季天气潮湿,多阴雨天,尤其是南方雨季到来时,雨雾蒙蒙,连绵的阴雨天是抑郁症高发的外部因素。

2. 生活节奏的变化导致适应不良。一年中最放松的春节假期刚刚过去,本来就可能有些不适应,一场新冠肺炎疫情的到来,更是打破了这个春节应有的节奏,严重扰乱了大家的生活秩序,导致很多人太久没有工作,太久没有出门,太久没有聚会,太久没有运动,等等。人体的生物钟被扰乱,人体的正常生活状态被打乱,这种乱加上特殊的气候特点,导致了人的心理更难适应,于是出现了更严重的心理症状。

3. 春季的各种压力比较集中。"一年之计在于春",春天是一年的开始,大部分人都给自己定了计划,有些人甚至急于改变自我现状,给自己制定较高的目标,从而造成较大的心理压力。今年的春天受到疫情影响,大部分人实现目标的难度加大,而大学生表现得更加明显,因为有很多大学生即将面临找工作、考研复试面试、毕业考等各种压力,因此,容易心理"感冒"。

4. 认知方式不合理。我们都知道影响我们情绪和行为的不是事件本身,而是你对事件的不同看法。同样一件事,有人用积极的思维去看,有人用消极的思维去看,产生的情绪和行为表现是不一样的。还有的人经常会陷入"绝对化要求""过分概括化""糟糕至极"的不合理认知中,导致在面对困难时产生不良心态。

5. 个性特点。有研究表明,内向型人格特点的人不愿表露内心的思想和情感,更愿意自己承受困难和压力,过分关注事件对自身的身心影响,同时,又不愿意主动求助,难以利用社会支持帮助自己摆脱困境;另外,情绪不稳定的人容易受到外界信息的影响,导致情绪此起彼伏,甚至做出过激的行为,导致不良后果。

6. 原有的身心状态不佳和缺乏社会支持体系。本身身体素质较差的大学生会表现出更多的担心和适应困难;本身心理素质较差的学生、有心理问题的学生在春天也会过分警觉,过分担心,产生不良心态;缺乏必要的社会支持体系的人容易受到外界环境的影响,较难面对生活的压力和困境,容易出现心理"感冒"。

三、春季如何养心

老祖宗留下的瑰宝——《黄帝内经》中指出:"春三月,此谓发陈,天地俱生,万物以荣,夜卧早起,广步于庭,被发缓形,以使志生,生而勿杀,予而勿夺,赏而勿罚,此春气之应,养生之道也。逆之则伤肝,夏为寒变,奉长者少。"其核心思想就是：天人合一，形神合一。告诫人们要法于阴阳，顺应天时。那我就从这段话开始来为大家做些科普，希望对大家会有帮助。其实，春天容易出现的生理、心理反应是正常现象，只要保持正常的生活习惯和健康、愉悦的心情，懂得调节，适当宣泄，就能够平稳度过。

1. 正确看待春天出现的心理"感冒"，这种"感冒"可预防、可调适、可治疗。

2. 放下一些不必要的烦恼，不要过高要求自己，健康快乐比什么都重要。

3. 积极良好的心理特征能促进心理健康，情绪稳定、乐观、坚强、勤劳、与人为善、助人为乐等良好的心理品质，都有利于心理健康。暴躁、任性、贪图安逸、心胸狭窄、虚荣心、嫉妒心等不良心理品质，不利于心理健康。

4. 要根据自己生活、工作的实际情况，制定切实可行的生活时间表，把工作和休息安排好。有规律地生活，在学习和工作的时候埋头苦干，该休息的时候愉快地休息。使人产生生理上与心理上的节奏感，消除忙乱，有利于心理健康。

5. 春季尤其要注意饮食规律，多喝水非常重要，多吃蔬菜水果，吃干净、清淡的食物。

6. 春季应该"夜卧早起，广于庭，被发缓形，以使志生"，就是要早上早点起床，起床后适量运动。

7. 务必加强体育锻炼，多亲近大自然，多做户外运动，多晒晒太阳，打打八段锦、太极拳，通过积极参加户外活动来主动预防身体反应的不适。

8. 主动进行自我心理调节，避免生闷气，注意及时排解心中的不快。学会倾诉、宣泄情绪，多与人沟通，有意识地自我引导，这也是一种自我疗愈的方法。

9. 发展一项或者几项兴趣爱好，难受的时候就去做，投入其中，转移注意力。

10. 感到累时，暂且搁下需要做的事情，调节调节，听听音乐，散散步，和朋友扯扯家常，享受轻松、悠闲的好时光，放慢自己的脚步。

11. 改变你的生活环境，有空清洁一下环境，打扫一下房子，整理一下书桌，增加一些花卉和装饰品，改变居家的面貌可使人的精神也焕然一新。

12. 静心修炼，放松身心。学会冥想，听一些舒缓优美的音乐，做做瑜伽，等等。

13. 中医讲"德全不危"，希望大家有空做点好事、善事，以此来获得内心的安宁。

14. 有空外出旅游也是不错的选择，旅游能提高人的身心兴奋程度，带来乐趣，调节精神，具有愉悦效应。

15. 懂得求助是有智慧的表现，自己难以处理问题时，及时寻求专业帮助。

16. 特别提醒：假如你经过努力也无法好转，建议你尽快寻求医院的心理科或者心理专科医院帮助，这个时候一定要到正规的医院哦，同时，请你的监护人或者亲人一同前往医院寻求帮助；更严重的状况出现时，一定要进行规范化的心理治疗；如果需要配合药物治疗，这里特别提醒大家，精神类药物在吃药初期，大概一周到两周左右的时间，会出现较强的副作用，躯体反应比较明显，过后会慢慢缓解。这种药物需要长期按照医嘱服用，切不可擅自减药、停药。在吃药过程中也可以配合心理咨询，特别是疑似神经症和神经症类疾病。同样，你的信心是非常重要的，精神病性质的疾病建议住院规范治疗。

最后的最后，希望大家都能身心健康！

季节转换，情绪失调，你还好吗？

> **引言**
>
> 春天的温暖，夏天的火热，秋天的凉爽，冬天的严寒，大自然总在告诉我们四季的不同，季节的变化规律又叫顺其自然，但在这微妙的转换中，人体似乎会有些许不适应的表现，季节性情绪失调就是其中之一。然而，季节性情绪失调就无法调节吗？不，听听心理咨询师会给出我们什么样的建议。

近期，不管是网络还是生活、工作中，总会发现一些严重的心理障碍患者，原来存在一定心理问题的患者发作的频率也越来越高，这到底是为什么呢？难道与冬季的到来有密切关系吗？下面我来为大家分析分析，也给大家提供一些行之有效的方法来应对季节转换带来的情绪失调。

季节性情绪失调是因天气变化而产生的一种情感障碍或情绪失调，多在秋冬季出现，隆冬时节表现得更为突出，在国外，人们经常把它俗称为冬季忧郁症。冬季忧郁症多见于常年在室内学习和工作的人，尤其是体质较弱或极少参加体育锻炼的脑力劳动者，以及平素对寒冷比较敏感的人。

那么冬季忧郁症主要有哪些症状呢？一部分人出现忧郁、犯困、没精神、浑身无力、体重增加、失眠等症状。一部分人出现烦躁、狂躁、焦虑、浑身不舒服、坐立不安、情绪大起大落等症状。季节性情绪失调症患者一般先有无精打采、乏力、失眠、易感疲劳等症状，继而出现情绪低落、忧伤、对任何事都不感兴趣等症状，有的患者神情呆滞、慵懒少动，严重者会悲观厌世。

以上讲的是冬季忧郁症，其实还有很多精神障碍患者或者心理问题患者在季节转化的过程中都会出现一些不适应的表现，这种不适应表现为：突然觉得症状加重，甚至出现严重的发作表现；感觉好像情绪控制没有原来那么好了，甚至觉得好像自己的情绪很难控制；觉得身体无力，自己很难适应自己的现状，出现一些消极的想法；躯体症状也开始重新出现，如头晕、心悸、失眠、胃肠不适、疼痛等。那么，我们到底应该如何来认识这种情绪的变化呢？有没有好的办法可以预防？

第一，清醒认识季节转换对情绪的影响。大家对季节性情绪失调或者说因季节转换而出现的较大的心理波动要有清醒的认识，这时候的情绪变化与冬季的气候有很大的关系，对于体质较差或者长期亚健康的人影响比较大。不用太过于担心自己的问题，觉得糟糕，自己的问题又加重了，往往越是担心，症状越重。

第二，正视疾病，不擅自停药。一定要注意：确实被诊断为精神障碍的患者一定要遵医嘱服药，在这个季节最好不要私自停药；没有确诊的疑似患者，如若出现严重的心理症状表现，尤其是伴随较多的躯体症状，自己又难以控制，一定要到正规的专科医院寻求专业帮助；千万不要觉得看心理医生，去精神专科医院就诊是多么见不得人的事情；不要隐瞒自己的问题，殊不知这时候的你最需要的就是周围人的理解和支持。

第三，用运动抵抗不良情绪。这个季节一定要抓住机会动起来，越是冬天大家越懒得动，要千方百计地到户外活动，尤其是有阳光的地方，阳光的照耀可以有效减轻抑郁情绪。研究人员发现，在白天进行1小时的散步，即使在不充足阳光照射的情况下，也能提供人体所需的足够的光线，对改善情绪也有好处。另外，每天坚持运动40分钟也能非常好地降低抑郁和焦虑等心理疾病的发生率。通过运动，体内的新陈代谢加快，肾上腺素分泌增多，会使人情绪开朗、精神愉快。

第四，学会寻求帮助。如果觉得自己的问题在自己的能力范围内无法解决，聪明的人都懂得寻求帮助，如寻求学校心理中心老师的帮助，寻求身边同学、朋友、家长、老师的帮助，也可以寻求专业机构心理医生的帮助。

第五，试着做一些自己喜欢做的事情来分散注意力。如看书、报，听音乐，爬山，或找朋友聊天、谈心，或者练练瑜伽、跳跳舞，等等。

第六，注意身体营养平衡，调整饮食。多吃水果蔬菜以及鸡肉等白色肉类，白色肉类脂肪含量低，不必担心发胖问题。调整好身体状态，对心理健康有巨大的促进作用。在情绪低落时不妨饮点绿茶、咖啡，吃些香蕉、巧克力等，也有使神经系统兴奋、改善心情的作用。

第七，放慢脚步，给自己放松的机会。对于你现在的学习和工作，不妨在这个时候把节奏放慢那么一点，不要总是生活在紧张的快节奏中，也不要总是追求完美，凡事适当就好。

"季节性情绪失常"是我们多数人在人生的不同时期经常会经历到的困扰。假如真的无法完全消除它，那就接纳它的存在，正确去认识它，积极寻求应对办法，你一定是个聪明人。

从温州农民夫妇跳曳步舞看走出心理困扰的几个方法

> **引言**
>
> 每个人都有不为人知的心酸故事，每个人都会经历一些特殊生活事件，每个人的生活都不可能一帆风顺，也许痛苦和欢乐都是生活本该有的常态。当我们经历困难和挫折的时候，有些人选择逃避，选择抱怨；然而有些人却选择面对，选择用积极的生活状态改变当前的困境，从而战胜困境，走出心理困扰。运动就是达到这种积极的生活状态关键的一部分。

近日，浙江温州一对农民夫妇跳舞的视频火了。主角彭小英和丈夫范得多是温州瑞安人，两人在外打工，干了七八年。等到终于有些小积蓄，夫妻俩筹划开间小店时，范得多出了车祸。虽然没有生命危险，但留下了严重的心理后遗症：范得多经常一个人发呆，一刻看不到彭小英就紧张不安、抽搐发抖。后来，问题越来越严重，甚至出现了严重的抑郁表现。范得多说：睡不着觉，脑子就像爆炸似的。一张床，最好几个人睡在一起，自己能夹在中间睡最好。彭小英说：有时候睡到半夜，他就溜出去，再晚我都得去找他，每时每刻都看着他。

那段时间，既要忙生意又要照顾丈夫孩子，身体和精神的双重压力，越来越重地压在彭小英身上。她觉得每一天都在透支，后来身体也出现了问题。彭小英说，我怎么都吃不饱，就是很饿，还感觉气管好像被什么堵住了。去医院做胃镜，医生说没毛病，可能是心理压力太大了。医生建议彭小英多走出去运动运动。机缘巧合之下，她接触了"曳步舞"。几天后，跳得越来越熟练的彭小英拉着丈夫范得多也去跳。起初，范得多有些抗拒，但接触后一下子就喜欢上了。跳舞之后，范得多身体情况越来越好，不再紧张焦虑，人也变得爱说爱笑。

从此，夫妻俩早上跳，晚上跳，下地干活也在跳，还在手机上搜索跳法自学。视频里看完一段慢动作，老公跳给老婆看，老婆再跳给老公看，互相指出不对的地方。后来，两人想到曳步舞可以自由创作，决定自己编舞。彭小英选了毛阿敏的

《渴望》作为舞曲,她觉得《渴望》里刘慧芳的穿着和生活,像极了年轻时的自己,歌词仿佛说的就是他们自己的事。舞蹈动作是夫妻俩一起琢磨的,有学奶奶梳头的,有挑扁担下田的,有学鸭子走路的,有学田里的蛇昂头的……每个动作都来自他们从小到大的经历和田间劳作的生活。

彭小英说,每次跳完一支舞,她都要和老公抱一下,想起这些年的风风雨雨,出车祸、生病、东奔西走……心里都会特别感慨。

一、他们的故事给了我们什么启示?

每个人都有不为人知的心酸故事,每个人都会经历一些特殊生活事件,每个人的生活都不可能一帆风顺,也许痛苦和欢乐都是生活本该有的常态。

当我们经历困难和挫折的时候,有些人选择逃避,选择抱怨;而有些人选择面对,选择用积极的生活状态改变当前的困境。

解决心理困扰,或许不需要特别的技术和治疗方法,回归生活本源,在生活中治愈自己,在生活中寻找解决心理困扰的方法。

运动是改善情绪的有效方法,那就学着动起来,让身体更健康、心灵更协调、情绪更平和,快乐自然就会与你同行。

陪伴与爱是我们面对心理困境最有力的武器,让你的爱人、你的家人、你的好友和你一起度过困难时光,你需要爱的陪伴。

幸福最平凡的样子就是在平淡的日常生活中找到了快乐,有家人陪伴,有期待,有渴望,带着笑容,平平淡淡地生活。

当你的经历可以去影响别人的时候,别人也会给你爱的回馈,你的心灵就会有力量。或许不只这些,还有很多启示,等待你们去发掘吧。

二、走出心理困扰的几个方法

1. 运动是改善心理困扰的法宝

《黄帝内经·素问·上古天真论》有云:"上古之人,其知道者,法于阴阳,和于术数,食饮有节,起居有常,不妄作劳,故能形与神俱,而尽终其天年,度百岁乃去。""形"即形体,指人的生理;"神"即精神意识,指人的心理。形与神,指人的形体和精神,形神关系,实际上就是生理和心理、物质与精神的关系。也就是说,身心是相通的,身体健康是心理健康的基础,心理健康又能促进身体健康。运动有利于改善情绪，运动可以提高自我效能感，运动有利于人们改变消极的自我概念、有效地增加人际互动，提升个人的人际关系，运动对很多心理疾病都有很好的改善和治疗作用。

运动有利于改善情绪。有大量的研究显示，运动给人带来的好处不仅是生理上的，适当的规律性运动还能促进大脑分泌内啡肽，而在内啡肽的作用下，人的身心可以轻松愉悦。对于已有心理问题的同学，长期坚持规律运动具有很好的治疗作用；对于心理健康的同学来说，长期规律运动可以缓解心理压力，提升心理素质，为未来的学习和工作打下良好的基础。运动还可以提高自我效能感。运动有利于人们改变消极的自我概念，有效地增加人际互动，提升个人的人际关系。

运动要适度。内啡肽的分泌需要一定的运动强度，如跑步、登山、游泳、骑自行车、跳健身操、跳舞等中等偏上的运动强度，以及半小时以上的运动时间，才能促使内啡肽分泌。所以，每周锻炼应该在3~5天，每天应不少于40分钟，但又不能太过，要根据自己的身体适宜程度选择，这样既有利于提高身体机能，又有利于恢复体力。运动锻炼要循序渐进，持之以恒才能产生效果。如果能参加集体性运动，效果更佳。

2. 舞蹈能改善心理困扰，促进身心和谐

"舞蹈确实可以激活神经系统不同脑区，即通过身体姿势、行动方式的改变，影响人们看待周围世界的方式。"北京回龙观医院艺术行为治疗中心舞蹈治疗师田松说，"舞蹈治疗是一种特殊的心理干预方式，它通过艺术的手段以情感人，寓治于乐，潜移默化地影响患者心理状态。专业的舞蹈治疗主要是借助舞蹈或即兴动作，运用专业心理知识，治疗患者在社会、情感、认知及身体方面的障碍。""不过，舞蹈治疗有法而无定法，要起到良好的效果，需要根据每个人的情况来定，比如这对农民夫妻用童年经历编舞，对他个人而言，就有更强的代入感。"田松表示，作为专业的舞蹈治疗师，他们会给患者设计不同的舞蹈动作，在舞蹈治疗的过程中也会注意引导的技巧。我们也知道，当前广场舞备受大爷大妈的关注，这其中一定有其特殊的作用，这些大爷大妈通过跳广场舞，获得了身心愉悦，同时，进行了人际互动，还促进了家庭和谐。所以，有空的时候就舞起来，不管专业不专业，真正起作用的是你动起来了，感受到了身心的愉悦，感受到了人际交往带来的快乐。

3. 面对心理困境，行动起来是关键

面对心理困境，有些人选择退缩、逃避、抱怨，有些人选择积极面对，行动起来。抱怨没有任何意义，只会让自己更加消极，其实，我们总是在羡慕别人，总是看不到自己的优势，总是行动不起来。因此，我想说的是，当我们出现心理困扰时，

我们应该积极行动起来。第一，接纳和面对现在的困难，不再去抱怨，不再去寻找各种原因。既然事情已发生，无法改变，那就学着去接纳，学着去认可和合理化。第二，行动起来，允许自己有一段时间的情绪困扰期，然后开始制订计划，并按照计划一步一步执行。当你真正行动起来以后，你会发现你的生活变得越来越有样子，这种正向的价值能量就会影响你的其他各个方面，形成良性循环。第三，把自己的生活过得井井有条，这是非常重要的一步，比如：规律的作息时间；适时、适当的健身运动；找个合适的时间和地点旅游一下；合理的生活计划；今日事今日毕，学会即时解决问题；一定时间的休闲娱乐。这些都可以很好地改善你的情绪。第四，行动起来，主动进行社会交往，结交一些可以交心的朋友，经常分享生活的经历，也是改善情绪的一种好方法。

4. 面对心理困境时，你需要积极的社会支持体系

范得多能够走出心理困境，除了舞蹈之外，还有一个非常重要的因素是彭小英的支持，尤其是彭小英给予的爱。他们一起编舞、排舞、直播，舞蹈后每次都互相拥抱，这种爱与温暖给了范得多莫大的心理支持。这种心理支持让范得多产生了安全感，获得了心理能量。因此，如果你有了心理困扰，一定记得积极寻求社会支持，你可以让父母、爱人、孩子知道，告诉他们你现在的困境，并希望他们给予你支持。如果你的家人或者朋友有心理困扰者，那么你更应该不离不弃，用自己的爱与温暖给予他们支持，让他们能获得安全感，为他们走出心理困境提供心理能量。日常生活中，我也希望大家能积极地给自己建立社会支持体系，营造好家庭关系，结交几个志同道合的朋友，搞好同学、同事之间的关系，这样你会觉得即使有困难，也会有人帮助你，这是你走出心理困境的有力帮手。

5. 积极、乐观应该始终伴随我们的生活

从彭小英和丈夫范得多的身上我们看到了积极和乐观，感受到了他们对美好生活的追求。困难总是无处不在，伴随着焦虑、悲伤向我们奔涌而来，但我们就要因此遂了困难的意，自顾自地颓废下去吗？不尽然也。我们的生活除去眼前的无力、悲伤和愤怒，还有不远处等待着我们的纯粹和温暖。一枚硬币总是有两面的，挫折与苦难不会总是悬在我们头顶上的达摩克利斯之剑，所以，当你遇到不顺的时候，不妨把自己抽离出来，翻个面儿，用积极的心态来正面迎击生活的一切困难。有时候，只要我们换个角度思考我们现阶段遇到的困难，问题就可以很快地迎刃而解了。试试吧，积极、乐观应该始终伴随我们的生活，积极乐观的心态会给你带来惊喜的。

心秉智慧

在最无助的时刻，让智慧协助你走出困境

第五章

　　心有智慧，是唐·吉诃德残破的长剑与盔甲背后，穷途末路仍誓死坚守的骑士之口；心有智慧，让查尔斯面对世界的荒谬和人生的苦难，仍竭力保持清醒和对梦想的追求。

　　"满地都是六便士，他却抬头看到了月亮。"在心里点上一盏智慧的明灯吧，让它指引你走出阴霾，走出纵横交错的荆棘丛林。

你真的了解心理咨询吗?

> **引言**
>
> 你看到心理咨询这个词时,我相信你一定会有这些疑惑,什么是心理咨询?什么又是心理治疗?我需要去看心理咨询师吗?心理咨询是怎么样的呢?我需要做哪些准备?就让我们一起循着下文来看看吧!

随着我国社会经济的发展,有心理困扰的人越来越多,愿意去寻找心理咨询帮助的人也越来越多,这是好事,说明心理咨询得到普及并且得到了社会大众的接纳。但是,还有很多人并不了解心理咨询,对心理咨询存在很多观念误区,以致心理咨询的效果得不到应有的发挥。许多人把心理咨询看成一种病态的表现,当有人提到要去做心理咨询时,多数人的反应就是:这个人的心理一定是有问题了。人们普遍认为去找心理咨询师是一件不能让他人知道的事。其实,心理有困扰去看心理咨询师,如同躯体有病到医院看大夫一样。但由于人们对心理咨询的一般知识了解不多,以至把看躯体疾病的习惯用于看心理疾病,影响了咨询效果。所以,老师想告诉大家什么是心理咨询,你需要了解的心理咨询常识有哪些。

一、心理咨询与心理治疗的区别

心理咨询是指经过专门训练的咨询者,运用心理学的有关理论和方法,通过心理辅导、帮助启发等方式,使来访者能够正确地认识自己,帮助其分析所面临的问题,获得并提高自助、自强能力,更好地适应环境,保持身心健康的助人过程。工作对象是:精神正常,但遇到了与心理有关的现实问题并请求帮助的人群;精神正常,但心理健康出现问题并请求帮助的人群;特殊对象,即临床治愈的精神病患者。其特征是:来访者多为心理正常人;强调来访者的个人力量;强调认知因素;研究个人在制定目标、计划以及扮演社会角色方面的人格差异;强调人与情境的关系。而心理治疗是指以临床心理学的理论为指导,以良好的医患关系为桥梁,运用临床心理学的技术与方法治疗病人心理疾病的过程。简言之,心理治疗是心理治疗师对求助者的心理与行为问题进行矫治的过程。心理治疗的对象是患有心理障碍的患者。心理咨询与心理治疗之间最大的区别是工作对象的不同，心理咨询面对的是心理正常但出现心理不健康状态的正常人，心理治疗面对的是心理异常并出现心理障碍的人。心理治疗师主要在医院的精神科工作，是精神科医生，主要用药物治疗心理障碍。

二、哪些人需要寻求心理咨询师帮助

首先，每个正常人都可以去寻求心理咨询师帮助，找心理咨询师不仅仅是解决自己的心理困扰，而且要使自己的心态更加健康，更有积极的动力去面对当下的学习、生活，从而提高自己的学习、生活质量。比如：婚姻家庭咨询、孩子培养咨询、亲子关系咨询、学习效率咨询、职业规划咨询、个人成长咨询，等等。在西方发达国家，上到国家元首，下至平民百姓，均把心理咨询视为一种高贵的精神消费。

其次，哪些人必须寻找心理咨询师帮助呢？如果你有以下情况，请你立即寻找心理咨询师帮助：情绪低落或情绪不稳，时间超过三周且自己通过多种方法均未能缓解；长期躯体不适，经躯体检查未发现明显器质性改变；人际关系出现严重问题，产生强烈的冲突，有严重的不安全感；自觉工作压力过大，无法应付，并出现明显的效率下降或者无法工作的情况；长期失眠，无法入睡或者早醒，时间长达数月无法缓解；遭遇重大生活挫折或者生活事件，自己无法面对和排解，并出现情绪症状；出现异常的思维和行为反应，但自知力还完整；长期家庭纠纷；儿童学习困难；等等。这里要说明的是，如果出现了幻觉、妄想、无自知力、行为异常等精神病性症状，或者长时间无法解决的抑郁、焦虑、恐惧、强迫等神经症，这时候你需要立即到医院的精神科诊断治疗。

三、心理咨询要产生效果的前提

来访者本人要有心理咨询的愿望，相信心理咨询是有效的并且信任咨询师，愿意做出改变。心理咨询是以语言沟通为基础，这种沟通是建立在咨询者对咨询师的信任和自愿的基础上。若来访者没有沟通的愿望或是被亲朋好友带领至此，是不会自愿地谈及真实的自我，咨询效果会受到影响。来访者要相信心理咨询是有效的，并且信任咨询师，能够与咨询师建立良好的咨询关系，能够充分表达和反思自己的经历，与咨询师坦诚交流；来访者要有自助意识，要认识到心理咨询师只是协助来访者解决困扰，关键因素还在于来访者，如果来访者没有改变的意愿和实际行动，心理咨询是很难产生效果的。因此，如果你选择心理咨询，就要信任咨询师的能力，积极主动地配合，并完成咨询师布置的家庭作业，这样才会有咨询效果。

四、心理咨询有其特殊的工作原则

1. 保密性原则。心理咨询师将会对来访者的资料、基本信息、测试结果、咨询过程、记录等进行严格保密。当然，保密也有例外，如果来访者同意信息透露；司法机关要求心理咨询师提供保密内容的信息；出现针对心理咨询师的伦理或法律诉讼；心理咨询中出现法律规定的保密问题限制，如虐待老人、儿童等；来访者有可能会对自己或他人造成人身伤害时；来访者患有危及生命的传染病等，以上情况出现是可突破保密限制的，但是，咨询师也会尽量做到最大限度的保密。

2. 限制性原则。①时间限制原则，心理咨询必须遵守一定的时间限制。咨询时间一般规定为每次50分钟左右（初次受理时咨询时间可以适当延长），原则上不能随意延长咨询时间或间隔。②来访者主动求助原则，心理咨询师不可以违背来访者意愿，建议或者强制来访者进行心理咨询。③感情限定的原则，咨询者和来访者进行心理沟通和接近，并建立积极信任关系，但这也是有限度的，来自来访者的劝诱和要求，即便是好意的，在终止咨询之前也是应该予以拒绝的。双方接触过密的话，不仅容易使来访者过于了解咨询者的内心世界和私生活，阻碍来访者的自我表现，也容易使咨询者该说的一些话变得不方便说，从而失去客观公正地判断事物的能力。④关系限定的原则，来访者与咨询师的关系仅限于咨询关系，不能超出任何咨询以外的关系，这是对双方的保护，也是咨询效果能否巩固的关键。⑤熟人不做咨询的原则，这是心理咨询比较重视的一个问题，因为熟悉会导致情感的卷入和关系的不清晰，也会因担心隐私问题而限制表达。⑥咨询目标限制原则，心理咨询目标的确定，必须根据心理问题或心理障碍的性质、咨询的复杂程度、咨询师个人实际能力来决定，它不是任意的。心理咨询目标只能锁定求助者的心理问题。

3. 理解、支持保持中立立场的原则。咨询人员对来访者的语言、行动和情绪等要充分理解，不得以道德的眼光批判对错，保持中立的立场去理解和帮助来访者分析原因并寻找问题解决办法。

4. 重大决定延期的原则。心理咨询期间，由于来访者情绪过于不稳和动摇，原则上应规劝其不要轻易作出诸如调换工作、退休、退/转学、离婚等重大决定。

在咨询结束后，来访者的情绪得以安定、心境得以整理之后作出的决定，往往不容易后悔或反悔的比率较小。这是对来访者负责任的表现。

5. 积极心态培养原则。咨询人员的主要目的是帮助来访者分析问题的所在，培养来访者积极的心态，树立自信心，让来访者的心理得到成长，自己找出解决问题的方法。

五、心理咨询的分类你知道吗？

1. 按性质分类：发展心理咨询，是指在个人成长的各个阶段上，都有可能产生困惑和障碍。为适应新的生存环境，为选择适合的职业，为个人事业的成功突破个人弱点等，所要进行的就是发展心理咨询。健康心理咨询，是指当一个精神正常的人，因各类刺激引起焦虑、紧张、恐惧、抑郁等情绪问题，或者因各种挫折引起行为问题时，也就是说，发现自己的心理健康遭到破坏时，这时进行的心理咨询就是健康心理咨询。

2. 按咨询的规模，有个体咨询和团体咨询。个体咨询是咨询师与求助者建立一对一的咨询关系。咨询活动与求助者所处的那个社会、集体及家庭无直接关系。在内容上，着重帮助求助者解决个人的心理问题。团体咨询是在团体情境中，向求助者们提供心理帮助和指导。它是通过团体内人际交互作用，促进个体在交往中观察、学习、体验、认识自我、探讨自我、接纳自我、调整和改善与他人的交往、学习新的态度与行为模式，致力于促进个人良好发展、适应生活的助人过程。

3. 按咨询时程分类。有短程咨询、中程咨询和长程咨询。短程咨询是在相对短的时间内（1~3周以内）完成咨询。资料收集和分析集中在心理问题的关键点上，就事论事地解决求助者的一般心理问题。追求近期疗效，对中、远期疗效不做严格规定。做好这类咨询，要求咨询师的思维要敏捷、果断，语言要准确、明快，有较长期的临床经验。中程咨询是在1~3个月内完成咨询，可涉及严重的心理问题，要求有完整的咨询计划，关注咨询预后，追求中期以上疗效。在遇到严重心理问题或者神经症性的心理问题时，可采用长程心理咨询，一般用时在3个月以上，整体要求很高。

4. 按咨询形式。分为门诊心理咨询、电话心理咨询、互联网心理咨询等，随着社会发展，互联网心理咨询逐渐兴起。

六、心理咨询前你需要做哪些准备？

要进行规范预约，这是非常重要的过程。进行心理咨询是必须预约的，而且预约要准确到从几点到几点。现在人们的健康意识提高了，看心理咨询师的人越来越多了，如果您不预约，就会影响咨询师的工作程序，也影响其他来访者的咨询时间。您预约的时间是与您的心理咨询师做具体面谈的50分钟，这样就不会和其他来访者有时间上的冲突，如果取消预约，必须至少提前一天告知。见心理咨询师前要做些准备工作，可以先思考下自己想要解决的问题是什么，希望获得什么样的帮助，达成怎样的目标。同时，一定要遵守约定的时间，从心底接纳心理咨询，并相信心理咨询的效果。当然，对于想要表达的东西基本上不需要做准备工作。有人来之前将自己的问题写在纸上，见了咨询师就照着念，这并不好。咨询师希望跟你有直接交流，而不希望跟你隔着点什么，哪怕是一张稿纸。你只管放松心态，咨询师会有技术和方法引导你表达自己的事件和情感。

七、心理咨询师是怎么帮助你的？

首先，心理咨询主要通过个别谈话，与你建立良好的咨询关系，倾听你的问题，感受你的心情，协助你分析心理困扰的原因，然后与你一起探讨解决方案，主要任务是：帮助求助者认识自己的内、外世界；纠正不合理的欲望和错误观念；学会面对现实和应对现实；使求助者学会理解他人；使求助者增强自知之明；协助求助者构建合理的行为模式；重塑人格。这个过程中会运用很多心理咨询方法。如果发现你的问题超出了心理咨询的范畴，咨询师会为你转介到相关机构。有人做过统计，全世界大约有250种心理咨询方法，但获得广泛认可的主要有精神分析咨询、行为主义、人本主义、认知疗法、合理情绪疗法、叙事疗法、焦点解决疗法、系统式家庭咨询等。有时候咨询师根据需要还会采取家庭咨询、团体心理咨询等方式。当然，你有权利知道咨询师主要用什么方法对你作咨询，但是你没有必要过多考虑哪种方法对你最有效，咨询师自会作出判断和决定。过多地注意方法的异同会被理解为下意识地拒绝咨询。但各个咨询师之间稍有不同，不同咨询师也会有不同的咨询风格。

八、心理咨询时长及收费问题

心理咨询一般一次50分钟，一周一次，亦可以一周几次。短程的咨询一般会持续1～10次，长程的咨询时间会更长，一年到几年。为什么要这么长时间？因为心理问题不是一两天形成的，当然也就不可能仅仅几次咨询就能处理好，心理咨询的最终目的是心灵的成长和人格的完善。这是一个极其缓慢的过程，不可能一蹴而就。所谓长程心理咨询，是指咨询时间较为长久，如超过半年，甚至一两年或更长。其咨询的目的不仅在于使症状与问题消失，还在于改善性格与行为的方式，故需要的时间较长。其咨询重点放在深层心理探索，完善人格。短程心理咨询是尽量在短期内完成一个阶段性的咨询任务，主要解决一个重点问题，不把范围无限制地扩大。限期心理咨询是指在咨询开始时，咨询者与被咨询者之间就立下一个共同的目标，在一定的期限内做咨询。这样做的目的是彼此有个事先的计划与了解，并可针对此约定的期限去尽量努力，力求具体的改善。

心理咨询是需要收费的，为什么要收费呢？这是为了让你珍惜咨询时间，这样也有利于你尽快说出内心的感受，促进交流，并且尊重咨询师的劳动成果。按咨询师不同，一次咨询收费300～10000元/50分钟不等，甚至更高。作为学生，学校的咨询服务是免费的，但是，也希望大家珍惜咨询时间，不随意使用，不要一有问题就立刻寻找咨询帮助。有人会问为什么心理咨询这么贵，因为心理咨询师付出的是强度极高的脑力劳动，理应获得与之相应的劳动报酬。另外，一个心理咨询师的成长需要花费相关培训费用、学习费用、专业督导费用、资历提升费用等，这些费用都是非常高的。

九、要不要做心理测试？心理测试是否有效？

心理测试是一种比较先进的测试方法，它是指通过一系列手段，将人的某些心理特征数量化，来衡量个体心理因素水平和个体心理差异的一种科学测量方法。错误的测验观有以下三种：万能论、无用论、心理测验就是智力测验。正确的测验观：心理测验是重要的心理学研究方法，也是决策的辅助工具，但心理测验作为研究方法和测量工具来讲还都不够完善。但是一定要记得，以下情况不做测试：目的不明、依据不足；未明效度、信度及常模时限即临床使用；不按程序和操作规程实施；超出心理测试功能，对数据和结果进行随意解释。当然，对于心理测试有一点一定要说明的是，心理测试的结果不能作为诊断结果，只能作为辅助依据，需要配合其他方式一同运用和解释。测试结果要有意义还依赖于来访者的高度配合和信任，不隐瞒，不夸大，不乱做，按照规范和要求进行，这样才能保证测试结果的准确性。

十、心理咨询的效果评估及效果呈现

来访者勿急于追求效果，欲速则不达。心理问题、心理疾病不是一天两天形成的，它可能是多种原因造成的。比如人际交往障碍，有的来访者出现障碍是因性格偏内向、口吃、怕别人讥笑、拒绝与人交往引起，咨询时首先要打破这一循环链，使来访者改变自身对口吃的认识，消除紧张、焦虑情绪，学习与人交往的方法、技巧。这是一个积累的过程，并不是短期就能达到的。还有些心理问题或疾患需要有关人员同步参与咨询，如孩子的问题父母参与，婚姻问题夫妻参与。由于每个人的性格差异及心理咨询过程中的投入程度不同，心理咨询在不同的人身上产生的效果也有相当大的不同，一般来说，做完多次咨询，可以不同程度地达到以下目标：症状的缓解、对自己有更多了解、找到问题的原因、开始行动、逐步改善。但是，如果你过多地注重疗效，在某种程度上会被理解成下意识地拒绝探索自己内心世界所引起的焦虑的表现，或者是你在日常工作中总给自己施加过大压力的行为模式的重复，反而不利于心理咨询效果的产生，顺其自然、为所当为是最佳方式。

十一、咨询关系不匹配，你可以换心理咨询师吗？

咨询关系匹配是咨询师的职业活动，心理咨询应该体现出让双方满意的咨询效果，为更好地体现咨询效果，咨询关系的匹配是非常重要的，有利于促进咨询效果。当咨询关系不匹配时，需要对咨询关系作出调整，或者是转介给其他的咨询师。并非所有的求助者都适合咨询，也不是适合咨询的求助者都适合于每一位咨询师，求助者的某些个人因素可能直接影响咨询效果，咨询师与求助者之间也存在互相选择的问题，这些都属于咨询关系匹配的问题。咨询师要知道什么样的求助者适合咨询，什么样的求助者、什么样的心理问题适合自己，否则就可能事倍功半或者无效，甚至还可能带来副作用。一般来说，适宜的求助者应具备以下几个方面的条件：动机正确、人格正常、信任度高、配合度好、匹配性好、智力正常、年龄适宜。在你强烈地觉得这位咨询师不适合给你做咨询，或者咨询师自己认为不适合给你继续做咨询时，你都要考虑另找一位咨询师。但是你应该与咨询师直接讨论这个问题，而不应该不辞而别。此外，这位咨询师有义务给你推荐一位他认为适合你的咨询师。至于你是否去找那位他推荐的咨询师，则完全由你自己决定。

十二、心理咨询师是什么样的人？可以成为朋友吗？

心理咨询师首先是一个自然人、社会人、普通人，跟普通人一样，要工作和学习，面对社会环境和现实，拥有普通人的所有情感，跟普通人一样也有很多困惑和烦恼；心理咨询师是一种职业角色，他们感情丰富、细腻，对心理的变化观察敏锐，经常能够感受到自己和他人心理上的复杂情绪，而且愿意用学到的心理学理论和技术去帮助有心理困扰的人。心理咨询师总是给人温暖，因此很受人喜欢。那么作为来访者，我能在咨询以外的时间跟心理咨询师联系吗？可以成为朋友吗？最好不要哦。你和你的心理咨询师是咨询关系，最好只在咨询时间接触。要尽可能避免发展咨询以外的任何关系，如朋友关系等。但是，在经过讨论之后，咨询师也可能会根据情况给出他的联系方式。在咨询时间之外，你如果有非常严重的问题需要立即跟咨询师谈一谈，你当然可以跟他联系。若不是非常重要的事，那最好是在咨询时间谈。你也最好将你的恰当的联系方式告诉咨询师，以便他在非常特殊的情形下能跟你联系，如他因故不能上班、预约必须推迟等。在咨询尚未结束前，一定不要建立咨询以外的关系，咨询结束后，是否可以成为朋友，看情况而定。这里所有的一切取决于是否对你的成长发展有利。

十三、关于催眠，你想知道的几个问题

很多人都对催眠很感兴趣，总是问能不能用催眠的方式让自己忘掉过去的伤痛。催眠，是一种通过放松意识、打开潜意识、搭建意识与潜意识沟通桥梁的方法。简单说，催眠就是直接与我们的潜意识对话。那么潜意识是什么呢？人的意识分两层，意识和潜意识。弗洛伊德用冰山一角来形容意识与潜意识，人类的潜意识藏着巨大的能力。虽然催眠对治疗睡眠问题有很好的疗效，但催眠并不是让人睡眠的一种技术。催眠状态和睡眠状态有很多区别，催眠是高度集中注意力、高度放松或者自我控制状态下的心智活动过程，被催眠者身体放松，闭着双眼，外表平静，好像睡着了，但是内心能体验到真实的情绪，心中的想法也能自然呈现。而睡眠是处于一种身心休息的状态，对外界几乎是毫不自知的，内心活动也远没有那么丰富。催眠有哪些用处呢？催眠可以减压放松，消除身心疲劳感；改善睡眠，提高睡眠质量；调整心理，体验自信与充实；改善情绪，面对生活游刃有余；自我催眠，提高自身调整应变能力。什么样的人容易被催眠？有年纪轻、容易放松、有安全感、对催眠师信赖、想象力丰富、专注力高、好奇心强等特点的人容易被催眠。催眠会对身心产

生不良影响吗？催眠术本身是一种非常安全的心理调整和收集心理资料的技术，只要催眠师规范操作，不会对心理健康产生不良影响。即便催眠后有不适感，也能在下一次催眠中得以解除。当然，应该由接受过专业训练并有实践经验的催眠师实施催眠。

如果觉得自己有心理问题，你可以这样做

> **引言**
>
> 很多同学都不知道如何评估自己的心理健康状况，更难以区分心理正常和异常，导致过分关注或者没有及时寻求专业帮助。如何评估自己的心理状态呢？评估之后如何应对呢？这里用通俗易懂的方式来告诉大家。

每个人在成长过程中都会遇到这样或者那样的挫折和烦恼，总会有伤心、难过的时候。心理的正常和异常之间并没有明确或绝对的界限，一般认为，人的心理及行为是一个由正常逐渐向异常、由量变到质变，并且相互依存和转化的连续谱。因此，生活在现实社会中的每一个人都在一定程度上存在心理问题，即人的心理问题是普遍存在的，只是程度不同而已。当然，也有可能你经历了常人没有经历的，给你的身心带来了巨大的伤害，你一直还在与心理困扰做斗争。如果你觉得自己有心理问题了，该怎么办呢？心理老师来教你怎么一步一步去面对，让我们一起行动起来，为自身的心理健康负责。

一、第一步：消除误区，正确看待心理健康问题

每个人都可能存在一定的心理问题，有心理问题一点都不丢人，就像每个人都可能会感冒一样，只要我们正确认识它、应对它，它就会悄悄地离开。每一个人都要提高对心理健康的认识，掌握一定的心理健康知识，具备一定的心理健康素养，这是为了我们今后更好应对可能会遭受的心理挫折。良好的心态是家庭和谐、生活愉快、事业进步的重要因素，要知道心理健康是健康的重要组成部分，心理健康会直接影响到生理健康，身心是互相影响的，你的很多生理性疾病症状可能是情绪因素的躯体表现，这时候要学会甄别，并认识到这可能是心理问题导致的。心理生病和生理生病一样，都是可以预防和治疗的，能正确看待和接纳自己的心理问题并懂得积极求助是你智慧的表现，当自己无法化解自己的心理问题时，应该积极求助专

业人员。做心理咨询和心理治疗时一定要相信心理咨询师和心理治疗师，并积极采取行动。精神类药物一定要遵医嘱服用，切不可随意停药减药。有心理问题需要你主动寻求社会支持，主动向信任的朋友倾诉，获得家人的温暖支持，这有助于你更好康复。

二、第二步：通过症状对自己进行一定的评估

有心理问题的人往往都会有生理、心理、行为三个方面的症状表现，同学们可以根据自己近两周内的症状表现进行一次自我评估。

1. 生理方面的症状。（1）睡眠障碍，表现为入睡困难（1小时以上），早醒，醒后睡不着；（2）消化功能异常，经常没有胃口或者暴饮暴食，经常说自己的胃或者肚子不舒服，检查却无异常；（3）经常说自己头晕、心慌、心悸、胸闷气短、呼吸困难、头部不适，甚至感觉自己有心脏病或者脑肿瘤；（4）全身尤其是两腿有无力感，颈、腰椎无名痛，个别内脏功能轻度或者中度障碍；（5）女性还会表现月经紊乱、内分泌失调等，男性会有性功能异常等；（6）检查无异常，吃药不见好，感觉哪都不舒服。

2. 心理方面的症状。（1）出现幻觉、妄想等精神病性症状；（2）莫名其妙地感觉情绪异常低落或者情绪异常高涨，情绪失控，甚至有濒死感；（3）感觉过敏，敏感多疑，常说难受、活着没意思；（4）常常感到紧张焦虑、害怕、担心，过分关注过去或者未来；（5）记忆力下降，注意力不能集中，感觉力不从心；（6）认知异常，感到很孤独无助，无价值感，自我贬低，有自杀想法。

3. 行为方面的症状。（1）兴趣减退或消失，什么也不想做；（2）孤独、不合群、不想说话，不愿意与人交往，只想一个人待着；（3）易激惹，过分依赖，持续不断地悲伤或焦虑，常常流泪；（4）旷课，不参加任何活动，不注意个人卫生，不修边幅；（5）出现成瘾性饮食、喝酒、游戏等行为；（6）容易情绪失控或者与人产生冲突；（7）控制不住重复某种行为。

通过对以上三个方面的自我评估，你可能大致有了一些自己的判断，但是一定要记住，不是有其中一两个症状就可能有心理问题，需要进行综合考量，尤其是要注意时间问题，这些症状只是偶尔出现还是持续性地存在，如果这些症状持续性地达到两周以上，这时候要引起重视，如果只是偶尔出现还不能认为是心理问题症状。

三、第三步：评估自己心理问题的严重程度

首先，同学们一定要了解心理问题的分类，根据症状的严重程度，心理问题一般分为一般心理问题、严重心理问题、神经症、精神疾病。

1. 一般心理问题。一般心理问题是由现实因素激发的，持续时间较短、情绪反应能在理智控制之下、不严重破坏社会功能、情绪反应尚未泛化的心理不健康状态。一般大学生的学习压力、考试焦虑、人际冲突、恋爱中的失恋、就业焦虑、自我意识发展的滞后等都属于一般心理问题。

你可以这样评估：假设导致你目前症状的原因不那么强烈（如：和恋人吵架了、考试不及格了、同事关系不好了、家庭关系不好了、工作遇到点困难、宿舍关系不好了、父母吵架了、事情没做好自责了、被人误会了、遇到一些小困难了等），你现在的处境还可以，自己完全知道自己目前的情况，也能控制自己的情绪，只是有时候不太舒服，情绪有些差，有些难过；这种情况困扰你的时间还不到2个月；你还能进行正常的学习生活，只是效率有所下降；你的症状没有泛化，还是停留在当初的事件上，不会因为其他不相干的事情引起你同样的情绪表现；目前，并没有出现较为严重的躯体表现，只是有些失眠，没什么胃口，精神差点。这样你就可以认为这只是一般心理问题。

2. 严重心理问题。严重心理问题是由相对强烈的现实因素激发、初始情绪反应强烈、持续时间较长、内容充分泛化的心理不健康状态。严重心理问题有时伴有某一方面的人格缺陷。

你可以这样评估：假设导致你目前症状的原因很强烈（如：失恋了、家庭变故了、可能失业下岗了、可能要离婚了、可能要被退学了、人际关系发生重大冲突了、面临重大选择了、身体受到重伤了、得了重大疾病了、发生特殊性行为了、遇到较大的挫折了等），你现在的处境面临一定的困难，自己很难去面对和处理，情绪难以控制；这种情况，已有2个月以上，半年以下；你的学习、生活受到较大的影响，甚至回避正常的社会交往；单纯地依靠"自然发展"或"非专业性的干预"难以解脱；你的症状已经泛化，烦恼的事情不仅是当初的那个事情了，很多相关或者不相关的事情都会引起你的烦恼；经过自己的努力，好像没办法走出来。这时候可能你的心理问题有些严重了，要引起重视。

3. 神经症性心理问题。神经症是一种精神障碍。主要表现为持久的心理冲突，病人觉察到或体验到这种冲突并因之而深感痛苦且妨碍心理功能、社会功能，但没有任何可证实的器质性病理基础。病人对症状有自知力，精神痛苦持久，心理功能

和社会功能严重受损。抑郁症、焦虑症、恐怖症、疑病症、强迫症等都属于神经症类疾病。

你可以这样评估：第一类是疑似神经症，主要由以上严重心理困扰发展而来，时间将近半年，心理症状不断泛化，情绪症状不断出现，无法解决；有明显的内心冲突并且冲突本身没有现实意义或道德色彩，但是病程、严重程度等都未达到神经症的诊断标准；这类问题参照严重心理困扰的方法做。第二类是神经症，你的症状已经比较严重，时间长达半年以上；症状极大地影响到了你的正常学习生活，甚至你无法完成基本的学习生活任务；这些症状或者行为你自己可以意识到，也可以表述清楚，甚至经常寻求帮助，到处诉说自己的困扰，而且你自己明明知道不要这样，但是就是控制不了自己这样做，你想摆脱就是摆脱不了，有明显的内心冲突；情绪的出现往往不是因为某些事情发生，在没有任何刺激的情况下也可能发生；你出现的这些情绪和行为常人很难理解，都认为你根本不该有这种情绪和行为，你的情绪和行为也没有道德判断标准；你还出现了不少躯体的症状，如胸闷、头晕、头痛、脖子不舒服、胃肠不舒服、出汗、两腿无力、有濒死感等。

4. 精神病性心理问题。最严重的当数精神病（精神分裂症），即我们常人说的"疯子""发癫"。精神病是功能性疾病，目前的医学水平尚未能发现精神病人的神经系统与常人有何不同，但他们的言语、行为、思维、情绪等各方面的表现与常人不一样。以出现幻觉、妄想、情感高涨或情感低落、没有自知力、拒绝求医、精神活动的不协调和脱离现实为特征。

你可以这样评估：你已经出现了幻觉、妄想（如看到别人看不到的东西，听到别人听不到的东西，想根本不存在的事情，认为有人要害你、针对你）等症状，自己对自己的问题已很难自知，各种躯体症状不断呈现，甚至出现语无伦次、行动诡异等症状。当然，当你自己正处于发作期时，可能你并不能有效判断，这个时候需要身边的人来协助你评估。

四、第四步：心理问题评估后，你可以这样做

（一）问题不严重，先试着自己调适

你可以这样做：

1. 接纳自己的心理问题，不抱怨，不担心，不回避，不遮掩，积极面对，也要学会让症状与自己共存，照样学习生活及社会交往。

2. 情绪宣泄很重要。大部分有心理问题的人都积压了很多负性情绪，这时候一

定要把心里的憋闷发泄出来，这是你康复的第一步。特别建议你去运动，每天坚持40到60分钟，坚持一段时间，你会看到不一样的效果。当然，宣泄方式可以根据自己的生活状态不同，做出不同的选择，总之是要发泄出来。

3. 理顺生活中的困难。用一张A4纸，分两格，把自己的烦恼写下来，其中一边写烦恼，另一边写应对方法，认真分析自己的每一个烦恼，并在另一边写出自己的应对措施，一条一条解决，这时，你要给自己一点积极暗示，然后，开始积极行动，你会发现你很快就走出来了。

4. 积极心态特别重要。这时候的你一定要有积极心态，最重要的是对自己要有信心，并且愿意改变，愿意付诸行动，愿意相信自己是有这个能力和潜能治愈自己的。

5. 你还可以试着去做一些事情来转移注意力，千万不能因为心里难受，就选择待在房间或者什么都不去做，这样只会加重你的心理负担，所以，越是难受，越要去做点事情，做一件很有意义的事情来转移自己的注意力，可以让你忘掉或者淡化心理的困扰。

6. 找个知心朋友聊聊心里话，倾诉自己的烦恼，把自己的困惑和难受统统说出来，如果你不想让朋友知道，你可以找心理咨询师倾诉，说完后，你就轻松了一半。也可以找自己的父母或者亲人诉诉苦，寻找心理支持，让自己的心更有安全感。

7. 可以做些有利于心理健康的小事。每天起床后对着镜子笑一笑，养几盆自己喜欢的植物，每天做做八段锦、太极拳等，听听自己喜欢的音乐，整理整理自己的房间，享受一顿美食，写写感恩日记，或者自己抱抱自己。这些看起来不起眼的小事，如果你坚持做了，就一定会有所收获。

8. 如果你有心理困扰，更要规律作息、合理饮食、保证睡眠，心理和生理是相通的，它们之间会相互作用、相互影响。

9. 你一定要相信一点：人体本身具有很好的自我调节和修复能力，只要你有积极心态，心理问题会慢慢离开你。

10. 这个时候学会给自己做减法，有时候适当躺平是为了更好地重新出发。如果这段时间心里不舒服了，你可以让自己静一静，可以放弃一些东西，在家躺几天也是可以的。

（二）问题比较严重，需要心理咨询师帮助

你可以这样做：

1. 找专业心理咨询师为你提供帮助，学校都有专门的心理咨询中心，主动去预约老师咨询是最好的选择。当然，你可能担心自己的问题被学校知道，你也可以选

择到社会上的心理咨询机构去咨询，但是一定要找信得过的机构。另外，国家机关及一些精神类医疗机构、群体组织、高校都会有专业的24小时心理热线。心理咨询师会为你做详细的评估，如果心理咨询能解决，老师会用自己的技术和方法帮助你，如果心理咨询无法解决，老师也会为你提供建议，进行更进一步的心理治疗。要知道懂得求助是一种智慧的表现。

2. 在寻求咨询的这段过程中，你要明白几个道理：心理咨询师是协助你解决心理问题的，最终还是需要你自己来解决自己的问题，所以，求助前要有强烈的求助愿望，愿意敞开心扉与咨询师交谈，信任咨询师，相信咨询师的专业能力；心理咨询师工作的原则之一是为来访者保密，你不用担心泄密，故意隐瞒重要事件，这不利于咨询师做出评估和提供帮助；心理问题、心理疾病不是一天两天形成的，它可能是多种原因造成的，需要你的耐心；咨询后一定要配合老师的建议，积极行动起来，这样才能有效果哦。

3. 在心理咨询过程中，依然要遵循问题不严重时的自我心理调适技巧，这是你康复的基础。

（三）问题非常严重，需要精神科医生帮助

你可以这样做：

1. 当你出现以上所述神经症性心理疾病及精神病性心理疾病症状，经过自身调适及心理咨询帮助也没有好转时，建议你尽快寻求医院的心理科或者心理专科医院的帮助，这个时候一定要到正规的医疗机构哦，千万不要随便听信广告。同时，请你的监护人或者亲人一同前往医院寻求帮助，如果你的疾病已经是精神病性心理问题了，一定要进行规范化的心理治疗。

2. 药物治疗是针对许多心理疾病常用而有效的治疗方式之一。精神类药物种类繁多，药物在用量、适用范围与禁忌、副作用等方面各有特点，精神类药物必须在精神科医生的指导下使用，不得自己任意使用。某些药物的滥用可能会导致药物依赖及其他危害。在用药期间，要把自己的实际情况及时反馈给医生，尊重医生的要求按时复诊，听从医生的指导进行药物类别及用量的调整。在病情得到有效的控制后，应继续听从医生的用药指导，切不可擅自减药、停药，自己任意调整药量甚至停止用药可能带来病情复发或恶化的风险。药物具有一定的副作用，其表现和程度因人而异，应向医生沟通咨询，切不可因为担忧药物的副作用而拒绝必要的药物治疗。特别提醒大家，人在服用精神类药物初期，大概一周到两周左右的时间会出现较强的副作用，躯体反应比较明显，过后会慢慢缓解。

3.在吃药过程中也可以配合心理咨询,特别是神经症类疾病。同样,你的信心是非常重要的,你对疾病的认知和对治疗方案的认同也非常重要。严重的精神病性的疾病建议住院规范化治疗,医院除了会用药物治疗外,还会使用一些新型的治疗方法,对疾病的康复很有帮助。

4.问题较轻时候的自我调适方法及问题较重时的心理咨询求助方法,同样适合这个时候的你。

五、第五步:积极寻找社会支持

1.父母的支持是最有效的。同学们,我知道你们有心理问题后不想让父母担心,但你要知道父母是我们心理成长和发展的最重要支持。我也知道你们怕他们担心、怕他们不理解,甚至担心他们会认为你装病。你选择自己承受,可是此时的你比任何时候都脆弱,比任何时候都渴望父母的理解与支持。

2.学校老师是可以帮助你的。有心理问题后,你不敢让学校老师知道,你担心学校会对你采取一些特殊措施,使你的问题曝光出来,甚至担心学校让你退学,这些你都不用有太大的心理负担,让学校老师知道是为了更好地帮助你康复,为了给你更大的心理支持。

3.你身边的朋友、同学都可以帮助你。你不敢让宿舍同学知道,你也不敢让朋友知道,担心大家知道后会把你当作异类,会疏远你,可是这样的你真的很痛苦,你的生活被限制了,你甚至回避各种社交。如果你可以坦诚地向他们说明自己的情况,向他们诉说你的渴望,大家会更愿意去帮助你,你的症状可以在这些温暖之中缓解很多。

最后,还想告诉大家,心理问题不可怕,可怕的是你不能正视自己的问题、逃避问题;可怕的是你没有信心,不能坚持!

我们一直对心理学有很多误解，心理健康知识科普任重道远

> **引言**
>
> 由于缺乏必要的心理健康知识，很多大学生对于心理健康存在很多误区，以至于不能正确处理心理健康问题。心理健康如此重要，却一直被污名化，个人对心理疾病也存在严重的病耻感。我们都应该认真正视这个问题，消除误区，正确对待心理健康问题。

写这篇文章的原因是这段时间经历了几件让我觉得不可思议的事情，心情很沉重。

第一件事情是： 一名学生已有非常明显的精神疾病症状，周围人都能看得出来，可是孩子的父母不认同，不愿意带孩子去看精神科医生，坚持认为是孩子遇到了"神附体"，把神供养好了孩子就没事了，怎么说也说不通，就是不愿意带孩子去医院评估诊断。

第二件事情是： 一名学生知道自己有心理问题，但是不愿意接受心理咨询，觉得接受了心理咨询就说明自己是神经病病人，会被其他人看不起，更担心自己的隐私被泄露，被学校关注，记入档案，会对自己以后的考研、工作、晋升等产生影响。

第三件事情是： 一个初中生，因为遇到了一点小挫折，不愿意上学，就被父母直接送到精神卫生中心去诊断治疗，并服药，孩子也很"配合"，其实孩子没有那么严重的疾病，不需要进行心理治疗。

还有很多很多，都让我觉得心理健康知识科普真的很重要。

心理健康是人在成长和发展过程中，认知合理、情绪稳定、行为适当、人际和谐、适应变化的一种完好状态，是健康的重要组成部分。拥有对心理健康及心理疾病的正确认识，患有心理疾病后有良好的社会支持、有温暖的家庭氛围、有互相理解的同伴群体是患者能否良好康复的重要因素。当前，整个社会仍然对心理疾病存在污名化，个人对心理疾病也存在严重的病耻感，我们的大学生及其家长亦是如此，这严重影响了个人的成长发展和良好社会心态的形成。

一、我所经历的误解，你是不是也这样呢？

作为高校心理育人工作者，我经历了大学生及其家长对心理健康、心理疾病、心理咨询、心理治疗的种种误解。

误解1：在大多数大学生眼中，学校的心理咨询机构是精神疾病患者才会去的场所，心理中心就是一个治疗心理疾病的场所，它提供的服务就是给心理疾病的患者治病。一旦寻求了学校的专业心理咨询，就说明自己有"神经病"，担心会受到周围同学、家长的负面看待，被贴上不安全、性格缺陷、情感控制能力差等标签。比如：心理协会纳新的时候，我们邀约同学参与，很多同学都会说，我又没病，我不需要参加心理协会。

误解2：大学生们对心理疾病患者有自动化的负面评价和情感反应，一方面对其他心理问题患者存在偏见，认为他们是危险的，不愿意过多与他们接触，甚至断绝来往；另一方面，大家普遍担心自己的心理问题被周围的朋友、同学、家人，甚至陌生人知晓，因为这会引发别人的偏见、怜悯和嘲弄。比如：很多同学对宿舍某个有心理问题的同学有偏见，不愿意与之交往；有心理问题的同学又不愿意让宿舍的同学知道自己有心理问题，戴着面具生活。

误解3：一个非常有意思的现象是，很多大学生有心理困惑后都不愿意去找学校的心理咨询老师。传统的尊卑观念导致部分同学对教师这个职业心存芥蒂，他们普遍认为学校心理咨询中心的老师在咨询时就是普通老师说教的过程，并不能理解他们的困扰和疑惑，所以每当老师询问学生是否需要进行专业心理咨询干预时，部分同学出于对心理咨询工作的误解是不会主动选择去求助的。我做过一个调查，大学生有心理困惑后第一时间寻求帮助的对象中，身边的朋友占70%，咨询师占7%，家长占10%，辅导员占4%，其他占9%。这样的调查数据让我感到非常震惊，这充分说明了我们的大学生对心理健康知识的缺乏，对心理疾病及心理咨询存在严重的误区。

误解4：还有很多同学认为心理问题不需要寻求专业帮助，自己都能解决，求助心理咨询是弱者的表现，寻求专业帮助会被视为能力低下的表现，会威胁到他们的自尊，产生羞耻感，这比当下的痛苦更令他们难以接受。受中国传统文化的影响，人们认为"人先自助而后天助之"，问题就应该由自己解决，寻求帮助是"无能和羞耻的象征"，还有就是担心会损害到自身的"面子"，即便自身无法解决问题，人们也往往难以启齿，不想积极寻求帮助。

误解5：我们很多大学生的父母亲对心理疾病也存在严重的认知偏差，认为孩子的心理问题仅仅只是心情不好，不需要看医生，更不愿意承认自己的孩子有心理疾病，也不愿意让自己的亲朋好友及学校老师知道孩子有心理问题，甚至孩子的心理问题已经到了非常严重的地步，仍然不愿意带孩子到医院去做专业的评估和诊断。另外，有些孩子被诊断为心理疾病后不配合用药，尤其是父母不让孩子用药，随意减药、停药，导致严重后果。

误解 6：大学生对心理咨询和心理治疗也存在误解。由于心理健康知识的缺乏，很多大学生对于心理咨询的概念理解是不清晰的。他们大多都认为心理咨询就是心理治疗，其实从事心理咨询工作的老师，其主要工作范围是为心理正常的同学及遇到一般心理问题的学生提供发展性咨询和健康性心理咨询。例如，涉及高校学生人际关系问题，职业选择问题，求学问题，恋爱、家庭等方面的问题。学校心理咨询中心遵循预防与发展的咨询模式，重视咨询效果的教育性、支持性、指导性，涉及的意识程度一般较浅，基本在意识层面，主要通过谈话来解决问题；而医院的精神科医生面对的是心理异常的患者，主要通过药物来治疗。所以，有时候很多家长和大学生都不理解为什么学校有免费的心理咨询，还非得要他们去精神专科医院。

误解 7：对心理咨询存在"咨询恐惧"。在现实世界中，学生会因为对未知的咨询产生恐惧而在选择治疗时产生犹豫和怯懦的心理。大学生因为不了解心理咨询的原则、过程、方法，会产生一些担心，害怕被卷入治疗模式中，担心自己的隐私被泄露，担心曾经的创伤被再次提及，担心心理咨询根本没有作用。

误解 8：有不少大学生因为对心理疾病的污名化和病耻感，对自身的心理疾病不重视，拖了很长时间才寻求帮助，等来进行心理治疗时，病情已经相当严重了。这种现象还比较多见，直接影响了咨询和治疗效果。

误解 9：还有不少大学生认为心理咨询就是心理咨询师替自己解决问题，认为心理咨询师是万能的，一定能找到好的方法来帮助自己。其实，心理咨询产生效果的根本动力在于自身的改变及行动，心理咨询师只是协助你解决问题，关键还是要靠自身的努力。如果你不认同咨询师的想法和建议，更不愿意采取行动，那心理咨询是不会产生效果的。

误解 10：还有不少学校的老师也对心理咨询有误解，有些老师认为，现在的孩子生活过得那么好，哪里来的心理问题，就是矫情，不要管他；有的还认为把思想政治教育工作做好了，根本不需要心理咨询；有的学工管理教师把全部希望寄托在心理老师身上，认为学生遇到心理问题，就是心理老师需要解决的，不用去医院治疗。

误解 11：当然，还有一种现象也值得关注：有不少大学生过分关注自身的心理健康，常常夸大一些很正常的情绪表现，担心会有严重的精神疾病，经常上网查询各种相关信息，导致误判，也因此产生强烈的暗示，越是暗示，问题就越严重。

二、什么是心理疾病污名化

"污名"一词最早源自古希腊，指刻在或烙在人身上的标记或符号，表明此人有行为或道德缺陷，人们会因此拒绝和回避他们。污名是一种常见的社会心理学现象，是刻板印象、贴标签、偏见和歧视的复杂结合体。被污名者具有不受社会欢迎的负面特征，比如罪犯身份、身心缺陷或者不符合规范的言行举止等，污名导致其价值受损、被群体排斥。公众会形成对被污名者的刻板印象，以偏见、歧视等反应对待他们，并引起一系列的负面情绪和行为反应。

心理疾病污名是污名的一种，指个体在社会互动中对心理疾病患者存有的负面评价、消极情感体验和歧视。由于心理疾病患者在情绪、认知、行为等方面出现功能失调，而大多数公众不具备专业的知识储备，不了解各类心理疾病之间的症状差异和严重程度，将心理疾病患者统一看成是神志不清、不可预测和不可控、具有潜在暴力危险或安全隐患的人。所以相较于生理疾病，人们对待心理疾病患者的态度会更加严苛，更易产生负性评价。这种对心理疾病患者的消极刻板印象会导致大众对心理疾病患者更加恐惧、愤怒、逃避、社会距离疏远、偏见和歧视，即便是在患者症状得到控制之后的恢复期，污名的负面作用也会持续存在。公众污名使得受污名者在生活各方面受到歧视，还会使其家人、朋友受到连带污名的影响。个体会将污名进行内化，形成自我污名，被污名者将公众对心理疾病的刻板印象内化，将偏见、歧视和负面评价转向自己，具体表现为自责、自我贬低、社会退缩和负面情绪等，甚至自暴自弃、行为退缩。自我污名会让被污名者体验到强烈的刻板印象威胁和污名压力，他们可能会对心理求助感到羞耻，对亲人和朋友隐瞒病情等。

社会群体对精神病患者一般抱有不和善和不接纳的态度，会将其标记为"特殊群体"和"其他人"，最后演变成社会群体大多对精神疾病患者持有偏见、歧视和负面的刻板印象。当意识到被贴上了负面标签后，如不被信任、被认为是危险的和愚蠢的，那些被污名的个体在与他人交谈沟通的过程中会缺乏自信，更有甚者会出现避免与人进行沟通的现象。

病耻感主要是因自己生病而产生的羞耻感。社会给有心理问题的人打上了一个变态、不正常的烙印，使其成为低人一等的存在。患者自己似乎也接受了这种设定，认为自己得了病很丢人。近年来，在我们的心理咨询临床案例中发现，有很多人能够对心理及精神疾病持包容态度，能做到正确认识和及时治疗。在心理求助的人群比例方面我们发现，个人受教育程度越高，越愿意开放性地接受心理治疗，越愿意广泛地利用有效资源，但还是会有一部分人对精神与心理类问题存在以偏概全的"病耻感"。最可怕之处在于，无论那猜疑、嫌弃、不信任的目光是来自他人还是自己的内心，对精神和心理问题的歧视、病耻感、偏见与污名都会阻碍患者直面问题，使患者被伤害得更久。因而，心理疾病患者往往有很强的"病耻感"，觉得自己生病就是一种"耻辱"，一种无法对外界言说的东西。这种"病耻感"继而会影响很多心理疾病患者的求助之路。

基于以上分析，我们能清晰明白心理健康科普的重要性。

三、作为社会个体，我们应该如何正确看待心理疾病

这里，我结合国家卫生健康委发布的心理健康素养十条（2018版）给大家普及一下，希望会对大家正确认识心理疾病有帮助。

1. **心理健康是健康的重要组成部分，身心健康密切关联、相互影响。**一个健康的人，不仅在身体方面是健康的，在心理方面也是健康的。心理健康是人在成长和发展过程中，认知合理、情绪稳定、行为适当、人际和谐、适应变化的一种完好状态。心理健康事关个体的幸福、家庭的和睦、社会的和谐。心理健康与身体健康之间存在着密切的关联。一方面，心理健康会影响身体健康；另一方面，心理健康也受到身体健康的影响。所以我们都要重视心理健康，知道身心健康才是真正的健康。

2. **出现心理问题积极求助，是负责任、有智慧的表现。**当前的社会现象是，很多人不愿意主动求助，认为去见精神科医生或心理咨询师就代表自己有精神心理疾病；认为病情严重才有必要就诊；认为寻求他人帮助就意味着自己没有能力解决自己的问题；担心周围的人对自己的看法等。其实求助于专业人员既不等于有病，也不等于病情严重。相反，往往是心理比较健康的人更能够积极求助，他们更勇于面对问题、主动做出改变、对未来有更乐观的态度。积极求助本身就是一种能力，也是负责任、关爱自己、有智慧的表现。出现心理问题可求助于医院的相关科室、专业的心理咨询机构和社工机构等。求助的内容包括：寻求专业评估和诊断，获得心理健康知识教育，接受心理咨询、心理治疗与药物治疗等。

3. **抑郁焦虑可有效防治，需及早评估，积极治疗。**抑郁症和焦虑症都是常见的心理疾病。如果情绪低落、失眠严重、兴趣减退或者丧失、精力缺乏、有悲观厌世的感觉、出现一系列的躯体症状持续两周以上，通过自己的努力无法减轻，那么你

就有可能患上了抑郁症。抑郁症可导致精神痛苦、学习工作效率下降、无法正常生活，甚至悲观厌世。抑郁症患者具有较高的自杀风险，需要及时防范。焦虑症以焦虑情绪体验为主要特征，主要表现为无明确客观对象的紧张担心、坐立不安并伴有心跳加速、手抖、出汗、尿频等症状，严重时会出现惊恐障碍。公众要提高对自身情绪健康的觉察能力，及时寻求科学的评估方法，尽早求治，防止问题加重。抑郁症、焦虑症可以通过药物治疗、心理治疗或两者相结合而治愈，及时治疗有助于降低自杀风险，预防复发。

4. 服用精神类药物需遵医嘱，不滥用，不自行减停。药物治疗是针对许多心理疾病常用而有效的治疗方式之一。精神类药物种类繁多，药物在用量、适用范围与禁忌、副作用等方面各有特点，精神类药物必须在精神科医生的指导下使用，不得自己任意使用。某些药物的滥用可能会导致药物依赖及其他危害。在用药期间，要把自己的实际情况及时反馈给医生，遵照医生的要求按时复诊，听从医生的指导进行药物类别及用量的调整。在病情得到有效的控制后，应继续听从医生的用药指导，不可急于停药。自己任意调整药量甚至停止用药可能带来病情复发或恶化的风险。药物具有一定的副作用，其表现和程度因人而异，应向医生咨询，切不可因为担忧药物的副作用而拒绝必要的药物治疗。

5. 适量运动有益于情绪健康，可预防、缓解焦虑抑郁。作为心理老师，我们都会要求学生动起来，通过运动来改善症状，获得更好的自我效能感，但是，很多学生坚持不下来，甚至认为这没有作用。运动是健康生活方式的核心内容之一，对于心理健康也有帮助和益处。当进行运动尤其是有氧运动时，大脑释放的化学物质内啡肽（又称快乐激素），不仅具有止痛的效果，还是天然的抗抑郁药。运动有助于平静情绪、缓解焦虑，运动还可以提升自信、促进社会交往。坚持适量运动，每周3到5天，每天锻炼30分钟以上，对于预防和缓解焦虑、抑郁更为有效。运动的方式可以根据自身条件和特点选择，动起来就会有作用。

6. 要理解和关怀心理疾病患者，不歧视，不排斥。很多心理疾病患者不愿意去治疗，不敢让身边的人知道，很大一部分原因是担心被歧视。人们对于心理疾病的恐惧和排斥很多是出于对疾病的不了解。实际上，心理疾病在得到有效治疗后，可以缓解乃至康复。因此，心理疾病患者经过有效治疗，在症状得到控制后，可以恢复工作与社会角色。把患者排除在正常的人际交往和工作环境之外，是不必要的，也是不恰当的，会为患者及其家庭带来新的压力。对于能够维持工作能力的心理疾病患者，为其提供适当的工作和生活环境，有利于其病情的好转和康复。我们都应该给心理疾病患者更多的理解和宽容，不歧视、不排斥，可以的话给予一些温暖的关怀。

7. 用科学的方法缓解压力，不逃避，不消极。 面对生活中的各种压力，人们会采取不同的方式进行缓解。需要注意的是，有些减压方式看起来当时能够舒缓心情，但弊大于利，是不健康的减压方式。例如吸烟、饮酒、过度购物、沉迷游戏等方式。虽然当时可能带来心情的缓解，但是也会带来更多的身心健康和生活适应的问题。通过学习科学有效的减压方式可以更好地应对压力，维护心身健康。第一，调整自己的想法。找出导致不良情绪的消极想法；根据客观现实，减少偏激歪曲的认识。第二，积极寻求人际支持。选择合适的倾诉对象，获得情感支持和实际支持。第三，保持健康的生活方式。采用适量运动和寻找健康的兴趣爱好等方式调节情绪。判断什么是科学的减压方式，主要是看这种方式是否有利于更好地应对现实问题，是否有利于长远的身心健康。

8. 改变对精神疾病的认知态度。 要把精神障碍当成普通疾病，理解坚持治疗、恢复社会功能的重要性，相信精神疾病是可以治疗的。对于精神障碍患者而言，他们首先是害怕，怕周围的人知道自己的病情后歧视自己，而周围的人则怕患者危及自己。周围的异样眼光，给患者造成了极大压力，阻碍了他们正常就医、回归社会、恢复社会功能。实际上，精神障碍（包括失眠、抑郁和焦虑障碍）是一大类疾病的总称，这些病就像高血压、胃肠炎一样普通。病因大多来自大脑神经递质的功能失调及外界的压力。要学会科学和正确认知精神疾病，按照精神科医生的要求安心治疗。

9. 消除一些误区真的很重要。 心理疾病是可以预防的，要重视自己的心理健康，要掌握一些情绪调节的方法；看病真的不丢人，有心理困惑需要周围人的支持，大胆告诉身边的亲人、朋友，大胆去寻求帮助，接纳是康复的基础；很多心理疾病患者因为病耻感拖了很长时间，等来进行心理治疗时已经相当严重了。如果能早点到相关心理卫生机构进行测评检查，对心理障碍的治疗就会更及时有效。所以，家属不要以病耻感来回避对患者的治疗，越早确诊和治疗，对患者的身体和生活就越有利；有些病人肯来看病，却不肯吃药，以为和医生聊两句就能好。从专家角度来看，每个人都可能经历焦虑、抑郁、失眠，如果自己能调整过来，一般不用到医院来看病。如果自己不能调整，医生也不可能用三言两语就让其精神障碍好转。所以只要患者症状达到一定的医学临床诊断标准，就应该按医学程序治疗。然而，客观现实是患者不愿意吃药，或吃一段时间就停药，从而造成病情加重或反复，用药的时间就得进一步延长，这种情况非常普遍。要知道精神疾病用药都是要坚持一段时间的，甚至长达几年；有的人吃治疗精神疾病的药物，甚至只是安眠药，旁边的人看了就会说别吃，吃了会变傻。其实，国内治疗精神疾病的药物基本都是符合国际标准的，其安全性和疗效都有相当高的保证，绝不可能导致吃药变傻这么严重的后果。很多人不理解，特别是刚开始失眠、抑郁的人，把治疗精神疾病的药物当成毒药，生怕吃多了有问题，事实上，服用此类药物原则上不会造成对心、肝、肾等大的损害，只是因人而异有些小的副作用而已。所以，一定记得，要按照精神科医生的医嘱来，这才是康复的关键。

四、高校应该如何更好地普及心理健康知识

（一）落实《大学生心理健康教育》课程建设

健全心理健康教育课程体系，结合实际，把心理健康教育课程纳入学校整体教学计划，规范课程设置，对新生开设心理健康教育公共必修课，大力倡导面向全体学生开设心理健康教育选修和辅修课程，实现大学生心理健康教育全覆盖。创新心理健康教育教学手段，有效改进教学方法，通过线下线上、案例教学、体验活动、行为训练、心理情景剧等多种形式，激发大学生学习兴趣，提高课堂教学效果，不断提升教学质量。根据学校学生特点，建议开发校本教材。

（二）明确心理健康知识普及的内容

要对大学生进行心理健康知识普及，首先要明确普及的内容。根据我的多年工作实践，我认为普及内容至少包括以下方面：心理健康与健康的关系，心理发展与心理成长，精神卫生相关知识，心理健康标准，心理问题识别，心理疾病识别，如何正确认识心理问题及心理疾病，如何正确认识心理咨询与心理治疗，如何化解自身的污名化及病耻感，如何正确看待心理疾病患者，如何保持心理健康，如何合理宣泄情绪，如何应对困难和挫折，如何提升自身的心理健康素养，如何适当帮助身边的人获得心理健康，如何陪伴身边的心理疾病患者等。要让全体大学生都能接受基本的心理健康知识教育。另外，针对朋辈心理咨询员、班级心理委员、宿舍心理信息员等群体，还要进行更专业的培训，让他们在学校乃至走出校园后都能发挥重要作用。

（三）拓宽心理健康知识普及途径

除传统的心理健康课程教学普及外，要通过各种渠道、各种途径进行心理健康教育，尤其是要发挥新媒体优势，用大学生乐于接受的方式进行心理健康知识普

及。一是充分利用广播、电视、书刊、动漫等形式，广泛运用门户网站、微信、微博、移动客户端等平台，组织创作、播出心理健康宣传教育精品和公益广告，传播自尊自信、乐观向上的现代文明理念和心理健康知识；二是通过开展学生喜爱的各种心理健康活动来达到知识普及的目的，比如运动健心、素质拓展、团体辅导、心理情景剧、园艺心理治疗、音乐心理治疗、绘画心理治疗、茶艺心理治疗、书画心理治疗等；三是制作新媒体产品，通过新媒体作品吸引学生关注并潜移默化地进行心理健康知识普及，如心理小视频、心理动漫、心理音频、心理图文、朋辈微课等；四是充分运用微信公众号、微信视频号、抖音号、快手号、校园广播等新媒体平台，主动占领新媒体阵地，加强心理健康知识普及；五是通过辅导员队伍、朋辈心理咨询员队伍、班级心理委员队伍、宿舍心理信息员队伍的力量，在班级、宿舍、社团普及心理健康知识；六是通过邀请外校心理咨询专家、精神科医生、公众人物等到校或者通过线上方式进行心理健康知识交流和普及；七是通过"5·25"心理健康日、"10·10"精神卫生日等特殊日子，加强心理科普工作。

（四）建立有效的心理健康知识普及团队

学校心理健康知识普及队伍包括：学校心理健康教育指导中心的专兼职心理咨询师工作队伍、学院心理辅导站工作队伍、思想政治辅导员、朋辈心理咨询员、班级心理委员、宿舍心理信息员、专业课教师、家长、专科医院精神科医生。在心理育人工作中，他们发挥着各自的工作职能，在不同领域和不同场合进行着有效的心理健康知识普及工作。另外，要建立起新媒体技术团队，包括：视频团队，前期视频设计、编导、创意、视频剪辑、拍摄、后期剪辑等；社群运营，平台管理、维护，粉丝维护等；新媒体编辑，新媒体文案的设计及编辑，图文设计。要真正把新媒体产品及技术平台用好、用活。

心理健康科普，需要我们每一个人共同努力！我们一起可以吗？

关于心理健康，我们一起来学习这 25 句话

> **引言**
>
> 又一年 5 月 25 日悄悄来临，这是中国大学生心理健康教育日，"5·25"是"我爱我"的谐音。每当 5 月到来，都会引起高校心理工作者的很多思考，今年的"5·25"我想和同学们交交心。

我们的大学生们仍然对心理健康存在很多误区，不能正视或者接纳自己的问题，不懂得如何化解自己的心理困惑，也不懂得如何求助或者说压根就不愿意求助。今天我想和所有的大学生说说话，希望以下这些话会给你一些启发：

第一句话：心理健康是健康的重要组成部分，身心健康密切关联、相互影响。我们都应该重视心理健康，积极提升自己的心理健康素养。

第二句话：我们都应该学习一些心理健康知识，不是因为我们可能会有心理问题，而是因为我们要通过学习心理健康知识，掌握心理调节技巧，让生活过得更美好。

第三句话：在人生路上，我们都会面临很多困难和挫折，如果我们有良好的心理素质、有积极的心态，就不用担心自己挺不过去，那些困难和挫折只会让我们更强大。

第四句话：在日常生活中，你一定要规律作息，规律饮食，少熬夜，少打游戏，少吃垃圾食品，把身体调节好了，你才有底气和基础去抵御可能会碰到的心理困惑。

第五句话：运动可以改善情绪、调节情绪，是最好的情绪宣泄方式。运动还有助于缓解焦虑、抑郁等负性情绪，每天坚持半小时以上的运动吧，你会看到不一样的自己。

第六句话：如果这段时间你感觉有点"丧"，那就让自己"丧"一段时间，充分体验这种"丧"的感觉，让身体和心灵彻底休息一段时间，玩一玩、睡睡觉都是可以的，怎么舒服就怎么做。

第七句话：有时候困难和挫折没那么可怕，每个人都要经历这些，或许它可以滋养我们的生命，让我们重新思考人生，重新定位自己，重新出发，找到方向。

第八句话：自律是处理你当下情绪的最佳方式，把自己的生活规划好吧，当每天都在努力和进步的时候，你会感觉很心安，心安而不惧，更关键的是你会获得心流。

第九句话：如果你心情不好，就去图书馆看看书，让阅读照亮心灵，通过阅读，你会找到迷失的自己，也会快速让自己的内心平静下来，让书籍成为抚慰你心灵的朋友。

第十句话：如果你有空就多到户外走走，看看花、看看草、看看小动物，呼吸一下新鲜空气，或是拿起手机给花拍照，让躁动的心得到些许的安静。

第十一句话：在日常生活中，你要学会换位思考，学会用积极的方式看待问题，不要总觉得自己不如别人，每个人都有各自的苦与乐，你需要有更多积极心态。

第十二句话：在人际交往过程中，学会尊重每一个人的不一样，学会用中立的立场去看待身边的人，这样你就不会那么不满意了，抱怨也就少了。

第十三句话：想要交到好朋友的话，就请你一定记得多赞美你的朋友。有时候适当示弱，麻烦一下你的朋友，让他感觉到被需要，你们之间的友谊会更深。

第十四句话：经常笑的人通常不容易患病，大笑可以缓和焦虑和恐惧，改善情绪和外貌，笑得越多，正向快乐感越强，关键是你的微笑还能"传染"给周围人。

第十五句话：要有一颗善良之心，时时处处设身处地为别人着想，好善乐施献爱心，向需要帮助的人伸出热情的援助之手，这样，你自己的心也会得到慰藉。

第十六句话：如果你宿舍关系不好，总有各种矛盾，一定要想办法调和，这是你能否安心学习、生活过得是否快乐的关键要素。

第十七句话：如果你谈恋爱了，就好好相处，吵吵闹闹也无妨，那都是成长的必要经历；如果你失恋了，一定不要伤害对方，一定不可以自暴自弃。

第十八句话：如果你的家庭没有给你太多的温暖，请一定记得自己多爱自己一些。尽快与父母和解，因为你已经长大成人，你可以走自己的路。

第十九句话：如果你发现自己可能有心理问题，请一定记得积极求助，勇于面对问题、主动做出改变，那不丢人，那是你对自己负责任、关爱自己、有智慧的表现。

第二十句话：只要我们提高对自身情绪健康的觉察能力，及时寻求科学的评估方法，积极治疗，抑郁、焦虑等精神类疾病是可以预防、可以治疗的。

第二十一句话：如果你正在服用治疗精神疾病的药物，一定要遵医嘱，不滥用，不自行减停药，切不可因为担忧药物的副作用而拒绝必要的药物治疗。

第二十二句话：如果你身边有心理疾病患者，不歧视，不排斥，一定要多些理解和支持,更希望你们都能给予他们一些温暖,一次倾听、一句问候都是可以的。

第二十三句话:如果你的心理生病了,你需要良好的社会支持,要积极寻求身边同学、朋友、老师的帮助,也应该告知家人,让他们给予你力量。

第二十四句话:心理治疗需要比较长的时间,在治疗期间,你要对自己有信心,并积极行动起来,你的每一次行动都是一种有效的疾病缓解方式。

第二十五句话:如果你的心理生病了,可以去学校的心理中心寻求帮助,也可以到外面的相关专业机构寻求帮助,还可以拨打全国的心理援助热线。

最后,在这里给大家分享一句话:物来顺应,未来不迎,当时不杂,既过不恋。大概的意思就是教导我们有一颗豁达之心,凡事想开一点,释怀他人其实也是释怀自己。所以,我们应该在阳光下灿烂,风雨中奔跑,对自己说一声:昨天挺好,今天很好,明天会更好!"5·25 我爱我"我们都要学会自己爱自己。

关于抑郁，你要知道的都在这里

> **引言**
>
> 抑郁这个词，常常出现在我们的耳边，我们仿佛对它十分熟悉，然而实际上却知之甚少。有些人对它漠不关心，任由抑郁的情绪肆意发展，最终走向抑郁的旋涡。而有些人却谈其色变，轻易地给自己贴上抑郁症的标签，从此在恐慌中心惊胆战。以上种种，究其原因就是对抑郁不够了解，接下来让我们一起来学习吧！

著名心理学家马丁·塞里格曼将抑郁症称为精神病学中的"感冒"，那既然只是"感冒"，为什么还是有很多人"谈其色变"呢？其实是因为不够了解，人有时会对自己陌生的领域持有过于忧虑的情绪。我是一名心理咨询师，工作过程中总会遇到各种抑郁症患者，其实，很多人的表现还不能称为抑郁症，顶多是抑郁情绪。但是遗憾的是，很多人因为不了解，随便在网络上搜索一下，发现自己的症状确实有几分相似，于是就认定自己是抑郁症，于是带着抑郁症这个标签生活，最终陷入了抑郁症的旋涡中。当然，也有不少人确实是抑郁症患者，因为不被了解、不被理解，因为恐慌、自责、不敢求助，正在经历痛苦。所以，老师非常愿意和大家分享一下关于抑郁症你需要知道的心理常识。

一、先从两个案例说起

案例1：他叫小葱，一名大三学生，有一米八五的个头儿，他有很好的表演能力，唱歌、跳舞、弹吉他等样样精通。他说："我总觉得大家都不喜欢我，我发现大家都在看我、关注我，使我浑身不自在，我不喜欢人多的地方，更不喜欢在有很多人的地方表演，好像很多人都在背后说我长得难看。我晚上很晚才能睡着，而且还是浅睡眠，我的脑子里总会想很多恶劣的事情，越想越怕；早上我一般很早起来，也不知道起来做什么；上课一般我都坐最后，从不起来发言，也听不进去；傍晚大家都去运动了，我一个人待在宿舍里弹吉他，边弹边唱。我的一天差不多就这么过的,很窝囊。"

"近一年来,我总是觉得自己的心脏难受,很不舒服,还经常觉得没有力气,非常疲惫,甚至觉得全身哪里都疼;我从150斤瘦到108斤,吃不下饭,没有胃口;我什么也不想做,没有任何动力,没有任何想法,不想见任何人,就想一个人躲起来,只要吉他陪伴就行;我还经常莫名地情绪低落,甚至想自杀……"

他还说:"我家住农村,读初一的时候学习成绩是很不错的,和同学关系也很好。夏天的时候我的头上长了一个很大很黑的疤,头发也脱了不少,头上还流脓,我知道那时肯定很难看,我自己都不敢出门,可是必须上学,于是学校的同学都喜欢过来看我的头,看完后都说很脏,说我太难看了,不久好像全校的人都知道了,我走到哪里都觉得有人在议论我的头,我每次都躲开人群。从那以后,我很少和同学交流,也没什么朋友。那时候我父母都在外地打工,我和爷爷奶奶生活在一起,从小就觉得没人爱,学校老师也不怎么关心我,我很努力地想表现好,但是我做不到……"

案例2:来访者自诉:老师,我想向您咨询一下,我是不是得抑郁症了?我生长的环境很复杂,十六岁的时候爸爸因为车祸去世了。后来妈妈为了抚养我和弟弟妹妹,跟了我继父。继父是外地人,他什么都好,除了爱赌博。因此,妈妈经常和他吵。我和弟弟妹妹开始并没有反感他,可是因为妈妈的抱怨,我们都觉得好像很讨厌继父,我也因此而选择了到远离家乡的福州念书。我觉得是因为家庭,我由一个开朗活泼的人变成沉默寡言、拒人于千里之外的人。刚刚失去父亲的时候,我好像很渴望异性朋友的友情,有一个原因就是我觉得男生比较大方,好相处,不会像女生那样斤斤计较。所以我交的朋友中大多是男生,跟男生关系比较好。

那个时候,我已经开始多愁善感了,只是没有很严重。在我复读的那年,我遇到了我曾经以为会是我这辈子最好的朋友的几个人,四个男生,三个女生。我们一起学习,一起玩,忙而快乐。高考以后各自进了不同的大学,我经常会想起那段充实、紧张而又快乐、简单的日子。可是有个人却在他们的聚会上,当另一个人提议要叫我的时候说:"叫她干什么?我跟她又不熟!"我听说以后当时就傻了,感觉自己被欺骗,自己全心全意付出的友情竟然遭遇这种结局,我很震惊,很伤心,于是删掉他们所有人的联系方式,手机、QQ什么都没有保留,只有记忆,我相当于抹去了他们在我生命中的痕迹。

然后我开始惧怕交朋友,不敢跟人交流、接触、交往过深。今天有个同学说我平时给人的感觉很冷淡,一副拒人于千里之外的样子,别人想跟我交朋友都不行。马上又要考试了,我很担心自己的状态,我其实很怕孤独。这两个月来,我一直很不开心,有时候不想见人,只想一个人好好读书,让自己变得更优秀一些,可是效率又不高。

老师,我是不是得抑郁症了?

二、如何正确区分抑郁情绪和抑郁症

社会竞争日益激烈,几乎每个人都在超负荷运转,当人们遇到精神压力、生活挫折、痛苦的境遇或生老病死等情况时,自然会产生一系列的情绪变化,包括伤心、懊恼、失落、情绪低落、感到自卑、有挫败感、时常闷闷不乐等,这都是抑郁情绪的表现,是每个人都会遇到的情绪,这是一种很常见的情感成分。我们常说一句话:人生不如意事十之八九,在遇到这些不如意的事情时,很多人会表现出情绪低落,对平时所喜爱的事情失去了兴趣和热情,遇到一些好玩的开心的事情也高兴不起来。但这种情况还不能称作抑郁症,我们通常把它叫作抑郁情绪。而抑郁症是一种精神疾病,主要表现为情绪抑郁,是一种病理性的抑郁障碍。

抑郁症患者有明显的心情低落、兴趣和愉快感的丧失、疲惫感增加和参与活动的精力减退,还常常伴有注意力障碍及思维迟钝、自我评价低、无望感等负性认知体验,以及食欲、性欲、体重方面的变化,还伴有各种躯体症状,如头晕、头痛、失眠、胸闷、胸痛、消化不良、颈椎与腰椎疼痛、全身不适感、无力感等。情况严重者还会出现自伤、自杀行为,并且一般会反复发作,这跟我们刚才说的正常宣泄反应的抑郁情绪是完全不同的。

具体展开来说的话,抑郁情绪和抑郁症主要有以下几个区别。首先在时间上,正常的抑郁情绪一般持续时间不会太长,并且往往通过自我调节可以缓解或消除;但抑郁症的抑郁症状一般会长时间存在,严重者如果不经过心理治疗很难自行缓解,并且症状还会逐渐加重、恶化,一般抑郁症的症状持续时间往往超过两周,并且典型抑郁症具有节律性的特征,即表现为早晨情况较为严重、晚上情况比较轻微的变化规律。其次在诱因方面,正常人的抑郁情绪是基于一定客观事物,即"事出有因";但是抑郁症通常是没有原因地产生,因此缺乏一定的客观精神应激的条件,或者虽然有一定的不良精神刺激因素存在,但不开心的反应程度大大超过了正常人,常常给人一种"不至于如此""太小题大做"的感觉。最后是在症状方面,抑郁情绪的抑郁程度较轻,往往表现为较为短暂的心情低落,虽然会对正常生活产生一定程度的消极影响,但生活还可以正常维持;而抑郁症的抑郁程度比抑郁情绪要严重得多,会影响到患者的工作、学习和生活,导致无法适应社会,影响正常社会功能的发挥，更有甚者可产生严重的消极自杀言语及自杀行为；在躯体症状方面也可以发现不同，抑郁症患者的躯体症状明显，而抑郁情绪一般较少出现躯体症状。

因此，有抑郁情绪不一定就是抑郁症，而抑郁症也不仅仅是表现出抑郁情绪。因此，当同学们自己处于抑郁情绪时，还是不要随意认为自己患有抑郁症，应当以医生给出的判断为依据。很明显，上述案例2更偏向于抑郁情绪，而案例1更偏向于抑郁症。

三、抑郁症的评估有哪些方法和指标呢？

1. 心理测试法

通常情况下，医生会让来访者做一个简单的心理测试，通过心理测试来了解来访者的心理状态及疾病的严重程度。抑郁症的评估可以通过以下这个较为简单常用的量表来进行。

抑郁自评量表（SDS）

请你仔细阅读每一个陈述，根据你最近一周的实际感觉做出回答。

1. 我觉得闷闷不乐，情绪低沉。
   a. 很少有　　b. 有时有　　c. 大部分时间有　　d. 绝大部分时间有
2. 我觉得一天之中早晨最好。
   a. 很少有　　b. 有时有　　c. 大部分时间有　　d. 绝大部分时间有
3. 我一阵阵地哭出来或者觉得想哭。
   a. 很少有　　b. 有时有　　c. 大部分时间有　　d. 绝大部分时间有
4. 我晚上睡眠不好。
   a. 很少有　　b. 有时有　　c. 大部分时间有　　d. 绝大部分时间有
5. 我吃得跟平常一样多。
   a. 很少有　　b. 有时有　　c. 大部分时间有　　d. 绝大部分时间有
6. 我与异性密切接触时和以往一样感到愉快。
   a. 很少有　　b. 有时有　　c. 大部分时间有　　d. 绝大部分时间有
7. 我发觉我的体重在下降。
   a. 很少有　　b. 有时有　　c. 大部分时间有　　d. 绝大部分时间有
8. 我有便秘的苦恼。
   a. 很少有　　b. 有时有　　c. 大部分时间有　　d. 绝大部分时间有
9. 我心跳比平时快。

a. 很少有　　b. 有时有　　c. 大部分时间有　　d. 绝大部分时间有

10. 我无缘无故感到疲乏。

a. 很少有　　b. 有时有　　c. 大部分时间有　　d. 绝大部分时间有

11. 我的头脑跟平常一样清楚。

a. 很少有　　b. 有时有　　c. 大部分时间有　　d. 绝大部分时间有

12. 我觉得做以前经常做的事并没有困难。

a. 很少有　　b. 有时有　　c. 大部分时间有　　d. 绝大部分时间有

13. 我觉得不安而平静不下来。

a. 很少有　　b. 有时有　　c. 大部分时间有　　d. 绝大部分时间有

14. 我对将来抱有希望。

a. 很少有　　b. 有时有　　c. 大部分时间有　　d. 绝大部分时间有

15. 我比平常容易激动。

a. 很少有　　b. 有时有　　c. 大部分时间有　　d. 绝大部分时间有

16. 我觉得作出决定是容易的。

a. 很少有　　b. 有时有　　c. 大部分时间有　　d. 绝大部分时间有

17. 我觉得自己是个有用的人，有人需要我。

a. 很少有　　b. 有时有　　c. 大部分时间有　　d. 绝大部分时间有

18. 我的生活过得很有意思。

a. 很少有　　b. 有时有　　c. 大部分时间有　　d. 绝大部分时间有

19. 我认为如果我死了别人会生活得好些。

a. 很少有　　b. 有时有　　c. 大部分时间有　　d. 绝大部分时间有

20. 平常感兴趣的事我仍然照样感兴趣。

a. 很少有　　b. 有时有　　c. 大部分时间有　　d. 绝大部分时间有

SDS 抑郁量表计分方法及解释标准：a、b、c、d 依次计 1、2、3、4 分；其中 2、5、6、11、12、14、16、17、18 和 20 题为反序记分，即 a、b、c、d 依次计 4、3、2、1 分；将 20 个题的得分相加，得到原始总分，通过转换（标准分 = 原始总分 ×1.25）可换算成标准分。按照中国常模，标准分 53 分。低于此限为正常群体，标准分 53 ~ 63 分可能有轻度抑郁，标准分 64 ~ 73 分可能有中度抑郁，标准分 74 分以上可能有重度抑郁。

2. 症状自评法

A. 心理症状：心境低落，情绪消沉。主要表现为显著而持久的情绪低落，抑郁悲观。轻度抑郁症患者表现为忧心忡忡、坐立不安、兴趣减退。重度抑郁症患者会绝望无助、度日如年、生不如死，常伴有自责、自罪，严重者出现罪恶妄想和疑病妄想，部分患者可出现幻觉。典型患者的抑郁心境有晨重夜轻的节律变化；思维迟缓，主要表现为思考能力下降，语速明显减慢，交流应答困难，各方面能力下降；心态开始扭曲，自我评价降低，常感到内疚，总觉得自己做了错事，对自己事事不满，产生无用感、无望感、无助感和无价值感；认知功能损害，研究认为抑郁症患者存在认知功能损害，主要表现为记忆力下降，注意力障碍，反应时间延长，警觉性增高，抽象思维能力差，学习困难，语言流畅性差，空间知觉、眼手协调及思维灵活性等能力减退。

B. 行为及社会症状。精神活动减退，患者表现为精神活动明显受到抑制，行动缓慢，生活被动、懒散，不想做事，不愿和周围人接触、交往，常独坐一旁，或整日卧床，闭门独居，疏远亲友，回避社交。你莫名地懒下来，严重时连吃、喝等生理需要和个人卫生都不顾，甚至发展为不语、不动、不食，称为"抑郁性木僵"。仿佛有人在你家的大门上安了锁，你没有能力与勇气去打开那扇门，去拥抱外面的世界。我们知道很多严重抑郁患者，几年甚至十几年都未走出自己的家门，一切起居全靠家人照顾。

C. 躯体症状。头痛，背痛，常常莫名地到处疼痛，那种剧烈的或者不剧烈的痛都有可能存在。脸色开始苍白，走几步路都觉得好累。而这中间比较多的人都会表现出比较明显的是头痛，还有头脑反应迟钝，仿佛想任何事都比别人要困难。记忆力变得很差，忘东忘西，丢三落四，被别人嘲笑为"老年痴呆"。还有睡眠障碍、乏力、食欲减退、体重下降或者体重暴增、便秘、身体任何部位的疼痛、性欲减退、阳痿、闭经等。躯体不适的体诉可涉及各脏器，如恶心、呕吐、心慌、胸闷、出汗等。自主神经功能失调的症状也较常见。病前躯体疾病的主诉通常加重。睡眠障碍主要表现为早醒，一般比平时早醒2~3个小时，醒后不能再入睡，这对抑郁发作具有特征性意义。有的表现为入睡困难，睡眠不深。少数患者表现为睡眠过多。另外，抑郁症的评估还跟时间有关系，抑郁情绪时间越长，患抑郁症的可能性越大。

四、假如你是抑郁症患者，你该怎么面对？

对于抑郁情绪，大家一定不要把问题严重化，不要给自己、他人贴标签，以平常心来对待，坚持学习和工作，维持正常规律化的生活，通过运动、情绪宣泄、放松训练等自我调节或者简单寻求帮助，很快就能慢慢好起来。

第五章 心秉智慧

如果你的抑郁情绪一直好转不了，持续时间很长了，自己努力已无法应对，请你立即到精神专科医院请专业医生进行规范化的诊断和治疗。当然，如果你已经被诊断为抑郁症，请您一定要按照下面几点来做。

1. 接纳它是治愈的首要关键因素。首先，我们要明白一点，抑郁症是每个人都可能得的心理疾病。患有抑郁症既不能说明你心胸狭窄，也不能说明你品质低劣或意志薄弱。抑郁症和平常的感冒发烧没有任何区别，它只是一种普通的疾病。中国人含蓄保守的品质以及长期受到的文化熏陶导致人们更愿意把情感压抑在内心深处，强撑着装作自己没事。如果你关注抑郁症，你会发现很多抑郁症患者发现自己心理状态不对时，他们第一时间想的不是要如何去面对，如何去解决问题和改变现状，而是会选择逃避现实，不想让别人发现自己的异常，害怕被别人异样的眼光对待。这样的做法不利于疾病的康复，如果你是学生，尽早告知学校辅导员和家长，让他们一起帮助你渡过难关。大胆地接纳甚至讲出来，这是抑郁症治愈的首要关键因素。

2. 进行规范化诊断和治疗。已经被诊断为抑郁症的患者，一定要遵医嘱，按照专科医院专业心理医生的要求治疗，并且按照疗程治疗。不要担心药物的副作用，服药伊始，身体会出现不同程度的药物反应，这是正常的表现，坚持两周左右，药物反应会逐渐减退，症状会得到一定的缓解。在药物治疗的过程中，一定不能私自停药或者减药，以免症状加重，吃药期间随时与医生保持沟通和联系，也许这个过程中因为某些事情的刺激需要医生适当调整药物或者药量。如果几个月后症状减轻了，一定不可随意停药，精神疾病的治疗需要比较长的时间，一般认为需要2~3年。如果症状非常严重，建议住院进行规范化治疗。

3. 治疗期间要行动起来。有些人之所以患了抑郁症，主要是因为他们对自己的消极情绪和行为不断强化。如果反其道而行之，不断地及时地强化自己的积极情绪和行为，忧郁的成分就会越来越少，最后消失。所以，这个时候你要对自己有信心，你要努力激发出积极心态来辅助你的药物治疗。

建议做以下几件事。

A. 治疗期间，尽量维持规律的作息。尽量不要一天到晚躺在床上，只要能动起来就尽量动起来，这是非常重要的。你必须让自己在一个较早的时间从床上爬起来，或者是6点，或者是7点。不能把时间定在7点以前，或8点以前等模糊的时间，必须精确到分钟。哪怕你起床之后，其实没有任何事，哪怕只是起来到处走走，也请你起来。在白天任何一个时间段，不要再去睡觉了。你必须熬，实在熬不住也只能在桌边靠靠。不可以爬上那张诱人的床。你必须固定一个时间上床睡觉，10点通常是很合适的，当然 11 点也可以。你要保证这个时间必须在床上准备睡觉。

　　B.适量、适度运动，加强体质锻炼。这是被证明非常有效的辅助抑郁治疗的一种方法，甚至有些人通过运动治愈抑郁症。是的，在你一天中最压抑的时候，选择一项户外的你喜爱的舒缓运动，并且坚持下来，长此以往，你将会收获无法想象的惊喜。但最困难的部分是坚持，请你坚信并坚持。

　　C.学会放弃，给自己做减法。关于你一天要应付的问题，从你意识到你患了这种疾病开始，你就要学会做减法，去放弃很多东西，但这是短暂的放弃。至少在你康复以前，你要放弃很多东西，比如你可能会放弃原先懒散的状态，逼迫自己变得积极；或者你应该放弃脑海里一些比较消极、对自己情绪不利的想法……这个时候不要害怕放弃，放弃并不代表丢失，你此时的心灵或许已经装载了太多不开心，适当的放弃可以帮你松口气，帮助你逐渐找回积极、快乐的自己。

　　D.学会转移注意力，多和别人交往，多多表达自己的真实感受。懂得宣泄情绪，适时、合理地发泄自己的情绪。学会放松，听听音乐，跑跑步，找到一种能愉悦自己身心的放松方式。多接触大自然，感受大自然的美好。

　　E.寻找温暖支持。确诊的抑郁症患者，不要总是隐瞒自己的问题，大胆去接纳自己的现状，甚至取得亲人、朋友和老师抑或是周围人的支持，这对于疾病的康复有很大的帮助。

　　F.抑郁的你，慢慢学会放下，学会去爱自己吧。从今天开始，从读到这一段话开始，请你好好爱自己，好好关心自己。当然，你可以把你的需要说出来，但不可以希望甚至依赖别人来帮助你。所谓自助者天助之，好好用自己的力量爱自己、鼓舞自己、关心自己。当你努力爱自己的时候，你会发现，你很强大，也很幸福。当然，家人在某些时候也会给我们启迪与帮助，好好感恩就可以了。

五、如果你身边有抑郁症患者，请你这样做

　　抑郁症患者有自己独特的认知模式，他们大多数人有不幸的童年或者遭遇了人生的重大挫折，他们需要的不是各种建议，不是"你不要这样做""你为什么会有这样的想法"的大道理，而是真诚的陪伴与理解。

　　1.请你理解抑郁症患者的"矫情"。例如，可能你会发现抑郁的那个女孩身上没有发生什么悲惨的事情，甚至不如你遭遇得多，可能还会觉得她长得这么漂亮，她的家庭条件那么好，父母那么爱她，有什么好抑郁的。所以，你会觉得他们矫情，甚至根本无法理解他们，特别是亲近的人更会有这样的表现。我们一定要知道，很

多时候不是她想那样的,她也控制不了自己。抑郁症患者有自己的认知模式和处事方式,他们甚至会无理取闹,请你多些理解和支持,少些指责和耻笑。

2. 多些倾听、关爱和陪伴,少些建议和意见。其实,要想帮助有抑郁症或者有抑郁情绪的同学,最重要的是陪伴和守护,不要让他自己一个人面临黑暗。鼓励他尽可能地表达自己的真实感受,对他说,我理解你,我理解你的想法。这个时候,亲近的人就要尤其有耐心,对于患上抑郁症的人来说,亲人和朋友是他的精神支柱,所以你一定要给予足够的关爱。请多给他们一些陪伴、鼓励和关心,只有爱,才是治疗抑郁的良药。还有,不要和他讲大道理。他们需要的是你在就好,你能理解即可。

3. 带着他一起行动起来。不要试图和他分析什么生活的意义,以此来激起他生活的热情。不要说什么父母为你付出了那么多,你这样一蹶不振对得起他们吗。你这么说,起到的是火上浇油的作用,而不是雪中送炭,你要做的是让他提高个人价值感,试着让他做一些他平时擅长的、喜欢的、简单的事情。平时可以带他散散步,做一点运动,多晒太阳,因为光线会影响人的下丘脑视交叉上核,促进松果体和褪黑素释放,或者带他一起参加某项活动,进行人际交往等等。当然,如果他排斥或不愿意做,那就不要强迫他。

4. 注意识别危机事件。重度抑郁症患者会有自杀、结束自己生命的意念,那么,我们和抑郁症患者交往过程中,必须认真对待所有涉及自杀的谈话,要有敏锐度,对他流露出的轻生的言语和文字,一定要重视。还有一种情况更危险,比如有的重度抑郁症患者在企图自杀前,为了不让人发觉,会装成若无其事的样子,和朋友、家人有说有笑的,周围人会放松警惕,这样的患者自杀成功率更高。但是,如果抑郁症患者自己没有提过自杀念头,作为亲近的人,最好是一直保持观察,并保持警惕,但不要直接说此类话:"你可千万不要自杀呀","你不会是想死了吧","我离不开你,你可不能死啊"。这些话对抑郁症患者有心理暗示作用。有可能他们因为听了这样的话,真的走上绝路。如果发生了你不能面对的事情,比如抑郁症患者自杀,请立刻拨打急救电话。无论是什么情况造成的自杀,都要记住:生命比隐私重要。

日本作家太宰治在《晚年》里这么写道:"我本想这个冬日就死去的。可正月里有人送了我一套灰色细条纹的麻质和服作为新年礼物。是适合夏天穿的和服,那我还是先活到夏天吧。"面对身边的抑郁症患者,请您给予爱,有爱的温暖他们愿意等待春天的到来。对于那些受抑郁症或抑郁情绪困扰的人,我会告诉你:生病不是你的错,无论发生任何事情,我都愿意陪你一起面对。

我想和焦虑症来一次亲密的对话

> **引言**
>
> 读这篇文章我们可以了解到什么是焦虑情绪和焦虑症,且知道它们两者的区别,此外,我们还会知道焦虑症有哪些症状及它产生的原因,并且我们可以根据书中的测评方法对自己进行测评,了解自身的情况,同样也可以帮助他人做这个测评。最后我们可以知道焦虑症的自救方法和一些缓解情绪的小技巧。这些技巧方便实用,在平时心情不舒服的时候可以用来帮助自己。愿我们都能妥善地把控自己的情绪并帮助更多的人。

社会发展,压力增大,每个人的生活都不可能一帆风顺,都会经历各种各样的挫折和打击,这是生活的常态。因此,我们每个人都会有焦虑情绪,但不是所有人都会患上焦虑症。有很多人不能正确区分焦虑情绪和焦虑症,对正常的焦虑过度反应,对焦虑症又过度恐惧。那么,今天老师将和焦虑症来一次亲密的对话,让大家明白焦虑情绪和焦虑症的区别,更让大家知道引发焦虑症的原因及处理方法。

一、一名焦虑症患者的自述

我一直以为心理问题跟我没有任何关系。我父母一直对我严格要求,记得从幼儿园开始我就是别人眼中的优秀孩子,确实,我的成绩和能力都很好,我的生活被学习包围着,被各种表扬包围着。当然,我没有玩耍时间,没有朋友。直到高考,我才觉得自己是个笨蛋,考试的时候很紧张、流汗,头脑一片空白。高考是我最失败的一次考试,本来我可以上985高校的,现在上了一所普通本科学校,我很不甘心。我以为我会适应现在的大学生活,我以为凭我的能力我可以在这所学校成为佼佼者,但是,我不能,只要有考试,我就紧张得不行,甚至有时候觉得自己会晕倒在教室里,于是,我的考试成绩一直很差,甚至还挂科了。我恨自己,觉得自己很懦弱、很失败,父母也为我担心!现在我的紧张发展到生活的方方面面,我不敢与人交流,不敢上台讲话,不敢做很多事情,总是担心失败,担心自己突然不行。近来，我经常莫名其妙地感觉身体不适，肠胃功能紊乱，心跳异常，胸闷，头晕，头痛，颈椎与腰椎不舒服，甚至有几次出现濒死感而紧急就医。现在的我已经不敢一个人出门，担心自己会晕倒，还经常感觉身体异常无力。这一年，我做了各种检查，甚至反复检查身体，但都没有任何异常，医生说我可能是焦虑症，要去看心理医生。身边的人都觉得我无病呻吟，都觉得我有点作，其实，我真的很难受，那种说不出的难受。希望老师能帮帮我。

不知道你是不是也有这样的经历，是不是也担心自己紧张过度，或者压力太大，导致焦虑症。好吧，我们继续看。

二、正确区分焦虑情绪和焦虑症

1. 焦虑情绪。焦虑情绪是对现实的潜在挑战或威胁的一种情绪反应，而且这种情绪反应是与现实威胁的事实焦虑相适应的，是一个人在面临其不能控制的事件或情景时的一般反应。特点是焦虑的强度与现实威胁的程度相一致，并随现实威胁的消失而消失，因而具有适应性特征。它有利于个体动员身体的潜能和资源来应对现实的威胁，逐渐获得应对挑战所需要的控制感及有效解决问题的措施，直到这种现实的威胁得到控制或消除。因此，焦虑情绪是人类适应和解决问题的基本情绪反应。是人类在进化过程中形成的一种适应和应对环境的情绪和行为反应方式，是一种有益的情绪反应。

2. 焦虑症。美国焦虑症协会给予焦虑症的定义是：焦虑是一种不愉快的、痛苦的情绪状态，同时伴有躯体方面的不舒服体验。一是情绪症状：患者感觉自己处于一种紧张不安、提心吊胆、恐惧、害怕、忧虑的内心体验中。紧张、害怕什么呢？有些人可能会明确地说出害怕的对象，也有些人可能说不清楚害怕什么，但就是觉得害怕。二是躯体症状：患者在紧张的同时往往会伴有自主神经功能亢进的表现，像心慌、气短、口干、出汗、颤抖、面色潮红等，有时还会有濒死感，心里面难受极了，觉得自己就要死掉了，严重时还会有失控感。在美国的 DSM-5（《精神疾病诊断与统计手册》第五版）中，焦虑症的障碍症状包括广泛性焦虑、急性焦虑发作、恐怖症、创伤后应激障碍、急性应激障碍、强迫障碍。因为这些疾病有一个共同点，那就是焦虑症状突出。因此，在中国焦虑症主要是指焦虑性神经症，是以广泛性焦虑症和惊恐障碍（急性焦虑症）为主要临床表现，常伴有头晕、胸闷、心悸、呼吸困难、口干、尿频、尿急、出汗、震颤和运动性不安等症状，其焦虑并非由实际威胁所引起，或其紧张惊恐程度与现实情况很不相称。

3. 焦虑情绪和焦虑症的不同。焦虑情绪是生活中因为某种特定的事情或者特定的情境导致的不安紧张情绪，焦虑是有事实依据的，有明确的焦虑对象；而焦虑症是指持续的无具体原因地感到紧张不安，或无现实依据地预感到灾难、威胁或大祸临头，伴有明显的自主神经功能紊乱及运动性不安，常常伴随主观痛苦感或社会功能受损。以上概念包括了焦虑症的以下基本特点：①焦虑情绪的强度并无现实的基础或与现实的威胁明显不相称；②焦虑症导致精神痛苦和自我效能的下降，因此是一种非适应性的；③焦虑症是相对持久的，并不随客观问题的解决而消失，常常与人格特征有关；④以自主神经系统症状为特征的紧张的情绪状态，包括胸部不适、心悸、气短等；⑤是一种预感到灾难或不幸的痛苦体验；⑥对预感到的威胁异常地痛苦和害怕并感到缺乏应对的能力，甚至现实的适应因此而受影响。简而言之，焦虑症是一种无根据的惊慌和紧张，心理上体验为泛化的、无固定目标的担心惊恐，生理上伴有警觉增高的躯体症状。

三、焦虑症类型及评估方法

1. 焦虑症的分类及主要症状

第一种是广泛性焦虑障碍。广泛性焦虑是以慢性、弥散性的对一些生活情景不现实地过度担心紧张为特征，常表现为持续性精神紧张，伴有头晕、胸闷、心悸、呼吸困难、口干、尿频、尿急、出汗、震颤及运动性不安等。但并非由实际的威胁或危险所引起，其紧张的程度与现实事件不相称。临床表现主要有三组症状，精神性焦虑、躯体性焦虑和运动性不安。

精神性焦虑：表现为对日常琐事的过度和持久的不安、担心。焦虑的痛苦在精神上体验为对一些指向未来的或不确定的事件过度担心、害怕，或担心灾难、意外、不可控制的事件发生，如担心家人患病、小孩发生意外、工作上的失误、很小的经济问题、人际关系等，又称为预期性焦虑，内容可以变化不定。精神焦虑可同时伴有睡眠的改变、失眠、多梦、注意力集中困难、工作效率下降、易激惹、烦躁不安等。

躯体性焦虑：躯体性焦虑或植物性焦虑主要表现为自主神经功能异常，患者可表现出手心出汗、恶心、心慌、心率加快、口干、咽部不适、异物感、腹泻、多汗等症状；泌尿生殖系统症状有尿频、尿急、勃起不能、性欲冷淡；神经系统症状有耳鸣、视物模糊、周身不适、刺痛感、头晕及晕厥感。

神经、肌肉及运动性不安症状：运动方面的症状表现为烦躁不安、肌肉震颤、身体发抖、坐立不安、无目的活动增多、易激惹、发怒、行为的控制力减弱等。焦虑病人的外观可见到表情紧张、痛苦、双眉紧锁、姿势僵硬不自然，可伴有震颤；皮肤苍白，多汗；小动作增多，不能静坐，往复徘徊。个别病人有口吃，或原有口吃加重。肌肉紧张症状表现为头挤压性疼痛，以额枕为主，肩腰背疼痛，僵硬感，动作困难。睡眠障碍常以入睡困难为主，上床后忧虑重重，辗转反侧，无法入睡，有做噩梦、出大汗、恐惧等表现，次日起床后头脑昏沉。

第二种是惊恐障碍。惊恐障碍的症状特点是自发出现的，反复发生的，难以预料的急性焦虑发作，伴有明显的濒死感。典型的惊恐发作的临床症状有以下几点。

精神症状。首次发作常常是突然、自发地出现。典型的惊恐发作的精神体验有三种表现。濒死感：常常为惊恐发作的症状。患者突然产生胸闷、胸部压迫感、窒息感，不能自主呼吸的恐惧紧张感，甚至感到死亡将至而呼喊，常常不由自主地奔向窗户，推开门窗，让空气进入胸腔。失去控制感：有的表现为极度的精神紧张，有即将失去控制的焦虑或将变得疯狂的恐惧。精神崩溃感：部分患者体验到无法控制的精神崩溃的来临。无论是哪一种体验，有过这种发作的患者都对再次发作有极度的恐惧和焦虑。

躯体症状。惊恐发作的躯体症状主要表现为交感神经过度兴奋的症状。临床常见的包括循环系统症状：心跳加快、心悸、心慌出汗；呼吸系统症状：胸部压迫感、气短、胸痛不适、喉部堵塞感；消化系统症状：恶心呕吐、腹胀、腹泻、腹痛；神经系统症状：身体飘浮、眩晕、发热或发冷、麻木、皮肤刺痛感、震颤。但不是发作时以上症状都有，有可能集中在其中的某几个症状上。

本病常突然发作，10～30分钟症状迅速到高峰，持续时间短暂，突然终止。发作极少超过一小时。

2. 焦虑的简易测试。

SAS（焦虑自评量表）

请你仔细阅读每一个陈述，根据你最近两周的实际感觉作出回答。

1. 我觉得比平常容易紧张和着急。

A. 没有或很少时间；B. 少部分时间；C. 相当多时间；D. 绝大部分或全部时间。

2. 我无缘无故地感到害怕。

A. 没有或很少时间；B. 少部分时间；C. 相当多时间；D. 绝大部分或全部时间。

3. 我容易心里烦乱或觉得惊恐。

A. 没有或很少时间；B. 少部分时间；C. 相当多时间；D. 绝大部分或全部时间。

4. 我觉得我可能将要发疯。

A. 没有或很少时间；B. 少部分时间；C. 相当多时间；D. 绝大部分或全部时间。

5. 我觉得一切都很好，也不会发生什么不幸。

A. 没有或很少时间；B. 少部分时间；C. 相当多时间；D. 绝大部分或全部时间。

6. 我手脚发抖打战。

A. 没有或很少时间；B. 少部分时间；C. 相当多时间；D. 绝大部分或全部时间。

7. 我因为头痛、颈痛和背痛而苦恼。

A. 没有或很少时间；B. 少部分时间；C. 相当多时间；D. 绝大部分或全部时间。

8. 我感觉容易衰弱和疲乏。

A. 没有或很少时间；B. 少部分时间；C. 相当多时间；D. 绝大部分或全部时间。

9. 我觉得心平气和，并且容易安静坐着。

A. 没有或很少时间；B. 少部分时间；C. 相当多时间；D. 绝大部分或全部时间。

10. 我觉得心跳得很快。

A. 没有或很少时间；B. 少部分时间；C. 相当多时间；D. 绝大部分或全部时间。

11. 我因为一阵阵头晕而苦恼。

A. 没有或很少时间；B. 少部分时间；C. 相当多时间；D. 绝大部分或全部时间。

12. 我有过晕倒发作，或觉得要晕倒似的。

A. 没有或很少时间；B. 少部分时间；C. 相当多时间；D. 绝大部分或全部时间。

13. 我吸气呼气都感到很容易。

A. 没有或很少时间；B. 少部分时间；C. 相当多时间；D. 绝大部分或全部时间。

14. 我的手脚麻木和刺痛。

A. 没有或很少时间；B. 少部分时间；C. 相当多时间；D. 绝大部分或全部时间。

15. 我因为胃痛和消化不良而苦恼。

A. 没有或很少时间；B. 少部分时间；C. 相当多时间；D. 绝大部分或全部时间。

16. 我常常要小便。

A. 没有或很少时间；B. 少部分时间；C. 相当多时间；D. 绝大部分或全部时间。

17. 我的手脚常常是干燥温暖的。

A. 没有或很少时间；B. 少部分时间；C. 相当多时间；D. 绝大部分或全部时间。

18. 我脸红发热。

A. 没有或很少时间；B. 少部分时间；C. 相当多时间；D. 绝大部分或全部时间。

19. 我容易入睡，并且一夜睡得很好。

A. 没有或很少时间；B. 少部分时间；C. 相当多时间；D. 绝大部分或全部时间。

20. 我做噩梦。

A. 没有或很少时间；B. 少部分时间；C. 相当多时间；D. 绝大部分或全部时间。

SAS 焦虑计分方法及解释标准：

1. A、B、C、D 依次计 1、2、3、4 分；

2. 第 5、9、13、17、19 题反向计分，即 A、B、C、D 计 4、3、2、1 分。

3. 将 20 个题的得分相加，得到原始总分，通过转换（标准分＝原始总分 ×1.25）可换算成标准分。按照中国常模，正常上限标准分为 50 分。低于此限为正常群体。标准分为 51~60 分可能有轻度焦虑，标准分 61~70 分可能有中度焦虑，标准分 71 分以上可能有重度焦虑。

四、焦虑症产生的原因主要有哪些

现代社会，焦虑症的发病率越来越高，这与社会环境有密切的关系，总的来说有以下几个原因。

1. 遗传因素。如果父母亲有焦虑症或者性格是容易操心、担心、比较焦虑的类型，那么他们的子女发生焦虑症的比例比一般人群要高 3 倍以上。

2. 社会心理因素。近三四十年来，社会的快速发展进步，社会工业化、人口城市化的进程不断推进，一系列如居住稠密、交通拥挤、竞争激烈及其他各式各样的社会矛盾等，都会导致焦虑症的发生，这些因素对焦虑症发生的作用是非常明显的。比如，在生活当中有很多学生的压力是非常大的，焦虑、抑郁、失眠等症状相当普遍；还有一些职场人士、中层人士的压力是最大的，他们的焦虑症发生率也比较高；普通家庭当中，比如婆媳关系紧张、工作压力、家庭矛盾等因素都有可能导致焦虑症的发生。

3. 身体原因。身体本身的问题也会引发焦虑，大脑神经有一些神经递质比如多巴胺、去甲肾上腺素、五羟色胺等，这些物质的变化也会导致焦虑症的发生；身体的疾病，比如甲状腺功能亢进，还有心脏疾病，往往伴有焦虑的产生，很多躯体疾病都会伴有焦虑症状，所以诊断焦虑症必须排除躯体疾病。

4. 认知原因。认知过程或思维，在焦虑症状的形成中起着极其重要的作用。研究发现，焦虑症病人比一般人更倾向于把模棱两可的甚至是良性的事件解释成危机的先兆，更倾向于认为坏事情会落到他们头上，更倾向于认为失败在等待着他们，更倾向于低估自己对消极事件的控制能力。

5. 应激事件。在有应激事件发生的情况下，更有可能出现焦虑症。由于应激行为的强化，在某些情况下（比如信息缺失），会出现刺激—反应的错误联结，或者程度的控制不当，致使应激准备过程中积累或调用的心理能量得不到有效释放，持续紧张、心慌等，影响到后续行为，而甲状腺素、去甲肾上腺素这些和紧张情绪有关的激素的分泌紊乱（如过量）则对以上过程有放大作用。

6. 家庭、学校教育。从小到大的家庭、学校教育以及后来的生活经验，造成当事人内心自卑、缺乏自信心和安全感，遇到事情容易焦虑，渴望成功和优秀，害怕失败和犯错。通常焦虑者都有很强烈的控制欲，这一点会充分表现在学习、工作和人际关系的各方面。

7. 过分追求完美的性格。当事人也是闲不住的，一闲下来就能够感受到内心的焦虑，同时也会感到压抑，需要不停忙碌，忙碌可以安抚焦虑的心灵。他需要通过持续地证明自己，来感受到自己的价值。时间长了之后，就会出现各种各样的焦虑症状，紧张不安、身体僵硬、遇事退缩、有挫败感、自责……逐渐演变成焦虑症。

8. 原生家庭。先天因素，原生家庭的抚养，对于引发个体焦虑症也有着至关重要的影响。研究表明，在童年时期有过分离焦虑的孩子，长大之后更容易患上焦虑症等情绪疾病。具体来说，你的父母表现出对世界过分谨慎的态度、你遭遇了父母持续的否定和过分的挑剔、父母一方或者双方有酗酒成瘾等特点，可能会让你更容易患焦虑症。

9. 长期累积的压力。长期累积的压力，可能是由多年未解决的心理冲突引起的，比如童年创伤；也有可能是生活中经历了某种磨难，比如身体问题、婚姻问题等，这个磨难持续了很长时间；还有可能是同一时期经历了多种磨难，如同时经历丧偶、失业、换了新环境；等等。长期累积的压力，会导致个体陷入慢性压力和疲惫状态，这会诱发广泛性焦虑症、惊恐障碍等。

五、焦虑症患者如何自救呢？

这里将分享由克莱尔·威克斯撰写的《精神焦虑症的自救》(Self-Help for Your Nerves) 这本书中的主要观点，或许会对你有所帮助。让我印象最深的是书里提到了四个词——面对、接受、飘然、等待。作为书里反复提及的自救办法，不同的章节又进行了不同的补充，比如换环境，比如不要自怜，比如寻找顾问，比如向家人求助等，但中心思想仍然是面对、接受、飘然、等待。

1. 面对。目的在于缓解因对抗而产生的更大焦虑。很多人患上焦虑症之后难以面对现实,一直想与之对抗。很多人比较难做到"接受",比如接受他们的失败、接受他们无法解决某些问题、接受一些不愉快的现实。可由于太过在意,失败有时才会显得非常严重,所以我们要开始直视胸腔里那团沉重的心理负担。

2. 接受。首先是面对,然后是接受。接受焦虑症的存在,接受症状与自己共存。焦虑症不过是变得敏感的交感神经分泌的肾上腺素过多,导致人体时刻处于恐惧、紧张状态并不断恶化。知道了原理,明白了这种状态对身体并无实质性伤害,那么接受就变得容易了。对于如何接受,主要的办法就是换个角度看问题。认识到事物的两面性甚至多面性,不要总是拘泥于消极的一面,换个角度去寻找对自己有利的方面,会逐渐发现好像事情不像自己想象的那么糟糕。

3. 飘然。在原文的英文对应词是 floating,即漂浮。其实就是任由恐惧席卷你的全身,任由焦虑躯体症状的存在,但你却不为所动。比如失眠,既然睡不着,那就接受睡不着,躺床上放松,无所事事,可以听点舒缓的音乐,或采用书中的建议——"倾听"外界的一切声音,也就是把外在所有刺激变得柔和起来。比如舍友使用键盘的打字声、窗外呼啸的风声,甚至轻微翻身摩擦被子的声音。起初,一切细微的声响可能会像一颗颗石头一样丢进心里,在幽深凝固的湖面激荡起一圈圈涟漪,甚至脑海里也同样受到震荡。这时候,需要做的是直视一切声响带来的震撼感,分析,然后告诉自己这是正常现象,不过是神经太敏感,所以草木皆兵了而已。总而言之,轻轻地无意识地向应该靠近的目标靠过去。

4. 等待。最重要的一点是,要有一种焦虑情绪很可能反复产生的觉悟,大脑有记忆,情绪也有记忆,所以我们不应该不理智地奢望大脑在短暂的调整后就能正常运转。焦虑并非一日之寒,在自救的路上,它会反复出现、反复折腾。试图强迫自己感到正常的做法是错误的,应等待正常情感的自然回归。也许今天感觉好多了,结果第二天起床,那熟悉又恐怖的感觉会重新压上来。不用惊慌,允许它反复出现,并相信自己慢慢地会变成自己身体的主人。

六、焦虑症患者,还可以这样做

接下来讲一些有助于缓解负面情绪的小技巧。

1. 运动改善情绪。运动改善情绪,调节情绪。运动能加快人体的血液循环,运动的过程也是情绪宣泄的过程。运动的方式有多种多样,可以根据自己日常的爱好及擅长的运动来选择运动方式,只要动起来就行。这里重点给大家推荐跑步法,当你真正跑起来的时候,会感觉身体的每一个毛孔都打开了,随着血液循环加速,随着汗水的流出，那些悲伤的、愤怒的、压抑的情绪，都在每一个脚步中一点一滴被释放出来了。跑步能够给我们的身体提供更多的能量，同时也能帮助我们释放情绪，是一个非常实用的方法；当然，打太极拳、打八段锦、骑自行车、做瑜伽、跳操等有氧运动都是非常好的宣泄情绪的方法。此外，还有一种运动也希望介绍给大家，那就是枕头法及撕纸法。

2. 宣泄情绪。这里主要给大家提供两种方法，也就是上一点提到的枕头法和撕纸法。首先准备一个或几个枕头，枕头最好是柔软蓬松的。然后把面前的枕头想象成带来负面情绪的源头，可以想象成某些人，也可以想象成某些事。然后把枕头拿起来，你可以用力揉捏它，也可以用力捶打它，也可以拿起两个枕头用力互相拍打，还可以把枕头用力丢出去。尽全力重复这些过程。如果有朋友和你一起，你们还可以发起枕头大战，有互动的话效果会更好。在这个过程中，你可以把内心所想大声喊出来。枕头法可以把你的负面情绪淋漓尽致地发泄出来，又不至于让自己受伤，简单实用，非常好操作，是情绪宣泄的很好选择。其次是撕纸法，首先准备好一叠纸。接下来，你可以把一张纸一点一点撕成碎片，一张一张撕，也可以同时拿起几张纸，可以有规律地每次都对半撕，也可以毫无规律地随手撕。试着把你所有的负面情绪都转移到这些纸上，把这些纸想象成负面情绪的源头，然后狠狠地用力把它们撕碎。你会感觉到身体里的负面情绪在一点一点地释放出来，每撕完一叠纸，你就能感觉到又轻松了一些。持续地撕纸，直到你感觉内心平和了为止。

3. 正念静心。静心就是要学会觉察自我，了解自我，凝视内心中的自我。通过静心把越来越多的注意力放在当前状态，给予自己一些同情，给自己一段空闲的时间，不要去想那些只能让自己更痛苦的负面的事情。接下来为大家推荐两种好方法。①呼吸放松调节法。首先，找一个合适的位置站好或坐好，身体自然放松；其次，慢慢地吸气，吸气的过程中感到腹部慢慢地鼓起，到最大限度的时候开始呼气；呼气的时候感觉到气流经过鼻腔呼出，直到感觉前后腹部贴到一起为止。放松调节主要是针对身体肌肉进行的，要和腹式呼吸一起使用。头部放松调节的方法是把头向前和向后最大限度地低和扬，扬的过程中进行腹式吸气，低的过程中进行腹式呼气。放松调节也可以围绕腰部、四肢等展开。②正念静心疗法，正念训练是指有目的地、有意识地关注、觉察当下的一切，而对当下的一切又都不做任何判断、任何分析、任何反应，只是单纯地觉察它、注意它。首先，注意力聚焦于当下，沉浸于正在发生的事情中。将注意力投注于当下的每一个瞬间，观察时间是如何从这一刻流淌到下一刻的，并观察自己的内部和外部经验。随着正念练习的深入，练习者的注意时长、注意转移、注意专注度这三种注意能力都有所提升。其次，以一种不刻板的、不带有任何好坏、利害评判的态度去接纳所注意的内容。其中非评判的态度是指聚焦当下时采取的一种态度。它是开放的、耐心的、仁慈的、无为的，既不苛求顺意的事情，也不排斥反感的事情，而是接纳、开放地让各种经验在自己的关注下流淌。当然，还有其他很多方法，只要适合你，能让你静心都是可以的。

4. 日常小技巧。做你喜欢做的事情。你的生活可能很忙碌，所以你可以在忙碌的一天当中插入一些简单而快乐的事情，并让这些事情带动你的情绪走向积极。多听舒缓的音乐，比如冥想乐、古典音乐、轻音乐等。闻你觉得好闻的味道。美国俄亥俄州立大学最新研究证实，柠檬香味具有去忧、安神和止痛的作用，闻柠檬味可使血液中的"正肾上腺素"浓度增加。不要总待在封闭空间里，多出去走走，用心感悟细小的愉悦。走出去，行动起来，是自救的最佳方案。

七、写在最后

假如你经过自己的努力也无法好转，建议你尽快寻求医院的心理科或者心理专科医院帮助，这个时候一定要到正规的医院进行规范化的心理治疗哦。同时，请你的监护人或者亲人协助你。如果需要配合药物治疗，这里特别提醒大家，精神类药物在吃药初期，大概一周到两周的时间，会出现较强的副作用，躯体反应比较明显，过后会慢慢缓解。这种药物需要长期按照医嘱服用，切不可擅自减药、停药；在吃药过程中也可以配合心理咨询，特别是疑似神经症和神经症类的疾病；同样，你的信心是非常重要的。

心身疾病的识别与康复

> **引言**
>
> 读这篇文章我们可以知道身心疾病的特点，即身心疾病存在典型的躯体症状。还可以知道其发病原因及"逛医行为"，自己可以有效避免这种行为及单纯用生物学治疗法。了解"养身、养心、养性、养德"的理论基础和实践运用。从古籍和老师分析中知道中医心身相关理论重视情志、体质、个性、环境、道德等因素与疾病的关系，其核心思想包括：形神合一、天人合一、整体观念、阴阳辩证理论等等，形成了独特的身心医学理论体系。

随着社会发展，我国医疗水平也得到了长足的发展，随着生物医学模式的进步，许多疾病已被现代医学所攻克，取得了一定的成果。然而，在社会发展的同时，疾病的种类不断增加，特别是与心理、社会因素有关的疾病日新月异，层出不穷。心身医学是目前"生物—心理—社会"医学模式的基点，具有前瞻性。中医心身相关理论重视情志、体质、个性、环境、道德等因素与疾病的关系，其核心思想包括：形神合一、天人合一、整体观念、阴阳辩证理论等等，形成了独特的身心医学理论体系。"养身、养心、养性、养德"的心身疾病康复新模式是中医身心医学的精华，值得探究和实践。

一、心身疾病的典型特点

1.存在典型的躯体症状。心身疾病存在明显的躯体症状，这些躯体症状对病人来说，有明显的不适表现，这种不适感难以描述原因，患者经常会向家人及朋友表达不适感，也常常因为身体不适而限制了社会活动，并四处求医，甚至有担心死亡的恐惧。个性、体质不同及心理、社会的影响因素不同导致躯体症状的表现形式不同。心身疾病的躯体症状主要通过植物性神经系统、神经内分泌系统和免疫系统三个途径来呈现。植物性神经系统症状主要表现为：冠心病、情绪性心律失常、偏头疼、胃溃疡、肠易激综合征等等；神经内分泌系统症状主要表现为：神经内分泌系统失调，导致甲亢、糖尿病等病症；免疫系统症状主要表现为：抵抗力降低，免疫监督减弱，癌细胞增殖扩散风险增大。总之，心身疾病患者一定有典型的躯体表现。

2. 躯体症状并非都有明显器质性病变。在传统的生物医学思维中，躯体症状总是有相应的病理基础，通过各种检查总能获得疾病的病理变化信息，从而对症下药，并能取得较好的治疗效果。但是，有些心身疾病的躯体症状没有典型的病理特征，在具体临床中，往往有这样一些病人，有大量的躯体症状主诉，但是经过详细的体格检查或辅助检查，其检查结果却无明显异常或仅有微小的异常，甚至有些躯体症状只有患者自己能描述，医生无从解释，周围人更会认为他们是无病呻吟，往往还出现"诉不对症"的情况。另外，对于患者本身来说，也有很多难以解释的躯体症状，一方面医生检查没有问题，另一方面躯体症状确实存在，有些甚至表现非常明显，但医生难以对症下药，病人因得不到治疗而更加担心和纠结，形成恶性循环。

3. 发病原因以心理、社会因素为主。随着社会经济发展、市场竞争加剧、人际关系日益复杂，人们承受的心理压力增大。与此同时，出现各种压力后很多人没有及时宣泄和排解，压力就会通过躯体形式表现出来。心身疾病主要是由心理、社会因素为主要因素引起的躯体疾病，如劳神、操心、生气、紧张、焦虑、压力过大和生活不规律等引起的躯体疾病。在收集心身疾病患者的信息时，可以清晰明确地看到患者当前面临较大的生活事件或者生活刺激，长期处于焦虑或者抑郁状态，存在明显的不合理认知，个性较为偏执。因此，心身疾病的发病多为心理、社会因素所致。在诊断及治疗过程中要特别注重心理、社会因素的影响及消除。

4. 反复就医，出现"逛医行为"。心身疾病还有一个非常典型的特点是患者不断求医，四处求医，各科室轮着求医，导致医疗资源大量浪费。在传统医学模式中，没有病理基础就认为没病，但是，病人的症状确实存在，有的甚至还表现得非常明显，这就导致临床诊疗进入一个困境中，耗费大量的医疗资源，但病人对诊断不满意。于是，医学上多了个新名词：逛医行为。逛医行为，是指病患为了同一疾病或者类似疾病，在医治过程中，未经任何医务人员的转介，就向第二个或更多个医师寻求医疗服务，或者到第二家、第三家医疗机构求医的行为。反复"逛医"，不仅病人很痛苦，家人也苦恼，临床医生也很困惑。"逛医者"往往成为医疗资源的高度使用者，反复到医院各科就诊，重复做大量昂贵的检查、治疗，浪费大量医疗资源；另外，这种情况往往导致医患双方对诊疗活动不满意，导致医患矛盾增多、关系紧张，应该引起高度重视。

5. 用单纯的生物学治疗方式，效果不理想。心身疾病患者因为对自己的躯体症状深信不疑，并希望通过药物等生物学治疗方式进行治疗，一般情况下，生物学治疗方式在刚开始会有一定的效果，这种效果带有明显的心理安慰剂作用。一段时间后，因为发病的根本原因没有消除，生物学治疗方式产生的效果减弱，躯体症状再次呈现，甚至有些患者比之前更加严重。于是，形成了一个怪圈，反复就医，反复治疗，疾病依然存在，长期的躯体疾病困扰又引起焦虑、担心等不良心理状态，而焦虑、担心又加重躯体症状。

二、"养身、养心、养性、养德"的理论基础

中医是中国的传统医学，是中华民族的文化瑰宝，立足于中国本土的文化土壤，蕴含着丰富的、独具特色的治病及养生内容，它凝结了古人对生命的探索和智慧。"养身、养心、养性、养德"便是中医心身疾病康复的精华。

1. 养身的理论基础

"养身"是指人们通过顺应自然、起居有度、适量运动把自己的身体调养到最佳状态，不断增强体质，通过身体健康促进心理健康。《黄帝内经》中《素问·上古天真论》有云："上古之人，其知道者，法于阴阳，和于术数，食饮有节，起居有常，不妄作劳，故能形与神俱，而尽终其天年，度百岁乃去。"中医心理整体思想中的"形神兼具"充分认识到形与神之间的关系。"形"即形体，指人的生理特征；"神"即精神意识，指人的心理特征。《素问·上古天真论》中对两者关系的描述是"形与神俱"，认为形神是相互依存、相辅相成的。形体是精神活动和心理功能的物质前提，同时又受精神心理的主宰，二者不可分离，形神合一，是生命存在的根本前提和重要保证。从心理的角度来说，就是人的生理和心理是互相影响的，生理问题会影响心理问题，心理问题也会影响生理问题，因此，在进行个体心理健康教育工作时不仅要关注个体的心理疾病，还要关注个体的生理特征和生理疾病，懂得二者之间的共轭关系。

2. 养心的理论基础

"养心"是指人们通过调控心理、稳定情绪、涵养心态，形成良好的自我意识和认知，面对人生际遇，能妥善处理，达到一种世事洞明、心态平和的状态。《素问·阴阳应象大论》说："暴怒伤阴，暴喜伤阳。厥气上行，满脉去形。喜怒不节，寒暑过度，生乃不固。"人有正常情绪和异常情绪，正常情绪是人维持社会活动的一种正常生理机能反应，具有积极意义。人的情绪超过人体的正常反应范畴就会产生

情绪波动，一旦情绪波动异常，就会引起一系列的心理机能反应，对身心造成影响。《素问·汤液醪醴论》说："嗜欲无穷，而忧患不止。"《孟子·尽心上》说："养心莫善于寡欲。"可见，欲求过度带来的忧患是造成精神困扰的重要因素，也因此说明了节欲守神的重要性。

3. 养性的理论基础

"养性"是指借助修养情性，养成良好的个性，形成良好的生活习惯，培养人们的精神境界，以促进健康长寿，强调修养身心，涵养天性。中国传统文化中早就提出了修身养性与保持心理平衡的道理。中国传统文化的集大成者孔子提出："所谓修身养性在正其心者，身有忿憓，则不得其正；有所恐惧，则不得其正；有所好乐，则不得其正；有所忧患，则不得其正。"他最早注意到修身养性与人的心身健康存在着密切关系。《孟子·尽心上》曰："存其心，养其性，所以事天也。"《淮南子》曰："神清志平，百节皆宁，养性之本也；肥肌肤，充肠腹，供嗜欲，养生之末也。"孙思邈《千金要方》："夫养性者，欲所习以成性，性自为善，不习无不利也。性既自善，内外百病皆悉不生，祸乱灾害亦无由作，此养之大经也。善养性者，则治未病之病，是其义也。"重在优化个性及行为习惯，达到更深层次的健康，从而促进心身健康。

4. 养德的理论基础

"养德"是指人们通过培养高尚的道德情操，追求高尚的思想境界，以仁爱至善为本，乐于奉献，互敬互爱，从而提升道德品质、净化心灵，达到进一步提升健康状态的目的。《尚书·洪范》说："攸好德。"《礼记·中庸》主张"故大德，必得其位，必得其禄，必得其名，必得其寿"。《黄帝内经》有"全德保形"思想。《素问·上古天真论》："所以能年皆度百岁而动作不衰者，以其德全不危也。"以上论述把养生最高境界归根于德，所以我们要时刻恪守道德标准，以身作则，用德来修身，以此来保持心身健康。

三、"养身、养心、养性、养德"在心身疾病康复中的实践运用

"养身、养心、养性、养德"四者之间是一个良性的互动过程。养身主要是以合理饮食、规律作息、适度运动等方式，促进生理功能的正常运转，提升身体素质，为养心、养性、养德提供重要的物质条件；养心、养性是核心，通过调控情绪，修身养性，为养身、养德提供思想基础，指明了养身、养德的方向；养德是最高境界，为养身、养心、养性提供动力和能量。养身有助于养心，养心促进养身，养身

和养心有助于养性，身心健康，又有良好个性，就能促进养德，而养德又反过来促进身心健康。这四者是一个层层递进的过程，又是辩证统一的关系，四者之间互相影响。

1. 明确诊断是心身疾病康复的前提

在心身疾病康复过程中，要做好病史采集、体格检查、病因收集等工作，为明确诊断做准备。病史采集过程中，要明确症状的类型、表现形式，注意收集病人心理、社会方面的有关材料，积极寻找心理、社会因素并明确其与躯体症状的时间关系；在体格检查过程中，注意体检时病人的心理行为反应方式；在心理学检查过程中，对于疑似心身疾病患者，应结合病史材料，采用交谈、座谈、行为观察、心理测量等方法，以确定心理、社会因素的性质、内容和在疾病发生、发展、恶化和好转中的作用。在综合分析过程中，根据收集到的材料，结合心身疾病的基本理论，进行综合评估，最终进行明确诊断。明确诊断后可以采用适当的药物治疗等生物学治疗方式，如中医中药、必要的精神治疗药物等。通过生物学治疗方法减轻症状。

2. 适量运动是心身疾病康复的基础

中医心理整体观念强调形神兼具，认为生理、心理是相互影响和相互作用的。运动有利于改善情绪，运动可以提高自我效能感，运动有利于人们改变消极的自我概念。运动能有效地增加人际互动，提升个人的人际关系，对很多心理疾病有很好的改善和治疗作用。运动能促进身心发展，为心理健康发展提供坚定的物质基础；运动能产生丰富的情绪体验，改善情绪状态；运动能培养良好的情操和意志品质；运动能预防和治疗心理疾病。科学的运动能获得最大的心理效应，愉快和有趣的活动才能获得最佳的情绪效应。持续 8~10 周，每周 2~4 次的身体活动才构成身体锻炼。每次锻炼的持续时间与心理效益的关系说法尚不统一，但有一点几乎是可以肯定的，那就是：至少 30 分钟以上。还要注意一点，并不是越高强度的运动越有效，对于我们常人来说，更适合选择有氧运动或者有节奏的腹式呼吸运动，如慢跑、快走、游泳、骑自行车、打太极拳、打八段锦等中等负荷强度的运动。几项研究结果表明：中等强度比高强度的锻炼对改善心境更有效。所以，在治疗心身疾病患者的过程中，一定要给患者一个运动处方，帮助患者建立起运动习惯，并要求患者坚持或者请求家人监督，通过运动来促进心身健康。

3. 调控情绪是心身疾病康复的关键

情绪就像一年四季的气候变化，有时这样，有时那样，每个人的情绪都是不断变化发展的。在我们的日常生活中，都会经历喜怒忧思悲恐惊的情绪体验。当我们喜悦时，自然欣喜欢愉，当我们面对负面情绪时，总感觉那简直糟透了。其实，负面情绪有时是一种善意的提示，提醒我们本性中爱的流动被阻碍了。我们要学会觉察情绪，学会分解情绪，接纳正常的情绪。健康情绪并不是指时刻处于阳光状态，而是你所表现出的情绪应与你所处的情境呈现出一致性。了解负面情绪的正面价值，例如，痛苦——很有用，它告诉我们这条路走不通，建议你换个方向；恐惧——很有用，它告诉我们这个事情很危险，建议赶紧逃跑；焦虑——很有用，它告诉我们这个事情有点麻烦，需要引起高度重视，同时也提示我们，也许某些时候对某事过于关注结果。我们应该充分利用语言的作用对自身进行暗示，在失意时，告诉自己，"这次不太好，下次努力就不会这样了"。保持良好情绪也不是要求你凡事都要保持开心的情绪状态，希望你尽量保持规律的生活习惯，培养至少两项兴趣爱好，结交几个知心朋友。当然，学会宣泄情绪非常重要，宣泄情绪可以运动、可以大喊、可以出游、可以谈心、可以写日记、可以健身、可以有很多很多方法。当然，找朋友倾诉或者寻求专业心理咨询帮助也是不错的选择。因此，在治疗心身疾病患者的过程中，医生要教会患者如何调控情绪，通过调控情绪达到心身健康。

4. 良好个性养成是心身疾病康复的保障

日常生活中我们要顺应自然，养成良好的生活习性。学会接纳现在的自己，接纳现在的生活，不被利所诱惑，当外部环境和内心世界都能宁静自如时才能养心，心静神自安。静心可以清理负面的情绪，找回你的力量，增加自信。学会满足，珍惜当下，物质生活永远追求不完，七情六欲过盛会影响心净。对生活中任何事情都能全面地看、辩证地看，看到事物的两面性，用中庸的理念看待人或者事，这样就能平衡自己的心，抱怨就少了，快乐就多了。因此，在治疗心身疾病患者的过程中，我们还要让患者学会如何养成良好个性，从日常生活到处理事务都能以正确的方式对待。

5. 道德健全是心身疾病康复的核心

欲修身，必先正心，心正方能身安，身安方能体健，体健方能延年益寿。道德高尚，光明磊落，豁达大度，有利于神志安定，气血调和，精神饱满，形体健壮，能够达到养生的效果。在治疗心身疾病患者的过程中，建议患者多做好事善事。助人为乐，是一种高尚美德，不仅使被帮助者感受人间真情，解决一时之难，也使助人者感到助人后的快慰。经常帮助别人，就是使自己常处在一种良好心境中，感受到自己存在的价值，把自己的爱献一点给需要帮助的人。而感恩，是人际关系里最好的沟通方式。时怀感恩之心，人才会以更加宽容、更加热情的态度投入生活中，才能更好地保持心身健康。

当代社会的竞争压力可谓史无前例，由此而产生的种种普遍的心理和身体问题也向医学界提出了新的呼唤。心身疾病的预防与每一个人的健康息息相关,日常生活中我们要消除或远离环境中的心理应激源,加强社会人际支持,端正认知方式。此外,适度的运动、合理的宣泄方式都对预防心身疾病有帮助。这就是本文的主旨思想:养身、养心、养性、养德。(备注:本文主要观点已在《黄河科技学院学报》上发表。)

养身、养心、养性、养德：
中医心理智慧对现代心理健康的贡献

> **引言**
>
> 中医心理智慧博大精深，是中华民族的文化瑰宝，在本篇文章中，作者经过对中医心理智慧的文献研究及心理健康教育工作的创新实践，在推进心理健康教育本土化发展过程中，凝练了"养身、养心、养性、养德"四个词，并从这四个词中看到了保持心理健康的方式方法。我们可以从中知道"养身、养心、养性、养德"这四个词之间的关系，并了解中医心理智慧，中国智慧养心学。我们还可以从中知道养身、养心、养性、养德的方法。

中医心理学思想扎根于中国大地，根植于中国传统文化，是中华民族的文化瑰宝，中医心理"治未病"思想、中医心理"整体观念"、中医心理"阴阳"辩证理论、中医心理"养心"方法都有着中国传统文化的深厚底蕴，有着丰富的内容和成果，对指导现代人的心理健康有着重要意义。

中医学传统观点认为："怒伤肝，思伤脾，喜伤心，悲伤肺，恐伤肾。"它告诉我们，人的心理活动与人的生理功能之间存在着内在的必然联系，良好的情绪状态可以使人的生理功能处于最佳状态。

经过对中医心理思想的文献研究及心理健康教育工作的创新实践，在推进心理健康教育本土化发展过程中，我凝练了"养身、养心、养性、养德"四个词，并从这四个词中看到了保持心理健康的方式方法。"养身"是指人们通过顺应自然，起居有度，适量运动，把自己的身体调养到最佳状态，不断保持和增强体质；"养心"是指人们通过调控心理、稳定情绪、涵养心态，形成良好的自我意识和认知，面对人生际遇，能妥善处理，达到一种世事洞明、心态平和的状态；"养性"是指借助修养性情，养成良好的个性，形成良好的生活习惯，培养崇高的精神境界，以促进健康长寿，强调修养身心，涵养天性；"养德"是指人们通过培养高尚的道德情操，追求高尚的思想境界，以仁爱至善为本，乐于奉献，互敬互爱，从而提升道德品质，净化心灵，达到进一步提升健康水平的目的。

一、中医心理学思想，中国智慧养心学

1. 中医心理"治未病"思想

《黄帝内经》中的《素问·四气调神大论》首先提出："是故圣人不治已病治未病，不治已乱治未乱，此之谓也。夫病已成而后药之，乱已成而后治之，譬犹渴而穿井，斗而铸锥，不亦晚乎？""治未病"思想不仅适合于生理健康，更是心理养生的重要指导思想，被无数医家、养生学家所推崇。"治未病"思想内涵丰富、体系完善，包括：未病先防、既病防变、瘥后防复。从心理的角度来说，就是个体要学会保持心理健康的方法，日常生活中要学会自我调节，以达到心理健康的状态；个体一旦有了心理疾病的症状就要及时寻找病因，获得宣泄途径，需求专业帮助，防止疾病恶化；康复阶段一定要注意心理发展和治疗规律，进行自我调整，获得社会支持，进行规范治疗，避免心理疾病复发。

2. 中医心理"整体"观念

《黄帝内经》中《素问·上古天真论》有云："上古之人，其知道者，法于阴阳，和于术数，食饮有节，起居有常，不妄作劳，故能形与神俱，而尽终其天年，度百岁乃去。"这一论述全面阐述了养生之道的基本内容，其最大特色在于主张整体养生，其思想内容主要包括：形神兼具、天人相应、心主神明等。

形神兼具。中医心理"整体"思想认为形神是相互依存、相辅相成的，要关注生理健康与心理健康的关系。天人相应，中医心理"整体"思想中的天人合一阐述了人与大自然的关系、人与环境的关系，这些思想充分说明了人与自然的关系，人适应自然、遵循自然规律的重要性。

顺应自然。个体要保持生活规律，规范作息时间，关注个体的成长环境，关注成长环境所带来的负面影响，注重通过改善个体的环境来改善个体的心理健康状况。个体也应积极适应外界环境，通过改造外界环境来提升心理健康水平。

心主神明。中医心理"整体"思想中的心主神明论着重阐述了心理对健康的重要意见，《素问·上古天真论》曰："恬淡虚无，真气从之，精神内守，病安从来。"这句话充分说明了神在个体健康中的重要性，心理活动影响人的生理活动，生理健康需要心理健康来调摄，因此，要特别关注个体的心理健康，关注心理健康对身体健康的影响和调节作用，通过发挥个体的心理能量和潜能来达到健康的目标。

3. 中医心理"阴阳"辩证理论

《素问·生气通天论》："阴者，藏精而起亟也；阳者，卫外而为固也。""凡阴阳之要，阳密乃固。两者不和，若春无秋，若冬无夏，因而和之，是谓圣度。故阳强

不能密，阴气乃绝；阴平阳秘，精神乃治；阴阳离决，精气乃绝。"这一论述充分阐明了阴阳是相互渗透、相互依存的统一体，其主要思想包括：健康全面论、健康相对论、健康发展论。健康全面论。中医心理"阴阳"辩证理论强调阴阳是互相渗透、互相依存的统一体，阴阳辩证理论告诉我们，万事万物皆有阴阳，一定要全面看问题，对待人、事、物都要全面认识，切莫以偏概全。健康相对论。中医心理阴阳辩证理论强调阴阳相对论，阴阳互相作用、互相影响、互相转化，个体在看待事物发展时要一分为二地看，从好中看到希望，从危险中看到机遇，从痛苦中看到快乐，从失去中看到得到，从不公平中看到相对公平。健康发展论。中医心理阴阳辩证理论强调阴阳发展论，事物是不断变化和发展的，用发展的眼光看问题，坚信事物都会向好的方向转化。

4. 中医心理"养心"方法

中医学发展至今，一直十分重视"养心"，强调精神因素对人体健康的影响，并在长期的治疗实践中，不断探索，总结经验，形成了具有中国本土文化特色的系统心理"养生"方法，其中顺时调神、节欲守神、以情治情等方法具有普遍性和较强的社会意义。

顺时调神。"故四时阴阳者，万物之终始也，死生之本也。逆之则灾害生，从之则苛疾不起，是谓得道。"在生活实践中，要根据自然界的气候变化规律进行适当的精神调养，顺从天气变化，顺应四时气候，维持人与自然的和谐相处，从而促进身心健康。

节欲守神。《素问·上古天真论》说："恬淡虚无，真气从之，精神内守，病安从来。""是以志闲而少欲，心安而不惧，形劳而不倦……"也就是说，心理养生不仅要看到外界环境对个体的影响，更要注重自身精神的修炼，学会控制自己的欲望，减少主观欲望的需求，保持内心平静，保持身心健康。

以情治情。包括"悲胜怒""喜胜忧""怒胜思""恐胜喜""思胜恐"。人有正常情绪和异常情绪，正常情绪是人维持社会活动的一种正常生理机能反应，具有积极意义。人的情绪超过人体的正常反应范畴就会产生情绪波动，一旦情绪波动异常，就会引起一系列的心理机能反应，对身心造成影响。

二、养身、养心、养性、养德，我们可以这么做

1.心理素养提升促进心理健康。要通过中医心理"治未病"思想的指导，做好早期预防工作。要学习心理健康相关知识，提升自身的心理健康素养，全面了解自

己，接纳自己，发现自己的潜能，增强应对困难和挫折的能力，提高心理素质和自愈水平，塑造健全人格。遇到小问题时要及时宣泄、及时化解，遇到大问题时要及时就医，防止病情恶化。

2. 适量体育运动促进心理健康。中医心理"整体"观念强调形神兼具，认为生理、心理是相互影响和相互作用的。运动有利于改善情绪，运动可以提高自我效能感，运动有利于改变消极的自我概念，有效地增加人际互动，提升个人的人际关系，运动对很多心理疾病有很好的改善和治疗作用。

3. 良好生活环境促进心理健康。中医心理"整体"观念强调天人合一，认为人与自然、人与环境、人与人之间存在互动关系。所以，我们要懂得营造良好环境，营造良好人际关系，关注作息时间，生活规律，让人与自然和谐相处。

4. 自我潜能开发促进心理健康。中医心理"整体"观念强调心主神明，认为人的心理有强大的功能，能影响整个身心健康状况。人体有自身的运行机制，阴阳五行、五脏六腑之间是协调运行的，人本身具有强大的自愈功能，注意到个体心理对生理的影响，发掘个体的潜能，用心理的作用来促进身心健康。

5. 顺应自然，促进心理健康。中医心理"整体"观念强调道法自然，认为人与自然相处的过程中会体验到生命、生存、生活的意义，从而启发心智。要多多走进自然，体验自然，让自然能量改善情绪。

6. 辩证看待问题，促进心理健康。中医心理"阴阳"辩证理论强调阴阳是互相渗透、互相依存的统一体。我们要学会面对任何人、事、物时用全面的观点、辩证的观点、发展的观点去看，相信事物都有两面性，都有好的与不好的一面，从不好中看到希望，从危险中看到机遇，从痛苦中看到快乐，从失去中看到得到，从不公平中看到相对公平，坚信事物是发展变化的，从而促进内心的平衡。

7. 培养良好习惯，促进心理健康。春季，人们应该早起散步，宽衣散发；夏季，人们应晚睡早起，避热消疲，运动适度；秋季，人们的活动应以静为主，保持平常心，防止过于忧悲，收敛神气不外散……也就是说，人要根据自然界的气候变化规律进行适当的精神调养，维持人与自然的和谐，从而促进身心健康。

8. 节欲、感恩、知足，促进心理健康。要学会控制自己的欲望，懂得适时取舍，给心灵做减法，经常怀有一颗感恩、知足的心，不盲目追逐虚妄的东西，不过分攀比拥有的事物，真正做到"美其食，任其服，乐其俗，高下不相慕"。要在思想上减少杂念和贪念，懂得珍惜和满足，保持心静和自省。

9. 积极、乐观、豁达，促进心理健康。恐胜喜，就是用害怕的情绪来制约大喜引起的精神亢奋；悲胜怒，就是用悲伤的情绪来制约暴怒或久怒导致的气机逆乱；

怒胜思，就是用激怒患者的方式来制约思虑过度，伤脾耗神，避免出现神情困顿的症状；喜胜忧，就是用快乐的情绪来制约忧伤的情绪；思胜恐，就是用思考的方式来制约恐惧过度引起的病症。这些方法简单易行，能有效地缓解当下的不良情绪，促进心理平衡和身心健康。

10. 思想道德品质促进心理健康。我们的心理会产生困扰，一个重要原因是做了自己认为不该做的事情，认为自己的行为违背了道德。倡导遵守社会规范、社会道德，践行社会公德，来达到修身的目的，比如：可以积极从事志愿服务活动，或者帮助身边的人，通过帮助别人的方式来获得内心的安宁和爱的回馈，从而促进身心健康。

心理咨询案例示范：
她在朋友身上找妈妈的感觉

> **引言**
>
> 日常生活中，我们会遇到各种各样的人，也会面临很多人际交往的问题，这些关于人际交往的问题一定是因为我们的性格和习惯吗？其实在人际交往过程中遇到的问题不是只有表面看起来那么简单，甚至很多人际交往中出现的问题是源于更深层次的童年因素，只是这些原因很难被我们发现。下面跟大家分享一个案例，希望可以给大家带来一点启发。

一、背景

（一）个案基本情况

1. 基本资料：求助者，女，21岁，独生女，大学四年级学生，1.60米左右，近视，戴黑色眼镜，衣服穿着比较活泼，眼神无法看清，精神状态欠佳，无重要躯体器质性疾病，有些许男生的气质，来自小县城，家庭教育和家庭环境较好。

2. 求助者主诉：最近半年多来，总觉得生活很不开心，觉得没有人喜欢自己，感到很自卑，还经常莫名其妙地情绪低落，做事情提不起兴趣，还有失眠的表现。特别是一个好闺蜜有了男朋友后，她更是心情烦闷，觉得整个世界都要塌了，心里很不踏实，担心害怕，敏感多疑，现在不再相信朋友了，也经常借故不愿参加集体活动，甚至有时候连课都不想去上，没有了先前的动力和目标，也不想和别人交往了，害怕自己又被人抛弃。近来，吃饭没有那么香了，有时腹痛、腹泻，还有头痛、头晕的症状，还经常脖子痛，感觉很没精神。

3. 求助动机及过程：来访者主动前来咨询，希望改变目前这种没有精神、整天闷闷不乐的现状，尤其是改善失眠的情况，希望能变得更加积极向上，能顺利完成学业；高中时期因为学习压力大，出现焦虑情绪，找过学校心理咨询老师咨询，基本好转。三个月前，来访者曾到社会上一家心理咨询机构咨询，被诊断为轻度抑郁，并做了4次咨询，效果不佳。一个月前，因为有头痛、头晕的症状到医院进行了全身体检，未发现严重躯体疾病。

（二）家庭情况及重要生活事件

1. 家庭情况及重要人际关系变化：从小生活在一个不错的家庭，父母亲都是工人，家庭条件不错，家庭关系很和谐，但本来很幸福的一家在一次变故中改变。母亲在来访者读四年级时从楼上跌落去世，后来访者一直与父亲相依为命。本来有一个非常要好的同性朋友，每天都会一起去吃饭，一起去自习。这个朋友特别能理解她，也很关照她，当时她总认为自己找到知己了。半个月前开始，朋友就很少和她一起去吃饭，也不和她一起去自习了，更不用说关照了。自从朋友有了男朋友后，她就感觉很不舒服，她总认为是她的男朋友破坏了她们之间的感情。现在她心里觉得朋友是不可靠的，朋友都会从身边一个一个地远去。随后一系列的生理、心理症状不断出现。

2. 重要生活事件：来访者的家庭条件较好，很早就在城里买了房子，住在六楼。有一天晚上，来访者因为报培训班的事情与母亲吵架了，为了发泄情绪，把家里的晾衣竿也折断了，她说这是她第一次与母亲这么凶地争执。第二天来访者回家经过自家楼下时，目睹了妈妈因为在阳台上晾衣服不慎跌落的情景，来访者的母亲当场死亡。来访者的母亲死后，她从来没有哭过，身边的人都说她不孝。因为，是她头一天与母亲吵架并且弄断了晾衣竿导致了母亲的死亡。一方面，她总觉得是自己害死了母亲；另一方面，来访者又觉得母亲根本没有死，母亲不可能会离开自己的。自那以后，来访者开始封闭自己，也开始严格要求自己，开始自卑，开始寻找朋友。

二、评估与分析

（一）个案评估

1. 排除躯体疾病：来访者从小没有什么躯体疾病，身体状况一直比较好，家族没有精神病史，一个月前，医院检查显示来访者无器质性的疾病，可排除生理疾病。

2. 排除精神病：根据郭念锋教授判断病与非病的三原则：来访者主客观世界统一；知情意协调一致；人格相对稳定；自知力完整；有主动求医行为，无逻辑思维混乱，无感知觉异常，无幻觉、妄想等精神病症状，因此可排除精神疾病。

3. 排除神经症：根据许又新教授《神经症》一书关于神经症的临床评定方法，

来访者的心理冲突与现实处境直接联系，带有明显的道德色彩，属于心理冲突的常形，不良情绪反应的时间不甚长久，由现实刺激所引起。故排除神经症。

4. 心理测验结果：根据求助者的主诉和咨询师的判断，完成了SCL-90症状自评量表、SAS焦虑自评量表、SDS抑郁自评量表。

SCL-90症状自评量表结果如下：

躯体化	强迫症状	人际关系敏感	抑郁	焦虑	敌对	恐怖	偏执	精神病性	其他
2.5	1.6	3.2	2.9	2.4	1.6	1.4	2.1	1.2	2.0

SAS焦虑自评量表：标准分55分。

SDS抑郁自评量表：标准分58分。

SCL-90测验结果分析为：人际关系敏感这一项的因子分达到3.2分，表现出明显的人际关系敏感；躯体化（2.5分）、抑郁（2.9分）、焦虑（2.4分）、偏执（2.1分）这四项也有轻度症状，这四项问题的出现和人际关系敏感是相关的，也与抑郁的表现相契合，在此基础上，来访者完成了SAS焦虑自评量表和SDS抑郁自评量表，也是轻度的表现。

5. 主要症状：

生理：失眠，头晕头痛，脖子痛，腹痛腹泻，没精神，吃不下饭。

心理：情绪低落，闷闷不乐，焦虑，心里很不踏实，担心害怕，敏感多疑。

社会：借故不愿参加集体活动，甚至有时候连课都不想去上，没有了先前的动力和目标，也不想和别人交往了，害怕自己又被人抛弃。

6. 咨询师印象：求助者衣着得体，但表现出较强的紧张感，有礼貌，但配合度不是很好，不爱表达，性格比较内向，情绪比较低落。

综合以上因素，来访者的情绪症状持续小于半年，社会功能有所受损，学习效率明显下降，甚至回避社交活动，出现了明显的生理、心理症状。故可以评估为严重心理问题，属于心理咨询工作范畴。

（二）个案分析

1. 个案的潜意识扰动生活

来访者目前出现的情绪症状主要源于潜意识的扰动和不合理的认知，来访者一直不愿意承认和接受母亲不慎跌落去世这样的事实，并把这样的不接受压抑在潜意识中，为此来访者自从母亲去世后一直没有哭过。但是，这样的压抑经会扰动她的生活，特别是当她非常要好的闺蜜因为有了男朋友不再经常与她在一起，不再那么关心她时，表现得越加明显。认真分析会发现，因为从小失去母亲，她所需要的母爱无处获得，在初中和高中时期一心为了读书而暂时遗忘了母爱，上了大学以后，她遇到了如同母亲一样的闺蜜，闺蜜对她无微不至的关心和照顾，仿佛让她找到了母爱的感觉。可是，当闺蜜有了男朋友后，不再那么关心、关注她时，她所需要的母爱仿佛又被"剥夺"，于是，潜意识好像在告诉她：妈妈真的离开你了！她其实把闺蜜当成了母亲的化身，在朋友身上找妈妈的感觉。

2. 个案的认知偏差

来访者的认知也出现了一些偏差。比如：母亲的死绝对是因为她造成的；朋友是不可信任的，都会一一离开；认为自己是一个自卑的、一无是处的人；朋友应该像妈妈一样无微不至地照顾自己，一直在身边；等等。这些认知的偏差导致她在人际交往过程中出现误区，也导致对自己的评价过低。

三、咨询目标及咨询计划

咨询目标分为近期目标和远期目标，为更清晰地体现咨询目标和咨询计划，设计如下表格：

阶段	目标	咨询方法原理	时间
1. 关系建立	建立信任关系 形成初步印象	尊重、真诚、温暖、共情、积极关注	第一周 周六
2. 收集资料	收集整理资料	咨询资料收集技术（生理、心理、社会）、心理测验技术	第二周 周六
3. 情绪宣泄	宣泄情绪、放松训练、问题呈现	放松疗法、精神分析法	第三周 周六
4. 分析问题	找到问题关键点、分析问题原因	认知行为方法	第四周 周六
5. 自我探索	自我分析	放松训练、生物反馈技术、求助者中心疗法、认知行为疗法	第五周 周六
6. 自我成长	消除症状、改善认知、重塑生活目标	求助者中心疗法、认知行为疗法	第六周 周六
7. 评估	评估效果	心理测验、评估五维度	第七周 周六

* 咨询目标和咨询方案由双方共同商定，其中还规定了咨询的次数和咨询的费用，双方的权利和义务等问题。本方案仅仅是简单的描述，具体的请看咨询经过。

四、咨询过程

第一次咨询：求助者来到心理中心有些许紧张感和对我的不信任感。咨询师充分运用了心理咨询技术中的关系建立技术，尊重和接纳来访者的一切行为和情绪，积极充分地关心来访者的感受，为来访者营造宽松、舒适、安全的环境。一开始求助者不愿交流，咨询师放比较舒缓和细腻的音乐，如：《天亮了》《丁香花》。后来，听着听着求助者哭了起来，咨询师感到一种希望，但咨询师只是静静地坐在她的身旁和她一起听音乐，一句话也没有说，只是静静地听，时不时地用关切的眼神看着她，并为她递上纸巾。时间很快过去，本次咨询过程中咨询师好像什么也没有做，只是简单地了解了她的基本信息，但咨询师已经体会到了她对自己的信任。咨询师期待她的下一次到来。在结束之时，咨询师还认认真真地为她介绍了心理咨询的相关知识和规范，并真诚地邀请她下次来访。

第二次咨询：求助者过了一周又来了，咨询师又放了上次的音乐。本次咨询的主要目标是帮助来访者开口，收集资料。咨询师开始询问她的来访目的和希望解决的问题，用生理、心理、社会三维度模式和心理测验技术收集她的资料，得知她有失眠、头晕头痛、脖子痛、腹痛腹泻、没精神、吃不下饭等生理症状；有情绪低落、闷闷不乐、焦虑、心里很不踏实、担心害怕、敏感多疑等心理症状；有借故不愿参加集体活动、不想上课、没有目标和动力、不想交往等社会症状；心理测验中人际关系敏感、抑郁等指标较高；同时，了解到她的家庭情况和这段时间所面临的困难，既往求助史等信息。

第三次咨询：本次咨询，咨询师把来访者带到了音乐放松室，让来访者平躺在音乐放松椅上，放着《天亮了》这首曲子，本次咨询的主要目标是帮助求助者宣泄情绪。经过前面两次的咨询，咨询师已充分感觉到她心里积压了太多的情绪，《天亮了》这首曲子对她也一定有特殊的意义，没多久她的眼泪流了下来，咨询师顺着她的眼泪慢慢交流，试图询问《天亮了》这首曲子对她的意义。精神分析法里面讲到"现在心理问题的出现与童年时代的特殊经历有关"，于是咨询师大胆地问她的童年过得如何，她说："我很想念那时的美好时光，一家人其乐融融的，爸爸妈妈是那么的疼爱我。"突然间，她大哭起来，咨询师有些不知所措，只能静静地陪伴在她的身边，后来，她说："我害死了我的妈妈，要不是我和妈妈吵架，要不是我弄断了晾衣竿，我妈妈就不会从阳台上掉下来，她就不会死！"听到这样的语言，咨询师才真正明白《天亮了》这首曲子对她的意义。通过本次咨询，咨询师知道了她在童年时代目睹了母亲从六楼坠下，不愿意接受这样的事实，并一直认为是自己的原因导致了妈妈的去世，她把这种感受一直压抑在潜意识里面。求助者从头到尾都在哭泣，咨询师认为这是非常好的宣泄途径。

第四次咨询：本次咨询的主要目标是分析问题，找出问题的关键点，共同探讨导致她目前情绪症状的真正原因。关键点是：不愿意承认母亲的去世、认为是自己的原因导致了母亲的去世、把对母亲的感觉放到了朋友身上、要求朋友能像母亲一样关心、关注自己。

第五、第六次咨询：这两次咨询的主要目标是自我探索、自我成长。这两次主要布置了家庭作业：让求助者回家乡母亲的坟前送花，并在坟前告诉母亲这些年自己的苦恼，告诉母亲自己现在的情况，也告诉母亲自己会努力的，在母亲坟前好好哭一场。布置本家庭作业的目的是：①让求助者再一次充分宣泄；②让求助者有与"母亲"交流的机会；③把潜意识上升到意识上来；④让求助者去表达对母亲的"歉意"，以此放下心中的包袱。经过前面几次咨询，来访者与咨询师之间建立了很好的信任关系，也明白了问题及关键原因。这两次咨询主要针对测验的结果和咨询师的分析来为求助者说明问题产生的核心因素及产生机制，并对来访者的不合理认知进行了一一的矫正。来访者的主要不合理认知包括：妈妈的死是因为她前一天和母亲斗嘴；朋友都是不可靠的，不可信任的；她认为和她相处的人都会知道她的秘密；求助者在朋友的身上找妈妈的感觉；她是一个一无是处的人，没有任何人喜欢。针对以上几个不合理认知，用认知疗法让求助者对这些有一个重新的认识，而本次咨询的关键也在这里。经过双方的共同探讨，求助者的心情明显轻松了很多，我也感到了求助者的变化。

随后，我们还共同探讨了一些情绪宣泄技巧、放松方式、人际交往的技巧、生活目标重塑方法等，相信求助者有自我发展的能力，最后在愉快的气氛里结束了本次会谈。

第七次咨询：按照方案的进程，是最后一次。显然求助者有些异样，她的闺蜜也来了。本次咨询的主要任务有：重新回顾整个咨询过程，巩固咨询成果；对咨询效果做一个评估。评估再次用了 SCL-90 量表，测量结果如下。

躯体化	强迫	人际关系敏感	抑郁	焦虑	敌对	恐怖	偏执	精神病状	其他
1.2	1.4	1.8	1.6	1.8	1.4	1.4	1.6	1.2	1.6

从测量结果上看，各项因子分均小于2，基本没有症状。

另外，她朋友的反映也比较好，求助者开始去参加各种活动了，也不那么敏感了，她们之间的关系也好多了。求助者本人也表示自己目前很轻松，生活有目标了，希望赶紧毕业找工作，之前出现的情绪症状基本缓解，并开始每天坚持运动。咨询师对来访者做了近3个月的跟踪，求助者的生活状态良好。

五、讨论与总结

（一）成年后的心理问题往往源于童年的特殊经历

在咨询过程中，收集来访者的童年经历是非常重要的环节之一，本案例来访者目前出现的情绪症状表面看上去好像是她的闺蜜有了男朋友后不那么关心她导致的，其实，这种现象对我们大部分的人来说是再正常不过的事情，并不会因为此事导致一系列的情绪症状出现。真正的原因在于她的母亲去世，并且她不愿承认，还认为是自己的原因导致，在自责的过程中，又在朋友身上找妈妈的感觉，从而出现了交往的偏差、认知的偏差。因此，我们需要去了解和探讨背后的原因，学会去寻找潜意识的东西，找到问题的关键点。

（二）倾听和陪伴比建议和忠告效果要好得多

在心理咨询过程中，尤其是在咨询初期，倾听和陪伴可以促进良好咨询关系的建立，对后续的咨询非常有帮助。倾听的过程和陪伴的过程也要讲究一定的方法和技巧，适当的反馈加上身体语言效果最佳。建议和忠告对来访者的咨询效果有限，总之，做好倾听和陪伴就是咨询效果的最好体现。

（三）本案例对其他案例的借鉴意义

人际关系问题是一种非常普遍的心理问题，并且人际关系问题的处理并不会那么容易，究其原因会发现，人际关系问题普遍与童年经历有关、和父母关系有关，那么在有关人际关系问题的咨询过程中，就应该充分了解来访者的童年经历和父母关系。这个案例的咨询，对人际关系类的咨询有一定的借鉴意义。（为保护患者隐私，本案例已做隐私处理。）

心铸未来

在最焦虑的未来，让考研、就业更有目标

第六章

少年不惧岁月长，未来却不是情怀满腔，凭借只言片语便可深情回望。顾不上过去的步履有多匆匆，赶路的人们皆拥挤在道口，搭乘着下一班车。有人挤上了工作的末班车；有人选择原地驻留，通过考研升级到一等座；还有人犹豫着、徘徊着，迟迟无法迈开脚步。你是哪种人？你愿变成哪种人？现在努力奔赴目标的你就是最好的答案。

你为什么要考研？做好心理准备了吗？

> **引言**
>
> 据统计，每年的考研人数都只增不减，你是否也要准备考研呢？那你要想清楚，自己为什么要考研？要做哪些准备呢？如何在考研大军里脱颖而出、考研成功呢？心理老师用自己所调查的数据和结果为你解答，希望对你有所帮助，提早给你的心理做好建设，祝你考研成功。风雨漫漫考研路，终会创造出一段美好人生！

近期，我粗略统计了一下，在我的咨询对象中，至少有30名同学问及考研的相关事宜。我们举办的考研交流会上有来自不同年级的学生，我发现，低年级学生比高年级学生还多，而且我还发现，每次考研交流活动通知一发出，报名参加人数瞬间爆满。从以上信息点我们会发现在校生非常关注考研的相关话题，他们希望得到更多的指导和帮助。今天，老师就和大家来聊聊：你为什么要考研？做好心理准备了吗？希望会对大家考研有所帮助。

先从我带的第一届学生说起，我当了7年辅导员，带了两届学生，第一届学生2011年毕业，其中大部分人本科毕业后就去工作了，当然，就业单位大部分为县级及以下单位，少数在大医院工作，但是很多都是非编制内的岗位；也有部分学生没有坚持原来的专业，转行做了其他工作或者自主创业；另外，有小部分同学保研、考研，甚至后来考博，这些同学有的在北京中医药大学当老师，有的在省级或者市级医疗机构工作，都有编制。经过这么多年的发展，他们会发现学历是非常重要的，那些之前没有读研的同学也纷纷一边工作一边读研或者放弃工作专心读研深造。当然，不排除一部分没读研究生的同学在基层也做得很好，发展得也不错。

一、你为什么要考研？原因多种多样

我们为什么会选择考研？这个问题值得我们深入思考。很多人认为，考研又苦又累，淘汰率又高，选择这条路需要极大的勇气和决心，但种种吐槽都没有影响大家选择考研的热情。在写这篇文章之前，我也做了些调查，针对不同专业的学生发起了提问：你要考研吗？你为什么选择考研？居然在校生有70%～80%打算考研，这个数字确实震撼到了我。关于为什么要考研这个问题，我根据本次调查情况、平时的工作经验及咨询情况，对其进行了一些总结，看看你是其中的哪一种。

原因一：获取更加优质的就业岗位。

近日，我看到多所并不太知名的高校招聘行政管理人员及辅导员时要求"双一流"博士研究生；很多县级医院招聘医疗岗位人才时要求硕士研究生；国有企业及较为知名的大企业招聘时也倾向于选择"双一流"高校毕业的博士、硕士；近年来，我们也看到各地掀起了抢人大战，出台各种优惠政策吸引高端人才，但无一例外会看到，博士、硕士的优惠政策明显好于本科生，而且这种差距不是一点点。我们也会发现，因为起点不一样，你的发展机遇也是不一样的，同一个单位，博、硕士的发展机会远远大于本科生、专科生；从待遇来看，博士、硕士的待遇远远好于本科生、专科生。因此，我们会发现，学历在现在这个社会是非常重要的！或许在不久的将来，研究生将成为标配。高学历，往往意味着高薪、更好的发展前景。我想很多大学生考研就是为了获取更加优质的就业岗位、获得更好的发展前景和未来，这没有错，这是社会发展的必然，老师也希望你们为此努力！

原因二：学术追求，继续深造。

有很多学生对自己的专业很有兴趣，也想继续在这个领域发展。大学本科阶段学习到的专业知识毕竟有限，就当前而言，本科阶段的课程，往往比较宽泛，涉及面虽广，但深层面的探索却远远不够，可以说本科阶段是基本知识的学习、综合能力的锻炼，谈不上更专业的学习。而研究生则不同，研究生阶段主要培养的就是我们的科学研究能力，使我们能在某一个领域或某一方向深入下去。我们在大学学习的专业知识很多都是皮毛，不说别的专业，就说医学生，一学期下来要学十几门专业课，年年期末赛高考，平时大考小考无数，可五年学制本科毕业了还是不敢给人看病，所以是目前考研率最高的专业之一，不少同学甚至要读到博士。因此，如果你对自己的专业很感兴趣，愿意深入研究，甚至想在这方面有所成就，考研也就成了唯一选择。期待在学术上有所建树，这是研究生的本来含义，也是最原始意义上的考研动机。

原因三：改变不如意的现状。

很多学生在高考时并没有发挥自己的应有水平，导致不能选择自己所希望的学校和专业，甚至有很大一部分人是通过专业调剂来的，因此，有很多人并不喜欢自己的专业，大学的学习也只是想混一个文凭。"兴趣是最好的老师"，我们若对学习毫无兴趣，那又谈何收获。这时，考研就给了你第二次选择的机会，只要努力，大家完全有机会去选择自己所喜欢的专业。读研期间，我们可以尽情地施展我们的才华，毫无顾忌地追逐自己的梦想。有些同学因为在高考时发挥不好，从而错失心仪院校，想在考研中弥补遗憾；也可能受到周围环境的影响，一直有一个名校的梦想，于是通过考研来实现目标，改变自己的出身和命运。想通过考研做人生的第二次选择是可以的，考研给予了我们再一次自主选择的机会。

原因四：获得更多资源和人脉，为未来发展铺路。

考研期间会认识很多自律的人，读研期间会认识很多优秀的人，读研工作后会获得很多社会资源和人脉。通过考研、读研认识更多优质的伙伴，为未来的发展铺路。如果你对原来的环境不满意，你对原来的人际圈不满意，你对原来的学习氛围不满意，那就通过考研改变环境，认识更多优秀的人，这何尝不是一种捷径呢？我们可以在更好的高校平台上锻炼自己的专业能力、团队合作能力、人际交往能力。选择考研，不仅可以锻炼自理能力，提高专业知识水平，还可以接触到更多更高层次的人群，扩大交际圈，受周围优秀同伴的影响，我们自己也会变得越来越优秀！另外，可以预见的是，人才高消费是未来的趋势，今天的人才市场上还是本科毕业生在"扛大头"，也许明天就会演变成硕士的天下。还是趁着年轻，多拿一个学历在手里，未来更有保障，更好地为自己的未来发展铺路。

原因五：担心本科毕业就失业。

对于如今的社会来说，就业压力越来越大，年年都是"最难就业季"，很多刚毕业的大学生很难找到一份自己喜欢的工作，想要在求职大军中谋得职位非常不容易，尤其是对于本科学校不好或专业冷门的同学，所以考研就成了一条出路。一方面，深造三年，更深入地学习知识，充实自己的同时也增加就业的竞争力；另一方面，校园里舒适安逸的日子过惯了，哪里能忍受找工作的纷乱复杂、悲悲喜喜。大学生就业难是不可否认的现实，既然年龄尚小，不如考研，既能得到更高层次的学历，又能逃避严峻的就业形势，多过几年逍遥自在的校园生活。

原因六：为了今后的升职发展，回归校园。

社会现实摆在那里，高学历者更容易得到提拔和重用，虽不能说这是百分百的规律，但却是普遍的现象。我们有很多人在工作后一边读研一边工作，心累极了！还有一些人工作几年后辞职，全力以赴准备考研。曾经有这样经历的一位同学说，大学毕业后几年来的职场打拼让他感到累极了，他想暂时躲回校园里，让身心都得到休整。3年后还能有一个更高的起点。与其这样心累地边工作边读研，不如一步到位。

原因七：获取社会认同与尊重，打造更精致的人生。

中国人的学历观在未来很长一段时期内是不可能发生根本性变化的。古语有云："万物皆下品，唯有读书高。"据有关调查资料显示：72.7%的被调查者认为，我们的社会对高学历者的态度是尊重或以尊重为主，81.6%的人承认自己比较重视或很重视学历，家人、亲戚、朋友都以自己的孩子是硕士、博士为荣，甚至当作炫耀的资本。这是因为高学历可以获得更好的工作，而好工作又可以获得更好的薪资，更好的薪资可以获得更体面的生活，更体面的生活可以获得更多的社会认同和别人的尊重，这是一个良性循环。如果说物质上的富足来源于优质的工作，那么精神上的富足将来源于我们身处何种圈子。读研期间，你遇到的同学、朋友、导师都将成为你的新圈子，这些资源转化为你的另一类财富。和优秀的人在一起生活、学习，耳濡目染之下，他们的优秀品质也会不断激发你，深刻地影响着你对后续人生的选择。

原因八：磨炼自己的绝佳机会。

我们都知道考研是很辛苦的事情，那种没日没夜的生活是对自身韧性的极大考验，想考研究生的同学每年都如雨后春笋，但坚持下来的没几个。考研对个人的成长和心智的磨炼是一个绝佳机会。一路走来，收获的不仅仅是录取通知书，还有在看不见希望的黑暗中摸索前进的胆量、坚持不懈的毅力、解决问题的思维能力、时间管理能力、自律自强的能力等，这些能力的提高对我们今后养成良好习惯、端正态度有很大的益处。自信是成功的基石，经历了考研，我们将拥有更强的自信，也会成为更好的自己。

二、考研该做好怎样的心理准备呢？

考研之路漫长辛苦，要忍受着孤独与寂寞，要忍受远离手机、游戏、逛街等诱惑，看到别人都在愉快地玩耍，你真的能顶住诱惑、继续坚持自律前行吗？你真的知道自己为什么要考研吗？你有充分的思想准备吗？

心理准备一：考研，我们要更加坚定一点！

不管你出于哪种原因选择考研，这都没有错，只要你坚持，都会有所收获。试想，在短暂的时间内，有什么活动能够比学习更能迅速地改变自己命运、成就自己的未来呢？我们中的大多数都是普通人，我们没办法拼爹拼妈，只有用你自己的决心来开拓自己的未来！更重要的是，我们眼界要放宽广一些、长远一些，不要老盯着现阶段的一些小事，现在考研就是一个契机，能助力我们站在更高的平台上展望未来。因此，对于考研，我们要更加坚定一点！积极心态一定会助你考研成功。

心理准备二：考研，目标要更加明确一点！

考研，你必须要知道自己以后的方向、考研的方向、就业的方向。是否考本专业的研究生，本专业有哪些方向、哪些学校、哪些导师，大概需要考哪些科目；如果跨专业考研，你要了解那个专业的考研要求，是否接收非本专业的考生，跨专业的考研难度在哪里，你该如何准备，你还要知道你心仪专业的导师、学校等基本情况，做到心里有数。最好有自己明确的专业方向和学校，这样你准备起来就比较有目标，这样的目标决定越早越好。如果三心二意，我看就算了。怎么了解呢？进入各高校研究生招生网站，你想知道的它都有。

心理准备三：考研，流程要了解更多一点！

考研全流程：先明确自己的专业方向和目标院校，然后：①通过查询相关院校招生简章、目录、录取资料，结合自身的发展考虑，选择合适的专业方向及意向导师；②联系考研目标院校的师兄、师姐，获取相关的备考资料和经验，做好复习规划，如果没有途径获取师兄、师姐的联系方式，可以寻求考研辅导机构的帮助；③合理安排时间，对公共课、专业课等做好相关时间规划，静心复习；④9月关注最新的招考简章，核实是否有变动，有变动则及时更换备考方向或更换院校；⑤10月正式报名，11月现场确认，12月参与考试，初试结束后可以尽快进行复试复习；⑥次年3月陆续开始复试、调剂；⑦次年6月开始，各院校发放录取通知书。建议大家至少提前一年准备考研，并合理规划这一年的时间。

心理准备四：考研，准备要更加充分一点！

考研需要很多准备工作，学习是最艰苦卓绝的活动，你要充分了解你所报考专业的考试、复试要求，根据大纲提前做好准备工作，提早进入学习模式。考研困难中的一个点是英语，所以务必在任何时候都不要放松对英语的学习，这是你考研能否成功非常重要的一个因素。如果大学最后一年学校有实习的要求，你们要想好如何平衡实习与考研复习的时间。最好寻找几个有坚定考研信念的伙伴，一起努力，互相打气、互相督促、互相陪伴，这样你考研成功的概率会大大增加。寻找合适的考研学习地点，在学校还是在校外，哪里的效率高就选择去哪里。另外，你的身体吃得消如此艰巨的学习任务吗？记得好好锻炼身体，补充营养，这样才能在考研中熬到头、冲出去。在考研的过程中，你要明确，学习本身就是一件苦差事，在学习过程中，与所有人相比，就拼一点：吃苦！这就是古人所说的，吃得苦中苦，方为人上人。所以，你选择了考研，那就从吃苦开始。

心理准备五：考研，需要你的意志力多一点。

有考研想法的人有70%～80%，坚持下来的可能只有40%～50%，认真准备考试、做好准备的可能只有30%~40%,为什么呢?因为很多人坚持不了多久就选择了退出。其实打败你的不是你的智商,更不是没时间,而是你的意志力。考研最根本的是需要你持之以恒的意志力!你想要实现一个目标,就必须舍弃掉一些其他的东西,拒绝很多诱惑,所以,若你选择考研的话,从现在起到考研这么短的时间里,你需要抛弃一些杂念,集中所有的力量去考研,专心致志地在这段时间里面只做这一件事情。当你走完这条路的时候,你会发现,你收获了自信、自律、自强的自己,当然还有你的未来。

我们与你风雨同行!风雨漫漫考研路,终会创造出一段美好人生!

写给正在考研的你,为你点亮心灯

> **引言**
>
> 考研是一件充满未知且需要付出巨大努力的事情。深夜的校园有你,图书馆的角落有你,晨光初起时有你,夜幕降临时也有你,你们认真的样子,真的很美。希望你们享受考研这个过程,迷茫、痛苦、矛盾、无所适从、奋起直追。为梦想努力的日子,你努力过了,它就在你的生命中留下精彩的一页。希望能用我的文字,给奋战的你们带来慰藉。

亲爱的"考研狗":

不知道这样的称呼是否合适,我看了很多关于考研的文章,他们似乎都用这样称呼,既然这样,我也斗胆用一次,希望能拉近与你们之间的距离。

前些天,考研初试时间公布,看到这个时间的时候,你是不是也停下来思考了那么一会儿,心情有点小波动。最近我接了不少考研同学的咨询,有人因为各种问题坚持不下去了,想要放弃,又有点不甘心,矛盾得很;有人觉得太辛苦了,一边实习,一边准备考试,真的很累,想找我说说话;有的复习效率很低,心里很想努力,但自律性不够,想找我帮忙解决;有人觉得自己复习时间有点晚,状态又不好,今年很难考上,准备再战;不少同学进入随缘的状态,能学一点就学一点,不能学拉倒,到时候参加考试,碰碰运气;也有一些同学因为遇到了变故,不得不放弃;还有人真的已经彻底放弃。当然,我更愿意相信,你们大多数人都在努力奋斗着,尽管有时候也很迷茫、失落,有时候也想放弃,但是,每当新一天的朝阳升起,你们依然元气满满。因为,你的目标在远处闪闪发光,你会向着目标一直往前冲。

考研的确是一件充满未知且需要付出巨大努力的事情,我能理解在这个过程中大家出现的心理变化,越是临近考试时间,越是有人担心害怕,越是有人坚持不住,越是有人想放弃。亲爱的"考研狗",能不能和丁老师一起再坚持一下,不要轻易说放弃,请你和我一起奔向终点,在追求目标和自我成长的路上,让我为你点亮心灯。只有这样,当暮色苍茫、白发苍苍时,你回忆过往的人生,你不会后悔自己做过什么，因为做过就是生命的获得。你只会后悔那些该做而未去做的事情，懊悔没有咬紧牙关坚持，因为以后可能再也没有机会去拼搏了。

在挑灯夜读时，我想给大家几点建议。

1. 不管你多忙，多么拼命，一定记得照顾好自己的身体，规范作息，合理饮食，保证基本的睡眠，这是保证你后续动力的基础；

2. 给自己设置一个学习、工作日程表，理顺每天要重点复习的内容，然后按照日程表一步一步完成计划；

3. 尽量给自己找个可以安静复习的固定场所，减少不必要的干扰，提高复习效率；

4. 可以的话，找个一起努力的同伴吧，互相监督，互相打气，这会有出奇好的效果；

5. 把你的目标写在笔记本上或者作为电脑及手机的桌面，时刻都可以看到它，它会提醒你继续努力；

6. 记得哦，再没空也要找那么一点点时间去运动，运动会改善你的情绪，提高你的自我效能感，提高你的学习效率；

7. 如果心里难受，就找个朋友或者信赖的人说说话，也可以给丁老师的解忧信箱写写信，抑或是写写考研日记，说出来就好了，明天又是开心的一天；

8. 如果你和父母的关系不错，考研路上多与爸爸、妈妈交流，他们会给你心灵抚慰，那种暖暖的感受会让你能量满满；

9. 很多同学在准备考研的后期就放弃了，归根结底就是心态不好，考研路上心理素质真的很重要，你要学会积极的心理暗示，时刻自我暗示、自我鼓励，良好的心态会帮助你成功；

10. 接下来这段时间，焦虑是复习备考中的正常现象，不用太过担心，这种适度的焦虑反而会帮助你提高复习效率；

11. 按照自己的复习节奏来，不要总是被打乱，可以加入一些考研群，获得一些资讯和复习方法，也可以通过考研群获得一些心理支持；

12. 如果你实在很累，很难坚持，也不要强迫自己，人生路漫长，放弃是可以接受的，或许还有其他的路也可以走。

亲爱的"考研狗"，如果你还能坚持就坚持一下，不要轻易放弃，好吗？你坚持了，深夜的校园有你，图书馆的角落有你，晨光初起时有你，夜幕降临时也有你，你们认真的样子，真的很美。希望你们享受考研这个过程，迷茫、痛苦、矛盾、无所适从、奋起直追。为梦想努力的日子，你努力坚持的，你执着追求的，你投入一切去奋斗的这些日子，恰恰是你人生中最充实、最好的时光。生活，不就是一个不断追求理想的过程吗？你努力过了，它就在你生命中留下了精彩的一页。

最后，祝愿看过此文的你都能顺利上岸！加油！

写给即将奔赴考研战场的你

> **引言**
>
> 　　即将奔赴考研战场的同学们都会有紧张、焦虑的表现，这种紧张、焦虑会影响你在考试中的发挥，有没有一些可行的办法缓解它呢？我为大家梳理了几条，希望对大家有些帮助。

亲爱的考研人：

　　过几天你们就要奔赴考研战场了，我一直在想作为心理老师能为你们做点什么呢？给你们打打气、给你们提个醒，或者给你们喝点"鸡汤"？回想起这一年来陪伴多名考研生坚持到现在，我想通了，只要对你们有些帮助，我就应该做。于是想给大家写封信，希望你们看完后能增加一点点信心。

　　为了心中的梦想，你坚持考研，那些不分白昼、奋笔疾书、争分夺秒、不畏寒暑、废寝忘食、夜不能寐、艰辛而又迷茫的日子依然历历在目。晨光初起时有你、夜幕降临时有你、寒冬的深夜有你、图书馆的角落有你、实习点的出租屋里有你、校园的许许多多地方都有你。你们认真的样子，真的很美，谢谢你们给校园留下最美的身影；你们也应该感谢躲在某个角落努力的自己。

　　老师知道，准备考研的日子你们付出了很多，中间出现了很多波折，有时候还想放弃，有些同学甚至遭遇了重大的打击，可是你们都挺过来了，真的很棒！马上就要考试了，你们或许有些紧张、有些焦虑、有些彷徨，这时候我更想对你们说：你所坚持的、你所执着追求的、你所为之投入的一切终将会有回报，那就放下包袱，去迎接这场考试。

　　那么，即将要考试了，老师想给你们几个提醒。

　　1.要考试了或者在考场上紧张是必然的，每个人都会这样，紧张、焦虑时不用害怕，这是正常人的正常心理反应。要知道适度的紧张、焦虑还能促进你提升效能，帮助你更好地发挥。如果紧张、焦虑来了，你就对它说声谢谢！感谢它助力你考出好成绩。

　　2.考试前，如果你的焦虑有些过度，也不用害怕，这种焦虑是一过性的，它最终会慢慢消退。这时候的你不要着急，该上厕所就去上，多上几次也行，那也是缓解紧张、焦虑的一种方法。你还可以进行一次深度呼吸放松，停在某个地方，闭上眼睛，呼气5秒、停7秒、吐气8秒，连续做几次你就放松了。

3. 考试中，如果你紧张、焦虑过度了，甚至头脑一片空白，你可以先停下来，不要着急做题，切莫与之对抗，一定要相信这种焦虑是会过去的。你可以先来一次冥想，拿起你的笔，认真观察笔的特征，这个笔是什么形状、什么材质的，有什么作用，心中默念，专注于笔上。当然，上面讲的深呼吸方法也适用。

4. 考试中，你可能还会碰到突然的身体不适，也不要紧张，这种不适很可能是由于紧张或者应激造成的躯体反应。比如肚子不舒服、头有些晕、一直出汗等。这时候更要学会放松，放松下来后，躯体症状也就改善了。如果躯体症状明显也可以请监考老师帮助。

5. 考前要做些适当的准备工作。按照相关要求，带好相关物品，提前踩点，晚上睡前可以先在脑子里过一遍第二天的行程，包括进入考试的状态，这会让你考试当天有一种熟悉感，可以降低焦虑。

6. 考试这几天不要吃特别的东西，最好是按照之前的饮食习惯来，以免造成身体不适；前一天就不要再熬夜复习了，那样的效果不如好好睡一觉。

7. 考试中如果遇到难题不会做，千万别在意，先跳过，暂时不管，做个记号，把会做的先解决，切莫一直纠结在那里。

8. 可以带些水，身心不适的时候可以喝一下水，可以缓解焦虑状态哦。另外，可以带些风油精、正气水等应急常用药品，以备不时之需。

9. 最重要的一点是，你一定要学会积极暗示，告诉自己：你行，你可以的！这种心态非常重要哦。

10. 考试时遇到再大的困难都不要轻易说放弃，能不能和老师一起再坚持一下？或许你就这样"上岸"了。

请你和我一起奔向目标的终点，在追求目标和自我成长的路上，让我为你点亮心灯。希望你们这些天都能元气满满，你就是那颗夜空中最闪亮的星。

最后，祝愿你们都能顺利"上岸"！加油！

考研成绩出来,你该如何安慰自己的心灵?

> **引言**
>
> 考研成绩出来,不管成绩如何,我们都应该安慰那颗忙碌许久的心,毕竟它陪你一起度过了这难熬但充实的考研时光。成绩如你所愿时,之后的复试应该如何准备,要注意哪些问题,复试的注意事项是什么,你需要提前知晓;成绩不如人意时,如何摆正心态,接受现实,重新规划下一步人生,勇敢出发,找寻自己的价值。答案就在文章中,快去找寻你想要的答案吧!

接下来,我想跟大家谈论的是:考研成绩出来后,无论喜忧你都应该安慰那颗忙碌的心,为接下来要面对的事情做好准备。那我们又该如何安慰自己的心呢?

一、如果你的成绩不错——准备好复试工作是你最大的心灵安慰

如果你的成绩不错,可能上了国家线,那我真的要先恭喜你了,你为之奋斗了许久的梦想终于有了结果。可是,我也知道,还有很多需要担心的事情,比如:担心成绩上不了国家线;上不了报考学校的线;上了线又担心自己复试不行;担心被调剂;担心再一次失望。那应该怎么办呢?首先允许你高兴几天,放松几天,毕竟努力有了回报,然后继续投入紧张的复试准备中。该如何准备呢?

1. 清晰了解复试流程

一般各高校会在国家线公布后的一段时间陆续发布复试信息,请大家时时关注报考学校的研究生招生网站通知或者公告。流程一般是这样的:规定时间到复试高校报道—体检—进行专业课笔试、英语听力或者翻译考试—进行专业课面试、英语口试—等待成绩和拟录取名单,具体到院校可能略有调整,大家需要特别注意具体通知。复试面试流程一般为:面试组织→抽签入场→面试答题→随机提问→考生退场→评分考核。流程如下图:

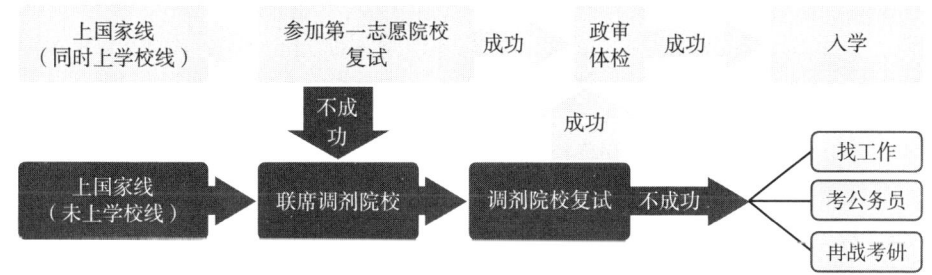

2. 清晰了解复试内容

一般包括：专业课笔试+面试、综合素质面试、英语口语或者翻译测试。每个学校或者专业的复试可能略有不同，一定要细读各高校研究生招生官方网站发布的复试方案，尤其是复试内容、复试形式、考核标准。比如专业课有没有指定参考书、专业课是否还需要笔试、英语考查形式是听力还是听力加口语、英语成绩占比多少等。这些信息对于复试备考有很好的方向性指导。

3. 清晰了解复试形式

不同院校、不同专业的考查方式有所不同，大多数院校分为笔试和面试两种形式。专业课一般是逐个面试，现场会有一定的评分标准，导师手中都会有评分表。考生抽签答题或者从题库中抽取题目，导师也会随机提问，包括让考生自我介绍、为什么报这个学校／这个专业等等，然后从你自己的回答中抽取一些重点内容深入提问。

英语面试：一般由导师提问题，抽取题目或者给出材料，然后把材料收走，要求考生做出翻译、复述或者就问题给予观点等。

专业面试：专业面试是非常重要的环节，因为它决定着面试的成绩。一般导师会问一些专业问题，部分会有动手操作（需要根据自己报考的不同院校进行相应的准备）。一般院校的复试都会采取结构化面试或是小组面试的形式，每所学校有所不同，以该校公布的方案为准。结构化面试是传统的面试形式，大多数高校都采用此类型的复试面试方式，面试形式是多对一的，大部分是3对1、5对1和7对1，有些可能还有记录员。导师手里有一个给学生评分的表格，可能还会提前准备好复试题目让考生抽签回答，根据考生的回答，导师可能会追问各种问题，目的是从不同角度考察学生的综合素质。

小组讨论面试：也叫无领导面试，此类面试是将多名考生临时组成一个团队，分析并解决既定的问题，目的是考查考生的组织能力、团队协作能力以及分析并解决问题的能力。注意，这种面试形式通常会用在职业面试上，但是近两年越来越多地被用在院校招生的复试面试上，这也是未来研究生复试面试的一种趋势。近几年受到疫情影响，面试可能会推迟，方式方法可能也会有相应改变，所以还要准备好远程网络面试，或者其他方式的面试，做充分的准备，应对各种形式。

4. 清晰了解导师信息

谈到这一步，很多学生很着急，会问要不要提前联系导师，我觉得可以适当联系，对于联系导师，我认为最核心的是"真诚"，而不是吹嘘自己如何"厉害"。毕竟以导师阅人无数的经验，你再怎么吹嘘，在他心里就是"我就默默看你吹"，很容易留下不踏实、浮夸的印象。我的建议是：你先咨询学长，挑出2～3个备选的导师，通过网页搜索、知网等渠道尽可能全面了解老师具体做哪些方面的研究，有哪些重要成果，重中之重是，你一定要清楚了解导师的研究方向、发表了哪些重要论文、有哪些过人之处，等等。同时，你也可以通过这个导师已带过的学生侧面了解导师的详细信息，然后基于你之前做的了解，态度真诚地向老师表达你对他的哪一些研究有兴趣，并简单介绍自己的基本情况，清晰表达想做他学生的想法。这时候你的推荐信就非常关键了，记得好好准备自己的推荐信。

5. 清晰了解往年情况

可以提前去看报考学校上年的复试公告和详细规定，也可以通过报考学校了解去年的复试线、复试方案、复试内容、形式及流程、考核标准、招生录取情况等，做到心中有数，对往年和当年的复试内容了然于心。当然，还可以咨询有经验的学长，主要是从考生的角度，去看看去年复试的实际"难度"如何，摸清楚复试书目的重点、历年真题、老师选人的风格、历年常见的问题等，提前做些攻略，对症下药，这样你就会比较安心。

6. 清晰了解自己的短板

复试一般是综合面试、英语听力、专业课笔试，如果初试成绩你不占优势，那么一定要从现在开始认真准备复试，每一个环节都不能忽视。如果你的英语不好，一定要弄清楚英语考察的重点在哪里，让复试有方向性。复试英语重点考查口语和听力方面，准备好自我介绍，尤其是报考学校的英语翻译、自我介绍常考问题等；可以多听一下六级听力。如果你的专业课成绩不好，在面试前，要多花时间把专业基本理论、常考问题弄清楚，做好充足的准备。如果你的表达能力不好，形象气质不佳，就用你的真诚去赢得老师的认可和喜欢。如果面试时你会紧张，做好心理建设：谁都会紧张，自己可以的。提前学习放松技巧，以便轻松应对。

7. 知道推荐信和简历怎么写了吗

推荐信是导师了解你非常好的方式，要写好自己的推荐信，尤其要突出你的研究方向与导师的相似，突出你对该专业的兴趣和以后的打算，突出你的专业能力和综合素质。简历是老师了解你的第一步，也是印象分的来源之一。很多同学的简历内容花了心思，但是偏偏排版不重视，直接把一张黑白打印的、密密麻麻的表格交到老师手里。要知道简历的最终目的在于帮助老师快速了解你个人的基本情况，同时展示你想要向老师展示的东西，例如你的专业水平、实习经历、综合素养、获奖经历等，所以简历在排版上一定要清晰、简洁、美观，让老师一眼就能抓住重点！我建议，最好是经过设计的彩色简历，这样的简历一出现，分分钟让你在那一组同学中脱颖而出，赢得导师更多的关注。

8. 复试面试准备好了吗

复试面试其实主要考查考生的综合素质能力、专业素质能力、思维能力及个人心态等方面。综合素质能力包括：思想政治水平和道德品质、本学科以外的社会实践、社会工作表现等方面的情况；责任心；表达沟通能力；纪律性；人文素养；礼仪礼貌等。专业素质能力包括：大学阶段的成绩、科研学术情况、操作技能水平、专业实践情况、专业课掌握情况、外语听说能力等。思维能力包括：答题的整体逻辑思维能力、是否能举一反三、是否有发散思维。个人心态包括：积极阳光，中立不偏激，抗压能力和临场应变能力。因此，你也大概知道老师可能会提什么样的问题，以下一些问题值得你去思考：请你简要自我介绍，这次新冠肺炎疫情对你继续学习医学有影响吗？你为什么要报考我们学校/专业？你了解这个专业吗？这个专业以后的就业方向知道吗？在学校规定的参考书目之外你还看过哪些专业书？在你看过的书中哪本书对你影响最深？你的优势是什么，缺点是什么？谈谈你的毕业论文，谈谈你的实习经历，如果你被录取，你的研究生生涯应该怎么过？你的人生规划或者职业规划是什么？如果你不幸没被录取，你会怎么办？另外，记得回答老师提问时不要着急，不妨先冷静一下，在脑海里梳理一下问题的重点，构思好回答的思路，让自己的回答做到不跑题还逻辑清晰。切记不要不懂装懂！在回答问题时，遇到不会的问题就坦诚地说自己不会。如果这个问题非答不可，那就以谦虚的态度告诉老师，这个问题自己之前没有研究过，确实不是很了解，只能根据自己的理解浅显地谈谈个人的看法，不对的地方还请老师批评指正。

9. 考场面试礼仪知道了吗

对于考研复试考场礼仪，你们要记住四个原则：服装得体、礼貌尊重、谈吐谦逊、态度诚恳。首先，正式的着装表达了对老师的尊重。如果想给老师留下良好的第一印象，考生的仪表一定要显得庄重，男生应该尽量穿西服或者比较正式的服装，女生千万不要穿紧身衣或者超短裙。但是，毕竟你们是新一代年轻人，也可适当在穿着上展示年轻人的活力，比如女生可以穿着连衣裙或者套裙，庄重又不失青春朝气。进入考场前要先敲门，进入考场后，礼貌地跟所有老师打招呼，可以简单说："老师们好！"离开考场时，一定要微笑着跟老师们道别。另外，在候考和面试期间一定要将手机静音或关机，以免出现突发情况，打乱考场节奏。在回答专业问题时，要注意回答时间，内容要简单精练、通俗易懂，切忌侃侃而谈、没完没了。太过滔滔不绝总会给人一种狂妄自大、逻辑思维混乱的印象。

10. 你的材料准备齐全了吗

身份证明：初试准考证、本人有效身份证原件及复印件、毕业证书和学位证书（应届生带学生证）原件或复印件。政治审核表：档案单位一般与报名时填报的工作或学习单位一致且须加盖公章，该表需要在院校网站下载。大学期间的成绩单原件或档案中成绩单复印件，需加盖档案单位公章，在复试时单独交至各学院。照片：带好一寸彩色免冠照片。加分证书：英语四、六级等相关证书，计算机等级证书、注册会计师证书等；撰写材料包括面试简历（5~7份）、自我介绍及给导师的信件等。当然，可能不同学校还有不同要求，大家要以招生单位要求为准。

11. 你懂得如何调剂吗

接下来要说的是，如果你的成绩达到国家线，却不幸未达到学校线，那也不要灰心哦，即刻参与本校调剂或外校调剂。其实考研调剂并不可怕，虽然初试的努力没有得到心仪学校的认可，但毕竟还是得到了国家的认可啊！被调剂的考生每人可以填报三个平行调剂志愿，提交后的调剂志愿在48小时内不允许修改（每个志愿单独计时）。48小时后，考生可以修改调剂志愿。考生在网上填报调剂志愿时，选择调剂的招生单位、专业门类与自己的考试成绩必须符合国家的调剂政策。考生接到招生单位发出的待录取通知后，需在规定时间内登录调剂系统确认，否则招生单位可取消待录取通知。一旦接受待录取通知，就表示调剂完成，将不能再填报调剂志愿，而需要开始接受复试。

12. 没有被录取怎么办

一般情况下，如果上了国家线，你又同意调剂，没有其他任何限制要求，被录取的概率是很高的。当然，如果你一定要挑选自己心仪的学校、自己心仪的专业，那么不被录取的可能性大大增加，如果真的不幸，你没有被录取，怎么办呢？

二、如果你没有达到国家线、达线未被录取——总结经验、全面规划、重新出发

1. 感恩自己的努力，接纳现实结果

考研成绩出来了，你刚刚放松的神经又开始紧绷，当你已经知道自己失败时，情绪自然会出现不小的波动。首先，要处理好自己失落和沮丧的情绪。面对落榜，失望和不快是正常的，每一个人在付出努力之后都希望得到自己想要的结果，因此，

一时的情绪沮丧是谁都会有的，这是最正常不过的心理反应。这时候的你应该给自己腾出安静的空间和充足的时间，尽情释放自己的情绪，然后理智地想想自己的未来该怎么办，我们还有什么路可以走。当你认真思考之后，你会发现人生并没有那么糟糕，会放松一些。坚持给自己积极的心理暗示，稳定情绪，在找工作的过程中保持良好的心态。其次，如果你足够勇敢去面对这一切，你就会发现，考研带给你的，不光有失望、失落、委屈和难过，还有成长和成熟的思索，它只是让你停了一下，让你对未来的路有了更明确的方向，让你学会放下浮躁，更踏实地走好接下来的路。至少，你为梦想努力过。

2. 重新做个规划，向往未来生活

如果你觉得自己的梦想没有实现，如果你觉得自己还能再战，如果你坚定了信念，那就再来一次，先给自己一段时间，整理失败的原因，然后开始新的考研生活。这时候你可以选择完全放弃工作，专心考研，如果你的家庭条件允许，父母支持，这是不错的选择。你也可以边找工作边考研，如果工作不错，继续工作，放弃考研；如果工作不如意，你可以边工作，边准备。但是，这里会出现很多矛盾，可能会出现没时间、没精力的情况，所以，你要确定好自己的目标。如果你放弃考研了，那就认真准备找工作，给自己做个详细的规划，并预测可能出现的困难。也就是说，你要考虑清楚自己想要找一个什么样的工作，你需要考虑将来希望过一种什么样的生活，你希望待在哪个地方工作，你想要的工作环境和内容是怎样的，你想在工作中发挥你的什么技能和能力。当你的目标明晰之后，你找工作就有了方向。目标确定后，去收集各种就业信息，与自己的目标进行匹配，看看你的条件是否可以就业，不可以又该怎么努力去实现。看看目前你在找工作中还存在哪些困难，用什么样的方法可以解决，一步一步解决困难，达到目标。准备好你的简历、面试技巧等基本材料，要知道找工作本身就是一个变幻莫测、充满不确定的过程。求职者在此过程中要承受巨大的心理压力，尤其是对于我们这些刚刚在考研中失利的同学，紧迫的时间压力更是增加了这一过程的痛苦。在这种时候，你要保持一个平稳的情绪状态，把注意力放在找工作所面临的困难上，而不是陷在困难之中感到迷茫。请记住，你和困难，谁笑到最后，谁就是胜利者！

谁说考研失败就是弱者，我们依然是自己的英雄，人生中有很多事我们无能为力，无奈是常态。然而生活就是不断追求那些得不到的东西，你努力过了，就已经在你生命中留下精彩的一页。你仍然可以收拾好悲伤的情绪，重新备考，拾遗补阙，好好复习；也可以出门旅行一次，放飞自己的心情，对今后的工作和努力方向做一次深刻思考。最后谢谢你给自己的人生留下最美的身影。

致毕业生，你必须懂的就业心理常识

> **引言**
>
> 你是否了解目前的就业形势？你是否内心始终排斥基层就业？你是否在激烈求职竞争中畏畏缩缩？你是否对于求职没有任何准备？那么看看这篇文章，希望能给迷茫的你带来方向。就业是人生的一件大事，祝大家都能找到合适的工作，不负青春，不负自己。

大学生最难就业季已经悄悄来临，各大人才市场、各高校都在风风火火地举办大型招聘会。临近年终，有些同学早已有了自己心仪的职业岗位，有些同学在苦苦寻找，有的同学还在默默等待考研结果，根本无心顾及现在的就业，也有同学还处于迷茫的状态，什么也没有准备，也没有想法，也不想面对……

我对历年学生关于就业心理方面的咨询情况进行了一些总结，发现学生们普遍存在的就业心理现象包括以下几种。①我们什么时候开始找工作啊？应该是毕业以后吧！②我到现在都不知道自己适合什么职业，应该找什么样的工作，听说考公不错，我就去试着考公；听说留在大城市好，我就想办法留在大城市，我到底应该怎样规划自己？③听说就业很难，本科生很难找到工作，请问老师是不是这样？④听说我们专业就业率很低，学长找到的工作都不怎么好，我不知道该怎么办。⑤老师，您说我们专业要去考研吗？我很矛盾，一方面想就业，另一方面想读研，总是摇摆不定；⑥我想留在福州或者发达一点的城市，不想回到自己的家乡，觉得回去没有前途，大城市的机会比较多，但是大城市的工作又很难找。⑦我在福州大医院找到合同制工作，没有编制，同时我在家乡找到了有编制的工作，我应该怎么选择呢？⑧我觉得现在找工作都是要靠关系的，我什么关系都没有，注定只能失业。⑨我长得难看，成绩也不好，能力也不足，我真的很担心自己会失业。⑩我是泉州人，我找到了南平的编制内工作，我真的应该去吗？去那里人生地不熟的，很难立足。⑪我同时找了几个单位，现在这个比较好，之前那个我应该违约吗？⑫我不着急找工作，我爸妈说毕业了工作由他们搞定。⑬我是外省的，我要留在福建还是回到自己的家乡去，利弊在哪？当然，可能不只这些，还有很多现象，但是归结起来有几个心理困惑和不良心态。

  大学生就业期的心理困惑主要有挫折心理：觉得没有合适自己的岗位，自己所学的专业工作岗位很少，在招聘会上总是受到打击，简历投了十几份，没一份有回音，考试、面试总是失败，等等；自卑心理：这是最要不得的就业心理困惑，总是觉得自己什么都不行，什么才能也没有，考试、面试总是失败，都没有信心再去找工作了，太丢人了；依赖心理：总想等着学校、老师、家人、亲戚帮助，自己不去了解就业市场，不主动去找工作，也不愿意去尝试，临近毕业还没有写简历，或者根本不懂简历怎么写；从众心理：同学们都说考公务员、留在大城市、进大医院，我也要，我也不想回家乡；嫉妒心理：连她那么差的人都有那么好的工作。她那么差那么懒，肯定有关系，凭什么她成绩那么差被录用，这个社会也太不公平了吧；盲目攀比心理：她的工作怎么这么好，留在大医院，我的工作在小县城，我还是先解约吧，或者先不签协议，我也要找更好的工作；恐惧心理：总是担心自己接下来找不到工作，也没有人帮助，也没有自己的规划，不想毕业，不想面对社会。

  大学生的择业心理虽然在总体上是倾向于务实化与理性化，但是也确实存在一些心理偏差。①只顾眼前利益，忽视职业发展。一些学生的择业标准中只有工作条件、收入、专业是否对口、是否有编制、社保、公积金等眼前利益，而对于自我的职业兴趣、个性特点、职业能力、职业发展前景、隐形的优势等则不做太多考虑。②就业地域、职业标准固定化。很多大学生只选择大城市、大医院或者自己家乡的城市，其他地市或者县级及以下的基层基本不去，在职业选择上只认定一个——自身需求，不考虑国家与社会的需要，不考虑自己的专业在基层的需求，不愿意到条件比较艰苦的地区和行业去工作。③求安稳的心态，求职一次到位的传统观念根深蒂固。很多大学生仍然喜欢稳定、有编制、清闲、福利保障好的单位，希望以此选定理想的职业，而不愿意选择那些有风险、有挑战性的职业，更不敢自己创业。④过分强调专业对口，学以致用。在求职时，认为找工作一定要找专业对口的，只要是与自己专业关系不密切的职业就不考虑，这样做只能是人为地增加了自己的就业难度。⑤认为自己很优秀，其实什么也不会。很多学生认为自己很优秀，平时也不参加招聘会，有单位来就去看看，如果不满意就继续等待，满意时也不会主动争取，抱着"你不要我是你的损失"的态度，期待着有单位会主动邀请；也有些人则是这山望着那山高，不肯轻易低就，明明已经找到工作，但拖着不肯签约，总希望有更好的单位出现；还有许多同学缺乏埋头苦干和扎根单位的思想，甚至在工作之后，自视甚高，认为天生我材必有用，所以导致"这山望着那山高，到了那山又要跑"的现象。⑥坐享其成的心态，等靠要。有些同学什么都不准备，甚至连简历都写不好，连招聘会要带什么都不知道，对在哪里看就业信息也不清楚。

以上说到的都是目前大学生常见的消极就业心理，那么同学们应该如何调整自己的心态，以积极的心态去迎接人生的挑战呢？

第一，正确看待目前的就业形势。现在好的单位、大城市的单位、有编制的工作基本需要硕士，甚至是博士，这是社会发展的必然现象。如果你是本科生，就适当放低自己的期待。毕业生找工作难与不难都是相对的，如果你找的工作要按照自己的预想，既要符合自己又要符合家人的要求，那当然是很难的。但是如果你只是想先找个工作稳定下来，然后根据自己的未来发展需要，再做适当的调整，那么就一点都不难。想要顺利就业必须首先根据自己的实际情况和当前就业形势，调整自己的就业期望值。调整就业期望值并不是对单位没有选择，只要有单位就去，而是要在职业生涯规划和职业发展观念的基础上重新确定和规划自己的人生轨迹。

第二，基层就业也是不错的选择。当前，基层急需各类人才，尤其是基层医疗机构更需要大量的医疗人才，各基层单位都给出了很多很好的优惠政策来吸引人才，大学毕业生到基层就业是国家的大趋势，也是社会发展的必然；回到家乡的基层单位就业有好处：你的亲人都在身边，在基层会有更好的发展前景，你可以有更多的成长机会，你的生活状态会更好，有医疗保障、社会保障、住房保障，甚至孩子上学都有不错的待遇；在基层工作，生活压力会减轻，生活幸福感会大大提升。当然，这里大家不要误解了我的意思，如果你能在大城市找到不错的工作，你有理想、有向往，愿意拼搏，这是非常好的事情，这也是社会发展中年轻人应该有的进取精神。大家根据自己的现实情况选择即可。

第三，对自己有信心是最重要的。面对激烈的竞争，很多涉世未深的大学生有信心不足的心理现象也是正常的、普遍存在的。导致信心不足的原因非常多，有生理原因、环境原因、家庭原因或社会层面的原因，等等，但最主要还是自己的心理因素造成的。比如：在求职过程中没有方向，总是拿不定主意，过分畏惧，对自己完全能胜任的工作不敢说"我行"，总是说"试试看"，显得非常不自信。面试过程也缺乏信心，最终导致错失机会。因此恢复信心是我们的首要任务。时刻鼓励自己、相信自己，善于在不断的失败中反思和总结经验，有针对性地弥补自己的不足。就业的过程也是大学生重新认识自我、认识社会并主动调整自我适应社会的过程。如果能通过求职而增强自我心理调节能力与承受能力，对今后的职业和生活都是非常有用的。

第四，事先做好准备是成功求职的关键。首先，一定要做好自己的职业定位，尤其是要知道自己适合什么岗位，地域选择是什么，这样才能在找工作时有目的性；

一份合格的简历是用人单位未见你之前的第一印象,简历怎么做,可以参考网络或者找老师指导;做好笔试、面试前的准备工作,主动了解相关单位的基本信息,尽早与相关单位接触,甚至可以主动上门推荐自己,同时学习基本的面试技巧和相关礼仪。

  就业是人生的一件大事,所以大家都应该重视,在校的同学们,一定要提早做好自己的职业生涯规划,对自己的职业要有所定位,清楚自己想做什么工作、希望在哪里工作、需要做哪些准备。另外,在大学校园里,一定要记得锻炼自己的能力,提高自己的职业素养,学好专业知识,提升专业技能。祝愿我们的毕业生朋友都能找到适合自己的工作,加油!

毕业生，你的担忧我知道

> **引言**
>
> 2020年，疫情。这一年的毕业季注定要变得更坎坷、跌宕、波折，我能不能顺利毕业？考研复试何时进行、如何进行？我该继续考研还是找工作？毕业将会面临失业吗？这里有你想要的答案。2020年的困难，这不是你一个人要面临的困难，雾霾终将散去，美好定会如期而至！这篇文章值得任何一届的毕业生认真品读。

近来老师接到不少毕业生的心理求助信息，他们有的担心考研复试，有的担心不能按时毕业，有的担心实习，有的担心毕业论文，有担心毕业就失业，有的担心能力差找不到工作，有的还因为担心的事情太多患上了焦虑症。因为这场肆虐全球的疫情，企业复工延迟，春季开学时间延迟，部分考试安排也被推迟，即将毕业的大学生在毕业、就业、升学等准备工作中也不可避免地受到了波及，而且对本就严峻的高校毕业生就业形势产生显著的负面影响。教育部数据显示，2020届高校毕业生预计将达到874万人，同比增加40万人，就业竞争度和就业的压力因此增加。2020年的毕业季注定要变得更坎坷、跌宕、波折，但是，你要相信，这不是你一个人要面临的困难，国家、学校会有相应的政策来解决大家的问题，你只需要做好你自己、提升你自己。

一、第一个担忧：我能按时顺利毕业吗

担忧1：学校开学时间延迟，我的毕业设计、毕业实习、实验、毕业论文等还没完成，我能正常按时毕业吗？

解决方案：受疫情影响，对于这个问题，我想每个人都有所担忧，这不是你一个人要面对的问题，你大可以不用担心这个问题，只要静静地等待学校的安排。当然，你也不能因为疫情就懈怠下来，现在在家的你，请放下心来，该干吗还干吗，做好准备，以不变应万变。

二、第二个担忧：考研复试何时进行？如何进行

担忧2：考研成绩出来后，因为各校均未开学，复试消息几乎没有，没办法知道自己的成绩排名情况，也不知道最终的分数线。自己的成绩能不能上线？要不要准备调剂？如果要调剂，调到哪里？还有很多关于复试的要求都不清楚，会不会改成网络复试？心很难静下来准备复试的内容，怎么办？

解决方案：对于这个问题，我想你们可以做这些准备：先到各高校的研究生招生网站看看去年的复试信息、招录情况。当然，前两周丁老师已就这个问题写了一篇文章，希望大家认真看一下这篇文章：【心原创】我的"研途"没有迷茫——考研成绩出来后，你要知道的都在这里。链接方式：https://mp.weixin.qq.com/s/BVNPpshx9X4_URbwsCx-eA。这里会有你想要的答案。

三、第三个担忧：我要继续考研还是找工作

担忧3：这次考研我可能上不了，我要继续坚持考研吗？我有那个信心吗？我要完全放弃工作全力准备二战，还是一边工作一边准备再战？如果不找工作，家里同意吗？如果找工作，我有时间念书准备考研吗？可不可以一边考一边找工作？如果工作不错，我就不继续考了，这个方案可行吗？

解决方案：这个问题呢，要分两个部分来回答。要不要继续考研？如果你的职业需要较高学历来支撑，如医学类专业，家里又非常支持，没有什么经济负担，自己的成绩也还算可以，尤其是英语成绩还可以，我觉得大家可以继续考研，为了更高的目标和理想努力，下定决心之后就一心一意准备考研，不再考虑其他的选择。还有一大部分人，既想再战又想工作，我觉得你可以这样做，按照要考研的规划去过你现在的生活，好好准备考研，在这个过程中，如果有单位招聘，而且还是编制内的，或者是符合你预期目标的职位，你就大胆去考试、面试，如果被录用了，就安心去工作，考研等待后面的机会，工作后仍然可以继续深造。要知道好工作少一个是一个，有好的机会还是要懂得及时抓住，关键是这和你准备考研并没有太大的冲突。当然，这时候你还需要继续努力，因为你还要为找工作做些准备。

四、第四个担忧：我会毕业就失业吗？找工作的种种困难

担忧4：我学的这个专业能让我找到满意的工作吗？我不喜欢从事本专业工作怎

么办？我要留在大城市还是回到自己的家乡？老家工作有编制，城市工作是合同工，我要怎么选？公务员招聘考试推迟，事业单位招聘考试推迟，国有企业招聘考试推迟，各种企业单位复工推迟，招聘需求可能减少，今年的招聘会不会采取网上考试和网上面试形式？太多担忧了，怎么办？我们一样一样来解决！

解决方案：

第一步：清晰了解自己的职业定位。

请你拿出一张纸来，跟我一起来定位。你要考虑以下几个因素。

1. 专业匹配岗位。比如：你学的是医学类专业，你可以找哪些职位呢？城市公立医院医生、城市私人医院医生、城市社区卫生服务中心医生、家乡县区公立医院医生、家乡乡镇卫生院医生、部队医疗机构、医疗科研机构、检验机构、医药企业、公务员、医院行政科室、诊所、军队、国家及地方基层项目、其他企业、创业，等等。同时，你要大概了解这些职位需要的能力，也要知道这些职位的职业环境，做到心中有数。

2. 个人性格特点。不同个性适合的工作岗位不同，个性主要有几类，胆汁质（外向情绪不稳定）、多血质（外向情绪稳定）、黏液质（内向情绪稳定）、抑郁质（内向情绪不稳定），比如：抑郁质的人不适合需要更多人际互动的工作，胆汁质的人适合安静的实验工作。你们应该基本了解自己的个性特点，如果不懂，也不知道如何匹配，你可以通过几个测试（霍兰德职业倾向测试、艾森克人格测试）来把握，本校学生通过学校掌上心理系统可以随时进行测试并获得结果，外校学生可以通过相关网站获得测试。

3. 职业环境选择。你要选择在大城市工作生活还是选择回到县区一级小城市生活。大城市工作压力大，机会多，如果你能在大城市找到不错的工作，你有理想，有向往，愿意拼搏，这是非常好的事情，这也是社会发展中年轻人应该有的精神。另外，基层就业也是不错的选择。大家要根据自己的现实情况，综合考虑家庭、个人、环境、发展等因素，做出选择。

4. 长期职业发展。有些人打算前面几年先找个工作锻炼下自己，然后再来做长期的职业选择，这是不错的一种方式，也是现在很多年轻人的就业方式，就是先就业后择业，这个方法更适合正在从学校到社会过渡但本身目标还不是很明确的同学。你可以先锻炼一下自己，在磨炼中摸索到自己的方向，这是可以的。当然，如果一开始你就有长远的职业选择会更好，你求职的目标性就比较明确，比较容易找到符合自己要求的工作。

第二步：如何寻找与自己匹配的工作岗位？

经过以上的职业定位分析，你基本上有了自己的职业定位，接下来怎么办呢？

1. 如果你选择公务员或者事业单位。如果你是福建考生或者打算考福建公务员或者事业单位，你可以登录福建省公务员考试网：http://gwy.rst.fujian.gov.cn/，福建省人力资源与社会保障厅事业单位考试网：http://rst.fujian.gov.cn/zt/sydwrczp/，全国考生可以登录高校人才网：http://www.gaoxiaojob.com/，点击你所在的那个省，所有公务员考试、事业单位考试、教师招考等信息都有发布，而且非常全面；你也可以直接查询该事业单位的人才招聘栏目获取信息；当然，你也可以通过学校就业网站和公众号提供的信息来找到相关职位信息。在很多招聘信息还没有公布的情况下，你可以先了解去年的招聘简章，看看你的专业与岗位匹配情况，有哪些要求，做到心中有数，提前准备。

2. 如果你选择参军入伍或者国家地方基层就业项目。大学生参军享受"四个优先"政策：优先报名应征、优先体检政考、优先审批定兵、优先分配去向。福建省推出更吸引人的优惠政策：大学毕业生可自主挑选军种去向；大学毕业生参军符合条件可直接提干；大学生士兵退役后3年内参加全国硕士生招考，初试总分加10分；退役大学生士兵享受教育部"退役大学生士兵"专项硕士生招生计划；退役大学生士兵参加福建省公务员"专门职位"招考，参加事业单位公开招考享受笔试成绩加分。大学生参军还享受学费补偿、一次性奖励金、优待金发放、退役安置等优惠政策。具体优惠政策可详见微信公众号"福建征兵"和全国征兵网（https://www.gfbzb.gov.cn/）。国家地方基层就业项目也是不错的选择，包括：服务西部计划、服务社区计划、服务欠发达地区计划、"三支一扶"，等等，这些项目都有不少优惠政策，大家可以先到基层去历练几年，获得成长机会，再来选择未来职业，这也是不错的选择，这方面的信息要多关注学校辅导员的通知。

3. 如果你选择企业。你可以通过以下途径获取招聘信息，企业招聘信息都会通过这些比较权威的人才网站公布，中国海峡人才网（http://www.hxrc.com/）、各高校大学生就业指导中心网站、省（市）人社厅（局）、公共服务人才网、应届生网（http://www.yingjiesheng.com）、教育部大学生就业网（http://www.ncss.org.cn）、智联招聘、前程无忧、Boss直聘，等等。去企业的选择面比较广，你们可以根据自己的职业定位进行信息搜索。

在这里我要特别说明的是，因为疫情，国家为保障大学生就业做了很多工作，出台了很多促进政策，比如大范围的网上招聘，扩大研究生招生比例，扩大教师招考规模、鼓励到部队参军，引导基层就业等，教育部前几天正式推出"24365全天候网上校园招聘"服务，就是每天24小时、全年365天服务不打烊，大家一定要积极关注相关信息，跟着国家的脚步，利用好这些政策。学校也会根据学生的专业特点，大力地推进网上招聘工作。

第三步：你的简历制作好了吗？

我知道很多同学还没有准备好一份完美的简历，要知道简历是你找工作时的第一需要，是你获得面试机会的敲门砖。疫情期间，招聘都在网络上进行，这时候简历的作用就更加凸显。那么怎样的简历是用人单位比较喜欢的呢？我来为大家梳理下。

简历就是虚拟的求职者。在没见到求职者本人之前，通过简历也可以大致了解这个人的个人经历，因此简历必须体现以下几方面的内容。

1. 基本信息。了解你基本情况的第一步，包括姓名、性别、出生年月、籍贯、政治面貌、学历学位、所学专业、联系电话、邮箱、求职意向等信息，基本信息的右上角插入你精心准备的半身照，这个照片也是很关键的一个因素，要让用人单位透过照片看到你的精神面貌。

2. 学业水平。要突出你的专业能力、专业水平、相关技能，包含本科、研究生期间的学习成绩、论文发表情况、专利获得情况、参加专业技能竞赛的情况、奖学金获得情况、专业实习见习情况、英语四六级水平、计算机水平等信息。

3. 主要经历。这个部分我认为是最重要，也是最能吸引用人单位的部分，因为通过主要经历可以了解到你的综合素质，因此你要认真梳理大学以来的主要经历，一条一条写出来。包含本科、研究生期间担任过的学生干部职务、策划或者参与过的大型活动、策划或者参与过的各种校级以上的比赛、策划或者参与过的社会实践活动、志愿服务活动、创业或者参与创业情况、参与老师科研活动情况、做过的很有意义或者很少人能完成的事情等能反映个人综合素质的信息。这里要特别强调一下，不是记流水账，要写出做了什么、获得了什么，每条信息两行。另外，一定不要写太多，5~8条最好，按照重要性排序，突出与职位的匹配度。有些人可能会说自己的经历不是特别丰富，那你可以从一些细节入手，突出自己的闪光点，但是千万不要造假！

4. 获奖情况。我想这部分的内容不需要我说太多，按照重要性排列，一条一条显示，如果你获奖很多，简历上不要超过8条。不建议大家在简历最后写一大堆自我评价。

5. 重要注意点。对于简历还需要说明的是：简历用一页纸最佳，确实很多内容的可以用正反面两页，排版一定要简洁明了，条理清晰，千万不要有错别字或者语句不通顺；颜色搭配得当，全文配色不超过3种。同时，记得根据职位不同随时调整简历内容，突出个人能力与职位的匹配性，多准备几个版本。从简历也能看出你的态度、责任心、细致程度，用人单位也能根据简历的设计风格、排列逻辑、语言风格等判断出撰写者的气质、内涵。所以，要认真对待哦。

6. 自荐信。自荐信是用人单位了解你的一种非常好的方式，要写好自己的自荐信，尤其要突出你的职业定位、专业水平及职业能力与岗位的一致性，突出你对该岗位的兴趣和以后的打算，突出你的专业能力和综合素质。

第四步：你的笔试、面试准备好了吗？

1. 关于笔试。主要是公务员考试、事业单位考试、教师招考等。首先，大家现在在家可以通过各种平台获取笔试、面试真题，熟悉解题思路，总结解题方法，反复地进行练习。在这种情况下，我们必须提高自觉性，调整学习计划，好好利用网络课程，多参加一些线上考试，总结错题并及时反思，向有经验的师哥师姐请教一些疑难问题；在写作方面，建议大家平时多浏览一些报刊、公众号的评论文章，掌握写议论文的思路和方法；关于报考教师编制考试的同学，大家可以根据参加教师资格证笔试的经验，进一步细化知识点，重点强化、巩固薄弱点；公费师范生作为国家定向培养、定向就业的学生，在扎实掌握基本知识和专业知识的同时，要多观看网上的经典教学视频，多模仿，反复打磨教案，熟悉讲课技法，为毕业后走上讲台奠定坚实的基础；同时，我们还要关注相关事业单位就业的公告，并及时了解最新的时政热点，掌握相应的专业知识，全面提高自身能力。另外，报考单位的详细信息，大家同样不能忽略，对这些知识的掌握，体现了一个人的全面素养，也是判断你对这个单位的了解程度，侧面反映了你的态度。

2. 关于面试。今天重点来说说网络面试。目前，疫情背景下，线上面试成为常态，那么线上面试前应该如何准备呢？

第一，确认面试时间、形式与所需资料。和对方招聘人员沟通，确认面试时间与形式，确认面试软件，并提前下载好，设置好登录名及密码，提前做好登录准备，同时在电脑上准备好个人简历，确认是否需要准备纸笔或其他材料。

第二，确保设备和网络正常运行。确保网络正常，设备电量充足，相应的麦克风和镜头功能可以正常使用。要关闭任何会发出提示音的设备。熟悉用人单位所选择的平台，了解各模块功能，明确面试流程所对应的线上环节与相应操作。

第三，面试场所干净整洁。选择安静的没有干扰的地方作为面试场所，视频区域干净整洁，让面试官觉得你是一个生活井井有条的人，可以选择白墙或书柜为背景，也可以突显你的兴趣爱好，选择运动装备等为背景。灯光明亮，但也要避免人像过度曝光。坐的椅子舒适，便于面试时注意力集中。

第四，个人形象气质非常重要。衣着须大方得体，以显示自己对面试的尊重与重视。着装需要可根据应聘单位情况做调整，一般情况下，商务装或商务休闲装比较稳妥。面试前保证休息，使脸部形象更为精神自然，整洁大方，女生要适当化妆，男生头发一定要打理清楚，不要觉得视频面试只看得到你的上半身，就偷个小懒，只注重上半身的打理，而下半身搭配睡衣和拖鞋，万一面试过程中需要看你的整体气质或者站起来拿个东西，面试官看到你"表里不一"的打扮，这时候你一时的侥幸将会酿成大祸。

第五，提前做准备，试着模拟练习。大多数求职者对于在线面试较陌生，不少人在镜头前不够自信，因此容易紧张。可事先进行模拟练习。提前20分钟做好准备工作，求职者盯着摄像头而非屏幕说话，摄像头尽量和眼睛在同一水平线或在略高的位置，面试时让自己的肩膀处于视频的中部位置，肢体动作注意避免托下巴、摸耳朵、玩头发等，保持适当的语调、语速及音量，懂得点头赞同对方，要非常注意眼神的交流，显示你的认真态度。在面试时，要主动沟通，比平常更热情一些，营造愉快积极的面试氛围，如遇突发状况，保持冷静，第一时间向面试官说明。线上面试结束后，要感谢在场的每位面试官，通过微信、电话、邮件等方式主动询问面试反馈，以表明对工作的重视和负责主动的态度。

第六，记得准备好你的自我介绍。这是非常重要的环节，也是必备的环节。自我介绍1~3分钟，简洁明了，但又要突出个人特点，包括：基本信息、主要成就、主要经历等，抓住重点内容，面试时不要急着回答，不要刻意强化，回答问题时注意逻辑。

线下面试这里就不多说了，可以参照线上面试的相关要求。

非常时期，无论是国家还是学校都出台了一系列的应对政策，确保应届生都能够高效、顺利地找到工作，但机会总是留给那些有准备甚至是敢于主动争取、不轻言放弃的人。突发而来的疫情让我们措手不及，这是武汉、湖北乃至国家的年度大考，更是对我们个人的一场考验。作为一名大学生，我们更应该以实际行动配合疫情防控，合理安排自己的学习、工作、生活，在疫情中规划，在疫情中积淀，学会面对，学会掌握，学会调整。出门的脚步停下了，但奋斗的脚步不会停，向着自己的目标与梦想一步一个脚印，待到春暖花开时，你会很精彩。

今朝惜别，未来可期——
心理咨询师写给毕业生的一封信

> **引言**
>
> 都说所有的离别里，我最喜欢明天见。但毕业季，此去一别，各奔山河，再见无归期。我们常常花太多时间执着于离别的悲伤，却不知道如何去好好告别。让我们认真告别，给大学画一个完美的句号！

亲爱的毕业生朋友们：

当盛夏再一次来临，空气中再一次弥漫着栀子花香，我知道，毕业季又来了。突如其来的疫情让我们经历了一个特殊时期，或许你们不能像往常一样参加学校的毕业典礼，不能与老师、同学一起照毕业照，一起聚餐告别，甚至都没有机会感受离别校园的滋味。但是，我想，你们一定会因此更加惦念学校，更加珍惜师生的感情，也会更加怀念你们曾经的大学时光。如果你没有机会回到校园参加毕业典礼，那就等待下一年吧，或者等待疫情结束，带上你的舍友一起回校照张毕业照，那时的你们或许有别样心境。

当你们看到这封信时，你们可能正从各地匆匆赶回学校参加毕业典礼，可能已在学校办理各种毕业手续，可能正在与朝夕相处的同学依依惜别，可能还在各个考试、面试现场奔波，可能已经背起行囊踏上征程，正在为明天惆怅，抑或是你在家里参加了云毕业典礼！无论如何，离别之际，老师都要祝福你们，因为你们即将毕业，即将告别青青校园奔向社会，开始自己人生新的一页。大学时光，将在此刻画上一个圆满的句号，但不管你走到哪里，你们都是母校的优秀学子，母校永远是你们的避风港，因为这个地方曾承载了你们的记忆和成长，沉淀了你们的欢笑与快乐。在毕业之际，让我们再次感恩那些曾经，作为心理老师也有几句话想嘱咐大家，老师没有太多激昂的文字，每一句都是实实在在的肺腑之言。

1. 离校前，感恩大学期间所遇到的人

离校前，记得去感恩为你们大学生活创造良好环境的后勤人员，最后一次去食堂打菜时对阿姨说声谢谢，对学校的楼管阿姨、保安大叔、卫生员说声辛苦了；记

得和关系不好的同学拥抱一下，说声对不起，与过去的纠结告别，轻装上阵；记得和为你当了多年"保姆"的辅导员说句心里话，表达下自己的感激之情，不管在你的心中他是怎样的人，他都值得你感谢；记得给为自己上过课的老师发个短信，说声感谢和祝福；也要感谢与你朝夕相处的舍友，感谢舍友的理解、支持和包容，那些愉快的、不愉快的都是最美好的经历；也要感谢那些与你一起并肩战斗过的社团伙伴，你们一起锻炼，一起成长；还要感谢那些曾经伤害过你的人，是那些人让你更加坚强；回到家时，和父母拥抱一下，感谢他们的无私奉献，告诉他们，未来你来照顾他们！

2. 毕业了，要对自己的未来充满信心

要毕业了，或许现在你还没有找到满意的工作，或许你还在抱怨今年工作怎么这么难找。这时候的你需要给自己打打气，这是所有大学毕业生共同面对的问题，不要马上就开始否定自己的能力，也不要太过着急。你们需要等待，做好充分准备，该有的都会有，或许只是迟了那么一点。如果你现在的工作不是那么如你所愿，你们也不要气馁。

3. 请记得，身心健康是所有一切的基础

走上工作岗位了，不管你有多忙，每天一定抽出点时间去运动。如果你有一个运动爱好，那就好好坚持，如果没有，就培养一个运动爱好，坚持某项运动，一段时间后，你一定会看到不一样的自己，这是你一辈子的幸福，你的健康是整个家庭的希望。如果能不熬夜就尽量不熬夜，如果能放下手机就放下手机，如果能自己做饭就不要总点外卖，早点休息，早点起床，过有规律的生活。记得放下那些无用的社交，不要为了社交而社交，把自己身体搞坏了。任何事情都要适可而止。

你们也要重视自己的心理健康。这里给大家几条建议：改变不了事情我们就改变对这件事情的看法！问题本身不是问题，重要的是我们对这个问题的态度，态度变了，问题就变了。你的世界，就是你所关注到的世界，一个人想着幸福，就可能幸福；想着不幸，就会不幸。接受自己，允许自己不是最优秀的，适当调整自己的目标和期望值。乐观比较，要多一些积极的比较，少一些消极的比较。学会感恩，当我们的心里时刻存在感恩时，我们就没有了那么多抱怨，没有了抱怨，我们的心态自然就会好很多。当出现问题自己无法解决的时候，懂得求助是你有智慧的表现。

4. 不要忘记，珍惜可以去珍惜的人和事

如果在大学里你谈了恋爱，毕业时不要轻易说分手，一定要好聚好散，如果他（她）和你一起毕业，记得把他（她）带走；如果是你的学弟学妹，记得等待，好好

珍惜。如果真要分手，一定要去感谢给你爱的那个人，因为他（她）给你的生活增添了太多的色彩。你也应该感谢那个敢于跟你说再见的人，因为他（她）不爱你了和你说再见，是对你最大的忠诚。如果你有倾慕已久的对象，离开时记得去表白一下，哪怕被拒绝，那也将是你人生中一件值得骄傲的事情。不要忘记珍惜你们的友谊，你们的舍友可能成为你们一生的朋友，你的同学也将会是你遇到困难时最愿意帮助你的人。那些过去的不愉快，随着毕业都会过去。走上工作岗位了，记得时不时和舍友及同学聊聊天，问问家长里短，你的同学来到了你所在的城市，不要吝啬，请他们吃顿饭。大学里你一定遇到一些帮助过你的人，记得去感谢他们对你的帮助。

另外，老师还有一件事嘱咐大家，未来，你们会遇到很多人，你可以爱一个人，但是不要去恨一个人，仇恨会让自己变得不可爱。不能总要求别人对你好，你要先学着对别人好。你可以失恋，但不可以失志，不可以失己。

5. 请谨记，经营好你的家庭，那是你最温暖的地方

你希望你的孩子怎样，你就先做好自己，让你的榜样行为成为他们自然模仿的对象。记得不要总是争吵，争吵不会带来好处，只会在彼此之间留下更多的伤疤，争吵会带给孩子无尽的伤痛，争吵会让父母总是为你们担心。如果你是女生，记得把你的婆婆当妈妈，婆媳关系好了，你的生活就幸福了，你的老公也会更加爱你，你的家庭就会有更多的温暖，要相信，你对婆婆好一分，你会获得十分的回报。对自己的另一半多些关心和温暖，多一些宽容，只要有爱什么都可以克服。记得经营好自己的家庭，因为你会发现人生最大的幸福来源于家庭的和谐，在外受伤时，工作遇到困境时，生活有磨难时，家是最能给你安全感和温暖的地方！

6. 任何时候，不要放弃学习，让阅读照亮心灵

学习是你一生的修行，在你的未来，不管有什么样的境遇，你都要坚持去学习。社会变化太快了，如果你不学习，你永远都跟不上时代，最终会被时代淘汰。走上工作岗位后，你更应该多学习，不要觉得自己是本科生、研究生、博士生就有多厉害，你们在学校所学的东西是非常有限的，我们都应该虚心地向前辈学习，不懂的就问，哪怕被骂也要问；如果工作后有机会去学习深造，一定要抓住机会；日常生活中多看些书，让书籍开阔你的眼界，让书籍照亮你的心灵。阅读，不单是阅读，而且是不甘平庸、不满此身此地此时的追求。书，不只是书，还是一种生命对另一种生命的引领。在未见世界之前，书籍是世界的外延；待到见过世界，书籍便又成世界的注脚。要知道，有知识、有文化的人总能让人看到气质和修养。

7. 修炼自己的内心，坚强面对未来发生的所有

也许还有不少朋友在抱怨大学时遇到的各种不顺、各种不公平、各种复杂人际关系。走进社会后，你们将面临更多的生活困难和挫折，要知道痛苦和快乐都是生活的常态，你需要修炼自己的内心，用平常心看待生活中的困难和挫折。走进社会后，你需要独自面对自己未来的生活，很多时候没有人再为你铺路，没有人可以帮助你，也没有人可以一直陪伴你。不是挚友，不是爱人，不是父母，陪你度过一生漫长岁月的，终究还是你自己，你要学会承受孤独、享受孤独。独处，与自己的心对话，看似寂寥，实则丰富，是"灵魂生长的必要空间"，是唯一不需要伪装自己的时刻。生活中少抱怨，少纠结于小事，把自己从繁杂的事务中解脱出来，不骄不躁，稳稳地生活。走进社会后，你要有独立思考的能力，成长总是失去什么，再重拾什么，不要总是对过去耿耿于怀，要自信，带点自恋也没有关系，认真地对待自己该做的事情就好。

8. 如果你是家庭经济困难的学生，我想对你说

我是一名心理咨询师，在咨询工作中总能碰到因为家庭贫困而产生一些心理问题的学生，这些孩子有很多相似之处：因为家庭条件不好，普遍比较自卑；因为自卑，普遍人际关系不是很好；因为总是担心自己的表现不够好，心里存在自责，过得不踏实，限制了很多最初的梦想。孩子，今天你们终于毕业了，你战胜了困难，你胜利了。这时候我想对你们说，走进社会后，一定记得感谢你们的父母，孝顺你们的父母。还要感谢给你资助的政府、学校，或者你们的家乡，或者你们的亲朋好友，我想他们不会要求你们给予回报，但是，我希望你们记得这份恩情，等自己有能力时也去帮助那些需要帮助的人，把爱传递下去。另外，不要因为穷，就看不见身上的光。穷不是你的错，不要因为穷就屏蔽未来的无限可能。最好的孩子，会懂得自我努力，然后带动一个家风生水起。你只有活成自己渴望的模样，才有能力带领家人走出贫困的处境。

9. 毕业了，给自己的心灵放个假

努力了十几年，你们终于走出了校园，在即将面对纷繁复杂的社会前，你们可以给自己的心灵放个假，来一段毕业旅行，告别过去，面向未来。疫情渐散，仿佛劫后余生，看所有鲜亮娇嫩的颜色都觉得朝气蓬勃，去亲吻夏日的风，去吸取森林的氧，去追赶调皮的浪，去打捞湖中的月，去捕获雨后的虹，去指引迷途的鹿，把过去的伤痛一扫而光，我们一起面向未来。有机会的话，去听一场音乐会，去看一场电影，去看一次实景表演，去吃一顿美食，犒劳辛苦的自己。带着眼泪，我们一起走，一起奔，一起面向未来。

10. 不忘初心，温暖前行

我们要争做德智体美劳全面发展、能够担当民族复兴大任的时代新人。在自己

的工作岗位上兢兢业业，要相信你的付出有人会知道。如果你是医学生，当你正式走向工作岗位时，记得去重温一下医学生誓词，在救死扶伤的道路上不忘初心，坚守道德底线，体现人文关怀，用自己的爱心去温暖你的服务对象。不管你在哪个岗位上，也不管你走到哪里，都希望大家不忘初心，温暖前行，做一个诚实守信的人。如果我们无法为社会做大贡献，那么至少要遵守做人的底线，不违法，不违纪。

"理想很丰满，现实很骨感"
——大学生实习心态调节

> **引言**
>
> 　　大学生都要经历实习阶段，初入职场难免会有很多困惑和不知所措，当你发现现实和想象差距巨大时，你会怎么应对，是抱怨还是积极进取？今天这篇文章或许能为你答疑解惑。

　　时代从来没有放慢发展的脚步，成长的烦恼也是一天天跟进，特别是当代大学生，在美丽的"象牙塔"待得太久，开始实习了，初入社会难免会有很多不适，理想与现实的差距会给你当头一棒。这时候的你该怎么办呢，你们的心态该怎么调节呢？

一、你实习的时候是不是有这样的经历和感受

　　你以为自己很优秀，大学期间学习也不错，具备了很多技能，能够到单位好好发挥一下。到了实习单位才发现，你每天的任务是"打杂"，只是帮助其他员工打打下手、跑跑腿、端端水、倒倒茶、扫扫地。你根本没有什么发挥的机会。"我本以为会从事规划和建筑类工作，结果工作后才发现是负责前台工作，每天只是接听电话、指引客户，和我想的完全不一样，很无聊。"就读土木工程专业的同学说。

　　你以为大学实习和在校时差不多，实习单位不会要求太严格，不用像其他员工那样每天准时上下班，遵守各种规章制度，可以放松一些。后来你才发现你也必须每天和其他员工一样，甚至你要早到，提前做好一天工作的准备，如烧水、打扫卫生等，你要为正式员工做好后勤服务。该加的班你要加，正式员工不加班你也要加，你心想："凭什么？"关键是你即使这么做了，可能也经常被嫌弃。

　　有时候你还会觉得很委屈：最苦最累的活是你干的，最后出错了还有你的一大部分责任。有好事的时候没有你，有任务的时候一定有你，你还必须随叫随到，要不然别人就会说你不懂事。有时候你更委屈，老板叫你做个策划，你花了很多时间和精力，最后老板只说了一句"先放那吧"。

有时候你很想学，很愿意跟着带教多学习一些专业技能，可是你发现带教好像并不是那么热情，他们的工作也很繁忙，不一定有时间来手把手教你，于是你又气馁了。

有时候你是不是也这样：你很想与员工们处理好关系，可是你好像总是把关系搞砸，你甚至开始怀疑自己的人际沟通能力；有时候你很想做点什么，主动接受一些有挑战性的活，可是你并没有那么好的组织管理、沟通协调能力，于是你感觉自己很失败。

还有同学抱怨：我们跟其他员工一样干活，为什么我们没有工资、没有奖金、没有加班费？

二、大家都知道大学生实习的真正意义吗？

实习是每个大学生必须面对和经历的一个非常有意义的过程，正确认识实习对大学生的意义，对缓解你的情绪、调整你的认知非常有帮助，也会助力你在实习岗位上获得更多成长。

1. 实习可以检验、稳固和提升你在大学学习的一些专业技能，以便于你走上工作岗位后能较快胜任工作岗位。

2. 学校和职场、学习和工作、学生和员工有着本质不同，它们之间有着太大的差异。而实习提供了一个让你从学生变成员工、从学习变成工作、从学校走进职场的机会。实习能让你提前适应社会，以便于你在工作岗位上少走弯路。

3. 实习是在真实的工作环境中进行的，你可以从中检验你的专业能力、组织管理能力、沟通表达能力，通过实习，你能够不断提升自己的综合素质和工作经验。

4. 实习可以加深你对职业与行业的了解，帮助你确认自己喜欢或擅长的职业。在实习过程中，你可以确定自己是否喜欢这份工作，自己能否胜任。如果喜欢又胜任，以后毕业找工作，你就可以把它作为目标职业；反之，你就要寻找新的工作方向。

5. 实习可以增加自己找工作的竞争优势，实习也是一种工作的经历和经验，你的实习单位和实习表现都会被用人单位作为是否录用你的一个重要指标。

以上实习的意义告诉我们一个简单道理：实习是为了自己的成长，不是你在为单位打工，而是单位在为你的成长提供机会，受益的是你自己。另外，一定要明白你去实习是锻炼和提升自己的，不是去表现的。因此，可以换个心态去认识实习，这样你的抱怨就少了。

三、实习的心理变化你知道吗？

大学生在实习过程中会经历三个心理变化。

1. 初期的情绪波动阶段。 大学生从家庭走向学校，从学校初入社会，基本没有吃过什么苦，也不是很了解工作的辛苦，对制度的理解不那么深。很多实习生不能适应单位的制度约束，不能适应高强度的工作要求，不能适应经常加班的状态；另外，学生们还是不能转变学生角色，没有形成适应新环境的心理机制，可能会在工作中出现角色失调。

2. 中期的抵触及迷茫阶段。 在实习中期阶段，随着对实习的期望值不断提升，而自己又得不到满足，很多人的实习热情和责任心就会明显下降，从而影响实习的积极性。实习生们容易产生浮躁情绪，甚至对实习产生抵触心态。如果实习单位能够给学生带来积极向上的力量，学生们就能够在实习单位获得能力提升，就能够感受到单位员工良好的精神面貌和积极热情，就能很好地度过实习的迷茫期。当然，很多时候学生们感受到的是更为负面的东西，理想和现实存在很大的偏差，于是他们很多时候会消极怠工，会有抵触情绪，对实习产生迷茫。

3. 后期的逃离阶段。 毕业实习面临结束，学生们会因为即将从自己不喜欢的环境和劳动中解脱出来，可以重返轻松愉悦的校园，并为很快就要毕业而感到兴奋或者担心。此时，实习生们在思想上极容易麻痹大意，出现不遵守规章制度的现象，有些学生还会频繁请假找工作，或者想尽各种办法逃避实习。当然，如果你适应了实习的节奏、适应了社会工作生活、适应了人际关系，就会比较顺利地走向工作岗位。

四、实习期间如何调整心态呢？

1. 从成长的角度认识实习的意义。 实习是你大学学习生活的一个重要部分，是帮助大学生们顺利走向社会的重要一环。你要从人生发展的深层意义上理解适应环境与超越环境的辩证关系、理解实习的重要意义，从而接纳实习的各种心理不适应。

2. 从感恩的角度认识你的实习单位。 实习单位给你提供实习机会，让你在这里提升专业技能、锻炼你的综合能力、磨炼你的意志，即使你过得不愉快，你也应该感恩单位给你这样的成长机会。当你带着这种感恩之心去面对实习单位的时候，你就不会有那么多的抱怨，你的心态自然也会好一些。

3. 实习前先做择业规划。 实习生们在选择实习岗位的时候要先做好职业规划，选择与职业规划相同或者相近的实习岗位,这样你就能够通过实习感受到自己的能力得到提升,感受到自己正在更好地适应工作环境,也能够大大减轻因不适应带来的抵触情绪。

4. **学会与实习单位员工友好相处**。到了实习单位,你要记得勤快一些,乐于助人一些,多做些杂事、琐事没有关系,通过帮助不同员工做不同的事情获得大家的认可。当你学会与不同员工友好相处之后,你就会有归属感,会感受到轻松、愉快的工作氛围,心情自然就会好了。

5. **学习一些减压方法**。实习期间总会遇到一些困难和挫折,再加上就业压力,你难免会有情绪波动。这个时候,你要学会一些减压方法:适当调整学习、实习与休息的时间,尽量合理饮食、规范作息;经常通过运动锻炼来调整身心状态,放松绷紧的神经;有情绪的时候找家人、朋友倾诉,或者用写日记等形式把情绪宣泄出来;有时候听听音乐、看看书也能很好地调节自己的心态。

毕业生就业面试需要知道的 9 件事

> **引言**
>
> 即将毕业，我们肩上扛的是担当，我们脚下要走的路是我们的前程，我们渴望触及的是光辉熠熠的未来，我们需要一份心目中最理想的工作来为我们的美好生活打下坚实基础。我们要对自己有清晰的定位，要了解当前就业情况，通过一系列理性分析和判断，来找到我们心目中最理想的工作。当然，优秀的简历永远是你找到工作的基础保障，我们的简历内容来源于丰富的大学生活和实践，充实的简历可以让我们在面试时处变不惊，让我们更有底气！

临近毕业的时候，很多同学可能都会对自己毕业后何去何从有很多很多的想法，选择就业？选择创业？选择考研？选择考公？还是别的……这从一个侧面说明了毕业生的迷茫。如果你选择毕业后工作，应该怎样才能不迷茫呢？这里丁老师将给大家支支招，总结了毕业生就业面试需要知道的9件事，看看对大家是否有用。

第一件事：你的目标定位要清晰。首先，我们要有清晰的自我认知，了解自己的兴趣、能力、价值观。发现自己的兴趣，看看自己到底喜欢做什么，与自己的专业可能匹配的职业有哪些？了解自己的能力，看自己的知识、技能和才干是否符合自己的职业兴趣要求，自己的价值选择是否能达到自己的要求。其次，要了解自身的核心竞争力。你哪方面的能力很强，有助于你今后职业的发展？你的优势在哪里，如表达能力、组织管理能力、创新能力、执行力、学习能力、沟通能力等，你比较突出的是哪一个？你未来选择的职业岗位更需要哪个能力？你们之间的匹配度高吗？这些都是需要你清晰了解的。

第二件事：了解就业形势，搜集就业信息。首先，对于当前的大环境要有所了解，当年的总体就业形势怎样？与本专业相匹配的职业岗位供给如何？其次，你要了解各单位近几年的招聘情况，需要怎样的条件、岗位待遇情况、发展情况、工作地点、工作环境，等等，以你的条件是否有机会？最后，学会精准寻找就业信息。

利用网络寻找就业信息，可以进入专门的招聘网站，也可以进入各单位的官网或者微信平台，或者通过学校的就业指导中心网站。利用自己的人脉资源寻找工作也是非常靠谱的一种方式。了解这些资源后，你要进行一个分类筛选，做到心中有数，同时准备好招聘的笔试面试工作。工作岗位发布时间一般在一周左右，所以一定要经常关注目标单位的招聘信息。当然，针对媒体信息要注意甄别真假，以免上当受骗。

  第三件事：你需要制作一份高质量简历。我们找到了自己的求职目标，就要开始着手进行简历制作了。要怎么制作才能增加自己的竞争力呢？要怎么让自己的简历在海投的简历中脱颖而出呢？首先，希望大家能够明白一个道理，我们制作的简历，不是"千岗一份"，而是"一岗一简历"，针对不同的岗位制作不同的简历。第一步，把自己曾经的各种经历进行一次梳理，如专业技能、教育背景、校园活动、实习实践、获奖情况、各种竞赛、科研项目、语言能力等，形成对自己的初步印象，特别要找出体现自己的独有优势的经历。第二步，澄清要求。这里要澄清的是岗位的职业要求，然后匹配你的素质和能力，寻找到最佳的结合点，这样你的简历就会有目标性，简历才会出彩。第三步，形成简历。这里大家一定要明白的是简历需要包含的基本内容，如基本信息（姓名、性别、民族、出生年月、政治面貌、生源地、学校、专业、学历、电话、邮箱、求职意向等）、主要经历（教育经历、实习经历、社会实践经历、学生干部经历、发表论文等）、获奖情况（奖学金、科研项目获奖、比赛获奖、学生干部获奖等）、其他技能（计算机水平、外语能力等）。

  在这里特别要告诉大家，有几个点一定要重视。要根据岗位要求适时调整你的简历重点与需要突出的地方。在撰写经历及获奖情况的时候，按照重要性来排列比较妥当。简单说就是，上述的清单里面的内容，怎样排列可以突显出自己的优势。举个例子来说，如果你是医学生，应聘医学岗位，很明显这对专业能力要求较高，我们在简历的前面三分之一部分突出自己的专业技能，列出专业竞赛、专业实习、科研能力、发表论文等情况。总之，我们在栏目排列的时候，要围绕着目标岗位的要求，在简历的核心位置突出自己的经历，可以调整栏目名称来表述自己的个人优势。第四步：提升语言水平，美化版面。如何通过语言来提升简历的吸引力是一门学问，这里建议大家多使用数字，多用量化的形式来描写，少用那些虚的语言，让人觉得可信最重要。简历中的文字一定要反复琢磨，如果简历中有错别字或者错句，那给人的印象可是非常不好的哦。美化版面，简单地说，就是要突出重点，可以通过活用背景色、小图标、实线条、加黑等方法。自己实在不会美化，也可以请专业的人帮助设计。这里还要特别说明，简历一页到两页最佳，排版千万不要冗杂，清晰整洁即可，不要花里胡哨。

　　第四件事：懂得如何投简历。第一种是网投简历，通过网络投递简历，看似简单，实则有很多技巧。建议大家在周一到周四的晚上以及周日的晚上发邮件。邮件主题体现姓名以及你想应聘的岗位，可以设置邮件已读系统自动回复，这样既不会增加HR的工作量，同时也可以让大家知道邮件是否被HR查看。邮件的正文内容和简历内容最好区分开，正文中突出自己的特点和优势，突出岗位匹配性，字数不要太多，100～200字为宜，行文要清晰，体现礼貌用语。当然，记得不要同时申请同一单位的多个岗位！虽然这样可以在最短时间里申请很多个岗位，但是这会造成HR认为你对个人职业定位不清晰。不要反复投递同一家公司的同一个职位或者多个职位，这样不仅没有面试机会，还很容易被HR列入黑名单。第二种是现场投简历。可能是宣讲会现场或者专场招聘会现场，也可能是自己上门投简历。这里大家要记住，投的简历一定要有针对性，所以，你要预备多套简历样式，不同岗位用不同的简历。给用人单位投简历的时候，要用简单、突出重点的几句话介绍下自己，给HR留下深刻的印象，他们才会进一步详细看你的简历。还有就是，投了哪些单位一定要心中有数，最好做个记录，简历投出去一周左右，可以打电话询问，这也是你重视该单位的表现。

　　第五件事：面试前的准备工作。面试前要做好几个重要工作，其一，充分了解目标单位的信息，了解目标职业的要求、现状、发展方向等；其二，充分地自我介绍，这是非常关键的一步，如何在自我介绍中突出自己，让别人记住你，并愿意和你继续聊下去，记住，要突出你的优势以及该优势与你面试职业的匹配性，还要突出自己的诚意；其三，熟悉自己简历的详细内容，并做好问答准备；其四，注意塑造自己的形象，你的着装、形态、礼仪、化妆等都很重要，这些是你需要提前准备好的，善用肢体语言会赢得面试官的心，如身体前倾、目光注视、点头、开放性姿势等；其五，掌握一些面试答题的基本技巧，希望你们多从网络上学习一下，做到心中有数，应对自如；其六，可以的话，找个人帮你训练一下，身临其境一般感觉下自己的面试场景，消除紧张心理。

　　第六件事：网络视频面试的小技巧你需要懂一些。面试前，提前查看好面试的信息，做好目标单位和目标职业的前期调查。选择合适的设备并调试好，背景墙、服饰、妆容、环境、干扰、昵称、头像，这些细节都是需要你提前准备好的。面试中，做好自我介绍，有的放矢，突出重点，口齿清晰。注意坐姿，始终保持自己的头部出现在视频窗口的上半部分。注意眼神交流，目光不要游移不定，尤其不要被电脑屏幕上的其他内容影响。注意肢体语言，挺直身体，前倾，点头，始终保持微笑。回答问题不要着急，可以的话提前进行演练。面试结束后，不要着急挂断，主动和面试官保持联系，学会等待，可以适当询问和联系。

第七件事：现场面试的注意事项。这里给大家几个非常重要的提示。其一，一定要提前15分钟到场，如果可以的话，提前半小时也是可以的，切勿迟到或者匆匆忙忙赶到，这会留下很糟糕的印象。注意提前到后就要开始注意你的言行举止，很可能这个时候面试官就在你的身边，或者就是哪个不经意和你聊天的人，你的说话方式、站姿、坐姿、是否主动与别人交流等都可能是考核项目。其二，现场面试一定要注意自己的着装和基本礼仪，这点要多学习下。同时，注意自己的身体语言。进入考场主动敲门，主动和面试官打招呼，面试时记得目光扫视所有面试官，有不会的问题主动说不会，没做过的事情不要瞎编，诚实守信很重要。离开现场时记得说声谢谢，面对着面试官关门等等。其三，自我介绍，不要背简历，不要什么都说，要突出亮点，突出优势，敢于认同自己，敢于讲故事，敢于夸自己。讲话没有重点，过于真实，自曝短处都没什么好处。其四，如果是结构化面试，面试主要根据特定职位的要求，遵循固定的程序，采用专门的题库、评价标准和评价方法。在面试的整个过程中，面试官是纯粹的观察者，观察面试者各方面的能力：逻辑思维能力、语言表达能力、计划能力、决策能力、组织协调能力、创新能力、应变能力、人际沟通能力等，以及面试者个人的情绪稳定性、自我认知以及气质风度等特征。所以，这个时候你的临场应变能力显得格外重要。

第八件事：如果面试紧张怎么办？最重要的是学会放松。如何放松呢？首先是想象放松，也就是我们常说的冥想。你可以找一个合适的时间和合适的地点，在面试等待的间隙也是可以做的，闭上眼睛，想象自己畅游在某个自己感觉很舒服的环境中，如果能配上轻音乐更好，让自己彻底地转移注意力。其次，呼吸放松，这个也很简单，但是大家都不认真去做，一般呼气和吸气的过程都要持续五秒钟，至少要一个八拍，也就是说，至少要做八次一个循环。最后，积极的心理暗示非常重要，调整好心态，调整好呼吸，尽量给自己积极的心理暗示，其实大家都很紧张，随着面试的进行，紧张一会儿就会消失。

第九件事：面试后记得这样做。面试结束后的3天到一周，如果没有收到用人单位的反馈信息，可以主动联系用人单位，这样可以体现你的重视程度，尤其是企业招聘，这点非常重要；另外，如果失败了，你要学会总结经验，为了下一次的面试能更加顺利，当然，失败了也不要灰心和气馁，这是很正常的事情，需要你勇敢地去面对，再接再厉。（本文参考了杨雯老师撰写的《毕业生就业的天龙八部》一文。）

心蓄稳态

第七章

在最艰难的时期，让积极心态帮助你应对

　　一直很喜欢蒲公英——心随念去，身随缘去，身心放松，随风而行，到哪儿是哪儿。

　　只有拥有了以积极心态为内核的淡定，才能不为物欲所迷。不是靠心情活着，而是靠心态活着。心蓄稳态，才能在平凡中走出繁华风景。

疫情之下，积极心理，自我调适，弥足珍贵

> **引言**
>
> 凛冬散尽，星河长明，没有一个冬天不可逾越。突如其来的新冠肺炎疫情无情肆虐华夏各地，抗疫英雄长久奋战在疫情一线，他们虽然给我们打了一剂定心针，但是长久居家的我们还是会有心理困扰，我们难免会有些焦虑、恐慌等消极心理，这也是正常现象，我们不需要过度忧虑。我们最好调节这种心理，利用这段超长假期努力提高自己，何乐而不为？

近一段时间，随着新冠肺炎疫情的不断发展，相关的各种信息无不在牵动着全国人民的心。面对这场来势凶猛且充满未知的疫情，大众多少都有些恐慌、焦虑、紧张、担心等情绪，如果您也出现了这样的情绪，那我应该恭喜您，因为这是正常人的正常心理表现，是人类面对危险所激发出的一种自我防御机制，正是有了这些情绪，我们才更加知道如何保护自己，如何不让自己受到伤害。当然，也有一些人因为个性、认知方式、处事原则等不能正确看待这些事情，逐渐表现出了过度的担心和恐慌，整日提心吊胆，甚至产生了情绪低落、焦虑不安、强迫、失眠等症状，总是感觉身边到处都充斥着危险，这时你的心灵可能生病了。那么我们应该如何正确看待这件事呢？我们有什么样的心理调适方法呢？心理咨询师来教你几招吧！

一、疫情之下，我看到了美好

1.我们体验和认识了焦虑。疫情之下，大部分的人都有焦虑情绪，这是正常的心理表现，是提示你保护自己的信息，是人类生存的本能。其实，焦虑具有非常积极的意义，它是我们的生活小助手、小伙伴，大家不妨利用这次机会去深刻体验焦虑的积极意义，认识它，觉察它，学会与它相处，以便以后大家遇到类似问题时能很好地适应，这不得不说是我们成长的一次机会。

2.疫情之下，我们感受到了大爱。我们的白衣天使面对生死考验，毫无畏惧，逆势而上，让我们看到了他们的大爱。也正好通过这次事件，我们更加懂得尊重医

生，重新审视医患关系，为今后构建和谐医患关系注入爱的能量。我们看到了武汉人民的大爱，为了大家的健康，他们选择留在家里，选择孤独。我们也看到了一方有难、八方支援的大爱，更看到了国家的强大以及社会主义制度的优越性。

3. 疫情之下，我们深刻体会了人与自然的关系。天人合一，人与自然和谐相处，尊重自然规律，这是我们每个人都应该思考的问题。通过这次疫情，我们每个人都会更加懂得尊重自然，爱护环境，学会与自然和谐相处，这难道不是积极的一面吗？

4. 疫情之下，亲情流动。平时因为离家远不能好好和家人聊一聊，现在正好有机会多和家人说说话，即使你们彼此之间不说话，但难得可以这样与家人在一起，大家即使各干各的也会觉得"你在我在"，彼此都会很温暖。你给父母讲解相关知识、劝他们戴口罩的过程都是很好的交流机会和改善亲子关系的良好时机。

5. 疫情之下，我们给自己休个假。因为这个事件，你可以选择不走亲戚了，不用见那些你本来就不想见到的人，也免去了被七大姑八大姨"灵魂拷问"的烦恼，这难得的清闲时光你可以自由去安排它。这个时候与其终日期盼钟南山院士"让你动"，不如反被动为主动，将大把的时间好好利用起来，大家可以趁此机会多看看书、刷刷剧、上上网课，来一次彻底的身心放松。平时因为工作、学习太忙顾不上的事情这个时候就可以好好尝试一下，说不定趁此机会"闭门修炼"一番，你又可以 get 到一些新技能哦。

二、疫情之下，保护自己及家人是最大的心安

1. 做好基本的防护是最大的心安。尽量减少聚集性活动，少出门。现在的你可能已经开始有所抱怨，好不容易放假回家却不能找小伙伴们玩，只能宅在家里，大过年的连走亲访友都成了高危行为，这些与你原本的假期计划可能不相符。但是特殊时期，为了自己和亲人、朋友的健康安全，你应该做出正确的选择。即使要出门也要避免去人群聚集处，戴口罩、勤洗手这些老生常谈的话想必大家都应该明白且做到了，在这里就不多说了。当你做好这些基本防护之后，你在心理上就会感觉到安全，心理安全了，你的情绪就平和了。

2. 如何让父母"听话"。"上联：'90后'让'70后'戴口罩，下联：'70后'让'90后'别熬夜，横批：谁也不听"。"让父母戴口罩比当初他们逼我们穿秋裤还难"，请问你们家有这样"不省心"的大人吗？这次疫情中，年轻一代面对快速传播的信息做出了敏感的反应，然而一些长辈却仍体会不到严重性，对子孙的叮嘱与关心不当回事。如果你的家庭遇到了这样的情况，不要烦恼。首先很多大人对疫情的严重性也许还不了解，但你的关心却会让他们感受到你的爱与成长。另外，这其实也体

现了有关"代沟"的问题，与其你生硬地告诉他们外面很危险要戴口罩，不如尝试用他们更容易接受的方式向他们传递相关信息，比如编辑类似"惊！钟南山证实这种方式抵御新冠肺炎简单又便捷""朋友圈传疯了，今年过年云聚会才是最好的拜年"这样的信息发送给父母，可能会更加吸引他们的眼球。或者打感情牌："我这不是怕你生病吗？如果你生病那我多担心啊，你倒下了我们家可怎么办啊？"年轻人平时玩手机、刷微博、看视频的时间多，消息的流通在这群人中也更加快捷，你可以在看到消息之后及时分享给长辈，并且耐心地进行一些讲解，和父母一起关注疫情现状。屏幕前的你不要因为长辈对你的关心置之不理而愤怒或难过，就像你有时候不理解父母的唠叨一样，请给彼此一些互相理解的时间，同时也要注意沟通的方法与态度哦。要知道哦，这也是你们改善关系的最好方式和最佳时间。

三、疫情之下，情绪调节有妙招

1.适当控制自己对新冠肺炎的关注。不知道屏幕前的你是不是这样的：每过十分钟就要刷新一下新闻，看看现在感染人数新增多少了，死亡病例新增多少了。现在的年轻人特别喜欢睡前玩一会儿手机，这个时候如果看到一些比较消极、负面的报道，今夜更是无眠。你是否也感觉自己仿佛被这场无声的战争绑架？是否有不敢看但又忍不住想去了解相关情况的矛盾？如果有，那么老师建议你，控制住自己那份好奇心，最好一天内浏览相关信息不超过1个小时，尽量关注官方信息，尽量在睡前少看相关的消息，毕竟在夜晚人们的情绪较为脆弱；少接触那些来历不明或者蹭热度的相关文章，这些文章很多都充满主观性，甚至是在"贩卖焦虑"，这些信息看多了只会增加你的恐慌感，甚至给你错误信息，让你无所适从。老师理解你那份关注国情民生的赤诚之心，也明白在现在人人自危的大环境下想去了解现状的好奇心，但每个人对负能量的承受都是有限度的。为了更好地保护自己弱小的心灵，不给自己本就紧张的心情增加负担，请停止你划拉屏幕的小手，舒展开你那紧蹙着的眉毛，去看一些可以让自己轻松的东西吧。

2.相信科学，不传谣，不信谣，合理认识。疫情当前，大众本能的恐慌成为传播谣言的助力。另外，谣言的传播也会让恐慌扩散。这种恐慌是不可避免的，但越是如此我们便越是要努力克服这种情绪造成的负面影响。在这个信息爆炸的时代，真相总是与谣言鱼龙混杂，若权威消息较少，人们更是会去捕捉一些"小道消息"来满足对信息的需求，所以建议大家只关注《人民日报》、电视新闻等正规媒体所报道的信息，同时保持清醒的头脑和冷静的情绪，践行最合乎理性的防疫方法，不给谣言可乘之机。具体而言，应当认真做好个人防护，已经生病的人要听从医嘱对症下药，而不是盲目就医。要减少不必要的外出与聚会，不轻信来历不明的防疫方法，不传播无法证实的虚假消息。不论是抵抗病毒、抵抗谣言还是抵抗恐慌，每个人都要把自己当成一道防线，由此成为防疫工作的正面助力。同时也建议大家不要因为没有购买到口罩、酒精、相关药品就感觉自己仿佛"裸奔"在病毒之中而情绪紧张，甚至想尽各种办法去获得相关物资。越是这样，你的恐惧与紧张越会加剧，百害无一利。

3. 学会转移注意力和自我暗示，与情绪和解。在前文中多次提到的恐慌、焦虑、紧张，以及当我们把太多的时间用于关注某种负面事件时，自然而然出现的压抑感、无助感，其实都是正常的心理反应，这在文章开头我们也提到了。但是，如果这种情绪不断被放大或持续较久，会对我们的身心健康产生较大的不良影响，严重者还会出现厌世感，对周围人及政府、媒体感到愤怒等。这就需要我们学会转移注意力和自我暗示，与自己的情绪和解。首先你要认识到自己出现消极情绪是正常的，有了恐慌，我们才会意识到危险；有了焦虑，那说明我们对某件事有了紧迫感，它可以促使我们有所行动。所以，当情绪来了，不妨先让它们待一会儿，冷静反观自己所处的情况，理性分析。其次，你也可以向身边的亲人、朋友倾诉自己的烦恼，如果哭能让你好受点就放肆哭吧，如果骂能让你好受些就大胆骂吧，如果说出来你可以轻松一些那就找一个可以理解你的人去说个痛快。不要过分压抑和封闭自己，找到合适的方式把心里面的"浊气"好好排出去。还可以多看一看让你开心的电视节目、自己喜欢的书，找找有趣的段子，来转移自己的注意力。或者你可以告诉自己，我不是一个人在承担这个事情，我有能力去保护自己和家人，这对我来说也是一次宝贵的人生经历；勇敢地告诉自己，我不怕！我能行！为自己打气，不要否定自我，给自己强有力的暗示，老师相信，你可以！

4. 学会用理性客观的思维看待这次疫情。新冠肺炎疫情因起初刚好碰上春运和过年而传播很快，传染性较强，但理性地看待其致病程度、致死率、治愈率及治愈效果，和当年"非典"比还是没那么可怕的。很多人因自己近期身体有些不舒服、有些咳嗽、有点发烧就开始自己吓自己，"我是不是也被传染了？我是不是也得了那个什么新型肺炎？听说还没有针对性的疫苗，那我是不是没救了？我的家人会不会也被我传染了……"停停停！这个时候你应该想一想，自己这段时间接触过有"武汉旅行史"的人或疑似患者吗？做好旅行防护工作吗？是不是只是普通的感冒啊？人家钟南山院士让你做好防护，但没让你谈"病"色变。现如今我们的医疗在不断进步，科技也不断发达，大众的自我保护意识也在不断提高，只要我们保持良好的免疫力，拥有积极的心态，做好基本的防护，春天很快就会来的。

5. 让爱为你的好心情助力。疫情暴发，特别是封城之后，武汉的一举一动都在牵动着全国人民的心，社会各界也都纷纷施以援手。大家的出发点是好的，但"助人为乐"也有讲究。如果你有亲人、朋友身处疫区、在医疗一线甚至是已被隔离或已经患病，"不怕说错话，就怕你不说"，请不要吝啬你的关心，让他们知道你与他们同在，他们并不孤独。同时也要注意照顾好自己，如果你连自身都照顾不好，何来精力去帮助别人？况且我们作为一名普通的市民，保护好自己和身边人已是对这次疫情所能做的最大贡献。同时，如果可以做些力所能及的事情，奉献一些爱心也是可以的。当然，如果涉及捐款捐物，要确认对方的身份、来历，联系好当地的红十字会等组织，不要让自己的一份热心打了水漂。

四、疫情之下，生活调节助力美好心情

1.维持生活规律，助力好心情。新冠肺炎疫情发展到这个程度，大街小巷早已空无一人，大家都积极响应"居家"号召。但一直宅在家里无所事事，你的生活节奏就很容易受到干扰。如果这个时候你的生活规律被打破，尤其是晚上不睡早晨不起，或者是不按时吃饭，只知道吃零食，饥一顿饱一顿，长此以往，你的身体会被拖垮，免疫力也会随之下降。现在可是特殊时期，好的免疫力就是最好的"防护服"。同时，身体的变化也会诱发或加重恐慌与焦虑。大家可都是明白人，破坏生活规律这种毁坏身心健康的事情我们可不干。

2.坚持适量运动，改善情绪。我们常说运动不仅能改善身体健康状况，更重要的是运动能改善情绪，促进心理健康。虽然现在不能出门，但是在家同样可以进行锻炼。大家可以在家跟着 keep 等运动软件做做操，还可以叫上爸爸妈妈一起跳跳广场舞，这样还可以增进你们之间的关系，进一步减少代沟。适量运动可以提高免疫力，宣泄消极的情绪，达到身心平衡，获得满意的生活状态。规律生活配合适量运动就是我们面对危机、处理危机的基础保障。

3.合理利用时间，收获满满。在这里建议大家趁此机会给自己做做规划，可以是短时间的，也可以是长期的，最好明确自己的小目标，然后合理计划一下如何把这眼前现有的好时光合理利用起来。有兴趣的同学可以制作一个时间表或者任务清单，在家里也同样可以拥有充实的生活，让这个假期轻松但不清闲。

五、疫情之下，我特别关心你的心理感受

1.如果你本就是亚健康状态人群，你可能会更加担心自己的身体状况：我没有接触传染源，我做到了基本的防护，我会不会有问题？当然，如果你的身体确实出现了不适，还是要及时就诊。

2. 如果你的身体已经出现了发热、咳嗽等症状，你要尽早就医，目的是尽快得到诊断，采取相应的措施。当然，这个时候也不能因为自己症状轻就掉以轻心，任其随意发展，这是对自己和他人不负责任的表现。同时，你也应该知道，早诊断，早治疗，早康复，而且要尊重和配合医护人员，特殊时期做到互相理解，保持耐心。

3. 如果你的心理素质较差，或者本身就存在一些心理问题，这个时候你更应该按照以上的建议来做。此外，在对自己身体进行防护的同时，也不要忘记心灵的保护，在这个特殊时期，大家的身心都在接受着考验。尽量不要关注那些负面新闻，不要觉得这是不关心国事，你只是在保护自己，这样做没有错。尽量不要一个人待着，有情绪也尽量不要一个人承担，你需要有人去陪伴，有人去倾诉，这样可以给你带来安全感，感受到自己并不孤独。当然，如果你的内心一直处于煎熬之中，身边的人已经不能满足你的需求，应及时寻找专业的心理咨询师或心理机构进行求助，不要怕，我们与你同在。

4. 如果你是患者且被隔离，请您一定要相信几点：全国最优秀的医疗资源都在汇集，你的病可以得到最好的治疗，你可以康复；如果你很担心，就尽量与家人保持联系，获得陪伴和心理支持；如果你被隔离，那就耐心等待，学会转移注意力，相信事情没那么糟糕。另外，一定记得合理饮食，规范作息，这是打败病毒的基础。

5. 如果你是医护人员，你们可能会暂时忘记自己的情绪，但请记得合理饮食，想办法多休息下。如果心里难受，被误解，要及时互相倾诉、互相打气、互相支持、互相肯定，这个时候同伴及家人的心理支持是最有效的，情绪来了，该哭的时候就认真哭。如果确实难以摆脱情绪困扰，及时寻求专业心理咨询师帮助。

6. 如果你是医学生，我希望同学们不要因为这些事情影响你学习医学的决心，更不要因觉得自己帮不上忙而怀疑自己的职业选择，甚至觉得自己不够好从而否定自己。"养兵千日，用兵一时"，现在的你还在成长，也在不断进步着，请你坚持自己的初心，坚定自己学好医学的决心，树立好自己的目标，不抛弃，不放弃。终有一日，你将厚积薄发，成为一名守护人类健康的白衣战士！

7. 如果你此时正在一线战斗，首先我要向你们致敬！希望你们可以照顾好自己，同样你们也不要忘记为自己加油，带着那坚定的意志，告诉自己：我是英雄，我可以！也请你们放心，全国人民都将是你们的后盾！

最后，再次向奋战在抗击新冠肺炎疫情一线的英雄们致敬！

疫情给我们的 25 个生活启示，个个都很扎心

> **引言**
>
> 相信大家都听过这样一句话，"哪有什么岁月静好，只不过是有人替你负重前行罢了"。是的，一场疫情，牵动了多少人的心。受疫情影响，我们都在做生活的苦行者，踽踽而行。不妨看看本文提供的几个生活启示，哪怕风雨兼程，也能活得漂亮！

2020 年开头的这场疫情，给了我们太多的伤痛，我们每个人都似乎经历了一场巨大的灾难。疫情在不断地扰乱我们的生活，全社会都面临着前所未有的挑战和压力，宅在家的我们似乎有了更多的时间思考自己的生活。在"被迫封闭"的日子里，我们体验过恐慌、担忧、焦虑、抑郁、感动、敬畏、期盼等太多的情绪，我们也于一瞬之间顿悟了许多，仿佛经历了一场灵魂的洗礼。当疫情逐步得到控制，情况逐渐向好时，我们也该坐下来，一起梳理这场疫情给我们带来的生活启示。

启示 1：生活告诉我们健康最重要。人体本身的免疫力是对抗病毒的最有效药物，有了健康的身体，你才能拥有其他的一切。老祖宗给我们留下的养生之道也说："上古之人，其知道者，法于阴阳，和于术数，食饮有节，起居有常，不妄作劳，故能形与神俱，而尽终其天年，度百岁乃去。"因此，待到春暖花开时，约几个好友一起去运动吧。

启示 2：良好的社会心态太重要了。疫情之下，有人恐慌、担忧、焦虑，甚至抑郁，有些人还出现了诸如抢购物资、相信偏方、相信神灵等偏差行为。《素问·上古天真论》曰："恬淡虚无，真气从之，精神内守，病安从来。"身心是互相影响的，乐观的心态是战胜疾病、快乐生活的重要武器。所以，提高自己的心理健康素养是必要的。

启示 3：运动使我们身心愉悦。很多人长时间窝在家而缺乏一定程度的运动，纷纷反映：体重又增了；感觉自己体质变差了；觉得自己总这么不动，好像心情都变差了……适量的运动会成为生活的增味剂，不仅可以帮助你瘦身、保持健康，也可以促进心情的愉悦。疫情结束后，不妨出门散散步、跑一跑，动起来，让身心快乐

起来。

启示4：不要总是委屈自己，有些社交，毫无用处。这个春节我们都宅在家，很少进行面对面的人际交往，尤其是参加各式各样的聚会、饭局等。我们会发现，远离社交也是一种不错的生活。其实，所谓的人际交往、社会关系也没有那么重要，研究表明，有将近70%的社交是浪费时间的，所以，不如一起摒弃无用社交，把时间用来充实自我或是陪伴家人，也可以享受一下难得的独处时光，给心灵放个假。

启示5：自律是你与别人拉开差距的最美品质。宅在家的日子，有人怨声载道，有人整日沉迷于游戏，手机不离手，百无聊赖，无所事事；也有人觉得很充实，自我防护，规范作息，合理利用时间，养成良好习惯，稳定自我心态，自我情绪疏导，真正学会了自我成长。正如加·泽文在《岛上书店》中所宣扬的，"每个人的生命中，都有最艰难的那一年，将人生变得美好而辽阔"，你也需要这般勇敢而莽撞。

启示6：感恩帮助过我们的人。疫情暴发以来，我们看到太多感人肺腑的故事。生活在这个世界上，不要总以为很多事情是理所当然，你永远不知道现在所享受的物质生活是多少人在为你负重前行而换来的。去感恩陪伴你的家人吧，感恩那些给予你点点滴滴帮助的人吧，感谢他们的默默付出，不要让善良的人心寒。

启示7：对身边人好一点。你的父母、爱人、亲戚、朋友、同事都有可能是你生命中的贵人，不要总是抱怨父母对你不好，嫌弃爱人不够体贴，讨厌亲戚总是七嘴八舌，抱怨朋友不够关心、呵护你，在意同事对你有意见。人难免会生病，难免会遭遇挫折，试想当你遇到困境的时候，是谁在你身旁伸出援手？所以说，对身边的人好一点，那是你在艰难时刻最思念的人，不要用自己的戾气换取日后的孤立无援，这是得不偿失的。

启示8：没事少花钱，存点钱以备不时之需。在疫情里，很多普通人也深深体会到了没钱的恐慌，不能出门，没有工作，但是花销一点都没少，没有存款，心中多了无端的顾虑。这都提醒我们，在日常生活中要养成勤俭节约的好习惯，学会存钱和理财之道，增加自己的抗风险能力，以备不时之需。

启示9：对自然、对人多点尊重。这次疫情再次告诉我们，人类是渺小的，我们应该学会尊重自然，敬畏自然，敬畏生命。当然，不仅仅是对自然，对人更是如此，不管你身处何位，都应该尊重你身边的每一个人，他们的地位或许没你高，但是品德不一定比你差，当你学会尊重自然和身边人时，你也会受到别人的尊重。

启示10：学习真的很重要。疫情下，我们看到了知识的力量。钟南山、李兰娟、张文宏等抗疫英雄不断涌现，还有无数的科研工作者及医护人员，凭借过硬的专业知识支持，在这次疫情中发挥了至关重要的作用，值得人民群众的尊重和支持。疫情下，因为有知识，我们才不会听信谣言，出现偏差行为；因为有知识，很多人具备了稳定的职业素养和职业技能，经济得以平衡发展。

启示11：学会换位思考，多些理解。新冠肺炎让很多人对武汉人或者湖北人心存芥蒂，有不少人甚至对他们还有些歧视，但是，我们都应知道，要隔离的是病毒，而不是爱。武汉同胞，甚至湖北同胞，在此次疫情中承受了巨大的压力与黑暗，同时也为全国人民做出了巨大的牺牲，我们应该感激他们。学会换位思考，假如有一天你也经历这样的事件，你的做法和态度如何？无论处于何种处境，我们都应该换位思考。

启示12：会主动戴口罩的人值得交往。疫情期间，不需要别人提醒，主动在公共场合戴口罩的人值得你深交。这种人不仅懂得保护自己，还懂得保护别人，不仅能遵守公共秩序，还能严格自律。从侧面讲，这也是尊重科学、懂得敬畏、善于忍耐、有文化、有底线、有韧性的体现。活在这个世界上，没有人会是一座孤岛，你要做的，是成为这样的人。

启示13：有时候我们应该学会延迟满足。这个春节因为疫情而虚度，原本对假期的规划无法如期完成，没有去见你的爱人，没有去旅游，没有去聚会，你的一切期待好像都被限制了。也许你会抱怨、会难受，但是，请再等一等，学会延迟满足是你成长的必修课，待到春暖花开时，我们再相约吧。

启示14：人时刻要有预防之心。谁也不知道灾难什么时候来临，谁也不知道灾难下一次会降临在哪里。我们在工作、生活中，时刻要防患于未然，千万别疏忽大意，别心存侥幸，别给自己留隐患。

启示15：学会辩证地看待问题。事物都具有两面性。疫情虽然带来了巨大伤害，却也给我们敲响了一个警钟，各行各业包括个人无形之中都暴露出了许多之前可能并未注意到的问题。相信大家在吸取教训之后，"小到个人，大到国家、整个社会都可以厚积薄发"，走向美好。

启示16：没有那么多的绝对化。一切皆有变数，一切都有可能。这次疫情，又一次告诉我们：没有什么事情是"必须""应该""绝对""一定"要怎样的。我们不该有那么多绝对化的思维，这样就不会总是限制自己，应该要保持合理的认知，拥有灵活的生活态度，有自己的判断，不固执，不刻板，随时准备应对变化，如此，遇事才好拐弯，自己的心情也不会因为事情的变化而波动过大。

启示17：没有一点生存技能是不行的。疫情突发，餐馆关了，外卖停了，习惯了点开外卖软件、开门就是快递的日子，在生活困难来临时，你都不知道如何去应对。金钱不是万能的,你自己也得具备基本的生存能力,无论处于顺境还是逆境,都可以照顾好自己。这里也建议父母们一定要及时教会孩子力所能及的生存能力,培养孩子的独立意识,而不是过度依赖父母,否则到头来是害了孩子、苦了你们。

启示18:珍惜能上班、能上学的平常日子。疫情期间,全国人民积极响应钟南山院士的号召,尽量不出门,待在家里就是一种保护。但随着时间的推移,假期结束,多少人开始怀念每天可以正常上班的日子。孩子们在家上网课,仍有许多不适应,学习效率低。原来有多少期待延长假期,现在就有多少渴望早点开学。所以,我们都要好好珍惜能上班、能上学的平常日子,这才是我们最安稳的生活常态。

启示19:有父母在才有安全感。一场疫情,让我们明白陪伴才是最长情的告白。即使彼此之间不说话、不交流,但难得相聚一堂,哪怕大家各干各的,也会觉得"你在我在",家温暖起来了,相处的时光也溢满了温柔,贴近的不仅是距离,还有此前渐行渐远的灵魂。不管发生什么事情,因为我们在一起,彼此珍视,互相照顾,心就不会害怕,人就不会孤单,家就不会散。

启示20:要相信这个世界还是好人多。这次疫情里,有一些人的出格行为确实令人发指,我们在指责的同时,也不要忘记感念那些真正为国家、人民奉献自我的抗疫英雄,那些不顾生死逆行而上的医护人员、冲锋在前的党员、忘我工作的社区干部、任劳任怨的志愿者,还有大手笔为疫区捐钱捐物的普通人……这些善良的人,无数次让我们泪目,也让我们真正相信了那句老话:世上还是好人多。

启示21:时刻提醒自己要学会满足。你在家里抱怨不能出门,可是那些医护人员、防控一线的人员却有家不能回,他们多么渴望能在家中睡个觉、吃个平常饭。我们总是在抱怨琐碎的小事,总是觉得自己的生活不如别人,总是喜欢与更优越的人比较,殊不知,我们已经很幸福了,我们应该学会满足,学会感谢这些拥有。

启示22:生活需要一些兴趣爱好。在家禁足的这段时间,大家在Q空间、朋友圈发表最多的感受就是无聊,甚至有些人表示,手机都被玩得没有意思了,可是也不知道可以做些什么。现在越来越多的人被网络世界"绑架",通过手机,大家可以看到任何自己感兴趣的事物,可是,看似有趣放松的一个途径,时间长了也会慢慢出现审美疲劳。所以,大家可以多培养一些高雅的生活情趣,例如看书、听音乐、烹饪等,通过不一样的方式享受生活,感受世界。

启示23:好好珍惜现在所拥有的。今生此时,珍惜所有!人生来来往往,并无来日方长,生命脆弱短暂,无法重来一次。在有限的生命里,爱我们所爱,行我们所行，做我们认为值得的事情，不给自己留下遗憾。这场疫情让我们更加警醒，更加明白生命的重量，也更加懂得珍惜眼前，珍惜来之不易的幸福生活。

启示24：幸福是什么，你真的理解了吗？幸福是什么？可能每个人的答案都不一样。有人说有爱就是幸福，有人说有钱就是幸福，有人说有汽车、别墅就是幸福，有人说拥有健康的身体就是幸福。我认为幸福是一种体会、一种感觉、一种知足的心境，只要身体健康、没病没灾、有吃有穿、家庭和睦就是最大的幸福。

启示25：永远相信自己的国家。疫情暴发以来，在党与国家领导人的亲自部署指挥下，相关疫情防控治疗工作迅速开展，到今天，疫情的发展得到了很好的控制。中国虽然是一个多文化多民族的国家，但华夏儿女的团结让我们14亿人民万众一心，攻坚克难，不断书写属于我们的抗疫篇章。请相信，祖国是我们最坚强的后盾，也许她不能做到事无巨细，但她一定是最爱我们的人。因此，走到哪里，都请记得爱国！

25个生活启示，哪一个"扎"到你心上了呢？生活还在继续，快来书写你自己的抗疫篇章吧！

疫情背景下大学生积极心理品质的培育方法

> **引言**
>
> 疫情发生以来，有许多人被网上的负面新闻所困扰，为一个个确诊的数字黯然，为一个个不幸离开的人叹惋，为自己所遭遇的一切感到不平，逐渐陷入了情绪自我调节的困境。面对如此严峻的形势，我们整理出一份大学生积极心理品质的培育方案，希望对您有所帮助。

2020年1月，面对来势凶猛且充满未知的新冠病毒，大学生普遍都有恐慌、焦虑、紧张、担心、无助等情绪，甚至有些大学生因为缺乏积极的心理品质，不能正确看待疫情发展，逐渐表现出过度恐慌的心理症状，甚至产生了抑郁、强迫、敌对、失眠等症状，并出现强烈的应激反应，有些大学生还出现了诸如抢购医疗物资、听信谣言、参与非法活动等偏差行为。3月2日，习近平总书记在北京考察新冠肺炎科研攻关工作时指出：病人心理康复需要一个过程。很多群众因长时间隔离在家，产生了程度不等的心理问题，需要全社会加以重视；病亡者家属也需要心理疏导，要高度重视他们的心理健康，动员各方面力量全面加强心理疏导工作。

面对疫情形势，需要全社会参与分析疫情对大学生产生的身心影响，把握疫情下大学生的心理状态，提出有效的对策，培育大学生的积极心理品质，让大学生们能客观地看待疫情，能正确地做好自身防护和情绪调节。研究疫情下大学生积极心理品质的培育具有重要的理论意义和实践意义，对促进高校稳定、社会和谐具有重要作用。

一、积极心理品质的内涵

在疫情背景下，大学生的积极心理品质主要表现在以下几个方面。

1. 智慧与知识：能够主动了解并学习新冠肺炎的相关知识，能正确判断疫情下传播的各种网络谣言，能灵活地面对疫情带来的各种困境；对疫情变化有正确的认知。

2. 勇气：能勇敢地面对疫情产生的各种不利影响，在面对危机时有韧性，能感受到社会的正义并做出正直的行为。

3. 人性和爱：能感受到这场疫情中人们所表现出来的大爱精神，并提供力所能及的爱的帮助。

4. 正义：能自觉遵守社会规则，主动配合，行使公民权利，履行公民义务。

5. 节制：能学会自我控制，学会延迟满足，对人谦卑。

6. 超越：能从危机中看到美好，能在自我隔离中调节心情，能理解社会的不公和不完美，偶尔还能在隔离期间保持风趣幽默、豁达开朗的高姿态。

二、疫情背景下大学生的心理行为现状

1. 疫情下大学生的积极心理品质。虽然此次疫情给我们每个人都带来了伤痛，但是，大部分大学生能够积极看待疫情的变化，认为疫情对大家的影响只是暂时的，国家有能力控制疫情，出台的相关政策措施是合理有效的，应该积极配合相关部门的管控措施，做好个人防护工作；同时，认为个人出现的情绪行为表现是心理的正常应激表现。疫情期间，大学生们看到了人性美好的一面，更加懂得珍惜生命，并能够做一些积极的事情来转移注意力，如会主动找家人、亲朋好友聊天缓解压力，遇到无法处理的问题会寻求专业帮助，会主动帮助身边需要帮助的人，奉献自己的一分力量与爱心等，这些都是大学生具有积极心理品质的体现。

2. 疫情下大学生的消极心理品质。首先，存在明显的认知偏差。认知偏差是指人们根据自己已有的经验图式对自己、他人或者事件做出的与事实不相符的判断。很多大学生存在担忧和顾虑，担心疫情得不到控制，担心自己及家人被传染，甚至出现对传染来源、对政府、对干预措施的抱怨、愤怒。对疾病得不到控制的愤怒、无助和绝望，表现为注意力不能集中，对身体各种感觉过度关注，并将身体的各种不舒服与"疫情"联系起来。觉得生活中充满各种各样的危险并随时可能出现，不满生命的脆弱，难以相信他人和世界等。很多大学生过度关注网络实时跟进的疫情信息，上网时间显著增加，出现了慵懒、不爱动的表现，学习能力下降；有些大学生出现了过度警觉、过度防护、过度关注自身身体的表现；有些大学生则跟风抢购口罩、药品；有些大学生甚至出现了强迫洗手、强迫消毒等行为；也有的大学生性格变得冲动，经常发脾气，开始饮酒、吸烟，或者饮酒、吸烟量增大等，甚至出现了违反社会规则的行为。

其次，消极悲观的情绪明显增多。疫情背景下，很多大学生出现了恐慌、紧张、

担心、焦虑等情绪，对于被隔离或者患病的大学生来说，更是表现出恐惧、绝望、无助、悲伤、耗竭、抑郁等不良情绪，有些大学生还可能出现不自主心慌、胸闷、头痛、易出汗的情况，总是感觉心里不踏实，身体各种不舒服，容易疲倦，食欲下降，睡眠质量直线下降，甚至出现血压升高、月经周期紊乱等情况。过度的消极情绪会使自己产生自我怀疑，当遇到突发事件时，由于自身阅历不够，容易冲动而且做出错误判断。另外，学生欠缺情绪调节能力，面对矛盾、冲突时，容易出现各种不良反应，形成灾难性思维。

三、疫情下大学生积极心理品质的培育策略

积极心理品质是指个体对待自身、他人或事物的积极、正向、稳定的心理特征，它是一种良性的、建设性的心理准备状态。在疫情背景下，培育大学生的积极心理品质是现下最具现实意义的措施，具有重要建设意义和指导意义。

1.大学生智慧的心理品质培育。本次疫情具有突发性、公共性、不确定性、危害性和信息有限性等特点，大学生普遍没有安全感，出现不良的情绪和行为，因而产生不良的社会心态。此时，培育大学生的积极心理品质便至关重要。要让大学生主动了解并学习新冠肺炎的相关知识，正确判断疫情下各种网络谣言，灵活面对疫情带来的各种困境，对疫情变化有正确的认知。因此，大学生要主动了解针对本次疫情发布的科学知识，知道本次病毒传播的途径，知晓自我防护措施，同时学习一定的专业知识，增加自己的知识储备。大学生也要提高判断信息真伪的能力，学会判断和筛选信息来源，多关注官方发布的信息，减少对网络信息的过度关注，防止因信息过载出现心理困扰，在看到非官方的信息时，要学会自我判断。大学生还应主动做好个人及家人防护措施，出门戴口罩，回家就洗手，不聚集，承担社会责任，灵活应对疫情导致的各种困境。另外，政府、学校要利用各种途径公开疫情信息，传播科学的防疫知识，让大学生了解疫情的真相，净化网络环境，获得大学生的支持和理解，从而使大学生拥有更积极的心理品质。

2.大学生勇气的心理品质培育。本次新冠肺炎疫情来势汹汹，每个人都身处其中，都被影响，部分大学生出现了恐慌情绪。积极心理品质的一个维度是勇气，它包括英勇、坚韧、正直。此时，培育大学生的积极心理品质就是要让大学生能够勇敢地面对疫情产生的各种不利影响，在面对危机时有韧性，能感受到社会的正义并做出正直的行为。因此，大学生要学会用理性客观的思维看待这次疫情，勇敢地面对任何挑战。在疫情一线工作的医护人员，很多是"80后""90后"，他们无惧生

死，奔赴一线，救死扶伤。还有很多年轻的志愿者们，也正争做"最美逆行者"，这是大学生们需要学习的积极品质。在本次疫情中，国家号召全国人民待在家里为国家做贡献，但有些大学生习惯了以前自由的生活，无法天天困于家中，无法面对天天被约束的窘境，无法在家中坚持学习、工作，无法延迟满足，缺乏韧性。这时候需要让此类大学生明白其中的道理，学会换位思考。

3. 大学生人性和爱的心理品质培育。积极心理品质的另一个维度是人性和爱，包括：仁慈、爱。作为大学生要培育积极的心理品质，以此感受到这场疫情中所出现的大爱精神，并力所能及地提供爱的帮助。

4. 大学生正义的心理品质培育。积极心理品质的另一个维度是正义，包括：公民的职责和权力、公平、领导能力。大学生的积极心理品质表现在能自觉遵守社会规则，主动配合，承担公民责任，行使公民权利，倡导公平正义。经国务院批准，国家卫健委已将新冠肺炎纳入乙类传染病，并采取甲类传染病的预防、控制措施。全国 31 个省、自治区、直辖市均已启动重大突发公共卫生事件一级响应。疫情就是命令，防控就是责任。我们要号召大学生自觉遵守《中华人民共和国传染病防治法》《突发公共卫生事件应急条例》等相关政策法规，主动配合、坚决服从当地政府和社区的管控措施，为构筑群防群治严密防线、打赢疫情防控阻击战贡献自己的力量。号召大学生待在家，不出门，不聚集，戴口罩，勤洗手。

5. 大学生节制的心理品质培育。积极心理品质的另一个维度是节制，包括自控、审慎、谦卑。2020 年整个春节可能我们什么都没有做，原本对假期的规划一项都没有完成，没有去见你的爱人，没有去旅游，没有去聚会，但经过这场疫情，我们更加懂得了自律的重要性，学会了延迟满足，这便足矣。

6. 大学生灵性和超越的心理品质培育。积极心理品质的另一个维度是灵性和超越，它包括美的欣赏、感谢的心情、希望、灵性、宽恕、幽默、风趣。2020 年开头的这场疫情，给了我们太多的伤痛，我们每个人都似乎经历了一场巨大的灾难，新冠肺炎在不断挑战我们的生活，全社会都面临着前所未有的压力，经历了一场彻底的灵魂洗礼。作为大学生，培育积极心理品质就是能从危机中看到美好，能在自我隔离中调节心情，能理解社会的不完美，甚至还能在隔离期间保持风趣幽默、豁达开朗的高姿态。我们需要引导大学生建立积极的思维模式，看到战"疫"中美好的一面，学会自我调节，自我成长。

我们根据以下三个方式进行调节。第一，体验和认识焦虑。疫情之下，大部分的人存在焦虑情绪，这是正常的心理表现，是提示我们自我保护，是人类生存的本能。我们需要学会认识焦虑、觉察焦虑，与焦虑和谐相处。第二，感受大爱。白衣天使面对生死考验,火速驰援一线,他们选择了逆势而上的大爱;武汉人民为了大家的健康,自觉隔离在家,他们选择了孤独的大爱;各地积极响应号召支援疫区,他们选择了一方有难八方支援的大爱。同时,我们也感受到了国家的强大和社会主义制度的优越性。第三,深刻体会人与自然的关系。通过这次疫情,我们每个人都应更加懂得尊重自然、爱护环境,学会与自然和谐相处。第四,感受亲情。难得有如此机会,一家人聚在一起,放下手机,多陪长辈聊聊天,彼此温暖,改善关系。第五,给自己休个假。疫情为我们留出了一段清闲的时光,不要放弃这段虚度的时间,趁此机会多看看书、刷刷剧、上上网课,来一次彻底的身心放松。第六,培育自我情绪调节能力。学会从危机事件中看到积极的一面,以此来平衡和调整心态;学会转移注意力和自我暗示,与情绪和解;正确应对焦虑,选择"主动式休闲",维持生活规律,助力好心情;坚持适量运动,改善情绪,合理利用时间,保持身心快乐……这些都是积极心理品质的体现。

最后,借网上一段话结尾:待凛冬离去,雪融草青,相信一定会有新的相逢,将温暖延续,这份战"疫"情,有你,也有我。

面对一场突如其来的疫情，我们学会了什么？

> **引言**
>
> "我们看到了魑魅魍魉横行，也看到了爱与天使降临。"这句话在疫情期间，一直流传于朋友圈。逡巡于疫情前线的消息，我们辗转，再辗转，用自己的方式，瞒着其他人偷偷长大。当胜利的鸣钟响起，你是否愿意在欢呼后停下来，同我一起反思抗疫的意义。

自 2019 年 12 月以来，新冠肺炎疫情来势汹汹，迅速蔓延。庚子年的开端，异常艰难，本应是万家团圆的温馨时刻，却因一场疫情，人人自危。当前，我们正经历一场全民参与的新冠肺炎疫情防控阻击战，每个人都是这场战"疫"的亲历者、见证者、参与者、奋斗者。自古以来，天灾人祸往往是最深刻的教育课，正是这场疫情让我们感悟到许多人生道理。今天就让心理咨询师与你一起探索那些我们所学到的点点滴滴，让我们带着更多的情感和智慧勇敢前行。

1. 我们学会了爱国

疫情暴发以来，习近平总书记亲自指挥部署疫情防控工作，多次召开中央政治局会议，研究部署疫情防控工作。在国家的全面部署下，人民子弟兵、医疗人员第一时间奔赴武汉，随后，全国各地医疗人员相继驰援武汉；数千台机器、七千余名工人日夜奋战，用 10 天修建一座能容纳千张床位的隔离医院；各行各业迅速响应，保障各种医疗物资的供应；各界人士纷纷献出爱心，甚至有些环卫工人把一年的积蓄拿出来支援前方；海外华人华侨更是表现出让人热泪盈眶的爱国情怀，想尽一切办法往国内运送医疗物资；多少普通百姓尽己所能为疫区贡献一分力量。这场战"疫"，我们看到了社会主义制度的优越性，看到了同舟共济、众志成城的民族魂，看到了一方有难、八方支援的大爱精神，看到了不论生死、不计报酬的奉献精神，看到了奋斗不息、舍家为国的家国情怀。越是这样的危难时刻，越是能感知来自这个国家、这个民族的力量；越是在无情的灾难面前，越是能感受"中国"这两个字带来的温暖与美好。这场疫情让我们学会了爱国！

2. 我们学会了爱党

面对复杂严峻的形势，习近平总书记做出重要指示：各级党组织和广大党员干部必须牢记人民利益高于一切，不忘初心，牢记使命，团结带领广大人民群众坚决贯彻落实党中央决策部署，落实坚定信心、同舟共济、科学防治、精准施策的要求，让党旗在疫情防控斗争第一线高高飘扬。习近平总书记在多个场合的重磅发声，为这场"人民战'疫'"注入了必胜的决心。在这场战"疫"中，我们看到了中国共产党一心为民的初心，看到了党员医护工作者主动请缨奔赴一线，看到了哪里有困难党员就往哪里冲的热血场面……这场疫情让我们深刻感受到了党员的先锋模范作用，让我们更加相信党、热爱党。

3. 我们学会了责任

84岁的钟南山再次挂帅出征，中国工程院院士、国家卫健委最高级别专家组成员李兰娟和她的团队一直奋斗在武汉抗疫一线，全国各地主动请战的医疗专家一进疫区便忘我地工作，年仅20多岁的小护士勇于担当重任……正是有钟南山、李兰娟、"90后"医护人员这样有高度社会责任感的医务工作者们，我们才更加自信可以打赢这场战"疫"，踏歌新时代。我们要履行少出门、宅在家、戴口罩、勤洗手、不信谣、不传谣的承诺，积极配合学校的相关工作部署，主动维护绿色网络环境，主动帮助疏导同学情绪，主动协助做好疫情防控工作，做一些力所能及的事情，牢记社会主义核心价值观，勇于承担起自己肩上的责任和使命，做一名奋进者、开拓者、奉献者、诚信者。

4. 我们学会了敬畏

新冠肺炎的暴发再一次给人类敲响了警钟，人的生命是脆弱的，我们应该学会敬畏自然，保护自然，与自然和谐相处。一颗小小的病毒竟然可以使成千上万人陷入生命危机，使一座城市，甚至整个国家陷入停滞状态。历史上的几次重大疫情都与人类破坏自然平衡有关，这样的悲剧再一次告诉我们，在大自然面前，人类是渺小的，这场疑似传染自野生动物的"瘟疫"，是天灾，更是人祸，大自然把它不能承受的人为破坏变相还给了人类。因此，疫情面前，人类的自我约束才是防范危险的源头。如果这一次自然饶恕我们，请从现在开始重视自然，不再因为口腹之欲残害生灵，不再沉迷于"山珍海味"的炫耀性消费幻梦里，不再让欲望和攀比成为人类直插自己心脏的刀。

5. 我们学会了诚信

疫情暴发以来，网络上的各种谣言不绝于耳，有人想利用这场危机大发横财，有人想利用危机混淆视听，有人想利用危机出名牟利，有人想利用危机制造混乱。

不得不承认，这场无硝烟的战役暴露出了很多心灵丑陋的人，有无知的造谣者，有不作为的干部，有哄抬物价的经销商，有丧心病狂的造假者。更甚者，有利欲熏心之人对二手医疗用品再次利用，制造劣质医护用品。这些物资既是商品也是保命救命物资，对部分以次充好、出售假冒伪劣防疫物资的商家来说，丢了诚信的同时也丢了人性。我们也看到有部分人对防疫持抵制态度，谎报自己的行程，谎报接触史，致使医护人员被感染，甚至导致上千人被隔离。有人不配合检查，甚至对检查人员辱骂、大打出手，有人想方设法逃脱隔离区……诚信为上，这场疫情给我们上了一堂生动的诚实守信教育课，值得我们去认真思考。

6. 我们学会了守法

经国务院批准，国家卫健委已将新冠肺炎纳入乙类传染病，并采取甲类传染病的预防、控制措施。全国31个省、自治区、直辖市均已启动重大突发公共卫生事件一级响应。疫情就是命令，防控就是责任。我们都应该自觉遵守《中华人民共和国传染病防治法》《突发公共卫生事件应急条例》等相关政策法规，主动配合、坚决服从当地政府和社区的管控措施，为构筑群防群治严密防线、打赢疫情防控阻击战贡献自己的力量。疫情当前，有人无知无畏、心存侥幸，不加防护、不听劝阻；有人无视规则，没有理性，造谣传谣……这些都是不懂法的后果。这场疫情告诉我们，自觉学习法律、遵守法律、培养法律意识是每个大学生的必修课，是法治社会的应有之意。

7. 我们学会了守纪

疫情之下，我们大部分人都响应号召，宅在家、不出门、戴口罩、不聚集、勤洗手。各个地方政府也出台了最严格的限制出行令，最严格的隔离措施，最严格的登记措施，但是，仍有人无视规则，不顾大局，漏报、瞒报，无视传播风险，依然聚集，无视小区管理，横行霸道，无视工作人员的检查，大打出手，无视别人的安危，故意隐瞒接触史。我们的大学生也出现了不顾学校规定，提前返校，不配合学校的摸排工作，不报送自己的相关信息的情况。这些都折射出学校规则教育的薄弱性。经过这场疫情，我们应该更加具备规则意识，尊重规则，对自己负责，对别人负责，对社会负责。

8. 我们学会了感恩

不是所有的战争都硝烟弥漫，国家的安宁需要团结一致。疫情之下，没有任何人可以置身事外，哪有什么岁月静好，只不过有人替你负重前行罢了。我们见证了太多感人肺腑的故事，也看到了人性的伟大，看到了一队队临危受命的"最美逆行者"、一个个坚守岗位的白衣天使、一个个为节省时间自愿剃光头的女护士、一个个把生命献给国家的一线人员……他们舍小家为大家，用实际行动诠释何为医者仁心。我们看到了日夜奋战在火神山医院、雷神山医院建设工地的工人们与时间赛跑；看到了一线防疫人员坚守岗位无法归家；看到了社会爱心人士的各种爱心捐助；看到了百姓用自己的实际行动为防疫做贡献；我们还看到了汶川的农民兄弟为感恩武汉人民，日夜兼程送去蔬菜；我们感恩仗义预警的"吹哨人"，感恩依然奔波的快递小哥……我们应该感谢这些为我们默默付出的人们，是他们让大家看到了闪耀在人性深处的温暖与光芒。

9. 我们学会了自律

疫情暴发以来，大学生们响应国家号召，努力"宅在家"，但是，封闭时间过长，难免会产生不良情绪，甚至开始抱怨。这时候如何做到自我成长、如何自律、如何学会自我控制，都值得大学生们去思考和领悟。大学生们要学会自我防护，规范作息，合理利用时间，养成良好习惯，稳定自我心态，学会自我情绪疏导，自我成长。在没有学校与老师的监督下，依旧能够努力学习、努力成长。自律将会是你与别人拉开差距的最美品质。

10. 我们学会了珍惜

疫情蔓延以来，很多病人倒下了，不少医护工作者也倒下了，这再次告诉我们，生命是脆弱的，时代匆匆，可时代没有脚，走的是人。很多大学生待在家中，开始感受到被限制自由的无奈，开始感受到生存的困境，更感受到生活的不易。但是，你知道吗？因为这场疫情，有多少人有家不能回？有多少人想在家里吃个饭、睡个安稳觉？有多少医护人员远离家乡，远离亲人，奔赴一线；那些失去亲人的人整天以泪洗面，却不得不接受命运的残酷。一场疫情，让我们明白，今生此时，珍惜所有！人生海海，并无来日方长；生命脆弱短暂，无法重来一次。在有限的生命里，我们要紧紧抓住时间的沙漏，爱我们所爱，行我们所行，做我们认为值得的事情，才对得起人世走的这一遭，不给自己留下遗憾。这场疫情让我们更加警醒，更加明白生命的重量，也更加懂得珍惜眼前，珍惜所拥有的一切。

11. 我们学会了减压

面对疫情的持续蔓延，面对数量逐渐增加的确诊患者和不断出现的死亡案例，我们难免会恐慌，出现恐惧、紧张、焦虑、烦躁、委屈等不良情绪，严重者还会出现悲伤、沮丧、心情沉重等抑郁情绪，出现较多的消极思维。由于过度紧张，我们警觉性增高，有时会表现为过分敏感，因一点小事就发脾气，甚至出现冲动行为，还可能出现过度防护，如反复洗手、一遍遍消毒等强迫性表现。但是我们没有被打倒，因为我们都学会了自我减压、自我调节，懂得如何放松自己，如何让注意力转移,如何利用社会支持来获得更多的安全感。这将是属于我们的成长。

12. 我们学会了放下

一场疫情,让我们明白:人生在世,没有什么放不下的。世间没有放不下的执念,除非我们不愿放下,人间没有解不开的心结,除非我们不愿解开。在疫情面前,我们突然发现,那些日常生活的鸡毛蒜皮算得了什么,那些争争吵吵、争名夺利了无意义。保持一颗平常心,没有什么放不开、忘不掉的纠葛,生死面前,是非恩怨都如过眼云烟,不必装在心里。

13. 我们学会了陪伴

一场疫情,让我们明白了陪伴才是最长情的告白。疫情提供了一次家庭团聚的机会。疫情,虽把我们隔离在家,但也消弭了我们与亲人之间的隔阂。不管发生什么事情,因为我们在一起,彼此珍视,互相照顾,心就不会害怕,人就不会孤单。无论经历什么磨难,知道有人惦念、有人关心,哪怕在此寒冬,心中也会倍加温暖。只盼岁月走得再慢些,让我们变得足够强大,来保护身边每一个在乎的人。

14. 我们学会了理解

我们做了一个小调查,遗憾的是,有31%的大学生对武汉人或者湖北人心存芥蒂,我们也看到社会上有不少人对他们存在歧视心理。但是,我们都应该知道,"我们防疫情,不防武汉返乡人"。是的,我们是人类,不是病毒。可怕的是病毒,不是湖北人。有这么两则故事。第一则。2月2日,在意大利佛罗伦萨,一个中国留学生蒙着眼、戴着口罩站在街头,他的身旁立着一块牌子,上面写道:"我不是病毒,是人类,不要歧视我们。"一开始,路过的人只是驻足、观望、合影,随后,越来越多的人过来拥抱他,有的人帮他摘掉眼罩、口罩,有的人表达友善,表示理解,给予鼓励。第二则,安庆人小管,他节前从武汉返乡,因为担心自己刚从武汉回来会引起邻里担忧,便第一时间自行隔离,并在业主群主动说明情况。出乎意料的是,邻居们没有恐慌,没有排斥,反而送来了食物。我们知道,有很多湖北人正分散在世界的各个角落,他们在这个春节里不能回到家乡。他们中的很多人可能会被质疑、会被歧视,但更多的时候,他们得到的是善待、是理解。我们也应该从中学会理解。

15. 我们学会了忍耐

整个寒假可能我们什么也没有做,没有按照自己原来的规划实施,没有去见自己爱的人,没有去旅游,没有去聚会。你的一切需求好像都被限制了,也许你会很难受。但是,你们知道吗?学会延迟满足,是你们成长的必修课。在这里,我给大家分享一个来自网络的例子,在四川攀枝花市,一小男孩的父母坚守在抗击冠状病毒的一线,父母离家,只留着男孩一人在家。记者前来采访,谈起爸爸妈妈去了抗疫一线的事，男孩嘴角抖动，强忍着哭腔答道："自己一个人在家很不好受，感觉很孤独。"记者追问："那你是怎么来调节的？"男孩抹了一把鼻涕答道："深呼吸。"明明要哭了，却一直在忍。8岁的孩子，懂事得让人心疼。他的爸妈一定曾经无数次地告诉他，"你是个小小男子汉"，所以，他小小年纪便早早学会了"深呼吸"来调节情绪。我们在家里隔离十几天就无比艰难，但眼前这个小小的人儿除了孤独，还要肩负着爸妈上一线的恐慌，如此对比，也就不觉得失衡了。如果你家有小孩，让他看看这个小男孩的故事，我们要像这个男孩一样，扛过去害怕，扛过去这场"战疫"。

16. 我们学会了爱己

一场疫情，让我们更加懂得珍惜健康，知道健康的重要性，也知道了人类战胜病毒的最有效药物是自身的免疫力。因此，疫情过后，我们需要更加珍惜自己的健康，坚持锻炼，合理饮食，更加爱自己。一场疫情，也让我们懂得了乐观的重要性，因为乐观，我们才能更好地战胜病毒；因为乐观，我们才能不恐慌；因为乐观，我们才更加坚信能够战胜疫情，过好自己的生活。一场疫情，也让我们懂得了积极心态的重要性，有了积极心态，我们总能看到世间的美好，也能从这次疫情中看到人性美好的方方面面。总之，因为这场疫情，我们学会了爱自己、爱他人、爱这个春花烂漫的世界。

写在最后

疫情突如其来，我们都受到了或多或少的影响。在这场灾难面前，每个生命都有苦楚，都有自己的故事。但是，我们坚信的是，我们一定能战胜这场疫情。现在的我们，依然要坚持非必要不出门、戴口罩、不聚集、勤洗手的好习惯，主动配合学校的防疫工作，在后方为奋战在一线的各行各业"战士们"加油打气。即使现在很难，但有这么多平凡的人在默默付出，在坚守，整个社会都在爱国、爱党、守信、守律、珍惜、敬畏、感恩、理解、诚信、自觉，我们还有什么困难过不去呢？就让我们一起期待春暖花开时，你我携手，相视一笑，走进万家灯火。

疫情再掀波澜，我们应该如何做好心理防护

> **引言**
> 疫情再起波澜，大部分人都有恐慌、焦虑情绪，这是正常的心理表现，是提示你保护自己的信息，是人类生存的本能。但是，有些人的心理会因为各种原因受到一定的影响，甚至出现心理困扰。面对这种情况我们该如何应对呢？

近段时间，新型冠状病毒肺炎疫情在各地呈现多点散发的态势，疫情的相关信息牵动着我们每一个人的心。我也知道有些同学会因此产生恐慌、焦虑、紧张、担心等情绪，如果你也出现了这样的情绪，那我应该恭喜你，因为这是正常人的正常心理表现，是人类面对危险所激发出的一种自我防御机制，正是有了这些情绪的表现，我们才更加知道如何保护自己、如何不让自己受到伤害。当然，也有一些人因为个性、认知方式、处事原则等原因不能正确看待这些事情，逐渐表现出过度的担心和恐慌，整日提心吊胆，甚至产生了情绪低落、焦虑不安、强迫、失眠等情绪症状，总是感觉身边到处都充斥着危险，这时候的你需要掌握一些心理调适的技巧。

一、正确认识疫情带来的焦虑情绪体验

疫情再起波澜，大部分人都会有恐慌、焦虑情绪，这是正常的心理表现，是提示你保护自己的信息，是人类生存的本能。其实，适度的焦虑具有非常积极的意义，它是我们的生活小助手、小伙伴，适度焦虑会让我们更加警觉、会提高自我效能。大家不妨利用这次机会去深刻体验焦虑的积极意义，认识它、觉察它，学会与它相处，以便大家在日后遇到类似问题时能很好适应，这不得不说是我们成长的一次机会。

二、正确认识当地政府及学校的管控措施

疫情期间，为了保证广大人民群众的生命健康安全，各地政府及学校都会实行

一定的控制出行政策，或是居家隔离或是在校封闭，我知道你们的自由被限制了，你们想要的自由的大学生活好像只是一种想象。另外，这段时间可能学校会要求你们提供各种信息，填写各种表格，有些烦。我能理解同学们的感受，但是，我相信大家一定能够正确认识这个问题，也一定会支持这些管控政策，认识到封闭管理既是为他人也是为自己的双赢措施，因为你们也知道和生命安全比起来没有什么是更重要的。我们不要抱怨，要学着接纳，学着在这个时候过好自己的生活，有意识地对自己进行正向思维引导，树立责任意识、自主意识，自发地自主地选择认同封闭管理——不是被"封"在学校或家里，而是为了疫情的控制，自觉自主做出隔离的选择，减少自己的抵触情绪。

三、疫情下保护自己是最大的心安

疫情之下做好基本的防护是最大的心安。一定要记得尽量减少聚集性的活动，少出门。如果要出门一定要遵守学校的相关规定，避免去人群聚集处，戴口罩、勤洗手。另外，一定要主动配合学校相关的数据收集工作，不瞒报、不谎报。当你做好这些基本防护之后，你的心就会感觉到安全，你的情绪就平和了。

四、适当控制自己对疫情信息的关注

不知道现在的你是不是这样：一直想关注疫情的变化，忍不住去关注那些敏感的数字。要知道，对这些信息关注多了反而会带来消极的情绪体验。老师建议你，控制住自己那份好奇心，尽量少在睡前看相关的消息，毕竟在夜晚人们的情绪较为脆弱。老师理解你那份关注民生国情的赤诚之心，也明白在现在人人自危的大环境下你想去了解现状的好奇心，但每个人对负能量的承受都是有限度的，为了更好地保护自己弱小的心灵，不给自己本就紧张的心情增加负担，请停止你滑动屏幕的小手，舒展开你那紧蹙着的眉毛，去看一些可以让自己轻松的东西吧。多留意身边的点点滴滴，发现平凡生活中的美好，体会国家、社会、老师、同学和亲朋的关心和支持。学会选择性忽视，理性坦然地应对疫情，多看国家为防控疫情所做出的努力和已取得的成果，相信党和政府能够有效化解危机，积极学习防疫技巧，做好自我防护，认真学习，自我充实提高。

五、维持生活规律，助力好心情

如果这个时候你的生活规律被打破，尤其是晚上不睡、早晨不起，或者是不按时吃饭、只知道吃零食、少食缺顿，长此以往，你的身体会被拖垮，免疫力也会随之下降。现在可是特殊时期，好的免疫力就是最好的"防护服"。同时，身体的变化也会诱发或加重恐慌与焦虑。大家可都是明白人，破坏生活规律这种毁坏身心健康的事情，我们可不干。

六、坚持适量运动，改善情绪

运动不仅能改善身体健康状况，更重要的是运动能改善情绪，促进心理健康。运动可以有效促进人体的新陈代谢，还能够有效地刺激下丘脑，增加大脑的多巴胺和内啡肽的分泌，使人产生一些愉快、酣畅的体验，从而大幅度提升人们的快乐因素，让我们平静、放松下来，达到积极的心理健康状况。当我们的活动范围受到限制，无论是在家隔离或是处于校园管控下，运动都可以有效缓解焦虑和抑郁，使我们保持身心舒畅。适量运动可以提高人体免疫力，宣泄我们的消极的情绪，使我们达到身心平衡，获得满意的生活状态。规律生活配合适量运动就是我们面对危机、处理危机的基础保障。因此，有空多走到户外进行适量运动，每天坚持30到60分钟，你的身心感受会大不一样。当然，不想到户外，在宿舍也可以锻炼，跳绳、瑜伽、力量训练、八段锦、太极拳等都是非常好的锻炼方式。

七、合理利用时间，转移注意力和自我暗示

建议大家可以趁此机会给自己做做规划，可以是短时间的也可以是长期的，最好可以明确自己的小目标，然后合理计划一下如何把这眼前的好时光合理利用起来。有兴趣的同学可以制作一个时间表或者是任务清单，疫情下，我们同样可以拥有充实的生活。在前文中多次提到的恐慌、焦虑、紧张，以及当我们把太多的时间用于关注某种负性事件时，自然而然会出现的压抑感、无助感，这其实都是正常的心理反应。但是，如果这种情绪不断被放大或持续较久都会对我们的身心健康产生较大的不良影响。这就需要我们学会转移注意力和自我暗示，与自己的情绪和解。

八、如果你是亚健康人群，可以这样做

如果你本就是亚健康状态人群，你可能会更加担心自己的身体状况以及出现"我没有接触传染源，也做到了基本的防护，我会不会有问题"的想法。当然，如果你的身体确实出现了不适，还是要及时就诊。如果你的身体已经出现了发热、咳嗽等症状，你要尽早就医，目的是为了尽快得到诊断来采取相应的措施。这个时候不能因为自己症状轻就掉以轻心任其随意发展，这是对自己和他人不负责任的表现。你应该知道，早诊断，早治疗，早康复，且要尊重和配合医护人员，特殊时期做到互相理解，保持耐心。

九、如果你心理素质不太好，可以这样做

如果你的心理素质不太好，或者本身就存在一些心理问题，那么这个时候你更应该按照以上的建议来做。此外，在对自己的身体进行防护的同时也不要忘记心灵的保护。在这个特殊时期，大家的身心同样在接受着考验。尽量不要一个人待着，有情绪也尽量不要一个人承担，这时候的你需要有人帮助和陪伴，也可以找信任的人倾诉。这样可以给你带来安全感，感受到自己并不孤独。当然，如果你的内心一直处于煎熬状态，身边的人已经不能满足你的需求，你应及时寻找专业的心理咨询师或心理机构进行求助，不要怕，我们与你同在。

十、如果你被隔离了，可以这样做

如果你来自中高风险地区或者是患者的密切接触者，你需要在学校隔离，那么请你一定不要太过于担心和恐慌，这是保障全校师生安全的需要。如果你很担心，可以尽量与家人、老师、同学、朋友保持联系，获得陪伴和心理支持。也请你耐心等待，学会转移注意力，相信事情没那么糟糕；另外，一定记得合理饮食，规范作息，这是打败病毒的基础。

心建家校

在最和谐的环境中,让家校合作更愉快

第八章

> 这一生,总有那么一些人,是你过河前必须投下的石子,是你煎茶时需要添入的柴薪,是你躲进夜幕擦亮的灯火。心理健康教育从来不是一场孤独的旅行,它需要家庭、学校、学生结伴而行。一席东风催醒大地,一场春雨润泽万物,几篇文章改变思想。愿你我都能在此收获和谐的家校关系。

孩子上大学，家长的为与不为

> **引言**
>
> 一页纸，一支笔，我包裹在台灯温柔的光晕里，郑重地写下这一封信。如果你是家长，那请看看这些藏着深刻思考的文字；如果你是孩子，也可以走进这封信函，走进一位家长的内心世界。

写这篇文章有些担忧。担心自己说错话，担心我说的和你们的教育方式有冲突，担心你们不理解，担心你们根本看不到，也担心自己写着写着又写多了，你们不想看。但是，我还是尽量写，因为这些都是我的感受，我觉得有必要让你们知道，哪怕其中一点对你们有帮助，我就会觉得值得。本文观点为个人意见，仅供参考。

我是一名大学心理老师，十几年来，一直扎根在心理咨询服务一线。在我咨询的学生个案中，有80%以上经历过来自家庭的创伤。有的从小生活在吵吵闹闹的家庭环境中，有的长期被父母不公平对待，有的早早被寄养在别处，有的早早就成为留守儿童，有的长期被父母虐待，有的早早就经历父母离异，有的早早经历父母不良情绪带来的伤害，有的被"这都是为你好"死死地绑架着，有的一生笼罩在父母的阴影下，有的从父母那里习得不良社会习惯……或许还有很多很多，有些连父母都无法察觉，甚至还一直以"为小孩好"为由继续伤害孩子。

现在孩子们都已长大成人，步入了大学这个小型社会，你们部分人抱着功成身退的心态，觉得自己可以"退休"了；部分父母则觉得需要继续"掌管"孩子的人生，认为成年后的孩子仍是不成熟的个体，一切都还要听从家长的安排。这些想法显然具有偏差。要知道你们对孩子童年时期造成的一些创伤，会随着孩子的成长而慢慢扎根在他们柔软的心上，深深影响着他们的学习、生活、工作、人际、财富、家庭等各个层面，因此，这个时候更需要你们去帮助抚平他们的创伤，用你们的爱去温暖、包容、理解和支持他们。即使你的孩子没有经历过童年的创伤，大学时也需要父母的适当介入，帮助孩子一起走过美好的大学时光。

那么，你们应该如何适当介入孩子的大学生活呢？心理老师来和您唠唠，希望对你们有所启发。

第一，孩子的身心健康比什么都重要。

孩子上大学后会面临一系列的适应问题，很多事情都要学着独立去解决。对孩子而言，离开家上大学是人生中非常重大的转折点，是真正意义上独立人生的开始。心理素质好、适应能力强的人，很快就能适应大学生活。但总有一些学生，不能马上适应新的环境，出现如过分想家、学习压力过大、人际交往困难、生活自理能力差等状况。当他们承受的压力超过了自己的应对能力时，这些压力就会变成危机，影响孩子的身心健康。你们知道孩子们在学校最担心什么吗？他们最担心的还是你们的身心健康和你们是否和睦相处。他们很多时候不愿意把自己身体的不良状况和心理困扰告诉你们，他们害怕你们担心。但是，你们知道吗？他们的内心是渴望你们帮助的，孩子们需要你们的温暖。

我接触过几个令人伤心的案例：明明孩子的心理问题已经非常严重了，并且家长也是知情的，但是家长就是不愿意承认，不愿意让学校知道，不愿意带孩子去看心理医生。我明白你们的顾虑。但是，和孩子的身心健康比起来，一切顾虑都不算什么了。有些家长可能会认为有心理疾病是件很丢人的事情，可我想告诉你们的是，心理疾病和其他疾病一样是可以治疗的，这没有什么丢人的。还有些家长会担心学校对有心理问题的孩子区别对待，其实这一点也是家长们多虑了。家校联系、共同为孩子的健康保驾护航是我们一直希望且倡导的理念，如果您的孩子之前确诊有心理疾病并正在服药，请您理解并支持孩子的治疗。心理疾病并非无病呻吟或矫情，它存在实实在在的症状与痛苦，无法简单地通过自行调整有所改善，其康复需在专业医生的指导下持续进行。切忌自行停药，否则可能引起疾病的复发！总之，我想和你们说，任何事情与孩子的身心健康相比都可以被忽略。

第二，孩子需要一个温暖的家庭来给他们足够的安全感。

如果你们在家里和和睦睦，你们的爱与温暖会传染、传递给孩子，这样孩子就会有足够的安全感来应对大学生活中遇到的各种困难和挫折，也更愿意跟你们倾诉他们在学校遇到的困难和挫折。这里给大家几点小建议。

1.不要把自己的坏情绪带给孩子。情绪是会传染的。你们在工作和生活中会遇到困难，也会产生负面情绪，这可以理解，但是尽量不要把自己的坏情绪带给孩子，你们的情绪会直接影响到孩子的情绪。当然，你们要与孩子真心地交流家里最近出现的状况，遇到重大事情的时候，孩子有知情权，不要觉得隐瞒是对孩子好。

2.大人之间的吵闹应尽量回避孩子，不要让孩子担心。大人之间吵闹，受伤最严重的是孩子，他们很不喜欢听到你们的吵闹，他们会很担心你们。很多孩子甚至觉得是自己的问题导致你们争吵，会自责，会没有安全感。你们吵闹越多，孩子的情绪越不稳定，孩子越没办法安心学习。

3. 不要在孩子面前抱怨你们家中的谁不好。比如妈妈抱怨爸爸不好、抱怨婆婆不好，等等。在孩子眼里，你们都是他最亲的人，每个人对他来说都很重要，你们的抱怨只会增加他的心理负担。尤其是上一代的"恩怨"，不要牵扯到这一代的孩子，甚至让孩子来承受后果，这是不公平的，也对孩子的成长不利。

4. 请你们公平地对待每一个孩子。如果你的家庭中有两个或两个以上的孩子，请一定记得要公平对待。很多时候家长没有公平对待每一个孩子，会让孩子觉得自己被"遗弃"，这种感觉会直接导致孩子的不自信，甚至会让他产生心理扭曲，用各种方式来讨好你们，从而获得你们的一点点肯定，如果没有得到肯定，他就会很难过。

5. 你们要注意自己的言行。孩子虽然长大了，但是有些话仍然会让孩子很伤心，尤其是从小就被比较的孩子、从小就没有自信的孩子。不要对孩子说"脑子怎么这么笨"，"胖得跟猪一样"，"你怎么什么事情都做不好"，"爸妈这么辛苦都是为了你"，"你不好好的爸爸妈妈就离婚"，"看你弟弟多乖"，"你看某某同学都拿国家奖学金了，人家怎么什么都会"……这些话讲出来后，或许你们解气了、发泄了，但是孩子的感受呢？他们接收到这些消极的言语，会默默地记在心里，会认为父母并不认同自己，心里自然没有安全感。

我曾经看过一句话："你对孩子的打击不会阻止他去爱你，但会阻止他爱自己。"要知道，拥有一个和谐的家庭是孩子心中最基本的安全感，是孩子学习、生活的保障，是心理健康的前提。

第三，你们需要适当介入孩子的大学生活。

你们要了解大学与高中的不同。从高中过渡到大学后，很多孩子之前一直为了考上心仪的大学而努力，现在来到了大学，以前的目标实现了，新的目标却迟迟无法确定，很多孩子不能适应入学的学习状态，甚至开始迷茫。还有一些孩子高中被父母约束得太严格，学习压力太大，来到大学后没有约束和管教，终于体会到了自由的感觉，逐渐放纵自我。于是，这些孩子开始得过且过，没有学习的干劲，缺乏主动性，整天与手机为伴，什么也不想做。有的孩子第一次住校，很多生活琐事无法处理，生活自理能力差，经常以自我为中心，不能正确处理宿舍关系、同学关系，以致在学校过得十分痛苦，天天抱怨上天的不公。有的孩子可能还会出现对专业的不满意、不认同，对学习的不适应，甚至出现挂科的情况。有的孩子可能开始谈恋爱了，父母是管还是不管，该怎么管呢？以前你们都一百个反对，上大学后父母就撒手不管了，这样可以吗？这些问题都值得你们深思。

你们的孩子很想上进，很想继续攻读研究生，或者出国留学，或者学习第二学位，或者学习各种技能，等等，但是有些家长不支持，这会让孩子很受伤；你们的孩子热衷于学生工作，他们在学生工作中锻炼成长，累并快乐着，可是你们觉得那是浪费时间，你们天天唠叨孩子要好好学习，其他的不要做；还有的孩子抗挫折能力比较差，随便一些小事就能瞬间瓦解他的心态，还经常跟你哭诉社会的不公，遇到这些情况的时候你们该怎么做呢？你们的孩子还可能面临一些就业问题，作为家长，我们应该如何为孩子的就业问题助力呢？其实，我想和你们说的是，你们的孩子上大学了，确实很多事情需要他们自己处理，你们也会觉得帮不上什么忙了，你们开始自由放任，这种出发点是正确的，孩子长大了，他们需要独立处理问题，但是，你们之前的"保姆式"教育没有让孩子学会独立，所以，他们的大学生活依然需要你们适当参与。

  1. 关于学习方面的适当参与。帮助孩子在大学建立适当的学习目标，培养专业兴趣，关注孩子的学习状态。你们是最了解孩子的，如果孩子出现了目标缺失、对未来迷茫的情况，请你们在假期里多与孩子沟通，了解孩子对专业学习和未来生活的一些想法与憧憬，帮助孩子寻找通往目标与梦想的道路。当然也要结合孩子这学期的成绩，尽快规划好是否需要继续考研和考研的专业方向，提早做好规划后，孩子就有了学习目标。你们和孩子都要改变"上大学后就自由了、轻松了"的想法。上大学并不会轻松，也并不自由，有些专业的学习甚至比高中更辛苦，所以你们需要给孩子助力。他们仍然要面临很多问题，如担心挂科、担心毕不了业等。这些都是需要你们关注的，每学期至少给辅导员打一次电话，了解孩子的学习情况，以免孩子管不住自己，欺骗你们。

  2. 关于生活方面的适当参与。你们的孩子可能第一次离开家，第一次要自理所有的生活琐事，也许就会出现生活上难以料理的情况，也因此可能会与宿舍同学产生一些矛盾，出现挫败感，这时候就需要你们的适当引导。在孩子回家后，让他们做一些力所能及的事，不要什么事都大包大揽，要让孩子锻炼基本的生存能力，对孩子当前遇到的生活困难给予理解。你们的孩子大多是独生子女，在家里受着宠爱，可能会以自我为中心，这时候你们一定不能站在孩子一边，与孩子一起抱怨，一起指责同学、舍友的做法，你们要教孩子学会换位思考。大学里面的同学来自祖国各地，每个人都在不同的家庭环境中长大，所以每个地方的学生都有自己的性格特点和生活习惯，同寝室、同班的同学一定要相互友爱、相互帮助。你们的孩子没有权利要求别人一定要按照自己的价值观行事，他们只能互相适应。

  千万不能忽视培养孩子处理宿舍关系的能力，因为孩子们早晚有一天会进入社会，参加工作，生活懒惰、人际关系糟糕的人，在事业上也很难有起色。另外，你们要理性客观，千万不要和孩子一起说宿舍某个同学的坏话。孩子们之间有自己独特的相处方式，家长只需要把自己的孩子教育好，过分地给孩子灌输一些给其他孩子的"标签"，将会给他们的相处埋下隐患。还有一点也特别重要，你们要关注孩子的饮食、睡眠、运动情况，规律的作息、合理的饮食、适量的运动、充足的睡眠是健康的根本，在这些事情上你们可以多些唠叨。

3. 关于恋爱方面的适当参与。校园爱情是大学生活中的普遍现象，大学生们向往纯真美好的校园爱情，谈恋爱的经历是他们体验人生不可或缺的一课。大学从来不反对大学生谈恋爱，当然也不鼓励大学生谈恋爱。你们可以告诉孩子，如果喜欢的那个人真的出现了，可以大胆地去追求；如果那个人还没有出现，就请耐心地等待。告诉孩子不要随便就答应，随便就成为恋人，可以从朋友开始做起，至少三个月后再做决定，因为需要些时间去了解对方。如果可以，你们可以大胆地和孩子讨论其对象，甚至可以加上其对象的微信，适当聊天，适当关注他/她的朋友圈，通过朋友圈等途径了解这个人的人品。但是，请不要粗暴地干涉，这是对孩子的不尊重。

告诉孩子要慎重考虑恋爱对象，懂得保护自己，不轻易发生性行为，遇到不安全的对象一定要及时止损——这是你们最应该做的。万一孩子失恋了，希望你们陪伴孩子一段时间，告诉孩子要学会承受，学会主动寻求帮助，学会处理自己的情绪。还要叮嘱一点，就是告诉孩子不要随意进行网络恋爱，网络上存在着很多不安全因素。也不要随意插足别人的感情，这是不道德的行为。其他便不建议你们干涉太多，他们有自己的人生，有些甜蜜和烦恼总需要自己去经历。

4. 关于学生工作方面的适当参与。家长们应该认同的一点是，一个孩子的优秀不仅是学习成绩上的优秀，还是综合素质上的优秀。大学期间担任学生干部能够让孩子提高综合素质，获得组织管理能力、团队协作能力、突发事件处理能力、人际沟通协调能力、表达能力……担任学生干部能够让孩子遇见更好的自己，发现自己的缺点和闪光点。担任学生干部可以获得更多接触社会、接受新鲜事物、与老师接触、与不同文化不同成长背景的人相处的机会，很好地扩展孩子的视野和格局；担任学生干部能够让孩子的大学生活更加精彩，获得更强大的内心。因此，作为家长的你们一定要支持孩子做这些学生工作，支持孩子参与学校的各种活动，支持孩子参加学校的各种比赛。孩子热衷于学生工作，这是好事，孩子进入社会拼的便是综合素质和综合能力，这会成为他们锻炼能力、提升素质的好机会。作为家长，只需告诉孩子分清主次，处理好学习与工作之间的关系。

5. 关于面对挫折方面的适当参与。对于刚刚入学的新生来说，他们在高中都是很出色、很优秀的人,都曾经"高高在上",经常受到老师、同学的夸赞,然而到了大学后,他们不再是人群中的佼佼者,不再是众人"拥戴"的对象,其他同学或许比其更加优秀。因此,在角色转换的情况下,他们会面对很多挫折和失败,如生活中人际关系的不和谐、因某些问题成绩一落千丈、恋爱失败、竞选班委失败、参加比赛失败……他们会觉得自己什么事情都做不好,变得越来越不自信,这时便十分需要老师与家长的及时开导和帮助。当孩子们遇到问题或遭遇失败时,不要指责埋怨,请安静地倾听,与孩子一同分担忧愁,给予最温暖的陪伴和支持。

6. 关于择业就业方面的适当参与。当你们的孩子面临择业就业时,要与孩子一同探讨未来的职业规划,帮助孩子整理可能的就业机会,适当地给予一些帮助,通过你们的人际圈给予孩子一些就业信息和就业机会。这是你们该做的,也是孩子希望你们做的,毕竟与孩子相比,家长的社会经验更多,阅历更为丰富,目光更长远,如果能给孩子一些中肯的建议,对孩子的未来会有很大帮助。假使你们没有这种能力,也不必惭愧,给孩子充足的时间去思考、去权衡,也是一种无声的鼓励。

第四,你们需要一些智慧来促进孩子的发展。

孩子的成长发展离不开父母的支持和陪伴,或许你们会说,你们现在没有能力帮助孩子了,都要靠他们自己。但是,我要说的是,你们可以有一些智慧来促进孩子的成长和发展。

1. 与孩子建立良好的沟通关系。利用各种机会增进与孩子的沟通交流,彼此相互支持,用平等的心态和平等的身份去倾听孩子的想法,暂时先放下你们原有的评判,你们能发现孩子身上有值得你们去学习与欣赏的方面。在我之前与学生的交流中,他们经常给我惊喜,他们的见识与观点让我深受震撼。反过来,你们也有充分的时间向孩子讲讲自己或是家庭的往事,增进孩子对你们的理解与体谅。你还可以通过微信、QQ等新媒体工具与孩子沟通,说出你们的感受,表达你们的情感。要知道,良好的亲子关系会大大助力孩子的成长和发展。

2. 你们对孩子的信心有多少,他们的成就就有多少。我们都知道孩子的自信非常重要,但自信是从哪里来的呢?一方面固然受到以往学业成败、自身对自己能力与优缺点的判断的影响,但更重要的是来自周围的人,尤其是父母对孩子的信心。父母要真正相信自己孩子的能力,多多夸赞孩子,更多地看到孩子的优点,这样积极的期望才会传达出来。你们可以扪心自问:如果自己都不相信自己的孩子,那又凭什么去期待孩子有所成就?

3. 你们的心态决定了孩子的心态。你们知道吗?若你们希望养育身心健康的孩子,自己先要做身心健康的父母;你们希望孩子有良好的心态,自己先要反省和调节自己的心态。父母有了健康的心态，对于许多事情的判断和处理自然合情合理。有时，孩子遇到一些问题或者困惑需要倾听和理解，但你们常常把沟通变成了单向的灌输施压。另外，你们经常在家里抱怨社会的不公与残酷，甚至做出很多让孩子都无法理解的事情，这样只会增加孩子的烦恼，孩子的心态也会跟你们一样崩塌。因此，你们要有一个平衡健康的心态，才能真正倾听孩子的苦恼和需要，理解孩子的自身特点，为孩子提供温暖和支持，给孩子做出榜样。

4.孩子的人生是自己的，不要什么都替他做主。对孩子而言，离开家上大学是人生中一个非常重大的转折点，是真正意义上独立人生的开始。这个时候，我诚挚建议你们不要什么事情都操心，甚至什么事情都替孩子做，大到专业选择、恋爱对象、考研、就业等，小到吃什么菜、吃什么水果、穿什么衣、做什么样的头发等。这时候的你们应该放手，让他们独自去处理生活琐事，学会生活自理，培养最基本的生存技能。你们的孩子都是独立的个体，他们有自己的想法和个性，很多事情你们可以提供建设性意见，但请一定要记得尊重孩子的选择，他们的人生是自己的，你们做不了主。把孩子交还给他们自己，让他们自己做选择，去承担责任。

致新生家长的一封信

> **引言**
>
> 大学是启人心智、铸人灵魂的殿堂。在大学期间,学生不仅要学好各门课程,还要不断拓宽知识面,提高自身综合素质;不仅要学习科学文化知识,还要懂得为人处世的道理。同时,大学的学习是自觉的、独立的,这对学生自身的要求也更加的严格。而作为家长,我们力所能及的事情是什么呢?今天,让我们跟随着这封信,一起了解如何当一名知心的家长吧。

尊敬的新生家长:

您好!

金秋九月,硕果盈枝,福建中医药大学大学生心理健康教育指导中心全体专(兼)职教师祝贺您含辛茹苦培养的孩子终于考上了大学,您的孩子即将在我校开始新的人生旅程。

孩子健康成才是您家庭的殷切期盼,也是我们关注的焦点。心理健康是孩子的成功之本和幸福之源,福建中医药大学大学生心理健康教育指导中心作为您孩子心理健康的关注者、守护者和助力者,将会为您孩子的健康幸福和成长成才进行不懈的努力。

每个孩子都有自己独特的成长历程,从高中到大学是一个大跨越,再加上孩子们的心理年龄并不成熟,这种全新的改变一定会给孩子带来一些适应和成长的烦恼,在此想和您做一些沟通。

在以往与家长们的交流中发现一部分家长存在误区:认为孩子上了大学,就可以基本不管了,他们长大了,自己能处理自己的问题;比较重视孩子的生活情况和学习情况,比较少关心孩子的心理健康状况;明明知道孩子有心理问题,却隐瞒,不让学校知道,甚至告诉孩子不能让学校知道;不重视孩子出现的心理健康问题,总认为这些都是小事,不值得关注。这些表现都是不合理的。其实,孩子上大学后,不仅需要学校的努力,家长给予孩子的心理支持更加重要,因此,在孩子上大学之后,积极配合学校履行家长监护责任和定期与孩子进行情感交流、正向沟通是至关重要的。

在此，也给广大的家长几条建议。

第一条：如果您的孩子已经出现了一些心理问题，一定要及时与辅导员沟通，让学校与您一起帮助孩子解决问题，共同成长。学校不会对有心理问题的孩子另眼相待，反而会有更多的关心、关注。

第二条：在与孩子的日常沟通中，建议您也要注意自己的交流方式和节奏，不要总关注生活怎样、学习成绩怎样，多关心孩子的思想动态、人际交往、学生活动以及生活幸福感。

第三条：多与辅导员沟通孩子的近况，与孩子沟通时少用简单命令式的说教，多用朋友式、亲情化的沟通，拉近您与孩子心理上的距离，让孩子有话能和您说，有事愿意与您讲。

第四条：多理解孩子现在的困惑，帮助孩子尽快适应大学生活，让孩子学会尊重宿舍的不同风格的同学，给予孩子更多的心理关注，鼓励、支持、陪伴孩子度过新生适应期。

第五条：大学日常生活不像中学那样紧张和处处有人管，孩子会茫然，不知道怎样安排自己的学习和生活，也有的孩子心中会有失落，这时家长如果能引导孩子面对现实，结合未来的人生和社会的发展，确立新的奋斗目标，就能帮孩子实现自己的理想。

最后，希望您重视与学校的及时联系与沟通，和我们共同关注学生的心理健康状况，让我们一道为孩子的大学生活助力！

心有温度

在最温暖的时代，让心理育人更有温度

第九章

　　"心理育人"是指心理健康教育工作者运用心理学的方法或技术，从受教育者的心理特点和人格特质出发，把握受教者的心理需求和心理规律，致力于营造良好的心理环境与氛围，产生潜移默化的影响，实现人的心理和人格健康发展，促进人的全面自由发展，从而助力培养担当民族复兴大任的时代新人。心理育人是大学生心理健康素养培育体系下的关键一环，在最温暖的时代，让心理育人更有温度。

写给高校心理育人工作者——顶层设计

> **引言**
>
> 高校心理育人工作是高校人才培养的重要组成部分,更是立德树人的重要一环。高校心理育人工作者要积极探索新形势与新发展背景下的心理育人工作,直面机遇与挑战,提出建设性意见,加强顶层设计,让心理育人工作更有成效,让思想政治教育更有温度。

习近平总书记在十九大报告中提到,要加强社会心理服务体系建设,培育自尊自信、理性平和、积极向上的社会心态。2018年,中共教育部党组印发了《高等学校学生心理育人指导纲要》,纲要的发布进一步表明党和国家对高校心理育人工作的重视,也提出了具体的工作要求,为高校心理育人工作指明了方向。2020年4月,教育部等部门发布了《关于加快构建高校思想政治工作体系的意见》,再一次提到心理育人在思想政治工作体系中的重要作用。

"培养担当民族复兴大任的时代新人"是习近平总书记在党的十九大报告中首次提出的重要论述,这一重要论述彰显了鲜明的时代特色,科学回答了新时代"培养什么样的人、怎样培养人、为谁培养人"的重大历史课题。而时代新人的培养离不开心理育人工作,它体现心理育人价值在新时代的价值承载,发挥心理育人对时代新人的理想信念导向价值、道德人格塑造价值、积极行为激励价值、健康心态调控价值、心理素质提升价值、思想心理问题预防与干预价值,挖掘心理育人在立德树人中的独特价值,促进心理育人价值实现。"心理育人"是指心理健康教育工作者运用心理学的方法或技术,从受教育者的心理特点和人格特质出发,把握受教者的心理需求和心理规律,营造良好心理环境与氛围,产生潜移默化的影响,实现人的心理和人格健康发展,促进人的全面自由发展,从而助力培养担当民族复兴大任的时代新人。心理育人是一种氛围、理念,也是一种方法与技术。

因此,新时代心理育人符合国家战略层面心理健康建设培育的需要,有利于培育大学生自尊自信、理性平和、积极向上的社会心态,有利于促进学生人格健全和心理健康素养提升,有利于培养时代新人。新时代高校心理育人要在高度、深度、广度、温度和精度上发力，不断发挥心理育人在立德树人中的重要作用。

一、聚焦心理育人的高度之维

高校开展心理育人工作要始终坚持"以学生心理需要为工作出发点，以提升全体学生心理健康素养为目标，以学生自助成长为指引，心理育人为思想政治教育服务"的根本理念。开展心理育人工作不仅仅是发现问题学生、关注问题学生、帮助问题学生解决心理问题，而且是要面向全体学生开展心理健康教育，提升全体学生的心理健康素养，让心理育人为时代新人服务。

1. 高校心理育人的对象是全体学生。新时代背景下，国家对心理健康教育的重视和发展规划给我们的一个重要启发就是：新时期关注全体公民的心理健康，提升全体公民的心理健康素养，培育全体公民积极向上的社会心态是加强心理健康服务体系建设的根本目的。我们要回归"自我教育、自我成长"的心理育人本源，发挥学生的主观能动性，让全体学生主动提升心理健康素养，主动发掘自身的潜能。

2. 高校心理育人的目标是学生心理健康素养的提升。要让每一个学生拥有正确的心理健康理念、拥有基本的心理健康知识、拥有促进心理健康的技能、拥有对待心理疾病患者的正确观念、拥有助人的基本知识和技能。从而帮助学生全面了解自己，接纳自己，发现自己的潜能，增强应对困难和挫折的能力，提高心理素质和自愈水平，塑造健全人格，以及发挥自身应有的心理健康知识帮助和服务身边需要帮助的人。

3. 高校心理育人理应为思想政治教育服务。心理育人是高校思想政治教育的重要组成部分，是高校思想政治工作的重要内容，是立德树人的一个重要环节。大学生心理健康素养的提升、身心健康发展、人格的完善为思想政治教育提供了基础保障，也是思想政治教育质量提升的重要前提。因此，高校心理育人工作要从思想政治教育的高度出发，促进高校及整个社会的和谐稳定，培育理性平和的健康心态。最终为思想政治教育培植健康的种子，让学生学会自助成长，引导学生扣好人生第一粒扣子，为思想政治教育服务，为培养时代新人服务。

二、聚焦心理育人的深度之维

心理育人工作不能仅着眼于心理健康教育的基础层面，即个体心理的健康和完善，更要以培养综合素质全面发展的人为目标，站在为党育人、为国育才的高度，组织和开展心理健康教育，实现由"育心"向"育人"的转化。开展心理育人工作要融合思政教育、融合课程思政、融合东西方心理健康教育方法，让心理育人更有深度。

1. 心理育人与思想政治教育的深度融合。 改革开放以来，心理育人与思想政治教育的关系及结合问题一直受到业界的广泛关注，它们之间的深度融合问题也不断得到探讨。心理育人工作得到了党和国家的高度重视，得益于国家对思想政治教育工作的重视和大力支持，同样，思想政治教育也从心理育人那里获益多多。心理育人和思想政治教育的内涵不一样，工作方法不一样，但工作对象和工作目标是一致的，心理育人关注个体的需要，关注学生的主体地位，为学生解决实际困难，普及心理健康知识，提高心理调适能力，提高心理健康素养，以促进受教育者的人格健全发展为目的，具有更多的人文关怀和温度。思想政治教育工作更多关注学生的人生观、价值观、世界观，更多的是宏观指导，以提高受教育者的思想觉悟和道德品质为目的，为学生树立正确的三观，而正确的三观对学生看待问题、处理问题有积极意义，对学生的积极心态培育具有引领作用。两者深度融合才能共同发展，才有两者的生命力，而这也是中国高校心理育人特色的生动体现。

2. 心理育人与课程思政的融合。 高校心理育人工作要融入教育教学的全过程，参与学生发展的全过程，通过全员参与心理育人工作，引导大学生树立自助学习、自我调适、自我保健、自我成长的意识。大学生心理健康素养的培养，需要发挥高校全体教职员工的作用，而专业课教师的课程思政显得尤为重要。如何实现心理健康教育与专业课的融合，值得我们去实践。习近平总书记在2016年的全国高校思想政治工作会议上明确提出高校各门课程都具有思政教育意义，要深入挖掘专业课的思政内涵，同思想政治教育课一起同向同行，协同配合，从而把思想政治工作贯穿教育教学全过程，实现三全育人。课程思政，即将思想政治教育元素，包括思想政治教育的理论知识、价值理念以及精神追求等融入各门课程中去，潜移默化地对学生的思想意识、道德品质、处事方式产生影响。高校心理育人工作也要发挥课程思政作用，让专业课教师在教学过程中主动融入心理健康教育，从课程中挖掘心理育人元素，展示教师的心理特点和人格特质，让教师的人格魅力成为影响学生心理健康的元素。

3. 心理育人方法与西方心理咨询方法的融合。 习近平总书记在2016年的全国高校思想政治工作会议上强调，要扎根中国大地办教育，要重视大学生的人文关怀和心理疏导。高校心理育人工作有其自身的发展规律，应该符合中国国情，具有本土化特色。首先要把人文关怀与心理疏导结合起来，实现育心与育德的深度融合。另外，高校心理育人方式要符合国情、校情，寻找本土化的心理健康教育方式。新时代心理育人方法要符合中国人的文化特点，中华传统文化重视心理和谐，重视培育理性平和的社会心态，未来心理育人的方法应该根植于中国的传统文化，用传统文化中的养心思想来达到心理育人的目标。西方心理咨询与治疗起源于欧美国家，其理论基础、方法论、技术与语言表达，大多带有西方文化尤其是美国文化的色彩，由于中西方文化差异，从西方移植过来的心理咨询与治疗理论并不完全适合中国人的心理问题。在新时代中推进心理咨询与治疗的本土化并走向心理育人，需要我们坚持融合、发展、创新，培育具有本土化特色的心理育人模式，将西方的心理治疗理论与方法和中国传统的心理调节方式与理念相结合，共同为高校心理育人工作服务。

三、聚焦心理育人的广度之维

高校心理育人工作不仅是心理工作者的任务，也是全体教职员工的共同任务。要充分发挥全体教职员工在心理育人工作中的优势，构建"三全育心"格局。同时，高校心理育人工作要紧跟时代步伐，发挥"互联网＋心理育人"优势，发挥第二课堂在育心中的优势，不断拓展心理育人的广度。

1. 构建全员、全程、全方位心理育人格局。心理健康教育不仅仅是学校心理咨询机构和心理咨询老师的工作职责，也是学校各个部门和全体教职员工的共同职责，心理育人需要体现在教育教学的全过程、需要全员共同参与、需要全方位投入、需要发挥心理育人在思想政治教育中的作用，把心理健康教育与思想政治教育有机结合起来。心理育人涉及学校的各个环节和各个方面，它不是孤立存在的，它一定会渗透到或体现在课程、科研、实践、文化、网络、管理、服务、资助、组织等其他育人环节中。所以高校要转变观念，从打造优美的校园环境、营造积极向上的文化氛围开始，让全体教师都成为大学生心理健康成长的引路人，让微笑服务的后勤人员给予大学生真诚的帮助和服务，让朋辈之间的心理互助成为校园的常态，让校园活动成为大学生心理成长的有效载体。各部门各教育环节齐心协力，形成育人合力，发挥协同心理育人的功效，促进各方面育人力量在心理健康教育上的协同协作、同向同行。

2. 打造适应新时代特点的"互联网＋心理育人"平台。为适应学生需求和新时代学生的心理特点，高校还应建立"互联网＋心理育人"平台，学生可以实现线上咨询、线上预约、线上留言、线上学习、线上互动、线上心理健康知识学习、线上心理健康活动参与、线上心理自助成长等，为学生提供随时化、便捷化、自助化的心理服务。"互联网+心理育人"平台打破了时空界限，为心理育人注入了新的可能，尤其是解决了校外班级、校外实习点、校外住宿学生的心理服务需求问题。"互联网+心理育人"还应发挥网络、微信公众平台、电台等新媒体优势，制作和发布符合学生心理需求的、普及心理健康知识的原创文章、视频、音频等心理育人产品。

3. 开创心理育人第二课堂广泛载体。积极开创符合学生心理发展特点和心理需要的第二课堂活动，学生通过参与活动获得心理素质的提升，获得更高的心理健康素养。以我校为例，如与学生一起运动，通过运动改善情绪；通过《心理访谈》电台节目，传播心理技巧、普及心理知识；通过《视说心理》视频节目，把大学生常见的心理现象和心理问题制作成学生爱看的《视说心理》5分钟短视频；通过"身边的幸福"主题交流活动，邀请老师、学生、校友或者各行业较成功的人士为大家分享成长经历、成才故事；通过《我把好书说给你听》音频节目，由学生自行阅读心理书籍、撰写感想，并把阅读感受通过音频传递出来。通过这些学生喜闻乐见的形式，积极采取直抵人心的办法，变"大水漫灌"为"精准滴灌"，让心理育人实现全覆盖，让大学生更能接受并参与其中。

四、聚焦心理育人的温度之维

高校心理育人工作要聚焦学生心理特点，从帮助学生解决实际问题出发，体现更多人文关怀，帮助个人成长。同时，我们的心理育人工作队伍在工作中要体现更多温度，让学生在温暖的氛围中治愈心灵。

1. **心理育人应以解决学生的实际问题为出发点**。2016年，习近平总书记在全国高校思想政治工作会议上强调，要坚持不懈促进高校和谐稳定，培育理性平和的健康心态，加强人文关怀和心理疏导。立德树人是高校人才培养的根本任务，要把关心学生的成长贯彻到学校教育教学的全过程，一定要根据新时代大学生的心理特点，准确把握大学生的心理需求，了解大学生的实际困难，研究和关注大学生的情绪发展方式，加强对大学生的人文关怀，切实从解决大学生的实际困难入手，帮助疏导大学生的不良情绪，培育大学生获得自尊自信、理性平和、积极向上的社会心态，培养大学生良好的心理素质和意志品质，促进大学生身心和谐发展。

2. **心理育人应贯穿更多的人文关怀，聚焦个人成长**。新中国成立70周年以来，特别是改革开放40多年来，我国经济迅速发展，社会事业稳步推进，但是，经济社会的快速发展导致人民的社会心态出现了一些比较消极的现象，出现了功利、浮躁、极端等不健康的社会心态，这样的社会心态影响了国家的安定稳定、社会的长治久安,危害了社会健康,影响了人民奔小康、追求更高幸福的步伐。另一方面,国家现有的心理健康服务远远不能满足社会大众的心理需求。建立有效的体制机制,推动社会心理服务的发展和建设,开展全民的心理健康服务和心理疏导工作势在必行。每个人都要学会理性平和地看待这个社会,与这个社会和谐相处,倡导和为贵、和气生财、和而不同、和谐社会的思想;每个人都应该积极向上,有生活目标,有人生理想,有积极的行动,有积极的心理品质。2019 年 12 月出现的新冠疫情牵动着全国人民的心,面对这场来势凶猛且充满未知的疫情,大学生普遍出现了恐慌、焦虑、紧张、担心、无助等情绪,甚至有些大学生因为认知方式、个性特点、身心状态、经验图式、社会支持等因素不能正确看待疫情发展,逐渐过度恐慌,整日提心吊胆,甚至产生了抑郁、焦虑、强迫、敌对、失眠等症状,出现了强烈的应激反应,不仅影响了大学生自身的身心健康,也影响了社会的安定稳定。大学生在成长过程中都会面对类似突发事件,高校心理育人工作理应贯穿更多人文关怀,关注个人成长,提升大学生应对突发事件的能力,这是心理育人的现实需求。

3. 心理育人应有温暖的服务队伍。习近平总书记在学校思想政治理论课教师座谈会上指出,思政课教师"人格要正,有人格,才有吸引力。亲其师,才能信其道。要有堂堂正正的人格,用高尚的人格感染学生、赢得学生,用真理的力量感召学生,以深厚的理论功底赢得学生,自觉做为学为人的表率,做让学生喜爱的人"。心理育人工作队伍更应该如此,要在学生面前传递热爱生活、阳光开朗、积极的生活状态,用自身的人格魅力感染学生;在与学生的交往中要时刻体现出关心、关爱,让学生感受到温暖和爱,给学生力量。

五、聚焦心理育人的精度之维

高校心理育人工作要注重心理健康知识普及,注重心理育人体系建设,注重发挥朋辈学生群体的作用,注重构建有效的危机预防体系,让心理育人工作更有精度。

1. 让心理健康知识普及更精细。习近平总书记在全国卫生与健康大会上指出要做好心理健康知识和心理疾病科普工作,并指出心理健康知识普及的重要性。我国正处于社会的转型时期,公民对心理健康知识及心理疾病知识的知晓率较低,公民对心理健康服务的认同度较低,这就导致很多公民出现心理问题后不重视,社会对精神障碍患者还存在一定的歧视,公民主动求医行为较少,间接导致社会不安定因素增加。大学生是社会主义事业的接班人,他们应该学习和了解更多的心理知识,服务自己也服务大众。高校应该落实大学生心理健康教育必修课,让每位大学生都能接受基本的心理健康教育。课程教育要注重理论联系实际、力求贴近学生，通过案例教学、小班制教学、体验活动、行为训练、素质拓展等多种形式提高课堂教学效果；发挥学校心理辅导站、班级心理委员、朋辈心理咨询员、宿舍心理信息员在开展心理健康教育知识普及工作中的作用；发挥网络、微信公众平台、电台等新媒体优势，制作和发布符合学生心理需求的心理健康知识普及文章、视频、音频等；发挥专业教师的优势，开设心理健康相关讲座，普及心理健康知识，让每一个大学生都懂得基本的心理健康知识、懂得保持心理健康的基本方法、懂得基本的心理危机求助方法、懂得基本的助人技巧。

2. **让心理育人体系更完善**。十九大报告指出："要加强社会心理服务体系建设，培育自尊自信、理性平和、积极向上的社会心态。"学校心理育人工作也应该纳入人才培养的全过程，高校要在学校党委的领导下，成立心理健康教育工作领导小组和大学生心理健康教育专门机构，配备专职人员，提供能够满足服务需求的场所。新时代大学生对自身心理健康的重视程度和希望得到的心理服务需求在不断提高，在现实背景下，为适应学生的特点，学校应该建立校级心理中心、学院心理辅导站、朋辈心理咨询员、班级心理委员、宿舍心理信息员、家长、医院协同配合的七级心理健康教育网络，这是学校心理健康教育工作的一种顶层设计，学校对七级网络的各个网络进行职责分工，每个网络互相配合又独立开展工作。七级网络建设要发挥各级人员的优势，尤其要发挥学生的优势，上到学校，下到宿舍，延伸到校外，实现心理健康工作网络全面覆盖，对全面普及大学生心理健康知识，实现心理育人工作的全员、全程、全方位具有重要意义。

3. **让学生朋辈在心理育人中发挥更大的作用**。学生朋辈心理咨询员、班级心理委员、宿舍心理信息员处在学生群体之中，他们最了解身边同学的情况，最容易发现心理有问题的学生，开展心理活动最有成效；朋辈之间的自助和互助在心理健康知识普及、心理活动开展、心理问题学生的早期发现、危机事件的报告等方面发挥了不可替代的作用，为学校心理健康教育工作做出了重要贡献。高校应该发挥他们的优势，建立一套完善的朋辈心理咨询员、班级心理委员、宿舍心理信息员分类选拔、培训、考核及奖励机制，促进朋辈心理咨询员、班级心理委员、宿舍心理信息员的工作积极性。这也是学生自我教育、自我管理、自我成长、朋辈互助的一个重要体现，具有较强的现实意义，符合中国国情和学生的心理需要，也实现了助人自助的理念。

4. **让心理危机干预更有效**。高校要制定大学心理危机干预实施办法，规范工作流程和记录方式，重视新生心理测试，建立心理危机排查机制，为这些学生建立特殊群体学生档案，实现心理危机学生在线分类和监控追踪，提高心理危机筛查的主动性。在危机预防工作中要重视班级心理委员及宿舍心理信息员队伍建设，发挥辅导员的工作优势，培养辅导员的危机识别能力，由辅导员建立自杀危机预警信息库；发挥学校心理中心、学院心理辅导站、朋辈心理咨询员、班级心理委员、宿舍心理信息员五级心理健康教育网络的优势，构建一张自杀危机干预的大网；通过培训不断提高五级心理育人工作网络人员从事心理健康教育与心理咨询工作的专业技能，尤其是不断提高他们对心理问题的鉴别能力、心理危机干预能力及心理健康知识素养；整合校内外资源，健全学校自杀危机预防的工作队伍管理机制。[本文于2022年4月在《锦州医科大学学报》（社会科学版）发表]

写给高校辅导员——精准帮扶

> **引言**
>
> 按照教育部关于辅导员的职责定位,心理健康教育是辅导员的主要工作职责之一。他们最亲近学生,最方便与学生建立良好关系。如何发挥好辅导员在心理育人工作中的重要作用,真正帮助学生健康成长,意义重大。本文给辅导员做好心理育人工作指明了方向,可操作性强,希望能给辅导员一些启示。

当前,我国经济社会正处于快速转型期,随着人们生活节奏的加快,社会竞争压力越来越大,心理健康问题及其引发的社会问题得到前所未有的关注。大学生正处于成年初期,是由青年期过渡到成年期的最后阶段,既是人格形成的时期,也是自我意识蓬勃发展、社会生活领域迅速扩大并走向成人的重要时期。这段时期大学生身心发展迅速,生理成熟与心理成熟发展不平衡,容易出现情绪不稳定的状况。面对社会转型带来的压力,他们面临来自学习、社会适应、人际交往、家庭、恋爱、职业就业及自我成长等多方面的心理困扰,因心理问题而出现的学生自残、自杀等极端行为也时有发生。

2020年春天暴发的新冠肺炎疫情牵动着全国人民的心,面对这场来势凶猛且充满未知的疫情,大学生普遍出现了恐慌、焦虑、紧张、担心、无助等情绪表现,甚至有些大学生因为认知方式、个性特点、身心状态、经验图式、社会支持等因素不能正确看待疫情发展,过度恐慌,整日提心吊胆,甚至产生了抑郁、焦虑、强迫、敌对、失眠等症状,出现了强烈的应激反应,不仅影响了大学生自身的身心健康,也影响了社会的安定稳定。

党的十九大报告中指出:"加快社会心理服务体系建设,培育自尊自信、理性平和、积极向上的社会心态。"习近平总书记在2016年12月高校思想政治工作会议中强调:"要坚持不懈促进高校和谐稳定,培育理性平和的健康心态,加强人文关怀和心理疏导,把高校建设成为安定团结的模范地。"当前,疫情防控进入常态化发展阶段,面对即将复学的大学生朋友,如何培育大学生的理性平和心态,让他们能正确看待疫情、能正确做好自身防护、能够做好自身的情绪调节，我们的辅导员应该如何做好心理育人工作，是值得我们每个人深入思考的问题。

一、辅导员在心理育人工作中要坚守一个重要理念

辅导员开展心理育人工作要把全体学生作为服务对象，不仅要关注有心理困扰的学生，还要把全面提升每位大学生的心理健康素养作为工作的根本目标，让每个大学生都拥有正确的心理健康理念、拥有心理健康知识、拥有促进心理健康的技能、拥有对待心理疾病患者的正确观念、拥有帮助别人缓解心理问题的知识和技能。辅导员心理育人工作的终极目标是培养自尊、自信、理性、平和的社会心态，培养合格的社会主义建设者和接班人，完成培养担当民族复兴大任的时代新人的使命。

二、辅导员在心理育人工作中要明白的事实

大学生的心理困惑不是单纯地因为心理疾病，更多的是因为他们大学生活中的各种琐事，涉及人际关系、大学适应、情绪情感、学业就业、社团班干、勤工俭学、考研考公、能力提升等方方面面；大学生的很多心理困惑是由生活事件所引起的，解决大学生的心理问题，要从解决大学生的实际困难入手；大学生的心理困惑具有全程化特点，每个阶段都有不同的困惑，心理育人工作需要全程化帮扶；大学生所遇到的大部分心理困惑通过简单的引导就能自行解决，需要发挥学生的自我教育、自我成长的能力。大学生的心理困惑基本是辅导员思想政治教育工作的内容，因此，辅导员应该发挥他们在心理育人工作中的独特优势；心理育人工作涉及一些法律法规和伦理，辅导员如何在发挥心理育人优势的情况下，做好自己的角色定位显得格外重要。

三、辅导员在心理育人工作中要明确自己的角色定位

一是心理健康知识的普及者。如何普及心理健康知识，提升大学生的心理健康素养是辅导员的重要工作之一，辅导员可以运用自身的角色优势，通过课堂教育、主题班会、晚点名、学生活动等多种方式普及心理健康知识，通过面对面、网络等多条途径宣传心理健康知识。

二是心理健康活动的组织者。辅导员是心理活动的设计者、组织者、引导者，辅导员如何把心理育人的理念融入班级活动中，精心设计活动内容，巧妙设计活动方

式，直接关系到活动的效果；辅导员能够通过自己的角色优势主导班级活动，充分利用主题班会、团日活动、健康节等载体开展心理活动；辅导员还可以根据学生当前出现的心理动态，积极设计相关活动来化解心理危机，如对于宿舍矛盾，辅导员可以通过最美宿舍评选展示等活动，引导同学们互相关心、互相帮助，构建和谐宿舍关系。

三是心理困扰学生的发现者。辅导员是学生的最亲密伙伴，与学生的接触面最广，在日常的教育与管理中与学生接触的机会和时间最多，对学生的了解最为深入。基于这样的伙伴关系，辅导员可以通过日常的接触、走访、沟通、观察、访谈、聊天、活动、微信、微博、QQ等多种途径了解到学生的心理动态；辅导员还可以发挥班级心理委员、班干部、宿舍长的优势，随时掌握学生的心理动态；辅导员可以通过学生的个人成长报告、学生的家庭结构、学生高中的班主任等途径了解到学生的心理动态；另外，辅导员还可以从学校心理中心、学院心理辅导站、专业课教师那里了解到学生的心理动态。

四是心理困难学生的帮扶者。学生心理问题的产生大部分是由大学生活中的琐事所引起，真正需要心理治疗的比例很小，解决学生的实际困难是帮助他们缓解心理困惑的最重要方式，而对这些实际困难进行分析发现，涉及的都是人际关系、学业就业、情绪情感等琐事，辅导员正是解决这些心理困惑的最佳人选。当学生出现较为严重的心理问题时，辅导员又是最好的陪伴者和各种资源的协调者。因此，辅导员是心理困难学生的最佳帮扶者。

五是心理危机干预的协助者。当心理危机发生时，辅导员能第一时间赶到协助处理危机，能第一时间收集最权威的资料用于综合判断，能第一时间发现班级其他同学是否受到影响，并第一时间采取相关措施，能第一时间协调校内相关部门、资源等协助处理危机事件，能第一时间与学生父母沟通，取得父母的支持。辅导员还是心理危机处理的后续协助者，协助学生就医，办理请假、休学、复学等手续，协助学生融入宿舍和班级氛围，协助班级重新建立积极、和谐、温暖的氛围。

六是学生心灵成长的沟通者。辅导员是学生的亲密伙伴，负责学生在校的日常管理和思想政治教育工作，他们最了解学校的各种规章制度和政策，学生遇到任何困难首先想到的是辅导员，这给辅导员了解学生的心理动态提供可能。辅导员与学生的沟通有利于消除心理困惑，获取必要的信息；辅导员与心理中心、专业老师的沟通有利于了解学生的心理问题严重程度，获取帮扶的方法；辅导员与班级同学，尤其是与班级心理委员、宿舍心理信息员的沟通有利于更全面掌握学生的心理状态，更好地为心理困惑学生提供帮助；辅导员与学生家长的沟通有利于建立家校联系，获取信息，提供信息，获得家长的支持。

四、辅导员在心理育人工作中要运用多种途径普及心理健康知识

第一,辅导员要系统学习心理健康知识,增强心理辅导能力,通过多种途径给学生普及心理健康知识;第二,辅导员利用学生日常管理的时间和空间,通过年级大会、晚点名、主题班会、小组讨论会等形式普及心理健康知识;第三,辅导员可以发挥自身与学生密切接触、网络通畅的优势,通过微信公众号、微信、微博、QQ群、QQ空间等途径普及心理健康知识;第四,辅导员还可以结合学院、班级的团日活动开展心理演讲比赛、心理情景剧表演、心理辩论赛、心理健康题材征文、素质拓展等活动侧面普及心理健康知识;第五,培养班级心理委员和宿舍心理信息员,让他们在生活中普及心理健康知识,把心理健康知识放入生活中。

五、辅导员在心理育人工作中要运用多种载体开展心理育人相关活动

首先,辅导员要学会设计心理健康活动,学会组织心理健康活动,把心理健康活动融入辅导学生的日常活动中。其次,辅导员可以根据学生的心理需要和特点开展特色活动,如:带领学生一起运动,让运动促进心理健康;开展心理趣味运动会、心理素质拓展等活动;开展团体心理辅导;开展心理演说大赛;朋辈心理微课大赛;心理健康征文大赛;心理辩论赛;心理剧展演;最美宿舍评选;"我们都是一家人"活动;等等。通过开展活动增强学生的自我心理调适能力,营造良好的心理环境,共同促进心理健康素养的提升。最后,辅导员要引导学生参加学校心理中心、学院心理辅导站举办的各种心理健康教育活动,因为有辅导员的鼓励和支持,学生的参与积极性会普遍提高,对于学生自身心灵成长很有帮助。

六、辅导员在心理育人工作中要运用多种媒介发现心理困惑学生

第一,新生开学报到后不久,辅导员就应该让每个学生写一份个人的成长报告,快速了解学生的基本心理状态;第二,建立学生的基本信息库,尤其要有家庭成员及联系方式、最要好朋友及联系方式、高中班主任及联系方式等信息;第三,利用日常管理工作之际,主动与学生交流,下宿舍、下班级、下课堂、下食堂等,多多参与学生活动,通过日常交往观察学生的表现,发现学生的心理状态;第四,利用好班级心理委员、宿舍心理信息员,并建立心理困惑学生的周报制度,从信息员那里获取最准确的学生心理动态;第五,加入学生的微信群、QQ群,主动加学生为

好友，通过学生的朋友圈、说说等发现学生的心理状态；第六，主动与学校心理中心联系，了解学生求助情况，重点帮扶一些到学校心理中心求助的学生；第七，与专业课教师联系，了解学生的上课状态；与家长联系，了解学生近期对父母亲的反馈信息；第八，对家庭困难学生、学习成绩较差的学生、失恋学生、单亲家庭学生、性格内向学生、独来独往的学生进行重点关注，并建立必要的心理档案；第九，主动公开自己的各种联系方式和沟通渠道，让同学们能够方便快捷地向辅导员表达自己的心声，引导学生主动求助，从而发现心理困惑学生。

七、辅导员在心理育人工作中要运用多种方法帮助心理困惑学生

第一，利用日常管理工作帮助解决实际困难，针对学生出现的实际困难，有意识地加以解释和辅导，消除他们因为琐事而产生的心理困惑；第二，借助学校心理中心专（兼）职教师的专业力量，协调、帮助解决学生的心理困惑，如果心理问题比较严重，心理咨询无法解决问题，需要借助家长及精神专科医院的力量，一起帮助学生渡过难关；第三，因为学生的很多问题涉及学业就业、升学考研等，辅导员要借助学校专业教师、就业指导老师、职业规划师、研究生招生老师的力量，为学生开展相应的教育和辅导；第四，辅导员应该利用好班级心理委员、宿舍心理信息员、班干部等力量，发挥朋辈心理辅导的优势，给予适当的陪伴和朋辈帮助；第五，根据学生的实际心理困难，给学生安排勤工俭学岗位，安排科研助手等职务，让学生有事情做，转移注意力。

八、辅导员在心理育人工作中要运用多方资源协助做好心理危机干预

第一，与学校心理健康教育指导中心沟通，获得心理中心的专业指导。辅导员可以邀请心理咨询中心的专业教师到班级开展心理知识宣传、开展心理健康教育活动，传授心理危机干预的处理方法；第二，与学生朋辈（班级心理委员、宿舍长）沟通，获取学生的心理动态，并取得学生朋辈的协助，发挥他们自我教育、自我管理的作用，一起开展心理危机预防和干预工作；第三，与学生家长沟通，获得学生家长的支持和理解，及时了解孩子的成长经历、现状和想法，必要的时候动员家长到校陪读，或者带孩子到专科医院治疗，家校联合，一起做好心理危机干预工作；第四，与班主任、专业教师沟通，把握学生的学习状态，从学生的上课状态了解学生的心理状态；第五，与精神专科医院沟通，及时就心理危机学生的情况通过一定的方式请教精

神专科医院的医生，获取最准确的研判，为下一步心理危机的处理提供指导。辅导员在开展心理危机干预过程中应该学会运用多方资源，本着对学生负责、对学校负责、对家长负责的态度，全方位了解学生情况，听取多方意见，学习有用经验，采取有效措施，建立及时发现、信息高效传达的大学生心理危机防范综合网络。

九、辅导员在心理育人工作中要重视班级心理委员及宿舍心理信息员的培养

班级心理委员、宿舍心理信息员处在学生群体之中，他们最了解身边同学的情况，最容易发现心理问题学生，开展心理活动最有成效。他们的特殊性要求他们需要具备基本的心理健康知识和基本的心理咨询技能，以及开展心理健康教育工作的独特方法。因此，要建立完善的班级心理委员、宿舍心理信息员分类选拔、培训、考核及奖励机制，尤其要精心安排培训内容，精心编制培训教材，精选自学读本，指导他们开展心理健康教育活动。辅导员在心理育人工作中要特别重视这两个群体的培养和使用，充分发挥他们在宣传普及大学生心理健康知识、积极开展心理健康教育活动、掌握班级成员心理动态、心理困惑学生的支持陪伴等方面的作用。

十、辅导员在心理育人工作过程中要注意自己的胜任力问题

教育部把心理健康教育明确为思想政治辅导员的岗位职责，并要求辅导员做好大学生的心理健康教育工作，但是，辅导员大部分为非心理学相关专业人士，辅导员在心理育人工作过程中的胜任力值得我们反思。他们是否可以做心理咨询？有没有这个能力做心理咨询？如果没有专业知识，又做了心理咨询的工作，产生的问题由谁承担？面对这种理论困境时，辅导员应该有所为、有所不为。同时，辅导员应该努力提升心理育人能力，提升自己的胜任力，多做心理健康知识普及，多开展心理健康教育活动，从侧面提升大学生的心理健康素养。当遇到自己难以胜任的个案时，及时沟通和转介，积极寻求专业人员的帮助。

十一、辅导员在心理育人工作过程中要注意伦理及法律规范

辅导员与学生建立良好的关系后，学生愿意求助于辅导员，但是辅导员并不是专业的心理咨询人员，不能很好地把握保密的原则，因为为了保证学生的安全，辅

导员通常会与学生家长沟通,甚至会与班级主要干部或者宿舍长沟通,目的是为了随时关注学生的心理动态,这很可能导致学生失去对他的信任,甚至产生副作用。在保密原则的框架下,如何做到既严守秘密,又能精准把握例外。在遵循保密原则的时候,如果涉及学生的生命安全或者可能会产生伤人等严重后果时要突破保密原则,以学生的生命安全为重。在突破保密原则的过程中,尽量与学生沟通,并取得学生的理解和认同。另外,突破保密原则时,以泄露最少隐私为原则,尽量保护学生。要知晓自己的角色定位问题,知晓自己的胜任力问题。

写给高校辅导员——家访的意义

> **引言**
>
> 我刚开始工作时担任的是辅导员,在我担任辅导员的前两年,遇到了很多工作上的困难,因为对学生不够了解,我的工作,尤其是贫困生资助工作,受到很多同学的质疑。后来,我下定决心,利用两年寒暑假时间自费走访了福建省内 8 个地市的 131 名学生的家庭,在走访过程中深入了解学生的家庭经济情况、家庭人口结构、成长环境、学习经历、父母教育方式等详细信息,并对收集到的信息进行建档,与学生的在校表现情况进行对比分析。

作为学生辅导员,深入了解学生情况是做好学生工作的根本,针对不同的学生进行不同的教育与引导是学生工作的本质。家访是了解学生的一种重要方式,通过家访可以和学生及其家长建立良好的关系,可以了解学生的成长环境,可以更好地把资助政策落到实处。

一、辅导员家访,交流信息,促进了解

辅导员家访要深入了解学生的家庭经济情况、家庭人口结构、成长环境、学习经历、父母教育方式,了解学生在家里的表现、家长对孩子的期待等信息;要告知学生家长大学的基本情况、大学学习生活方式与高中的不同之处、大学能为学生提供的各种资源、学生在校表现等;并表示要加强家长和老师的联系,共同为孩子的成长和教育而努力。要对家庭经济困难学生有一种特殊的感情,要向其家人说明学校的各种资助政策并鼓励学生学好专业知识。通过对家庭经济困难的学生家访能更好利用学校的资助政策帮助他们,把资助用在真正需要帮助的学生身上,也能很好地增强他们对学习的信心。对可能有心理困惑的学生,要从多角度了解和分析他们的成长环境,了解其个性特点,同时也了解其家长对学校、专业的认识和看法,这对学生心理问题的发生、发展可以起到很好的预防作用。对学习有困难的学生,要

分别了解他们及其家长的情况，特别要了解学生的职业规划、学习兴趣点、父母的要求和期待，这样才能真正理解那些学生学习困难的原因。

二、了解学生是做好思想政治工作的根本

当代大学生生活在信息时代，他们易于接受新事物、新思想，有较强的平等意识、公民意识、求实精神和批判精神，他们思想活跃，精神文化需求旺盛。随着我国教育体制改革的深入，大学生的学习方式、生活方式、就业等都发生了新的变化，接收信息的渠道多样化、复杂化。同时他们正处在人生的重要阶段，是人生观、价值观、世界观形成的关键时期，虽然具有一定辨别是非的能力，但也容易受西方文化、观念的冲击和外界环境的影响，因此，如何对大学生进行有效的教育和管理，是学生思想政治教育工作面临的新问题。当代大学生是新的一代，在个性、思维方式方面，以及家庭背景和教育方式方面，都与以前的学生有一定的不同，这就需要辅导员在具体工作中探求新的方式方法，也更加需要辅导员深入了解每个学生的情况。真正有效地去深入了解学生，可以从学生档案入手，可以和学生进行一对一的交流，可以到学生宿舍交流，也可以和与该生比较亲密的周围同学交流，或者观察该生参与学生活动的积极性。但是，这一切都不如一次家访。

三、确实了解家庭经济困难学生的情况，把资助政策落到实处

目前，高校逐年扩招，学生数不断增加，家庭经济困难的学生数也随之增加，占到学生总数的30%左右。高校收费制度改革后，学生进高校读书的学费确实是一笔不小的费用。由于经济发展不平衡，有些边远地区的经济还比较落后，特别是农村，家庭经济困难的学生还较多；由于家庭变故导致经济困难的学生家庭也较多。虽然国家、学校、社会对贫困大学生的资助在不断增加、制度在不断完善，但是，能否把这些好的政策落到实处，真正让家庭经济困难学生享受到相应的资助，这关系到每一个学生的切身利益，关系到学生的整个家庭，关系到班级的稳定，也关系到社会公平。

面对这样的问题，辅导员要经常深入到学生中去，对家庭经济困难学生的情况及其家庭情况要详细了解，做到心中有数，想方设法采取多种形式帮助他们。辅导员通过家访将会发现：1.通过家访了解的情况与现实工作中发现的情况有巨大的出入，有些学生家庭条件很不错，但享受了较多资助；有些学生的家庭贫困程度比我

们想象的要严重得多，但享受的资助很少。2. 有些学生的家庭比较贫困，但没有申请资助，他们认为需要把资助让给比自己更贫困的同学。3. 有些学生的家庭很贫困，但与学生在校的生活表现不相符，学生在校生活比较奢侈，不懂节俭。4. 有学生表示自己不知道算不算贫困，不知道和其他同学对比，自己家庭的贫困程度怎样。

四、关心个体的学习，营造班级整体学习氛围

从目前学生的学习情况看，大多数同学在学习上有明确的目的，自觉性强，态度端正，能刻苦学习专业知识。但也有一部分学生在学习上没有目标，整天混日子，对付学习像应付差事，考试前临时抱佛脚。分析其原因，一是高校扩招之后，一些学校的学生生源质量的确有所下降。二是学生在高中阶段，有高考的目标要努力，而跨入大学之后，相当一部分学生有松口气的思想。三是学生对专业不感兴趣，没有学习的动力。四是学生对大学生活不适应，对大学学习方法不适应。面对这些情况，作为辅导员要想方设法花大力气狠抓学风建设。

在学风建设中，我们要积极关注并引导个体适应，以点带面、以面促点、相互影响才能真正创造良好的学习氛围。辅导员在家访过程中，可以有的放矢地走访一些学习困难的学生家庭，并做一些研究，通过了解走访学生家庭能够比较清楚地知道其学习困难的真正原因，并进行积极引导，学生个体的学习热情一定会被调动起来。事实上，每个学生都有一个不平常的家庭，都有自己的兴趣、爱好和特长，辅导员只有了解了学生的各种情况，尊重学生的个性，鼓励学生个性发展，激发学生勤奋学习、勇于创新的热情，才能调动学生的学习积极性。家访是个别化教育的一种重要方式，也是引导学生努力学习的一种方法。

五、了解学生成长环境，加强对学生的"一对一"心理辅导

大学生处于特定的年龄阶段，心理发展还不大成熟，当他们跨入大学以后，部分学生因为对新环境的适应能力差和承受能力较低而引发心理障碍，如有的学生是因服从志愿进入该专业学习的，因此对所学专业不感兴趣；有的学生的学习方式还是中学的一套，不适应大学的课堂教育；有的学生认为大学不如想象中的那么美好而产生失望情绪；有的学生因远离家乡、父母，缺乏生活自理能力而感到无所适从。他们所面临的是社会客观环境大变革、大发展，新旧观念大转变的时代，高校为了适应市场经济的需要，实行了一系列的改革，如高校收费制度的改革、毕业生就业

实行双向选择等，这使大学生直接面向市场，越来越强烈地感受到竞争的巨大压力。目前，大学生中独生子女比例较高，相对而言，他们的心理承受能力较弱，再加上有些家庭的父母对子女的教育方法不当，特别是现在有些学生的家庭遭遇变故，如家庭矛盾、父母离异等。因此，近年来，大学生中有相当一部分学生在心理上存在着一系列的不良反应和适应障碍。对于这一实际情况，辅导员通过家访能够比较直观地了解到学生的家庭情况、成长环境，并对了解到的情况进行分类，对有疑似问题的学生加强个别化辅导，对有特殊成长环境的学生做好预防工作。远离家庭的学生在学校里也有一种强烈的需要，那就是爱与归属、尊重的需要，学生如果能得到老师的关心和关注都会有一种幸福感，这种幸福感可以带给学生快乐和成长的动力。家访是关心、关注学生的一种重要形式，也是做好心理健康教育的一种方式。

六、和学生做朋友，把关爱传递给学生

在思想政治教育工作中，辅导员要与学生、教师、学生家长进行多向的交流，热爱学生，了解学生，尊重学生，平等对待学生；要与学生打成一片，做学生的良师益友，随时了解和掌握学生的思想状况、生活状况、觉悟程度、个性心理特征及倾向性，找到学生进步和提高的起点，才能有针对性地开展工作。对共性的问题，要通过开展集体活动进行教育解决；对个性问题，则要进行个别教育指导。要让学生从距离上感到近切，从文化和情感纽带上感到亲切，从生活和思想上感到关切。辅导员的工作方式应由单向灌输向尊重学生主体地位、平等交流转变。要关心学生的思想变化，关心他们的学习、生活和身心健康，要注重平等性，增强贴近性，提升亲和力。概括讲就是：辅导员要和学生成为朋友。那么如何才能和学生成为朋友呢？一方面要多了解学生的情况，多和学生进行一对一的沟通，多参加学生组织的各种活动，从细微之处关心学生的变化，关注学生的需要，让学生感到被关爱，这样学生就更愿意和我们交朋友，也愿意把心事告诉我们。另一方面，辅导员要以理服人，以情感人，为人处世要公平、公正、公开，要提高个人的人格魅力，只有这样学生才能真正地和我们成为朋友。

辅导员家访的一个重要目的就是去了解学生、关心学生、最终达到和学生做朋友的目的。与学生成为朋友后，辅导员的工作会更加顺利，学生思想政治教育工作中遇到的问题也就迎刃而解了。

辅导员家访是全面了解学生、关心帮助学生、与学生交朋友的一种行之有效的方式，它对加强学生思想政治教育工作具有特殊意义。

写给高校心理委员——支持陪伴

> **引言**
>
> 班级心理委员开展心理育人工作具备年龄、时间、空间和情感等方面的天然优势,随着高校心理育人工作的深入推进,心理委员逐渐成为高校心理育人工作的重要力量。心理委员是为班级同学、寝室同学及身边朋友提供心理健康指导、支持陪伴的同龄人。那么,应该如何培养心理委员的育人能力,如何发挥心理委员的作用呢?请跟随本文一同去看看吧。

2018年7月4日,教育部印发了《高等学校学生心理健康教育指导纲要》(以下简称《纲要》),《纲要》指出,心理健康教育是提高大学生心理素质、促进其身心健康和谐发展的教育,是高校人才培养体系的重要组成部分,也是高校思想政治工作的重要内容。要培养学生自尊自信、理性平和、积极向上的健康心态,促进学生心理健康素质与思想道德素质、科学文化素质协调发展。《纲要》还要求,准确把握学生心理健康状况及其变化规律,健全心理危机预防和快速反应机制,建立学校、院系、班级、宿舍"四级"预警防控体系,完善心理危机干预工作预案,做好对心理危机学生的跟踪服务,注重做好特殊时期、不同季节的心理危机预防与干预工作。

自2004年天津大学在全国最早提出并实施"班级心理委员"制度以来,借鉴国外经验,国内高校陆续建立并实施"班级心理委员"制度,心理委员逐渐成为高校心理健康教育工作的重要力量,在心理健康知识普及、心理危机干预、心理活动开展等方面发挥了不可替代的作用,也很好地解决了部分高校心理健康教育师资力量缺乏的问题。但是,尽管各高校重视并不断推进心理委员工作,心理委员的角色定位依然不清晰,心理委员的制度建设需加强。本文试图探讨班级心理委员的角色定位,探索心理委员的有效管理制度,充分发挥班级心理委员在高校心理健康教育工作中的作用。

一、心理委员在高校心理健康教育工作中具有重要作用

1. 新时代高校心理健康教育工作的新要求。新时代高校开展大学生心理健康教

育工作要始终坚持"以生为本"的根本理念，以全体学生的心理健康素养提升为根本目标，关心学生的实际心理需求，遵循学生心理特点，尊重学生人格，贴近学生心理。高校开展心理健康教育工作不能仅仅停留在发现问题学生、关注问题学生、帮助问题学生解决心理困惑上，而是要面向全体学生开展心理健康教育，普及心理健康知识，以全体学生心理健康素养提升和心理健康水平提高为教育目标，帮助学生全面了解自己、接纳自己，发现自己的潜能，增强应对困难和挫折的能力，提高大学生的心理素质和心理创伤自愈水平，塑造健全人格，从而促进大学生健康成长。新时代高校心理健康教育工作有新要求，要发挥学生的主观能动性，通过心理委员培养和教育，让学生学会"自我教育、自我成长"，同时达到自助助人的目的，班级心理委员制度的实施符合新时代高校心理健康教育的工作要求。

2. 大学生心理健康素养培养的要求。国家卫生健康委员会近日发布了心理健康素养十条，着重强调了心理健康的重要性，认为心理健康是健康的重要组成部分，身心健康才是真正的健康，强调了运动对于改善和促进心理健康的重要意义，强调早发现、早预防、早治疗及主动积极求助的重要性，强调合理用药、规范用药的重要性，强调儿童早期心理健康教育和老年人心理健康教育的重要性，强调社会要树立关爱、理解、支持精神病人的新风尚。心理健康素养十条的发布给我们的一个重要启示是：树立正确的心理健康理念，宣传普及心理健康知识，引导大学生树立健康的心理意识是大学生心理健康教育的关键任务。而这些工作，正是班级心理委员的工作职责所在，他们可以发挥重要作用。

3. 新时代大学生的心理需求。新形势下，大学生的心理需求更加多样化，他们不仅希望在学习生活、人际交往、爱情婚恋、职业就业、社会适应等方面能获得心理帮助，还希望通过学习心理学的相关知识来提升自身的心理健康素养，获得更好的积极心态，以此来更好地面对未来的困难和挑战。对某校近十年的新生心理测试数据进行分析发现，有将近25%的学生存在不同程度的心理困扰，需要心理咨询帮助，并且数量有逐年增加的趋势。对福建省5000余名大学生心理健康素养的相关调查发现：有97%的大学生认为心理健康非常重要；有85%以上的大学生表示需要学习心理学的相关知识来提升自身的心理健康素养；有75%的学生遇到心理困惑后会先寻求身边同学和朋友的帮助；仅有38%大学生能通过症状判断简单的心理问题。从调查数据发现，现在的大学生更愿意与有更多共同语言的同龄人相互交流、相互倾诉，或者寻求帮助，而班级心理委员制度的实施正好符合大学生的心理特点和心理需求。

二、高校心理委员工作现状及存在的问题

1. 心理委员工作现状。2019 年 5 月，对 200 名心理委员的调查发现：有 70% 的心理委员当初竞选心理委员的原因是对心理学感兴趣；有 52% 的心理委员没有存在感，觉得心理委员在班级中作用不大；有 63% 的心理委员不了解自己的工作职责；有 21% 的心理委员没有开展任何与心理相关的活动；有 85% 的心理委员认为自己的心理学知识缺乏，不能很好地胜任这份工作。从以上的调查数据发现：心理委员普遍不了解自己的工作职责，不知道如何开展工作，不知道自己应该如何提升心理帮扶能力；学校对心理委员的选拔、培养、使用、激励等制度建设不健全，对心理委员的工作推动不足。

2. 心理委员工作存在的问题。尽管大部分高校都在推行心理委员制度，建立健全心理委员的选拔、培养机制，并把心理委员当成心理健康教育工作四级网络的重要一环，大量的研究也发现，心理委员对高校心理健康教育工作做出了重要贡献，但是目前心理委员制度的实施还是存在一系列的问题。第一，心理委员的选拔不够科学，存在较大的随意性。对于心理委员需要的人格品质和专业技能考察较少，造成选拔出来的心理委员缺乏必要的能力，工作职责难以落实。第二，心理委员的培训、培养严重不足。心理委员的培训缺乏系统性和科学性，缺乏必要的心理学知识和技能的培训，这导致心理委员的专业能力不够，大部分的心理委员都未经过专业技能培训就匆匆上岗；心理委员的培养工作基本由辅导员负责，没有经过系统的训练。第三，缺乏必要的评价和激励机制。心理委员在班级班委中基本处于边缘状态，同学们的认同感不强，个人的工作成就感不强；在评价心理委员的工作时，缺少评价机制和激励机制，导致心理委员的工作流于形式。

三、心理委员的角色定位

1. 心理健康知识的普及者。宣传正确的心理健康理念，普及心理健康知识是高校心理健康教育的重要工作之一，而心理委员正是传播正确的心理健康理念、普及心理健康知识的重要力量。第一，传播正确的心理健康理念，消除大学生对心理健康的误区；宣传心理健康基本知识，让广大学生知晓心理健康的标准是什么、如何识别心理问题、如何求助、如何自我成长。第二，宣传学校心理健康教育的主要工作做法，宣传学校心理健康教育指导中心的服务信息，让每个同学积极了解并参与学校心理健康相关活动，知晓学校心理中心的地址、预约电话、咨询方式、咨询老

师、咨询时间、咨询注意事项、心理援助电话等信息。第三，推送或者制作心理健康知识宣传海报，推送公众平台相关信息，帮助班级同学增强心理健康意识，提高大学生自我成长能力。

2. 心理活动的组织者。心理健康相关活动的开展有利于学生在活动中掌握心理健康常识，学会保持心理健康的方法，提升心理健康素养，获得心理成长。而班级心理委员是开展心理健康活动的主要组织者，心理委员应根据班级同学的需要和心理特点，在不同季节和不同时间段，利用"5·25""双十"等心理健康相关活动日，组织开展一些丰富多彩的心理健康教育活动，如利用班级团日活动开展心理健康大讨论、班级心理素质拓展活动、心理健康大讲堂活动、宿舍联谊活动等。在班级营造良好的心理健康氛围，创造良好的心理健康环境。

3. 心理动态信息的收集者。班级心理委员的另一个重要职能是发现并识别班级同学的心理动态。班级心理委员经过选拔、培训、考核后具备了一定的专业技能，具有一定的观察和识别心理问题的能力。他们通过与同学的朝夕相处，通过微信朋友圈、QQ空间、卧谈会等形式了解身边同学的心理动态，并对每个同学的近期表现进行综合评定，发现并上报潜在的心理危机，有助于辅导员和心理中心老师掌握同学的心理信息，建立完善的心理危机预警机制。此外，在心理危机发生后，或者说在已有心理问题学生的关注上，心理委员发挥了不可替代的作用，心理委员可以深入学生中去，及时追踪并反馈信息。

4. 心理危机干预的协助者。班级心理委员在心理危机预防和干预中发挥了不可替代的作用。第一，他们与同学朝夕相处，经过专业培训的班级心理委员又具备一定的心理危机识别能力，他们能第一时间发现危机、识别危机、上报危机、协同处理危机，为后续危机的干预提供最准确和最真实的信息。第二，班级心理委员因为具备一定的心理辅导技能，在进行危机对象的干预过程中发挥了一定的作用，尤其是在陪伴和后期跟踪上作用明显。第三，班级心理委员可以在发现危机的第一时间，及时、正确地给予一定的心理协助，为辅导员及专业的心理咨询介入争取了时间。

5. 心理问题学生的陪伴者。通过前面调查发现：一方面，75%的学生遇到心理困惑后会先寻求身边同学和朋友的帮助；另一方面，很多心理问题是不需要专业的心理咨询帮助的，可能只需要支持性的帮助或者陪伴，这就给班级心理委员提供了服务身边同学的可能。班级心理委员生活在他们中间，掌握了一定的心理学知识，具有一定的心理辅导技能，能够很好地扮演陪伴和引导有困惑的同学的角色。他们的陪伴不仅带有心理辅导的色彩，而且又比心理咨询多一份温情。心理有困惑的学生经过倾诉，在班级心理委员的陪伴下情绪得到宣泄。在陪伴过程中，他们还能教授心里有困惑的同学一些比较简单却实用的、能及时疏通情绪的小技巧。这样，即使第一时间没有找到求助的人，受助者的情绪也不会进一步低落或烦躁。

四、心理委员能力结构

为深入了解心理委员的能力结构，我选取了5所高校的心理健康工作负责人、15名高校专（兼）职心理咨询师、42名高校朋辈心理辅导员作为访谈对象，访谈采取半结构式访谈法，问题主要围绕心理委员的能力结构，调查对象根据工作情况和自身对心理委员的认识发表感想。访谈结束后，我们分别对心理健康工作负责人、专（兼）职心理咨询师、朋辈心理辅导员的谈话内容进行整理并发现：对于心理委员，大家普遍重视他们的心理品质、心理知识、心理咨询技能、自我调适等方面的能力，对于心理委员工作非常需要的组织管理能力、心理咨询及心理健康教育伦理、心理问题识别能力、心理危机干预能力、人际交往能力和获取资源能力仍重视不够。

基于文献研究及访谈结果，我认为心理委员应该具备"两种观念，两种知识，六种能力"，具体包括：正确的心理观念、帮助他人的观念；心理健康基本知识、心理服务伦理知识；心理问题识别能力、心理咨询基本能力、自我心理调控能力、活动组织管理能力、人际交往沟通能力、获取社会资源能力。

1. 两种观念。心理委员能力模型中的两种观念是指正确的心理观念、帮助他人的观念，主要体现的是心理委员对心理健康的正确认识，能够意识到心理健康的重要性，能够以正常的心态面对心理健康问题，能够认同心理疾病的发生发展是有规律的，心理疾病是可以预防和治疗的。心理委员应该主动协助他人获得心理健康，愿意接纳、理解和尊重有心理问题的同学，愿意提供必要的心理帮助，愿意与具有心理问题的同学成为朋友。两种观念还渗透了心理委员的爱心、责任心，以及善良真诚、积极乐观等优秀品质。

2. 两种知识。心理委员能力模型中的两种知识是指心理健康基本知识和心理服务伦理知识。主要体现在心理委员应懂得心理健康的标准，懂得心理问题的基本规律，懂得缓解心理问题的基本方法，并能够在心理健康教育工作中遵守基本的心理咨询服务守则、原则和道德，能够为身边有心理问题的人保密，能够尊重和理解心理问题患者的观念和做法，能够主动地建议心理问题严重的同学去接受专业的帮助，能够与心理服务对象保持一定的距离，不建立服务外关系，等等。

3. 六种能力。心理委员能力模型中的六种能力是指心理问题识别能力、心理咨询基本能力、自我心理调控能力、活动组织管理能力、人际交往沟通能力以及获取社会资源能力。主要体现在：第一，心理委员能够了解什么样的情况是心理问题，能够区分不同心理问题的症状，能够了解心理从健康到精神疾病的分类，知道各种不同心理问题种类应该如何求助，知道一些基本的缓解心理问题的方式方法，能通过症状判断心理问题的种类，能判断心理问题的严重程度，能通过日常生活观察到心理问题症状，能通过朋友圈、说说、微博等社交工具上发表的特殊语言识别是否有心理问题，能判断是否是心理危机；第二，心理委员能够运用倾听、共情、尊重、温暖、真诚、积极关注等基本的心理咨询技能，能够很好地观察身边同学的心理变化并做出判断，能够运用基本的心理咨询方法帮助有轻度心理问题的同学解决心理问题，对存在不同程度心理问题的同学具备一定的应对措施；第三，心理委员应了解自己的心理健康情况，能够清晰判别自己的心理健康状态，能够保持自己的心理健康状态，能够提出有效办法来缓解自己的心理问题，在遇到严重问题时，懂得如何求助；第四，心理委员还需具备组织策划一些心理健康活动的能力，能够协调相关部门做一些较大型的心理健康活动，会开展心理素质拓展活动，并有一定的经验组织开展团体心理辅导，承办心理健康活动过程中，能够主动寻求专业支持和指导；第五，心理委员愿意与人交往，并且会主动与人交往，能听懂对方要表达的意思，能清晰地表达自己的看法，同学愿意与其交往；第六，心理委员还应懂得学校提供的心理咨询服务，并熟知服务种类和获取渠道，懂得社会有关机构提供的公益心理服务热线，清楚哪些医院可以提供心理诊断和治疗服务，懂得一些社会咨询服务机构，能及时找到老师、专业人员提供专业指导。

五、心理委员能力提升策略

1. 明晰心理委员角色定位和工作职责。提升心理委员的能力首先要明晰它的角色定位，高校心理委员是正确心理健康理念的传播者，是心理健康知识的普及者，是心理健康教育活动的组织者，是班级同学心理动态信息的收集者，是班级同学的心灵小天使，是心理问题学生的陪伴者，是心理危机干预的协助者。另外，还要明晰心理委员的工作职责，高校心理委员的主要工作职责是：学习、宣传大学生心理健康知识，积极开展班级心理健康教育宣传活动，营造良好的班级心理氛围；宣传和介绍学校心理健康教育工作及相关心理服务机构情况；关注本班学生心理状况，积极开展朋辈辅导活动，组织本班学生参加心理健康活动；深入观察本班学生心理动态，发现异常情况主动提供帮助，并及时报告学院心理辅导站老师或辅导员，或转介到学校大学生心理健康教育指导中心寻求帮助；协助学校大学生心理健康教育指导中心和学院心理辅导站做好心理健康宣传、普查和问卷调查等工作；协助学校心理中心或者学院心理辅导站做好心理危机干预工作。

  2. 重视心理委员的选拔、管理、考核和激励。心理委员的人格特质和个性品质非常重要，因此要重视心理委员的选拔工作。心理委员的选拔要遵循自愿原则，选拔时首先要注重考核他们的个性品质，选拔具有爱心、责任心、亲和力、自信、耐心、真诚、善良、积极和乐观等个性品质的学生。其次，要选拔有一定倾听能力、沟通能力、表达能力、组织管理能力和自我调适能力的学生。第三，要选拔具备一定心理健康知识、心理咨询基本技能的学生。选拔过程包括：个人自我介绍、心理健康基本知识测试、心理健康水平测试、现场专业人员面试、心理健康活动方案设计等环节。在班级心理委员管理机制建设方面，要把班级心理委员纳入学校心理健康教育工作五级网络建设中，归属学校认定的班级班委，享受班级班委的同等待遇，并实行多重管理，由学校心理中心统一指导、辅导员具体管理。在专业能力的培养方面，由学校心理中心和学院心理辅导站共同实施培养。在班级心理委员的考核方面，由学校心理中心、学院心理辅导站、辅导员和全体班级成员共同考核，考核内容包括：个人表现、工作开展情况、心理帮扶情况等方面。在班级心理委员的激励机制上，考核合格者给予综合考评学分认定，每年开展心理委员技能大赛，进行学校十佳班级心理委员评选，有条件的高校还可以在评优评先方面给予适当倾斜，优秀者可以给予一定的物质奖励。

  4. 加强心理委员专业能力培养。从心理委员的能力现状来看，心理健康基本知识、心理问题识别能力、心理咨询基本能力、活动组织管理能力和获取社会资源能力这五种能力表现较差，而表现较差的几种能力恰恰是心理委员最需要的能力。究其原因是缺乏规范化的能力培养体系，因此，我们必须重视心理委员的能力培养。首先，重视培训内容设计，要把心理健康基本知识、心理问题识别方法、心理咨询基本方法、心理活动如何开展和社会心理资源如何获取作为重点培训内容。其次，要将心理健康教育工作误区、心理委员工作职责和工作规范、心理咨询伦理、心理调适方法、自我心理成长技巧和沟通表达能力纳入培训范畴。再次，在培训方式上，要把集中培训和分散培训结合起来，设计 24 学时的集中培训，培训后进行考核，考核合格后颁发证书，再进行不间断的分散培训，不断提升心理委员的专业水平。最后，培训方式实行小班制，充分运用谈论式、实践式教学方法，提升培训效果。在能力培养上注重"传帮带"，让有经验的朋辈带领班级心理委员一同成长。另外，学校心理中心、心理辅导站、辅导员可以对其给予指导，让心理委员有充分的实践机会提升个人能力。广泛开展班级心理素质拓展、团体心理辅导、心理主题班会、心理微课大赛和心理技能大赛等活动，提升他们的个人能力，促进他们的个人成长。

六、班级心理委员工作时的注意事项

1. 班级心理委员职责边界。班级心理委员毕竟是一种"非专业"的心理辅导人员，他们的职责边界在哪里？什么可以做，什么不可以做，应该做到什么程度？如果他们的工作超越了职责范围，带来了一定的后果，这个后果谁来承担？班级心理委员像"侦察员"一样时刻关注身边同学的心理变化，并把同学的心理动态告知辅导员和学校心理中心，这一行为是否泄露了同学的隐私、侵犯了个人的隐私权？这些都是需要我们认真思考和解决的问题。

2. 班级心理委员的个人成长和督导工作值得思考。班级心理委员在短期内培训后就上岗，在面对复杂的问题，尤其是心理危机事件时难免会产生困惑，怀疑个人能力，出现职业倦怠，甚至出现心理危机，这样的循环也会对心理委员的心理成长产生影响。目前，大部分高校的心理督导很难覆盖到心理委员，是否应该在后续的发展中增加这方面内容，这值得我们深思。